万卷方法

SHEHUI
KEXUE
FANGFALUN

社会科学方法论

蒋逸民 编著

重庆大学出版社

内 容 简 介

本书旨在吸收方法论研究最新成果的基础上，为读者弄清如何进行社会科学研究提供方法论指导。本书涉及如何选择和使用社会科学研究的具体方法，但重点不在具体方法上，而在于如何设计和从事不同类型的社会科学研究。

本书首先探讨了社会科学方法论的哲学基础和概念内涵，强调了社会研究的性质和特点，阐发了社会科学方法论的基本问题，以理论与数据为主线，突出了社会理论、研究范式、研究工具、研究设计等社会科学方法论的基本要素，揭示了理论检验与理论建构这两种基本研究取向。最后对混合方法研究这个新的方法论取向进行了论述。

本书主要适用于大学本科高年级学生、硕士和博士研究生，也可以用作各类人文社会科学研究者和爱好者的专业参考书。

图书在版编目(CIP)数据

社会科学方法论/蒋逸民编著.—重庆:重庆大学出版社,2011.6(2019.2 重印)
(万卷方法)
ISBN 978-7-5624-6204-0

Ⅰ.①社… Ⅱ.①蒋… Ⅲ.①社会科学—方法论—研究 Ⅳ.①C03

中国版本图书馆 CIP 数据核字(2011)第 119482 号

社会科学方法论
蒋逸民 编著
策划编辑:雷少波 林佳木
责任编辑:李桂英 版式设计:雷少波
责任校对:贾 梅 责任印制:张 策
*
重庆大学出版社出版发行
出版人:易树平
社址:重庆市沙坪坝区大学城西路 21 号
邮编:401331
电话:(023) 88617190 88617185(中小学)
传真:(023) 88617186 88617166
网址:http://www.cqup.com.cn
邮箱:fxk@cqup.com.cn (营销中心)
全国新华书店经销
重庆升光电力印务有限公司印刷
*
开本:787mm×1092mm 1/16 印张:22.5 字数:451 千
2011 年 6 月第 1 版 2019 年 2 月第 4 次印刷
印数:6 501—8 000
ISBN 978-7-5624-6204-0 定价:39.00 元

本书如有印刷、装订等质量问题,本社负责调换
版权所有,请勿擅自翻印和用本书
制作各类出版物及配套用书,违者必究

前言

我国自古就有“授之以鱼,不如授之以渔”的谚语。人们通常把后一个“渔”理解为方法,意思是说,给人一条鱼,不如教人钓鱼的方法。其实这里的“渔”不能仅仅理解为“方法”,而应该诠释为一种“方法论”。

人们在日常生活中,常常把方法与方法论混同起来使用。但是,在专业领域,方法与方法论是两个相关但含义不同的概念。方法论是关于方法的理论,是完成某个特定任务的一般取向、路径或方式,而不涉及如何完成这个任务的工具、技术或方法等具体细节。这好比出门选择交通方式,有地面、地下、水上和空中等取向,至于公交车、出租车、自行车等地面交通工具的具体细节,比如公交车的型号和容量则不是方法论所关心的,而是方法所要考虑的内容。方法论主要关注交通出行方式是否有令人信服的理由、严密的路线安排以及合理的转驳策略等。

本书的目的不是探讨具体方法的细节,而是对社会科学方法论的基本问题和基本构成进行一般性考察,为社会研究的取向、设计、实施和策略提供程序上指导。之所以写这本书,是因为目前国内还没有一本合适的社会科学方法论教科书。陈波等人[①]编写的《社会科学方法论》比较适合于方法论教学,但是相隔较远。近年来,尽管有多本社会研究方法的教科书相继再版,但是它们往往偏重于具体研究方法,还不能满足社会研究方法论的教学需要。

自20世纪90年代以来,随着社会研究迅速发展,社会科学方法论在西方备受关注。一方面,社会研究日益介入到公共政策,研究者与政策制定者之间的关系更加密切,社会政策倡导证据为本(evidence-based)的研究,行动研究方法论受到政府等其他机构的关注和重视。另一方面,在自然科学新成就和后现代主义思潮的影响下,出现了混合方法研究,超学科研究、参与行动研究、自我民族志等一系列新的社会研究方法论。正是上述这些变化把人们的关注点从方法引向了方法论。

---

① 陈波,等.社会科学方法论[M].北京:中国人民大学出版社,1989.

然而,在国内高校,社会科学方法论似乎还没有得到应有的重视。与社会研究方法论有关的一些原理往往散落在其他专业课程之中,还没有整合成一门独立的方法类课程。即使有些高校开设了方法论课程,但也仅仅当作专业类方法课程,限于少数个别学科。在研究实践中,研究方法得到更多的关注,而方法背后的方法论却被当作可有可无的东西弃之一边。不少大学生或研究生习惯于"依样画葫芦",希望找到相似的研究题目,学会一种"有效"的研究方法,赶快把论文做完,拿到文凭去找工作。甚至有些专业研究人士也缺乏对研究过程的认识或理解,只知道发表文章,但并没有在文章中说明做研究的理由,没有厘清研究目标,也没有阐明研究概念的理论基础。这种只讲究方法而不注重方法论的研究方式,使研究成了一种例行公事,失去了创造的原动力。

实际上,社会研究是一种将数据与理论完美结合的艺术。具体来说,就是用特定方法获得的经验数据来验证或构建理论,以获得对某种社会现象的系统性解释。光有数据或者光有理论都不能保证认识的可靠性。要获得一种可靠性解释,就要进行审慎而有计划的研究。某种解释是否具有可靠性不是由数据决定的,因为数据有多种不同的解释。光靠工具或技术也不能保证这种解释的可靠性,因为工具除了展现自身外,其他什么事情也做不了。同样,光靠理论也不能保证这种解释的可靠性,因为理论本身恰恰是要得到"解释"或说明的。只有将数据与理论结合起来,才能达成可靠性认识。[①] 数据与理论的关系是社会研究方法论的一条主线,其他关系和观点都是围绕这个关系而展开的。

可见,为了实现数据与理论的完美结合,就要在关注特定方法的同时,关注方法背后的理论基础,即方法论。本书试图在多年本科和研究生教学的基础上,吸收国内外最新研究成果,勾勒出社会科学方法论的大致图景。本书旨在让读者了解如何从事社会科学研究,并提供相应的方法论上的指导。本书有两个主要目标:①概述社会科学方法论的主要概念、基本取向和理论基础。②对如何规划、设计和实施社会研究提供一般程序性指导。

本书首先探讨了社会科学方法论的哲学基础和概念内涵,强调了社会研究的性质和特点,阐发了社会科学方法论的基本问题,以理论与数据为主线,突出了社会理论、研究范式、研究工具、研究设计等社会科学方法论的基本要素,揭示了理论检验与理论建构这两种基本研究取向。最后对混合方法研究这个新的方法论取向进行了论述。

本书主要适用于大学本科高年级学生、硕士和博士研究生,也可以用作各类人文社会科学研究者和爱好者的专业参考书。本书不是有关科学哲学的教科书。尽管本书多次提及社会科学方法论的哲学基础,涉及科学哲学一些主要流派争论的观点,但是,这些并不是本书所要论述的主要问题。同样,本书也不是社会研究方法的教科书。本书涉及如何选择和使用社会研究的具体方法,但是关注重点并不放在具体方法上,而在于如何设计和从事不同类型的社会研究。

---

① 唐·埃思里奇.应用经济学研究方法论[M].朱钢,译.北京,2007:4.

本书侧重于方法论的基本构成，而不是聚焦每一个具体方法的细节。如果读者想要详细了解具体方法，就要参考其他关于具体方法的资料，或者将本书与其他有关具体方法的书籍配套起来使用。

社会研究不像“依样画葫芦”那样简单，因为“依样画葫芦”是一种只讲究“方法”而不注意“方法论”的研究方式。① 懂得如此“画”背后的道理，即基本的研究取向、程序、规则和策略，是社会研究者应该具备的基本素质。因此，学习和研究社会科学方法论的意义就超出了方法论本身，而成了让社会研究更规范的一种学术倡导和研究自觉。

首先，学习和研究社会科学方法论有助于增强“做”与“不做”的意识。培养对各种研究选择的敏感性，意识到有一系列用于收集和分析数据的方法，恰当地选择收集和分析数据的工具和技术。一旦选择了某个研究方法，就要预测后续研究环节并避开可能的陷阱，严格遵循与方法有关的步骤和标准，不做违反方法程序的事，使研究方法在规范的轨道上运行。

其次，学习和研究社会科学方法论有助于提高学术鉴赏力，提高鉴别研究质量高低的能力，提高评估研究成果的批判性思维能力。学术评估既包括对研究结论的价值判断，又包括对研究工具、程序和规范等方法论要素的评定。如果对研究工具和程序一无所知，就陷入人云亦云的尴尬境地。社会科学方法论有助于培养对研究标准和局限的批判性意识，从而有效地解决学术批评方面的实际问题。

再次，社会科学方法论是沟通哲学方法论与具体学科方法的桥梁。社会科学方法论在对具体学科方法进行指导的同时，还为哲学方法论提供思想养料，以丰富和发展哲学方法论。学习和研究社会科学方法论有助于弄清社会科学方法论在整个方法论体系中的地位和特点，以及它与哲学方法论等其他方法论或方法之间的关系，从而进一步增强接受哲学方法论指导并服务于具体方法的自觉性。

最后，学习和研究社会科学方法论有助于培养和增进可转移技能（transferable skills）。可转移技能是一种与工作和生活密切相关的“便携式”技能，通常在学校情境下获得，但可在工作和生活情境中进行转换性应用。这些技能包括调查研究、批判性思考、设计与计划、信息管理、领导和管理、人际沟通等。社会研究方法论与这些技能密切相关，有助于为个人职业生涯发展储备必要的经验和技能。

本书酝酿了多年。自 2006 年被列为“十一五”国家规划教材选题以后，就一直在进行构思、讨论和探索。现在所呈现的文字还是一些初步的想法，有待于进一步的论证和检验。本书不揣浅陋，抛砖引玉，希望引起学界和同仁对社会科学方法论的更多关注和思考。不过，由于作者水平有限，定有不少谬忝之处，敬祈前辈、同仁予以批评和指教。

---

① 黄光国. 社会科学的理路[M]. 北京：中国人民大学出版社，2006：4.

本书得到领导、同仁和学生们的关心、鼓励和帮助。我在香港大学教育学院的昔日同窗提出了宝贵意见,李梅对本书写作提纲初稿提供了颇有见地的修改建议。我的研究生马菱、孟维岩、练娟、王凡荣、李和俊、王圣卿收集和整理了全书的参考资料,使本书写作得以便捷而顺利地进行,马菱与作者共同撰写了第十二章,李和俊协助编撰了人名索引和主题索引。在此,谨对他们的支持和帮助表示衷心地谢忱。

非常感谢重庆大学出版社雷少波先生的大力支持和帮助,正是他多年来始终如一的关心、鼓励和宽容促成了本书的出版。此外,还要特别感谢编辑李桂英老师,她细心周到的编辑使本书增色不少。

蒋逸民

2011 年 6 月

目录

书刊检验 合格证 02

绪 论 1

在日常生活中，人们常把方法与方法论混同起来使用。然而，方法与方法论是两个相关但含义不同的概念。自20世纪90年代以来，随着社会研究迅速发展，出现了混合方法研究，超学科研究、参与行动研究、自我民族志等一系列新的社会研究方法论，社会科学方法论日益引起人们的学术关注。方法论是关于方法的理论，是完成任务的一般路径或方式，而不涉及如何完成任务的具体细节。本书的目的不是去探讨具体方法的细节，而是对社会科学方法论的基本问题和基本构成进行一般考察，为社会研究的取向、设计、实施和策略提供程序上指导。本章首先探讨了社会科学方法论的哲学基础和概念内涵，接着概述了社会科学方法论的历史发展，然后探讨了社会科学方法论是如何与其他方法相联系的，最后阐发了学习和研究社会科学方法论的意义，并简要概述了本书的目标和结构。

第一节　方法论的哲学基础

社会科学方法论不是在真空中提出的，而是以某种哲学视角（philosophical perspective）为基础的。这些哲学视角包括本体论和认识论。本体论是对现实世界的立场，涉及现实世界的性质和特点。认识论涉及主体与客体之间的关系或者研究者与研究对象之间的关系。本体论和认识论共同构成了社会科学方法论的哲学基础。

一、本体论

本体论问题具有优先性，因为它涉及"存在"的本质，即是否有一个"真实"的外部世界，独立于我们而存在。本体论（Ontology）一词由西方学者雅各布·洛哈德（Jacob Lorhard）和鲁道夫·戈克尔（Rudolf Gockel）各自在1613年独立提出来的，该词出自希腊文 *onto*（存在）和 *logos*（研究或科学），意思是关于存在的研究。

我国古代把本体论叫做“本根论”，把万物本根归结为“气”“无”“理”“心”等无形的东西。在西方，古希腊哲学最早探索了万物本原，巴门尼德把唯一不变的本原归结为“存在”，确立了本体论的基本研究方向。在近代哲学中，笛卡儿首先把研究实体或本体的第一哲学叫做“形而上学本体论”。在17—18世纪，莱布尼茨和沃尔夫在纯粹抽象的基础上建立了关于一般存在和世界本质的本体论体系，沃尔夫把一般看成是脱离个别而独立存在的本质和原因。康德本体论确立了事物的普遍性质及物质存在与精神存在之间的区别。黑格尔提出了本体论、认识论和逻辑学统一原则，用绝对精神构建了存在发展的逻辑体系。马克思主义提出物质是现实世界的本源，构建了辩证唯物主义本体论。20世纪初叶，胡塞尔提出了先验的本体论。逻辑实证主义和分析哲学把形而上学与不可证伪推断相挂钩，本体论一度成为不受欢迎哲学立场的代名词。20世纪中期，这种趋势得到扭转。海德格尔的“基本本体论”、哈特曼的“批判本体论”试图重新恢复为逻辑实证主义所拒斥的本体论。奎因也极力主张恢复本体论研究，并提出了本体论承诺问题。在他的影响下，哈里和迈登（Harre et al.,1975）、法因（Fine,1986）、卡特赖特（Cartwright,2000）和埃利斯（Ellis,2001）等科学哲学家重新将本体论引入哲学话语中。他们认为，本体论观念是科学活动的先决条件，因为人们对世界的科学描述中都不同程度地蕴含了这些观念。近年来，本体论在人工智能和计算机等信息科学中得到广泛应用，被称为“形式本体论（formal ontology）”。不过，“形式本体论”不是为现实提供一个模型，而是建构实体和关系的形式代表，尽可能将不同的数据系统整合成为一个单一框架。

本体论是哲学一个分支，涉及存在的性质和特性。在社会科学中，本体论回答这样的问题：“社会现实的本质是什么？”“什么样的事物确实存在或能够存在？”“它们存在的条件是什么？”“它们关联的方式是什么？”围绕现实世界的性质，存在着唯物主义和唯心主义这两大对立的派别。唯物主义认为，自然现象和社会现象是一种不以观察者意志为转移的客观实在，是独立存在于观察者思想之外的。而唯心主义主张，外部世界只不过是一种主观表象，并不独立存在于人们的思想之外。在哲学发展史上，唯物主义与唯心主义之间的对立由来已久，一直存在着激烈的争论和斗争。马克思主义提出物质本体论标志着唯物主义进入到一个新的发展阶段。不过，近年来，唯物主义与唯心主义之间的对立呈现出新的形式，表现为相对主义本体论与现实主义本体论之间的对立。

在社会科学研究中，有许多关于人类世界本质的本体论预设，这些预设决定了社会科学研究的基本取向，它们包括客观现实、社会现实、意义现实和符号现实等。

（1）客观现实。像自然世界一样，社会世界是实实在在存在着的。社会现实不是混乱的和杂乱无章的，而是有固定模式和秩序的，这些模式和秩序表现为因果规律，人们能够发现和利用这些因果规律。与自然界必然性因果规律不同，社会世界的因果规律是或然性或概率性的，能够解释大多数人的情况或大多数情境。尽管因果规律无法准确预测某个特定个体在每种情况下的特定行为，但是却可以通过估算某种行为出现的概率，来准确预测某种社会行为发生的可能性。社会世界的规律不会随着时间的推移而改变，今天发现的规律，明天和未来仍然适用。因此，人类行为的规律是普遍适用的规律，因果规律无论是在哪个历史时期还是在哪一种文化环境下，都能以概率的形式对人类社会现象作出陈述。通过发现因果规律，社会科学能够解释社会生活为什么是现在这个模式。

（2）社会现实。与自然世界不同，社会世界是有人类参与其中的世界。人是社会的存在物，也是社会关系的产物。通过社会实践和人际互动交流，人才能真正实现人的本质。正是在社会实践中，人们有意义地去建构现实的社会世界。人们构建意义的方式总是借鉴了对其他人构建意义的观察，因此人们的思想性行为（minding behavior）和构建意义（meaning-making behavior）行为有了社会依据。尽管主体性可被视为一种个体过程，但是它总是混杂着其他人的影响。人们有意义生活在这个社会世界上的能力，取决于与其他人的互动以及其他人的解释，就这一点而言，个体主体性是嵌入在跨主体性的社会网络之中的。如果自我是其他人反思性评价的一种结果，那么对自我的认同和感知本质上是社会性的。在任何情况下，人们行动的磋商和协调都取决于这种跨主体性，行动协调的依据就是一系列共享的、通常可获得的期望和意义。

（3）意义现实。社会实践是有目的的活动。与自然世界不同，人类世界是有思想、有情感和有目的性的。人们能够对不同的情境条件进行评估和反思，并对未来进行预测。人们通过对各种行为的思考将意义赋予自己的行动和别人的行动。这个诠释过程是人类情境条件的核心。虽然人们将意义赋予各种情境和活动的方式具有连续性，但是这些意义是建构和重构现实这个持续过程的一部分。建构意义活动是一个持续过程，涉及过去、现在与未来。正如埃利亚斯（Elias，1992）所说，时间是人们出于同步化活动的需要而创造出来并通过符号而学会的一种构造物。为了处理同步化的互动，人们必须根据速度、交替、解释过去、预测未来等许多时间维度来界定情境。因此，人的现实也是一个建构意义展开的过程。

（4）符号现实。有意义的社会世界是一个符号世界。人类社会实践和互动交流都是借助于语言来完成的。语言是一套习得的符号系统，它不仅是人们彼此协调行动的一种手段，而且是有意义互动和沟通的一种媒介。人们通过将共同含意赋予一个字、一句话或一个手势来构建符号现实。这个符号现实使社会生活成为可能，因为它为人们在人际互动中对其他人进行识别提供了依据，而这种互动能够用与其意图相一致的方式来加以解释。人类的符号系统包括了文字、数字等各种标识。数字是定量研究的媒介，而文字是定性研究的媒介。正是通过文字和数字，人们将其经验带入到生活中，可以对多种形式的语言进行思考。人们通常把文字和数字视为参照物或代表物，因为它们在某种程度上代表了生活经验。因此，研究者有意知道，参与者所说的经历是否是真实的，他们所描述的经验是否准确。在本体论上，这是一种关于“所说的东西”与“所经历的东西”之间一致性的“现实主义或实在论立场(realist position)”。当然,文字或语言也可以被视为现实的组成部分。在这种观点看来,词语并不代表别人的经验,而是词语创造了现实,构成了现实。正是通过人们的谈话和词语,这些词语成为有趣的现实。在本体论上,这是一种用语言来构建现实的“相对主义立场(relativist position)”。

作为一个形而上学概念,本体论涉及关于存在本质的哲学预设。在社会科学研究中,研究者对社会世界的看法以及他们的研究方式不可避免地受到关于存在本质预设的影响。就研究者所接受的本体论预设而言,他们最有可能含蓄地这样做,可能未必能清楚地说出他们所使用的预设。本体论预设体现在用来指导研究的理论观点中,体现在所采用的研究范式和方法论中。

社会科学研究基于一系列有关人类社会本质的预设。研究者关于人类社会本质的看法决定了对人类行为进行探究的方式。虽然定量方法和定性方法都在寻求理解同一个人类社会现实,但是它们确实对人类社会现实作出了不同的预设。由于对人类的预设不同,定量方法和定性方法具有不同的研究路径和方式。

定量方法与定性方法是两种不同的研究方法,因为它们基于人类现实本质的不同本体论预设。定量研究强调数字和测量,重视“真正现实”世界的客观观念,主张用数字来准确地理解和描绘现实世界,这就超越了对现实世界的主观性说明。定量研究借助测量和统计技术,实现了精确代表性和解释确定性的研究目标。在本体论上,定量研究关于人类现实本质的预设是:可以用标准化的问题和变量来测量人类现实,从而达成对人类现实的确定性解释(Shweder,1996:178)定性研究基于不同的本体论预设,特别强调诠释、语境、叙事和移情。在定性研究中,研究者通过让现实变得有意义或者通过研究者自身体验来理解人类现实。定性方法关于人类现实本质的本体论预设是:外部世界是多元性的,存在着多个“事实”。人们是有意义地、主动地和互动地参与社会世界的。研究人类社会不同于研究物理现象,因为人类能够使用语言,赋予意义,并在社会关系和社会实践中来思考人类社会。因此,人类现实是情境性的和可变的,需要不断地加以界定。研究者可通过语言来理解人类生活,因为语言是社会生活得以形成和维持的媒介。

二、认识论

如果说本体论反映了关于现实世界性质的观点,那么认识论则涉及人们能否认识和如何认识现实世界。认识论是关于知识理论或认识理论,具体来说,就是人类如何认识外部世界的理论,是人类如何认识所要认识事物的理论。认识论为确定“何种知识是可能的”或者“什么东西能被认识”提供了依据,为“如何判定知识是适当和合法的”提供了标准。(Crotty,1998:8)在社会科学中,认识论回答这样的一些问题:“人们如何才能认识社会现实?”“用何种程序才能产生可靠的社会知识?”

认识论有两个核心问题。第一个问题是,观察者能否认识现实世界?如果观察者能够做到这一点,那么又是如何做到的?第一个问题实际上涉及两个逻辑上密切相关的问题。对这两个问题的不同回答将认识论分为"基础主义"和"反基础主义"。所谓"基础主义"指的是承认在认识主体之外独立存在着一个可被认识的真实世界的认识论派别,而"反基础主义"则是指否认在人的思想之外独立存在着一个可被认识的真实世界的认识论派别。认识论的第二个问题是,观察者能否通过直接观察来认识现实世界?对这个问题的不同回答将认识论分为经验论和唯理论。经验论又称经验主义,是一种把感性经验看成是认识唯一来源的认识论流派。经验论往往夸大感觉经验,特别是观察和实验在认识中的作用,从而贬低理性在认识中的地位。在经验论看来,任何不能由观察和实验来证实的科学思想是毫无意义的,在科学中也没有地位。经验既包括了感官经验和生活阅历等直接经验,又包括了从书本等途径获得的间接经验。唯理论又称为理性主义,是指把理性看成是认识唯一来源的认识论流派,唯理论往往关注先天思想结构和逻辑推理在认识中作用和地位,而否定感觉经验的价值。

认识来源是认识论的经典议题。早在16—17世纪,西方在反对宗教神学和经院哲学的过程中,就把理性和经验视为两种主要的认识来源,并把它们作为区分"何为真"与"何为假"的主要依据。以培根为代表的经验论,主张认识以感觉经验为基础,通过观察和实验去发现真理。以笛卡儿为代表的唯理论,强调理性和逻辑推理是基本的认识方法,主张通过对被视为当然事物的系统怀疑去揭示真理。理性是人人都具有的能力和品质,但是,问题在于如何能够使这样的判断确定无疑。随着18—19世纪自然科学飞速发展,人们进一步认识到,使用理性就要把关于世界的认识置于人类经验的基础上。20世纪上半叶,相对论和量子力学的科学成就使人们更加确信经验的力量。用自己的眼睛"看世界"被视为确定"世界是什么样子",以及"它是如何运作的"的根本方式。质言之,只有当人们用"感官"获得证据时,对世界的认识才算是确凿无疑的。这种经验主义取向促成了20世纪50—60年代实证主义的空前繁荣。20世纪中期以后,"三论"、"新三论"、模糊数学、混沌理论和复杂科学对传统自然科学认识论提出了挑战,特别是1968年西方"五月风暴"以后,研究者更加重视实践和行动取向,强调将意义赋予经验或现实并作出不同的诠释,在持续互动中去建构社会生活。

对认识论第一个问题"研究者如何认识现实世界"的回答,划分了两个认识论基本立场。第一个是客观主义立场,它承认社会现实是独立于人们思想之外而客观存在着的,社会现实优先于观察者。社会现实具有内在意义,观察者的作用是去发现已经存在于其中的意义,解释这个社会现实是如何发挥作用的。例如,无论谁来观察或者它能否被观察到,一棵树就是一棵树,它的意义是独立于人的思想之外的,只是简单地等待被发现。观察者通过持续性、累积性的科学探究,就能获得有关社会现实的事实,从而理解和预测这个社会现实。因此,所有观察者都能够发现同样的意义,发现有关社会现实的同样真理。客观主义立场反映出人们对确定性和真理性认识的深信不疑。但是,客观主义认识论前提是认识者与被认识者的分离,研究者只能对现实进行解释而不能施加影响。正如古巴和林肯(Guba et al.,1994)所说,这就是科学,通过这个单面镜,研究者的价值观和偏见无法对研究结果施加影响。只有马克思主义认识论提出,实践是认识的目的、来源、动力和归宿,实践是检验认识是否正确的唯一标准,强调在实践的基础上认识和改造世界,这是马克思主义认识论与其他一般客观主义认识论的根本区别。

认识论的第二个立场是主观主义,主观主义认识论并不涉及观察者与被观察者之间的分离,因为所有认识都是在观察者大脑中建构起来的,观察者自始至终决定了研究的方向和结果,根本就不存在所谓的客观性。社会现实并没有对其意义有什么贡献,观察者赋予其意义。由于观察者与社会现实之间缺乏互动,社会现实并没有在观察者赋予其意义上发挥作用,因此不同的观察者可能赋予社会现实以不同的意义。例如,某个观察者称为一棵树,另一个观察者可能称为遮蔽物。在主观主义认识论看来,客观主义认识论所说的“偏差(bias)”概念是毫无意义的,因为所有研究成果都蕴含着研究者的价值观、偏好和理解。既然有关社会现实的理解是在研究者大脑中产生的,是研究者的一种主观建构过程,那么就不能像客观主义者那样把这个研究成果视为持久的,可预测的事实。然而,主观主义认识论并不意味着知识的不可能性,而是表明,知识呈现出一个截然不同的性质:与其追求知识的准确性和确定性,还不如承认知识取决于不同的价值立场,取决于不同的观点和解释,取决于不断变化的情境和条件。

两种对立的认识论立场引发了许多争论,研究者用不同的方式来概括这两者之间的关系。第一种方式是把两种立场视为水火不相容的对立派别。如果是客观主义立场,就要把现实视为非主体性的东西。相反,如果是主观主义观点,就要优先考虑意义建构,因为它发生在研究者的思想中。由于两者水火不容,因此在逻辑上就不能兼有两种立场:要么相信知识是思想的主观主义创造,要么相信知识是通过工具对外部世界的客观主义发现。

第二种处理两者关系的方式是,把这两种立场放在一个连续谱上来思考。这个连续谱的一端是主观主义,这个端点代表了对现实世界极具个性化的感知和认识。个体对现实世界的意义建构不必符合客观现实,自我是唯一的现实存在,个体大脑中所浮现的现实就是唯一可认知的现实。连续谱上的另一端是客观主义,它代表了对现实世界纯客观性的理解和认识,完全消除了主观因素的玷污或影响。这是因为基于客观主义立场所做的观察是纯观察:现实能将自身完全展现给研究者,研究者所要做的只不过是在摒弃人为干扰、确保其自然完整性的前提下去再现这种现实。

实际上,现在只有很少的社会科学家持有这种极端的立场,更多的研究者采取连续谱两端之间的渐变立场,同时兼有主观与客观的不同成分。尽管客观主义与主观主义两种立场水火不容,但是连续谱模式却揭示了不同认识论立场的细微差异和变化。例如,后实证主义者坚持客观主义立场,强调对模式化现实的不断认识,但是他们所选择的主题、理论视角和解释却对现实世界的表达方式和解释方式产生了影响。建构主义者坚信主观主义认识论,但是他们确信存在着能被认识和理解的共同意义,他们实际上在坚持客观主义认识论的某些方面,因为共同意义是客观现实的一种形式。有些建构主义者把知识视为共同建构过程,将参与者的主观意义和经验引入到不同主体(研究者和参与者)之间的互动对话过程,所建构的结果涵盖了多个主体经验(包括研究者的经验)以及对含有共同意义的模式化现实的表达,这至少暗示了外部现实的客观存在。实用主义质疑客观主义与主观主义的绝对对立,强调对观察者与外部世界互动结果的认识,认为感官之外的世界是可知的,但不为观察者所完全控制,通过沟通可以认识外部世界。(Greer,1969)这样一来,认识既可以是客观的,又可以是主观的,认识是这个连续谱两级之间的一系列中间位置。研究者有时可能更主观些,但在另一些时候可能会更客观些。在某些问题上,研究者必须与被研究者进行互动,而在另外一些问题上,研究者可能要与被研究者保持距离。

根据这个连续谱,不同的认识论立场对认识结果或知识有不同的看法。经验论认为,感觉经验产生了绝对的知识,借助感官,人们通过对外部事物的直接观察或实验就能获得客观事实,这样的知识具有可靠性和确定性。唯理论也认为自己产生了绝对知识,因为他们模仿几何学演绎证明过程,从先天的"自明之理"出发,运用普遍有效的思想结构和理性原则,经过严密的逻辑推理获得对现实世界的认识,这样得来的知识是可靠的和确定无疑的。建构论否认有绝对知识,认为只有相对知识。因为现实世界是参与社会的个人构建而成,现实世界本身没有意义,只有人才将意义赋予现实世界,现实世界特征取决于个人所赋予的意义和诠释。这意味着,并不存在唯一的真理,对现实世界不同的建构可能有多个真理,而每一种真理被赋予了同等地位。这样的知识就失去了确定性基础,因而只能是相对的。尽管建构论和唯理论都认为现实世界是一种思想结构,但是在这种思想结构的来源上却意见相左。对唯理论来说,这种思想结构来源于人们思想中固有的先天结构。对建构论来说,这种思想结构源自日常生活中主体间的意义赋予活动。这些意义不可能是先天的,因为不同的文化或社区可能赋予社会现实不同的意义。

三、本体论与认识论的关系

本体论与认识论的关系表现为既相互联系又相互区别。相互联系是指决定和被决定的关系。一般来说,有什么样的本体论就有什么样的认识论。唯物主义本体论通常会产生唯物主义认识论。信奉唯物主义本体论的学者通常在认识论上会坚持基础主义,秉持客观主义认识论立场,而唯心主义本体论学者在认识论上会反对基础主义,采取主观主义认识论立场。例如,经验论和阐释主义是两个对社会科学研究产生重大影响的认识论流派,经验论和阐释主义都有其相应的本体论基础。经验论的本体论基础是"基础主义",即承认在观察者之外独立存在着一个真实的社会世界。观察者的任务是探究社会行为的原因,用经验数据对社会现象进行解释,寄希望于用"科学"方法概括出与自然规律相类似的社会规律。阐释主义本体论基础是"反基础主义",它否定观察者之外独立存在着现实世界,因为现实世界并不是等待被发现的。相反,现实世界是人们所感知到的形象,是社会建构的产物。阐释主义强调社会行为的意义,关注理解而非解释,只有在话语和传统中才能理解意义,因此从阐释主义中不可能得出社会现象之间的因果关系。

本体论与认识论的区别是指两者的不同地位和作用。本体论始终具有基础性地位和作用,而认识论则具有从属性地位和作用。如果研究者将外部现实世界视为独立存在于研究者思想之外的东西,那么研究者就在坚持唯物主义本体论。这意味着研究者是把研究者与外部世界区分开来的,或者说把认识者与被认识者相区分,这恰恰是客观主义认识论的一个重要前提,由此出发,研究者就要承认,外部世界至少在逻辑上是先于认识者而存在的,外部世界的存在并不以认识者的思想和意志而转移,这样在唯物主义本体论基础上就自然而然地引申出客观主义认识论。这里的唯物主义本体论是前提和基础,而客观主义认识论是引申和结果。如果研究者将外部世界视为在人们头脑中建构起来的东西,那么研究者就坚持了唯心主义本体论。既然外部世界是认识者思维的产物,那么认识者就无须向外去寻求认识的来源和根据,只要在自己大脑中将意义赋予给被认识者,这样就实现了思维与存在的统一。可见,从唯心主义认识论出发,可以自然而然地引申出主观主义认识论。由于所有认识都是在认识者大脑中建构起来的,并不涉及认识者与被认识者之间的分离,因此,研究者将认识者与被认识者这两种身份集于一身,在大脑中实现了对整个世界的建构。

第二节　社会科学方法论的含义和特点

如上所述,本体论是一系列有关“世界是什么”的立场,认识论是认识世界的一种方式。特定的认识论视角往往反映了相应的本体论立场,如实证主义研究者可能把社会世界看成是一个客观实在,不管人们如何解释这个客观实在,它都是客观存在着的。这个本体论立场反映了这样一个认识论视角:即人们只能通过客观观察来认识这个世界的事物。与此相反,阐释主义研究者把世界视为一个主观建构,涉及人们经验和意义的积累。为此就要通过反思和诠释来认识这个世界的事物,进而把握这些事物的主观意义。可见,认识论视角往往反映了本体论立场,本体论立场往往决定了认识论视角。本体论和认识论视角进一步反映在方法论取向中。

一、社会科学方法论的含义

方法论经常与方法互用,在有些情况下,方法被当作方法论的简写。不过,这两个概念具有不同的内涵和外延。弄清这两个概念的区别,对准确地理解方法论和方法概念具有重要的意义。

语言类词典《韦氏大学词典》对方法论所下的定义是:“一门学科所使用的主

要方法、规则和基本原理；一种对特定领域有关探索原则与程序的分析。”西方学者对社会科学方法论有多种理解。卡普兰（Kaplan，1964：18）认为，方法论旨在帮助我们最大限度地理解科学探究过程本身，而不是科学探究结果。方法论是“对方法的研究、描述和解释而不是方法本身”。布鲁默（Blumer，1969：23）认为，方法论是一整套有关研究的策略和程序，包括描绘经验世界的图景、提出有关这个世界的问题、寻找这样做的最佳方式（涉及选择数据和方法、提出和使用概念、解释发现）等；而方法只是方法论的一个小部分。鲁纳斯（Runes，1983：212）将方法论看成是“每一门科学特殊方法的总称。”哈丁（Harding，1987：3）进一步拓展了方法论的内涵：“方法论是如何从事研究或者应该如何处理研究的一种理论和分析；它包含了对如何把一般理论结构应用于特定科学学科的说明。”

我国学者倾向于把社会科学方法论视为研究方法的理论或者指导研究的哲学，探讨研究的基本假设、逻辑、规则和程序。袁方（1997：24）、范伟达（2010：38）与风笑天（2005：28）提出，方法论是与一定哲学观点和学科理论相联系的，主要探讨研究的基本假设、逻辑、原则、规则、程序等问题，它是指导研究的一般思想方法或哲学；仇立平（2007：21）认为，方法论是“关于方法本身的理论”；林聚任等人（2005：22）提出，方法论是关于方法的方法，它是一系列有关方法的理论与学说，是方法的哲学。

综合上述定义，可将社会科学方法论界定为：用于指导社会研究的一般理论取向或哲学原理，对社会研究所做的一系列基本假定和规范，用于社会研究的总体策略和程序。可见，社会科学方法论是关于社会方法的理论，涉及一系列构成社会研究本身的基本原则、信念和取向，涉及理论立场与经验研究过程中所使用的技术和方法之间的关系。相比之下，方法则是收集数据所使用的具体工具或技术，因此，方法论的立场、取向和价值观往往影响并决定了经验探究中所用的方法和技术。方法论是研究者选择具体方法的蓝图和路标，其目的就在于描述和分析这些具体方法，为具体方法提供概念工具和程序，关注其优势和局限，弄清其前提或先决条件，将其可能性与实际应用相关联。根据对方法论所做的定义，下面从三个方面做进一步讨论。

（一）用于指导社会研究的一般理论取向或哲学原理

方法论首先涉及从事研究的一般方法取向，即指导研究的一般理论取向或哲学原理：是实证主义取向的，还是阐释主义取向的，或者两者兼而有之。整个研究的哲学取向往往决定了研究的性质和基本立场。近代以来，哲学研究一直存在着科学主义和人文主义的对立，这两种哲学倾向反映在社会科学研究中，就是实证主义和阐释主义的对立，即阿佩尔在总结 150 年来社会科学方法论争论实质时所提出的解释（explanation）与理解（understanding）之间的对立。（高宣扬，2010：86）

实证主义是由孔德创立的，经由涂尔干得到进一步发展。实证主义秉承科学传统，一直是社会科学研究的主流倾向。实证主义秉持基础主义本体论，设想存在着一个真实的外部世界，等待着研究者去发现和解释。实证主义者认为，研究者与被研究者之间的关系是客观的，因为研究过程和结果不受研究者主观价值观的影响。社会科学的目标是建立社会现象的因果关系，研究者借助观察和实验就能确定社会现象的原因，发展出与科学规律相类似的社会规律。由此，实证主义倾向于定量方法论，采取工具性取向（instrumental orientation），通过测量和实验去获得"硬"数据，而不是通过访谈和观察获得"软"数据，"硬"数据表现为数字形式，有助于在不同变量之间建立起精确关系，从而得出因果关系。

人文主义哲学传统源远流长，反映在社会科学研究中，就是阐释主义传统。阐释主义出自狄尔泰和韦伯，主要关注社会行动的意义。阐释主义传统在20世纪20—30年代与社会学符合互动理论相结合，产生了定性研究方法。阐释主义以韦伯"移情式理解"为基础，在本体论上反对基础主义，认为并不存在所谓的真实外部世界，现实世界就在"我们之中"，它是由多重事实构成的，是一种社会建构或话语建构。研究者与被研究者之间的关系是主观的，因此不可能进行所谓的客观分析，也不存在所谓的客观真理。社会科学的目标是阐释社会建构的意义，把这些意义再现为人类行为的理论。这就要求研究者理解行为的意义，用文字来阐释社会环境，而不是简单地接受环境。由此，阐释主义倾向于定性方法论，采取实践取向（practical orientation），而不是工具性取向，在他们看来，定量方法论是迟钝的研究工具，会导致误导性数据。定性方法论关注普通人如何处理日常事务，试图通过人际互动如访谈和参与观察来阐释人们的行为和环境，探究人们是如何理解现实世界的。

（二）对社会研究所做的一系列基本假定和规范

方法论所秉持的一系列基本假定和规范是哲学取向的进一步延伸和具体化。比如，定量方法论基于实证主义哲学立场，就有一系列用于整个研究过程的方法论假定和规范，它们包括客观性、因果性、简化论、信度和普遍性等，而定性方法论基于阐释主义哲学立场，其方法论假定和规范是局内人视角、情境性、整体性和价值性等。这些假定和规范引导着研究者提出适当的研究问题，选择必需的证据来获得研究结论。

定量方法论秉承实证主义哲学传统，基于一种唯物主义本体论和客观主义认识论，假设整个研究过程是价值中立或客观的，因为所研究对象、现象间的因果联系以及研究者与被研究者之间的关系都是客观的，研究者能够用严格的测量和控制等研究程序来确保研究结果的客观性。定量方法论还假定社会现象之间存在着稳定的因果关系，研究者可以发现这种因果关系，社会科学的最终目标就是做出因果性陈述。定量方法论还假定社会现象能被简化为一系列可观察的变量，通过测量技术把概念简化为可操作的变量，用数字形式来表示这些概念。当然，定量方法论的测量工具和数字形式需要符合一定的规范和标准，测量工具必须具有一定的信度和效度，即测量工具应该始终保持一致性并测量了所想要测量的东西。此外，研究结果还要具有普遍性，也就是说，研究者要选取有代表性的样本,把研究发现推广到一个更多的人口,让研究结果具有普遍意义。

定性方法论采取阐释主义哲学取向,基于一种相对主义本体论和主观主义认识论,认为世界是由多重事实组成的而不只有一种因果关系,研究过程应该是主观的而不是客观的,主张通过“移情式理解”来阐释人们的行为。定性方法论假定局内人视角,即研究者要从局内人视角而不是局外人视角来理解现象,局内人视角要求研究者融入当地的社会情境,成为参与者中的一员,学会从参与者立场出发来进行观察和思考。定性方法论还假定在自然情境(natural setting)中来理解社会现象的意义,强调在自然情境中收集数据,不做任何操纵和控制,尽量保持原有的自然风貌,不要轻易改变研究情境,即使不得不改变,也要把它控制在最低水平。定性方法论进一步假定整体性理解,关注复杂的人际互动和相互依赖,绝不能把它们简化成不连贯的变量或线性因果关系。定性方法论质疑价值中立的可能性,假定价值和意义无处不在,认为价值与事实无法分离,价值已成为研究过程的一部分。

(三)用于社会研究的总体策略和程序

方法论还涉及一系列用于研究的总体策略和程序,这些策略和程序从动态和操作上进一步具体化了方法论的哲学取向。在处理“理论与研究”这一方法论的核心关系上,定量方法论和定性方法论采取了不同的研究策略和程序。定量方法论强调演绎策略,采用理论检验的研究路径或程序,而定性方法论则强调归纳策略,采用理论建构的研究路径或程序。

定量方法论采取演绎策略:如果某个前提是真实和完整的,而且推理也是正确的,那么结论必然就是可靠的。这就是说,可将某个前提纳入能提供有效结论的形式中,但是结论不能超出这个前提的逻辑内容。定量方法论主要关注测量和抽样,以某个特定理论作为自己的研究出发点,根据这个理论,提出相应的研究假设,通过测量技术使研究假设具体化,再用问卷调查或实验来收集数字形式的数据,用统计技术来分析数据,从而验证或反驳所提出的研究假设,并最终确定这些假设所依据的理论是否正确。这就是说,理论是通过演绎推理得到的,并在经验分析中加以检验。从本质上讲,定量方法论是一种理论检验的研究程序,采取“自上而下”的研究路径,从一般社会理论出发,通过具体的经验证据,来检验理论是否能够成立。如果经过多次检验,理论都能成立,那么该理论就是具有普遍意义的社会理论。

与定量方法论相反,定性方法论采用归纳策略,通常涉及四个基本步骤:①观察和记录所有的事实,不要对其相对重要性妄加猜测或选择;②对这些事实进行分析、比较和分类,而尽量避免使用假设;③从该分析中归纳概括出这些事实之间的关系;④这些概括还要接受进一步检验。(Hempel,1966:11)定性方法论关注内容和意义,收集文字形式数据,采用归纳程序来处理数据。定性方法论的具体路径是,从对社会现象的观察开始,通过人际互动来获得经验数据,通过对数据的不断比较和分析性归纳,从中归纳出不同概念之间的逻辑关系,再经过对数据的加工,逐步提炼出核心概念,归纳出经验性概括,最终形成更抽象的理论观点。这是一个从具体经验事实上升到一般抽象理论的归纳过程。可见,定性方法论是一种理论建构的研究程序,遵循"自下而上"的研究路径,研究之初并没有确切的理论基础,在研究过程中逐步形成某种理论。随着研究的不断深入,这个理论会不断得到修改、完善和放弃。如果该理论是在数据基础上形成的,就是实质性理论(substantive theory)。如果没有产生理论,就是非理论性研究,但仍然具有描述性价值。

二、社会科学方法论的特点

从以上分析可以看出,社会科学方法论是关于社会研究方法的理论,是完成任务的一般取向、路径和方式,而不涉及如何完成任务的工具、技术和方法等具体细节。这好比出门要选择交通方式,有地面、地下/水上和空中等交通取向和路径,至于地面有公交车、出租车、自行车等具体交通工具,公交车的型号和容量则不是方法论所关心的,而是方法所要研究的内容。方法论重点关注交通出行取向是否有令人信服的理由、严密的路线安排以及合理的转驳策略等。

与其他研究方式和工具相比,社会科学方法论具有以下四个特点:

(1)系统性。与具体方法随意性使用不同,社会科学方法论系统地考虑了与方法有关的相关因素和问题。社会科学方法论提供了对具体方法系统性规定和理解,比如方法的哲学基础和前提、方法使用的目的或目标、方法的基本取向和步骤,以及方法的标准和策略。此外,社会科学方法论还强调整个研究过程和程序的系统性,包括从确定目标即提出有价值研究问题开始,到文献综述、研究设计、收集数据、分析数据和解释数据,直至得出结论,这一系列步骤是环环相扣、逐步推进的,共同构成了一个方法论系统整体。

(2)严谨性。社会科学方法论的核心是推理,要在经验证据基础上对社会现象作出系统性解释。科学推理有一套从证据到理论,再从理论到证据的推理链,这条推理链有严密的程序和规则,经得起推敲和重复检验。社会科学方法论包括从证据到理论的归纳推理以及从理论到证据的演绎推理,演绎推理和归纳推理是社会研究方法论两种基本的推理形式。演绎推理主要涉及定量方法论,而归纳推理主要与定性方法论有关。如果将这两种推理形式结合起来使用,就是混合方法论。

(3)实证性。与哲学方法论单纯依靠抽象概念不同,社会科学方法论强调经验数据在研究过程中的基础性作用,关注一个研究结论是否得到充分实证证据的支持。社会研究方法论侧重于处理数据与理论之间的关系,数据与理论的关系是社会科学方法论的主线,其他关系和问题都是围绕这个主线而展开的。从经验数据出发归纳出理论就是理论建构研究,即定性研究。而从理论出发通过测量工具最后演绎出特殊结论就是理论演绎的研究,即定性研究。混合方法研究将两者结合在一起,但还是依赖于实证数据对研究结果的支撑性作用。

(4)价值性。人们的价值观对研究目标、工具和路径的选择产生了极其重要的影响。与自然科学研究有明确目标不同,人们难以对社会目标达成完全一致的意见,社会科学方法论交织着价值观和个人意愿的影响:探索中渗透着价值观,事实中渗透着理论,数据中渗透着个人意愿。人们对社会的期待是与对社会问题所持的看法密切相关的,社会观念不可避免地影响了社会研究方法论。由于价值观的不同,研究者无法在统一目标驱动下开展研究工作。

第三节 方法论整体主义和方法论个体主义

方法论的出发点往往对方法论的取向、路径、程序和策略产生决定性影响。社会是由个体构成的,社会科学研究是从个体出发还是从社会出发,决定了方法论的不同取向和路径。如果从个体出发,用个体来解释社会现象就是方法论个体主义。如果从社会整体出发来考察社会现象就是方法论整体主义。方法论整体主义和方法论个体主义构成了方法论的两种基本立场和取向。

一、方法论整体主义

方法论整体主义涉及用社会整体属性来解释社会现象的一种方法论原则。方法论整体主义坚持认为,社会系统是由宏观规律支配下的有机整体所组成,因此分析单位是社会整体而不是个人,这就要求从社会整体这个分析单位出发来解释社会现象,而不是将社会整体简化为部分来进行解释。米特诺维奇(Mitrovic,2007)提出,方法论整体主义有三个核心命题:①用整体属性来解释个人属性,而不是相反;②拒斥有关个人属性的终极性解释,除非依据整体属性来专门作出这些解释;③绝不能依据个人属性来解释整体属性。

方法论整体主义认为,社会整体大于每一个成员的态度、信念和行动的总和。社会是一个由各种社会结构和社会制度等社会整体构成的有机系统,不能还原为个人的活动或现象。社会整体具有个人所没有的特征,社会整体属性往往规定和决定了个人属性。个别社会事实只有联系到社会整体才能得到合理的解释。方法论整体主义试图通过对总体社会制度的研究来发现社会发展变化的规律。

方法论整体主义源自古希腊哲学家柏拉图和亚里士多德。西方中世纪唯名论和唯实论围绕“国家和社会对于个人是否具有优先性”等问题展开争论。黑格尔是近代整体主义思想的集大成者,马克思主义在实践的基础上重新确定了整体主义的权威,表达了个人和整体的辩证统一思想,在哲学和社会科学中产生了广泛影响。孔德和斯宾塞提出,应该把社会当成一个有机整体来研究。涂尔干强调要用社会原因来解释社会结果,而不能用心理学或者个人原因来进行解释。帕森斯在孔德的基础上,提出了更精致的社会有机体思想。

方法论整体主义认为,社会是由个人或个别因素所组成,但是个人并不是彼此独立的,而是相互依赖和相互影响的。个人或个别因素必定联系着其他个人或其他因素，不同的个人在本质上是内在相连的，每个人都具有其他人的品质和由其他人品质所构成的东西。比如，孩子受到家庭的影响，而孩子也影响了家庭本身。个人和个别因素之间的辩证关系构成了一个系统或整体。社会整体并不是独立于个人而存在，社会整体是由个人所组成并受到个人的影响。可见，整体并不是每个独立个人简单相加，整体要大于每个个人或个别因素所构成的总和。

所罗门·阿瑟(Asch,1952)用两个小孩拿一根木棍的例子来说明社会互动的整体性质。两个小孩为了实现某个目标共执一根木棍，两人并没有分别用力。这两个小孩和共同目标就构成了一个行动统一体，产生了本来并不存在的新东西。它既不是每个小孩的各自所为，也不是每个小孩各自身所为的简单相加。每个人所作出的贡献是他与别人的关系以及别人行动方式的函数。由于别人的行动引起了自我行为的变化，因而自我是渗透着别人的。这个行动统一体表现出突显或层创性质。突显意味着出现了新的结构和特性，对整体至关重要，它意味着整体并不是个人的简单相加，这个整体会对个人特性产生影响。

方法论整体主义通常联系着定性方法论，整体主义在定性方法论中的最重要应用是阐释主义。阐释主义倾向于把社会现象放在整体环境中来加以考察，试图通过了解某个现象的整体背景来解释现象本身。阐释主义相信，所收集到的数据只有置于社会历史的语境中才有意义，才能加以理解。这就是说，部分的意义只有置于与整体的联系中才能加以理解。反之整体的意义也只有以部分为基础才能加以理解。研究者可以从某一点开始，通过部分与整体之间的交互理解来逐步理解其主旨，从而实现对两者的逐步深入理解。

阐释主义所说的整体，最初是指古希腊罗马的某些作品以及作品背后的作者，后来进一步扩展到了与之相关的整个历史背景，最后扩展到全部世界历史。“部分”也从最初古希腊罗马著作家的一个著作章节，扩展到了写作文本和口语用词等一般语言表达，最后扩展到一般历史行为。于是，阐释主义从最初对某个古典著作单个文本部分的理解，扩大到对整个世界历史背景下的一般历史行为的理解。

阐释主义所说的理解是一种移情式理解，即研究者通过浸濡于行为者的实际生活情境来实现对行为者的理解。为了准确理解行为者的意义，研究者就要尽量将自己放在行为者的位置上来思考，在想象的帮助下，通过“直觉”来实现对过去经验的移情式再现。这就是说，如果单从外部来分析行为者的心灵，这个心灵是不易为另一个个体所理解的，只有通过“直觉”才能完全进入另一个个体的心智世界。通过这种移情并辅之以其他知识背景，研究者就能更好地理解行为者。

阐释主义强调，只有将行为联系起来进行整体考察才能揭示行为本身的意义。阐释主义为了揭示心理现象，往往对行为进行整体考察。例如，阐释主义者为了解释母亲打孩子的心理，就要知道孩子在被打之前是如何行动的？母亲在其他情况下是如何对待孩子的？在母亲打孩子的过程中或打了以后，母亲对孩子究竟说了些什么？等等。只有弄清这些相关行为的复杂构成，才能揭示母亲打孩子是出于关心孩子，憎恨孩子还是报复孩子。又如，为了弄清某种说法是一种玩笑还是一种侮辱，就要把这种说法放在其他评论的语境中，放在说话者的表情中，放在其他行为中加以考察。一些评论可能是含糊的，但是表情或行为语境可以消除这些含糊性。因此，对阐释主义者来说，完整地把握研究对象的相关情境是至关重要的，研究者应该有意识地不去扰乱或改变研究情境，并使其改变限制在最低水平。

二、方法论个体主义

方法论个体主义涉及用个人属性来解释社会现象的一种方法论原则。这意味着把个体用作分析单位来解释社会现象，也就是说，研究者所作的解释是建立在个体水平上的，而不涉及社会整体水平的理论表达。阿瑟·丹多（Danto，1985：266）提出，方法论个体主义有三个核心命题：①社会整体属性在逻辑上依赖于个体属性，而不是相反；②拒斥有关社会整体属性的终结性解释，除非依据个体属性来专门作出这些解释；③绝不能根据社会属性来解释个体属性。

与方法论整体主义相反，方法论个体主义认为，社会整体独立于个体而存在，这并不是说社会整体并不存在，而是说社会世界是因个体而存在的，社会结构和社会制度等社会整体概念可以还原为个体的行动。个体是社会系统的核心因素，社会结构只不过是个体行动和活动的副产品或结果。个体是有意义行为的唯一承担者，个体遵循情境逻辑而展开行动。社会情境是特定个体性格、信念和资源的一种集合体。个体依据特定情境中的其他个体的预期行为来指导其行动，由此创造了社会情境。

方法论个体主义最早可以追溯到古希腊哲学家德谟克利特的原子论。近代英国唯物主义哲学家霍布斯倾向于方法论个体主义。斯宾塞用个体主义方法解释社会的起源和性质。韦伯提出了“个体主义方法论”概念，他把个体看成是高于社会整体的东西，主张从个体行为和心理出发来建构社会整体。许多经济学家是方法论个人主义者，经济学家米塞斯（Mises，1949）正式提出了“方法论个体主义（methodological individualism）”概念，在他看来，个体决定了行为的性质，个体将意义赋予集体。经济学家哈耶克（Hayek）提出，个体是依据他们如何看待情境而采取行动的，表现出主观主义方法论个体主义的倾向。科学哲学家波普尔强调，个体的态度和行动决定了社会组织的运作，不过他又关注个体行动的客观方面，比如社会制度等，表现出客观主义方法论个体主义的倾向。科尔曼把宏观社会现象看成是特定个体行动所引起的，认为个体行动导致了宏观结构的变化。

方法论个体主义强调，个体是一个独立的实体，社会整体是个体的产物或派生物。个体并不依赖于社会整体，而社会整体却依赖于个体，社会整体随着个体的运动而运动。在对社会现象的分析过程中，要把个体作为分析单位。这就是说，对个体的研究是对社会整体进行研究的前提，社会整体只能从个体那里去寻求解释而不是相反。由于复杂的社会现象是个体的动机、信念、需要和情境等众多因素综合运作的结果，因此，就要把社会现象还原为个体行为和个人心理，用个体行为、个人性格、意志、信仰和道德等来解释社会现象。

方法论个体主义基于直接性逻辑,反对将社会科学建立在社会整体结构的基础之上,反对为了理解人类行为,而将解释降低到整体的精神状态或人性水平上。换言之,社会语境先于特定的个体行动而存在,因此为了理解个体行动,就需要理解个体是如何受占主导地位社会语境影响的,由于这个语境是非决定性的,个体又是如何再根据语境来改变社会的。这显然需要用实证调查来弄清个体是如何与社会情境进行互动的。

方法论个体主义通常联系着定量方法论,特别是实证主义。实证主义把现象视为简单的、同质的和独立的变量。变量可以定义为性质上的常量,数量上的变量。这种区分有助于避免将不同的变量属性混杂在一起,并避免由此而来的属性变化和复杂化。智力、沮丧、攻击性等心理现象被解释为单个变量,具有简单的和固定的属性,它们在不同的条件下有不同程度的变化。实证主义关注变量的取值,避免将简单的、固定的变量属性理论化。

方法论个体主义还反映在问卷等调查工具上。问卷中的每个问题都是一个独立的要素,测量了特定的心理属性。为了防止不同问题之间的关联,对问题做了随机处理。每个问题的答案都是一个独立的要素,具有相等的权重,可以彼此进行相加。当然,在要素分析等统计分析中,变量是相关的,可以把一组相关的变量综合成一个共同的要素。

综上所述,关于方法论研究,长期以来存在着整体主义和个体主义的对立。方法论整体主义将社会整体视为分析单位,从社会整体出发来分析社会现象,主要表现为定性方法论;而方法论个体主义特别关注个体,将个体视为解释社会现象的决定性因素,主要表现为定量方法论。这两种方法论尽管有区别,但也有共同点:两者都不否认社会是由个体组成的,在个体之外还存在着社会整体;社会和个体各自发挥着不同的作用。“对社会整体的把握是否依赖于对个体属性的解释?”这是社会科学方法论争论已久的一个核心问题。然而,需要指出的是,无论从社会学起源,还是从社会学的主流方法论立场来看,社会学研究都尽量避免把社会解释降低到个人水平,尽量回避从个人心理或个性方面来解释社会现象。可以说,方法论整体主义是社会学研究中一种主导性方法论取向,这已经为近200年社会学发展的历史所证明。

实际上,当代方法论一直试图解决社会与个体之间的矛盾,寻求某种中介或非直接性来克服整体主义与个人主义之间的直接对立。自20世纪80年代以来,方法论整体主义和方法论个体主义之间的关系进一步演变为“结构和代理(structure and agency)”或者“宏观社会学视角和微观社会学视角”(Ritzer,2000)之间的关系。这里的结构(structure)主要是指社会结构,而代理(agency)主要是指代理人(个体和其他实体)的行动能力。尽管许多学者极力回避方法论整体主义和个体主义的概念,但是社会与个人之间的矛盾依然没有消除。近些年来,围绕“个人代理究竟能在多大程度上解释社会”或者“社会究竟能在多大程度上解释个人代理的信仰、欲望和行动”等问题,展开了激烈的争论。吉登斯(Giddens,

1984）等社会学家和巴斯卡（Bhaskar,1998）等哲学家试图通过升级版的“结构化理论（structuration theory）”来填补整体主义与个体主义之间的鸿沟，倡导使用混合方法论。巴斯卡试图用“突显性”或“层创性（emergent properties）”把结构与代理连接起来，“突显性”是实体在某个层次上所表现出来的一种属性，源自较低层次但又不能还原为较低层次。吉登斯提出了“结构二重性”概念，社会结构既是社会行动的中介，又是社会行动的结果，质言之，社会实践产生了结构，又为结构所产生。

第四节　社会科学方法论的演变和发展

自 18 世纪 90 年代法国哲学家孔多塞（Condorcet,1743—1794）提出“社会科学”概念以后，经过近一个世纪的发展，在社会科学领域形成了实证主义与阐释主义两大基本的方法论取向。实证主义方法论模仿自然科学方法论，倡导演绎和确定性等思想观念，用“假设—演绎”模式来检验理论，用数理统计技术来分析经验观察并确定其因果关系。实证主义方法论的具体表现形式是定量方法，定量出自拉丁文“Quantitas”，原意为数字说明和数学方法的意思，定量方法关注测量和统计分析，具体方法有实验法、准实验法、问卷调查法等。与此相对立的是阐释主义方法论，它植根于人文学科，倡导阐释主义、相对主义和建构主义等思想观念，主张从整体上对文本信息加以阐述和理解。阐释主义方法论的具体表现形式是定性方法，定性出自拉丁文“qualitas”，原义是指社会现象的性质、特征和特性等，定性方法关注文字或文本数据，侧重于文本分析和叙事表达，具体方法包括观察法、访谈法、行动研究法、个案研究法等。在定量方法论与定性方法论的交锋和发展中，出现了用辩证方法将两种方法论立场结合起来使用的混合方法论。混合方法论关注连续性、核实和均衡、互补性和整合、反教条主义等思想观点。混合方法论的具体表现形式是把定量与定性结合在一起使用的混合方法，其目的是为了解决问题而提出切实可行的方案。

尽管社会科学方法论成熟于 20 世纪中叶，但是，社会科学方法论自古以来就以多种形式交织在西方思想的发展过程中。以定量为取向的学术观念与以定性为取向的学术观念展开了激烈的交锋或论战，混合方法也在双方争论中逐步萌芽和发展起来。社会科学方法论的历史发展过程，大致可分为四个主要时期：①萌芽时期，②形成时期，③成熟时期，④进一步发展时期。

一、社会科学方法论的萌芽时期

社会科学方法论的萌芽可以追溯到古代。我国古代就有以课税和征兵为目的的人口统计调查，古希腊也有统计技术的萌芽。古代哲学是现代方法论的一个重要源头，尽管古代中国哲学基本上是与科学分离的，但是很早就把世界归结为金木水火土五种元素，体现了方法论的简约主义。古希腊哲学是与科学统一的,古代旧哲学成为现代各门科学的母体,现代社会科学也是从旧哲学母体中逐步分离出来的。正如恩格斯(1972)所说:"在希腊哲学多种多样的形式中,差不多可以找到以后各种观点的胚胎、萌芽。"现代社会科学的许多问题可以追溯到早期旧哲学的不同学术观念。社会科学方法论植根于旧哲学有关知识问题的争论。当下有关定量、定性和混合等方法论之间争论的焦点集中在相对主义以及知识性质,这些争论可以在先哲有关知识问题的争论中找到最初的源头或萌芽。

古希腊哲学家柏拉图(Plato,公元前429—前347)是经典定量方法论者。他的知识观近似于当代实证主义哲学观点,在他看来,知识是"得到论证的真实信念(justified true belief)"。他根据演绎逻辑的"二值原则"提出,知识必须为真或假,真理性知识作为"形式"是永恒不变的,因为"形式"寓于特殊变化东西之外,是一种真实的、永恒的实在。柏拉图也是经典唯理论者,他在理念和"形式"中寻求确定性。他倡导确定性知识,主张通过先验推理来获得真理。在柏拉图之后,大多数西方哲学家都将真理视为确定的和不变的东西,酷似欧几里得几何学。例如,定量方法论把确定性结果作为终极追求的目标。

如果说柏拉图是绝对主义者,那么诡辩论者就是相对主义者。诡辩论者在有关实在、真理和知识等问题上坚持相对主义立场,是经典的定性方法论者。芝诺(Zeno,490-425BC)提出了"飞矢不动"和"阿基里斯追不上乌龟"等运动不可分的哲学悖论。普罗泰戈拉(Protagoras,公元前490—前420)认为"人是万物的尺度",把人的感觉看成是判定事物是否存在的标准。高尔吉亚(Gorgias,公元前487—前376)探讨了修辞学的本质和价值,为某些矛盾和荒谬的观点进行辩护,他基于对象流动性和认识相对性,甚至把所有人的看法都看成是虚假的。诡辩论还认为,真理取决于情境、语境和目的。定性方法论重视修辞和语言文字,强调真理是相对的。诡辩论真理观上的相对主义以及推崇修辞和语言,实际上是后现代主义和阐释主义的一种萌芽形式。

像柏拉图一样,亚里士多德(Aristotle,公元前384—前322)也强调确定性。与柏拉图唯理论不同,亚里士多德推崇感觉经验,是一个经验论者。他认为,人的感官所触及的东西是一种实在。他似乎把"主体间性"视为真理的一个标准,而不赞同柏拉图用演绎性论证来获得真理。他重视演绎、归纳和辩证法,把它们看成是互补的,这实际上涉及了当今混合方法的精髓。亚里士多德综合了古希腊各派自然哲学思想,提出了形式因、质料因、动力因和目的因"四因说"。质料因和动力因近似于现代自然科学和定量方法论的因果方法,而形式因和目的因大致相当于定性方法论所说的主观主义、自由意志以及代理。他特别强调"过与不及(excess and deficiency)"之 1 间的平衡(balance),提出了中庸之道(golden mean),这些整合策略在一定程度上突显了混合方法的灵魂。

中世纪在教会和经院哲学的打压下,科学处于低潮。尽管如此,不同思想观念的交锋和论战,在一定程度上表现出定量、定性或混合方法论取向。唯名论只承认"共相"而否定"个别",是早期方法论整体主义的一种表现形式。唯实论认为,"个别"是唯一的存在,是方法论个体主义的早期表现形式。罗杰·培根

(Roger Bacon,1214—1294)崇尚科学知识,倡导使用实验方法,表现出定量方法论的立场。丹豪泽(Dannhauser,1654)在解释圣经文本中创立了阐释学,显示出定性方法论的倾向。阿伯拉德(Abelard,1079—1142)在唯名论与唯实论的争论中,采取中间立场,提出了普遍性存在于人的思维中,而个别存在于个别对象中,从而解决了个别与共相关系的难题,展现了混合方法论的视角。

文艺复兴以后,弗兰西斯·培根(Bacon,1561—1626)作为现代实验科学的始祖,在反对经院哲学中提出族类假象、洞穴假象、市场假象和剧场假象四种假象是错误认识的来源,科学研究要以探究自然事物原因和规律为目的。他批判了经院哲学,认为知识和观念不是来自上帝启示,而是感性世界。感觉经验是一切知识的源泉,只有在感觉经验的基础上才能获得真正的科学知识。他在《新工具》(*The New Organon*)一书中提出了经验归纳法,主张在观察和实验的基础上,经过分析、比较、选择、排除而得出正确结论。他认为,人的偏见会对认知产生影响,在研究过程中要排除研究者的影响。培根的思想体现了现代经验主义方法论的基本取向。

与培根不同,法国笛卡儿(Descartes,1596—1650)是一个唯理论者,推崇演绎和先验推理。他主张用“怀疑一切”的方法来求证知识来源的可靠性,因为只有经过长时间怀疑,才能找到类似于几何学的确定性知识。他认为,“清楚明白”思想必定是真实的,他由此提出了“我思故我在”的原则,声称可以怀疑身边的一切,但是无法怀疑正在怀疑的“我”的存在,换言之,我不能怀疑“我的怀疑”,因为只有这样才能肯定我的怀疑。笛卡儿所强调的演绎推理为现代唯理论奠定了基础。笛卡儿在《正确思维和发现科学真理的方法论》(1637)一书中指出,研究问题的方法有四个步骤:①摒弃任何不清楚的真理,只依据清楚明白的观念作出判断。自己尚未亲身体验的问题,不管有多么权威,都可以怀疑。②将复杂问题分解为若干较小的简单问题,并逐个加以解决。③从容易的问题入手。④检验所有问题是否都得到圆满解决。笛卡儿的研究方法论一直为西方科学研究奉为圭臬,直到20世纪60年代,他的研究方法论才为综合性系统工程方法所取代。

像笛卡儿一样,英国大卫·休谟(Hume,1711—1776)也寻求确定性。不过,休谟提出了不可知论的思想,对感觉之外的任何东西都持怀疑态度,包括因果性和演绎确定性。休谟在《人类理解论》(*An Essay concerning Human Understanding*)一书中,提出了著名的“归纳问题”。在他看来,观察和实验不能产生确定性,因为研究者无法观察所有的现象,明天的现象可能不同于过去的现象。尽管研究者可以在经验上确立某种规则性,但是无法确立普遍的确定性。休谟提出,必须把事实与价值区分开来,无法在逻辑上从事实推出应该,这就是著名的“休谟定律”。由于休谟强调感觉经验,因此他被视为经验主义者和经典定量思想家。他所倡导的科学自然主义被视为研究人类社会的基本方法,并成为逻辑实证主义的核心信条之一。

意大利维科(Vico,1668—1744)是经典混合方法思想家,因为他主张用多种观点和方法来获取更全面、互补性的知识,而不是“单向”的教条式知识。混合方法的核心原则是反教条主义。维科推崇理性和想象力,试图在对立的两极中保持必要的张力,强调连续性而不是两分法。他认识到建构主义和数学逻辑对获取知识的重要意义,认识到正式学习和实践经验的重要价值,也认识到常识、修辞以及批判性推理的重要作用。混合方法另一个核心原则是"核实和均衡(check and balance)"。这一观点出自亚里士多德的政治理论,孟德斯鸠(Montesquieu,1689—1755)在知识和权力的运作方式研究中,提出了"核实和均衡"概念。核实和均衡是混合方法的一种均衡视角,有助于研究者进行探索和验证的研究,从而获得混合方法的知识。

浪漫主义始于18世纪后期并持续到19世纪,是对过度启蒙的一种辩证反应。启蒙运动思想家们崇尚科学和理性,试图用科学和理性来解决所有的社会问题。但是,在他们眼里,个人只是外部环境所塑造的一台精致机器,而不是富有情感和想象力的活生生的人。浪漫主义者反对"人是机器"的观点,更加关注人性方面,反映了定性方法论的基本倾向,是经典定性方法论者。浪漫主义关注差异性,也与后现代主义思想相接近。从混合方法论视角看,浪漫主义纠正了一种失衡,与启蒙观点一道,是对人的更全面的理解。

德国古典哲学家康德(Kant,1724—1804)不满于休谟的怀疑主义,试图重新树立确定性知识的权威。他说,不是物在影响人,而是人在影响物,是人构造了现实世界。康德提出,人类具有时空和因果性等先天感知形式,通过它们可以获得有关于现象的普遍性知识,但是人类理性无法获得物自体(noumena)的知识,因为这超出了人的认识限度,必将导致二律背反。康德是建构主义者,因为他强调人类理解力形式在建构经验和知识上的积极作用,但是康德并不是定性建构主义者,而是先验建构主义者,他的观点要求思维赋予每人同样的经验,要求思维允许普遍性知识。值得一提的是,康德试图在两种对立的立场中寻求整合解决方案,调和唯理论和经验论,把质和量看成是不可或缺的认识范畴,而强调质和量的重要性是混合方法的一个核心原则。就此而言,康德是一个经典混合方法论者。

在康德之后,黑格尔(Hegel,1770—1831)成为德国古典哲学的顶峰,为方法论整体主义奠定了基础。他通过绝对精神把自然界、社会和思维看成是系统发展的整体,把辩证法否定之否定、由矛盾引起的"整体结构"生成当成系统整体的方法。在他那里,辩证法是由矛盾引起的发展以及矛盾向整体的双重形成过程。黑格尔还是一个经典定性方法论者,黑格尔以及费希特、谢林、席勒、赫尔德等其他德国哲学家都坚持唯心主义立场,强调人类思维的主导性以及外化现实,成为建构主义的一种早期形式,昭示着人类学方法和混合方法论的后继发展。马克思继承了德国古典哲学的精华,尽管他早期著作对劳动性质的研究还局限于个人经验层面,但是后期著作更多强调群体、集体和制度层面,表现为方法论的整体主义取向。

二、社会科学方法论的形成时期

从19世纪初到20世纪30年代是社会科学方法论的形成时期。在这个时期里，自然科学和社会科学诸学科纷纷从旧哲学那里分离出来，成为独立的科学学科。自然科学方法论也成为各门新兴学科的方法论典范。孔德模仿自然科学，将科学方法论直接运用于社会科学，创立了社会学，形成了经典实证主义。狄尔泰和韦伯反对在人文学科中运用自然科学方法，强调自然科学与人文学科的差异，提出了经典阐释主义。经典实证主义和经典阐释主义的出现标志着社会科学方法论的初步形成。

19 世纪上半叶，自然科学方法论基本成型。威廉·休厄尔（Whewell，1794—1866）提出了现代意义上的科学家概念。假设检验也成为主要的定量方法论。（Proctor et al.，2006）孔德（Comte，1797—1857）在 19 世纪 30 年代提出了经典实证主义。他提出，人类社会和思想经历了神学、形而上学和实证主义三个发展阶段，实证主义阶段是人类理智发展的最高阶段。实证精神集中体现了实证主义的内涵，而观察和预测是实证精神的主要特性。孔德实证主义是科学主义的。他相信，科学是建立在事实和合法关系基础上的。由于所有其他知识都不同程度地受到污染，因此科学是通向知识的唯一道路。尽管因果关系在当代定量方法论中举足轻重，但是他却把因果关系视为科学所不屑的形而上学概念（Laudan，1971），这大概受到康德思想的影响。在他看来，所有科学所探究的对象是人们所经验的东西，这一观点成为后来实证主义者深信不移的信条。

狄尔泰（Dilthey，1833—1911）和韦伯（Weber，1864—1920）反对将自然科学方法论直接应用于人文学科，强调对人的行为的理解，形成了经典阐释主义，构成了定性方法论的基本学说思想。狄尔泰认为，人文学科和自然科学是两个截然不同的研究领域，实证主义以自然科学为样板，并不适合于人文学科研究。他认为，社会是有人参与其中的，研究者无法绕开活生生的人，只能透过人的阐释历程，从整体上去把握社会现实。在他看来，理解适用于人文学科，而解释适用于自然科学。前者涉及主观意义，而后者涉及客观规律。狄尔泰的观点反映了现代阐释主义对实证主义的批判立场。韦伯与狄尔泰一样也反对实证主义，主张通过非量化的“移情理解（verstehen）”来研究人的行为。韦伯和狄尔泰都主张用理解对历史行动者进行研究。对他们来说，理解语境和价值观都是至关重要的。韦伯还试图通过理解将宏观社会结构与微观主观层面结合起来。这种科学两分法对定性方法论和混合方法论都是至关重要的。

19 世纪 50 年代，达尔文进化论思想进一步推进了定量方法论。达尔文在 1859 年《物种起源》一书中系统地阐发了生物进化论思想，他表明，如何通过自然选择来产生新的物种。达尔文进化论挑战了柏拉图有关真理固定不变的思想，反驳了“所有现象最终都是由物理规律所决定的”这条自然科学还原主义预设。达尔文进化论还体现了混合方法论立场：多元方法视角，接受多种知识，秩序和变化是现实世界的一部分，某些领域会比其他领域更有规律性。

在 19 世纪中叶，阿道夫·凯特勒（Quetelet，1796—1874）率先将概率论思想引入社会科学研究，被称为近代统计学之父。他认为，社会现象与自然现象一样，具有一定的内在规律性，人们通过计算统计指标可以揭示这些规律。他首次在社会科学领域提出大数律思想，并在大数律基础上提出统计学理论，他认为所有社会现象都是受到大数律支配的。他还应用概率统计学来分析法国的犯罪问题，提出了“平均人”概念、人口特性的正态分布律，以及“道德素质”概念的操作化指标。

19 世纪 70 年代，英国人高尔登(Galton，1822—1911)用统计方法对人的身高代际遗传进行研究，提出了相关分析和回归的概念。1879 年，冯特(Wundt)建立世界上第一个心理学实验室，提出了用实验法和观察法来分析社会心理现象，促进了实验方法在社会心理学领域的应用。1900 年卡尔·皮尔逊(Pearson，1857—1936)把生物统计方法提升为一般统计方法论，将概率论与统计学融为一体，成为“现代统计学的创立者”。皮尔逊提出了众数、标准差、正态曲线等一系列统计学概念，继高尔登之后进一步完善了相关分析法和回归分析法，提出了卡方检验法、相关系数等计算公式。1908 年，皮尔逊的学生戈塞特(Gosset)以笔名“学生”提出“学生检验”即 t 检验，开创了小样本统计理论。此后不久，要素分析方法也相继问世。此外，涂尔干(Durkheim，1858—1917)也主张从事定量社会研究，提出社会科学应该以自然科学为基础，把社会事实当成研究对象，当成自然科学中的物，用实证方法以及确凿数据来表达社会事实。

进入 20 世纪以后，量子力学和相对论进一步深化了对自然界的认识，将一个绝对的、机械装置般的世界变成一种概率性的，甚至矛盾的世界。为了突出物理革命新方法的经验性质，布里奇曼(Bridgman，1882—1961)把爱因斯坦等人所使用的方法概括为“操作方法”。他在《现状物理学的逻辑》(1927)一书中提出了操作主义测量理论，主张用测量中所使用的经验操作来定义科学概念，因为科学概念与相应的操作同义，凡不能由操作界定的概念都是没有意义的。他认为，经验主体的操作既是唯一的、确定的，又是可重复的、可执行的。这个思想后来衍生出心理学的行为主义以及逻辑实证主义的可验证性原则(verifiability principle)。

在物理学革命的影响下，定量方法逐步取代了哲学思辨方法，在社会研究领域得到了广泛应用。20 世纪 20 年代，描述性统计分析逐步成熟。1923 年费舍尔(Fisher)提出了区间估计理论和方差分析方法，完善了小样本理论，阐述了著名的实验设计原理。在 20 世纪 30 年代，推论统计学也发展起来，可以从样本推断出总体的信息。随着统计分析工具的发展，各学科加速分化，定量方法逐渐主导着社会和行为科学研究，似乎具有最远大的未来，大多数新兴学科都梦想成为一门“科学”。在此背景下，伦德伯格(Lundberg)倡导社会研究的定量化和社会学操作主义，试图把社会学变成真正的“社会物理学”。在他看来，人类行为具有像重力规律一样的自然规律，可以通过“态度量表”等社会测量工具来预测各种社会规律，测量手段和操作程序越标准，预测结果就越精确。

1929 年，卡尔纳普(Carnap，1891—1970)等人发表《维也纳学派：科学的世界观》，标志着逻辑实证主义的正式形成。逻辑实证主义者将传统实证主义与逻辑分析方法结合起来，推崇科学主义，拒斥形而上学，把科学方法视为研究人类行为的唯一方法。科学主义是指科学知识是唯一真实知识的学说观点。在他们看来,外部世界是可以被量化的,只要以感觉经验为依据,进行正确的逻辑推理,用概率论来修正结果,就一定能得出科学结论。哈金(Hacking,1983:41-42)概括了实证主义的基本信条:①可验证性原则或经验证实原则,采取一种亲观察(pro-observation)的态度;②反因果性立场,偏好规律般关系,淡化解释;③对现实采取一种"反理论"的立场,比如反对形而上学。逻辑实证主义可验证性原则表明,在认知上,唯一有意义的陈述是,数学和演绎逻辑等分析性陈述,以及可用经验来验证的陈述,其他陈述如价值陈述等都是毫无意义的。尽管如此,逻辑实证主义面临着两个主要难题:①它根据证实逻辑,假定了经验研究能够证明普遍性命题。然而,问题在于,数据支持假设并不意味着证明了科学假设或理论,因为这在演绎逻辑上犯了肯定后件的论证错误:如果 p,则 q;q,因此 p。②逻辑实证主义依赖于理论陈述与观察陈述之间的区分,并不能坚持到底。

波普尔(Popper,1902—1994)也对逻辑实证主义的证实逻辑(verificationism)提出质疑,不过,他的解决方案是证伪主义(falsificationism)。在他看来,人们无法在演绎上(如在结论上)证实一个科学命题,但是人们可以在演绎上(如在结论上)证伪一个命题,因为证伪主义依赖于"否定后件假言推理"的论证形式:如果 p,则 q;非 q,因此非 p 的。当然,证伪主义也有一个致命的弱点,不能抛开其他所必需的预设和条件来检验一个假设,这就是假设检验中的"杜恒-奎因原则"或整体主义原则。(Teddlie et al.,2009)逻辑实证主义在争论中进一步调整方法论立场,用较弱的验证(confirmation)来代替强烈的证实,成为逻辑经验主义,在第二次世界大战以后又进一步发展成为后实证主义。

三、社会科学方法论的成熟时期

从 20 世纪 40 年代到 60 年代是社会科学方法论的成熟时期,其标志是形成定量方法论模式和程序以及相关教科书的问世。正如 20 世纪 30 年代经济大萧条刺激了社会研究一样,第二次世界大战也促进了实证研究,特别是问卷调查方法的完善。这个时期被普遍看成是问卷调查的全盛期。尽管实证主义不断遭到质疑,但是在自然科学巨大成就的影响下,定量方法论基本上主导着社会研究领域,研究者主要用"假设—演绎"模式来研究社会现象。

在 20 世纪 40 年代,斯托佛(Stouffer,1900—1960)和拉扎斯菲尔德(Lazarsfeld,1901—1996)改进了统计技术和研究工具,使问卷调查成为主要的数据收集方法,将定量方法论推向成熟。斯托佛等人对群体动力学和社会研究方法进行了研究,他们所著的两卷本《美国士兵》(1949)被看成是现代问卷调查的奠基之作。而 1949—1950 年出版的四卷本《第二次世界大战社会心理研究》对战时所收集的问卷调查数据进行了重新分析和研究,成为定量调查里程碑式的研究成果。他们所提出的研究设计、抽样方法、问卷设计和分析逻辑已成为当今广为使用的社会统计研究模式。

拉扎斯费尔德进一步发展了测量技术,规范了定量分析法。他强调精确的定量测量和操作化程序,对人的行为和态度进行了有效测量。他将数学模型运用于社会传播的潜在结构和同组分析,率先在社会研究中使用问卷法、同组分析(panel analysis)、多元分析、交叉列表分析、潜在结构分析等定量分析手段。在他的努力下,社会研究的定量化和程序化变得简单易行。此外,拉扎斯菲尔德还对研究方法论进行创新,首创了"专题小组"(焦点团体)访谈法,提倡使用三角互证法,用多种方法对研究对象进行研究,将定量方法与定性方法、参与观察和深度访谈、内容分析与个人传记、专题小组和个别访谈结合起来,形成了混合方法研究的基本雏形。

如果说实证调查推动了方法论的发展,那么有关方法的教科书就记载了调查分析的逻辑。在20世纪40—50年代,一些有重大影响的教科书相继问世,它们是伦德伯格(Lundberg,1942)的《社会研究:数据收集的方法研究》,杰霍达等人(Jahoda et al.,1953)的《有关偏见的社会关系研究方法》,海曼(Hyman,1955)的《问卷调查设计和分析:原则、案例和程序》等。伦德伯格在《社会研究:数据收集的方法研究》中拟定了顶级科学研究所应遵循的基本步骤:①工作假设;②观察并记录数据;③对所收集的数据进行分类和组织;④概括成能用于世上所有相似现象的科学定律。伦德伯格认为,他的模式适用于社会科学和自然科学。后来伦德伯格被看成是极端操作主义者,他的方法也被批评为缺乏理论性。

第二次世界大战结束后,实证研究通常是尽力去检验一个理论,而不是尽力去构建一个理论。在这个时期,围绕社会科学统计检验是否有用争论颇多,对问卷调查是否用开放式问题还是用封闭式问题也未达成共识,争论到最后,还是偏向于封闭式问题。

至20世纪60年代,随着抽样理论和统计检验等社会统计学方法的完善,社会测量法和调查方法得到了广泛运用,定量方法论得到进一步完善,达到了鼎盛时期,成为社会研究的主导取向。1960年是一个重要的分水岭,因为,第一,拉扎斯菲尔德、斯托佛和李克特等调查方法先驱者不再活跃于调查工作第一线。第二,调查方法已在制度层面上建立起来(Converse,1987:381)。此后定量方法著作纷纷问世,其中包括:布莱洛克(Blalock)经典的《社会统计学》(1960)和《理论建构:从字面到数学公式》(1969),邓肯(Duncan)的《路径分析:一些社会学的实例》(1966),以及兰德(Land)的《路径分析原则》(1968)。值得注意的是,邓肯用路径分析方法进一步完善了社会研究的因果分析,他借助路径分析法对美国职业结构进行了研究,推进了社会分层研究。

不过,随着定量调查方法的走红,相应的批评也日益增多。20世纪50年代以后,研究者逐步认识到实证主义的局限性,开始对定量调查方法提出质疑。由于拉扎斯菲尔德是这个领域的核心人物,他成为主要的批评对象。符号互动论者布鲁默(Blumer)自20世纪20年代以来一直在批评统计方法。在20世纪50年代中期,他将拉扎斯菲尔德当成一个靶子,矛头直接指向用来收集和分析数据的"变量社会学"。他认为,阐释过程是"人类行动的核心",而"变量社会学"却没有触及其本质。1959年,米尔斯(Mills)在《社会学想象》(*Sociological lmagination*)一书中也对

“抽象实证主义”进行了抨击。

到了20世纪60年代,尽管定量研究还在继续主导着社会科学研究,但是,由于科学与人文之间的裂痕加大,对逻辑实证主义的质疑更多了。人们逐步认识到,现实是由人类自身参与建构的,知识传递是以社会方式来进行的,用自然科学方法来研究复杂的社会现象并不能获得预期的结果,因为定量方法论将复杂的社会现象简单化和凝固化了。1965 年,皮亚杰对“心理测验”提出了批评,认为只做数量研究而不从性质上把握是没有任何意义的。

在20世纪50—60年代,在日益增多的批评声中,许多最有影响的定量研究者在方法论上采取了后实证主义立场。后实证主义是实证主义的延续,尝试对备受质疑的实证主义原则作出回应,不过,它的许多立场与实证主义传统正好相反。20世纪50年代末,后实证主义出版了一些标志性著作,如汉森(Hanson,1924—1967)在1958年出版了《发现的模式》,波普尔在1959年出版了《科学发现的逻辑》(*The Logic of Scientific Discovery*)。这些著作提出了后实证主义的基本原则:①探究中渗透着价值(value-ladenness),因为研究者价值观对研究本身产生影响。②事实中渗透着理论(theory-ladenness),因为研究者所使用的理论、预设或框架也会对研究本身产生影响。③人们所理解的现实是建构出来的。这些原则实际上反映了20世纪后叶定量方法论者和定性方法论者对“现实本质”的某些共同立场。与逻辑实证主义相比,后实证主义似乎更准确地表达了定量研究方法的特点。例如,库克和坎贝尔(Cook et al.,1979)等著名定量方法论者承认,定量方法存在着固有的缺陷,因为实验者的偏见会使事实中充满了价值观或理论,从而降低了实验的效度。

对定量方法最致命的打击还是来自实证主义内部。波普尔的“证伪主义”、库恩(Kuhn)的“科学范式”、拉卡托斯(Lakatos)的“精致的证伪主义”和费耶阿本德(Feyerabend)的“知识无政府主义”等理论观点在一定程度上消解了实证主义的狂妄,挑战了社会科学领域的实证主义至高无上的地位。这些学说思想指出,定量研究还不足以解释复杂的社会现象,对社会现象的研究还可以借助其他研究范式和研究工具来进行。

定性方法论是在对定量方法论的批评声中发展起来的,不过,与定量方法论相比,定性方法论一直处于社会研究的边缘。定性研究方法发轫于19世纪,随着人类学、民俗学、社会学和心理学等学科的发展而发展起来。早期定性研究主要凭主观经验和理论思辨来进行,一度因社会调查运动而引人注目。然而,由于缺乏统一的方法论原则和操作规范,主观随意性较大,因而在定量方法论主宰的社会研究领域,长期得不到重视,甚至遭受排挤和打压。直到1967年,格拉泽和斯特劳斯(Glaser et al.,1967)出版了《扎根理论的发现》(*The Discovery of Grounded Theory*)一书,才标志着定性研究方法的正式登场。

定性研究产生于20世纪60年代对实证主义和定量研究程序的反抗。20世纪60年代出现的“语言学转向(linguistic turn)”促进了科学同生活世界和日常语言的联系,将研究注意力更多地引向定性研究,推动了定性研究方法的发展。也正是在这个时候,人们发现,定量研究过于依赖研究者的观点,而忽视参与者的观点,参与者被剥离于实际情境而被置于与个人经历无关的实验情景中。为了反对定量方法论,他们提出了一种替代研究形式,称为自然主义探究或建构主义来弥补这些缺憾。(Guba et al.,1985)这种新方法重视参与者观点,强调语境和意义。

四、社会科学方法论进一步发展时期

从20世纪70年代到现在是社会科学方法论进一步发展时期。这个时期的标志性事件是定量方法论与定性方法论之间的"范式战",以及作为第三种方法论的混合方法研究的问世。"范式战"主要发生在20世纪70年代至90年代初,而混合方法研究则正式出现在90年代中后期。混合方法研究是定量方法论与定性方法论之间"范式战"的一个未预期后果。混合方法研究把社会科学方法论进一步向前推进,形成了第三次方法论运动或第三种方法论范式。

进入20世纪70年代,计算机信息技术得到进一步发展。电脑技术的发展极大地促进了调查分析技术的发展,有助于使用和开发强有力的多变量统计程序,改进调查问卷设计。借助电脑技术,各种数据库纷纷建立,调查数据库极大地提高了调查数据的可获得性,使二手分析成为可能。此外,技术进步还影响了定性调查数据的收集和分析,导致了电脑辅助访谈这种新的访谈形式的出现。

这时,尽管定量研究仍旧支配着社会科学研究,但定性研究不再被看成一种"修饰的花边"了。到了20世纪80年代,实证主义和定量研究在社会科学领域失去了霸主地位,定性研究方法得到进一步发展,不仅有了自己独有的概念、具体方法和理论,而且还有了比较规范的操作程序。符号互动论、阐释学、常人方法论、批判理论、女权主义和新马克思主义理论被视为定性研究方法理论,而访谈、观察、个人经历和文献法被确定为定性研究方法。(Denzin et al.,2000:15)定性研究的操作程序也基本成型,它们包括提出一般定性研究问题的程序,从事实地访谈和观察的程序,以及分析数据的程序等。研究者还探讨了个案研究、扎根理论研究和叙事探究等定性研究设计类型。研究者和学术期刊纷纷把目光投向定性研究方法,比如,1987年《美国教育研究杂志》编辑部特别强调刊用定性方法的论文。与此同时,一些在定量研究领域享有很高声誉的定量学者也开始涉足定性研究,有的甚至把定性研究看成是通向真理的唯一方法。此外,随着定性研究操作程序的规范化,还出现了电脑辅助定性数据分析软件。

进入20世纪90年代以后,定性研究有了新的发展,出现了"参与"和"倡导"实践。研究者关注下层社会阶层、妇女、种族人群的需要和不平等,探讨种族和文化认同,思考同性恋者的权利,尊重在写作和阅读定性研究报告中的不同观点,将定性研究视为一种公民责任和道德对话,当成推动社会改革的一种手段。

从20世纪70年代至90年代初,围绕定量和定性孰优孰劣,展开了大量的对话,也产生了激烈的争论,这就是所谓的"范式战(paradigm war)"。在20世纪70—80年代的心理学领域,克隆巴赫(Cronbach,1982)、库克和坎贝尔(Cook et al.,1979)围绕内部效度与外部效度问题,展开了激烈的争论。格根(Gergen,1973)甚至怀疑社会心理学是否是科学的,质疑支撑着心理学分支学科的实证主义信条,特别是超越时空的通则可能性。在20世纪80年代的教育学领域,古巴和林肯(Guba et al.,1985)认为,实证主义原则及其定量方法论已不足信,建构主义及其定性方法论正在崛起。史密斯和赫舒修斯(Smith et al.,1986)甚至提出要关上彼此沟通的"大门",因为两种范式水火不容使得对话毫无意义。在20世纪90年代初的人类学领域,加德纳(Gardner,1993)质疑玛格丽特·米德(Margaret Mead,1901—1978)在萨摩亚群岛所做的人类学研究,认为她过度依赖预设性概念,还天真地接受所谓核心受访者的信息。这典型地反映了实证主义对建构主义的批评。此外,评估应用研究领域也发生类似的争论。

在定量和定性的争论初期,研究者主要强调这两种研究传统的差异性和不相容性,它们包括:①定性研究和定量研究有不同的哲学基础。定量研究秉承实证主义的观点,强调价值中立立场,而定性研究认为无法做到价值中立。②定量研究和定性研究有不同的研究目的。定性研究旨在从整体上深入理解研究对象,而定量研究旨在确定因果关系。③定性研究和定量研究有不同的研究路径。定量研究遵循从一般到特殊的演绎逻辑,而定性研究则侧重于从个别到一般的归纳过程。④定量研究和定性研究有不同的表现形式。定性研究主要是用文字来进行叙述性说明,而定量研究则强调标准化研究程序。⑤定量研究和定性研究有不同的主观性成分。定性研究主观成分比较多,而定量研究以中性证据为依据,力求客观。随着时间的推移,对这些差异的质疑声音出现了。到了20世纪80年代中后期,研究者开始思考将两种研究方法混合起来使用的可能性。例如,大卫·西尔弗曼(Silverman,1985)"激进地"建议将定性数据的定量分析与定性分析结合起来。

20世纪90年代以后,社会科学方法论出现了两大趋势。第一个趋势是方法论取向的多样化。随着定量方法论与定性方法论之间的分异性不断加大,形成了高度专业化取向:一个人可以先进行访谈分析,然后再建立结构方程或多层次模型,最后再用叙事分析来结束研究。方法论取向的多样化,是不同学科与传统之间的互动以及教科书和期刊的制度化机制所造成的结果。目前许多西方社会研究领域已将使用多个研究方法视为理所当然。由于社会科学的快速发展和复杂性问题的增多,大多数研究者都认为不论哪种方法,只要适合研究就行,而不再去死抱着某种特定的方法。

第二个趋势是不同方法论之间的融合。尽管定量研究和定性研究存在着差异,但它们在实践上是经常混杂在一起的。自20世纪80年代中后期以后,针对定量和定性两大范式之间的争论,越来越多的研究者认识到,定性研究与定量研究各有长短,彼此不能相互代替,单纯的定性研究与单纯的定量研究都不能解决研究方法论自身的问题。在实践中,一些研究者自觉或不自觉地将两种方法结合起来,探讨结合使用的具体途径和方式。随着方法论讨论的逐步深入,有些人提出了和解之道。在教育和评估研究领域,有些学者(Howe,1988; Reichardt et al.,1994)提出了相容理论或“实用主义”。

正是在这一时期,范式之争在社会研究史上第一次变得中庸了,因为许多研究者都采取了“相对主义”立场,对特定研究问题随意使用某种方法论取向。如今,混合方法论试图同时结合定性方法和定量方法,又被称为混合方法研究或方法论混合。

其实,混合方法研究早在20世纪初就出现了。许多社会学家、应用心理学家和人类学家在同一个研究中使用了多种方法或混合方法。例如,弗雷(Fry,1934)在《社会调查技术》一书中就包含了“研究的结合方法”“定性分析”和“定量分析”等章节。他总结了林德《中镇》(1929)所使用的调查方法,提出研究工作通常需要精通一种以上的特殊方法。只有将不同方法结合起来,才能获得最佳结果,这是社会探究创新的一部分。在1959年,坎贝尔和费斯克(Campbell et al.,1959)提出了多元操作主义概念,倡导使用一种以上的测量方法。1966年,韦勃等人(Webb et al.,1966)在《不扎眼的测量》一书中提出了三角互证(triangulation)概念。后来吉克(Jick,1979)和邓津(Denzin,1978)进一步发展了三角互证方法。库克(Cook,1985)倡导“批判多元主义(critical multiplism)”,建议用不同的方法来获得不同的视角。

在1985年以后,混合方法概念和实践逐步得到发展,在项目评估领域得到更广泛运用,形成了一系列重要的著作和论文(Cook,1985; Guba al.,1985; Bryman,1988; Creswell,1994;Greene et al.,1997;Newman et al.,1998;Tashakkori et al.,1998)。如果这些论著刚开始还探讨混合方法研究的可能性,那么到了后来就直接大胆地使用混合方法研究。进入21世纪以后,对混合方法研究的热情与日俱增,混合方法研究及其应用方兴未艾,逐步成为一个独立的方法论领域。2007年1月,《混合方法研究》杂志问世,显示了混合方法研究日渐流行的发展态势。

混合方法研究作为第三种方法论范式已经引起了广泛关注。学者们围绕混合方法研究的哲学基础展开了热烈的讨论。近年来约翰逊(Johnson,2008,2009)提出,“辩证实用主义”是混合方法研究的哲学基础,因为“辩证实用主义”作为“中间哲学”主张与多种哲学立场进行持续互动,在研究设计中同等地考虑定量研究和定性研究的概念、预设和实践,辩证地倾听多种立场观点并由此产生综合的研究取向,将定量和定性的真知灼见以及其他有关视角融为一体。“辩证实用主义”中的“实用主义”涉及哲学和方法论实用主义的核心信条,比如拒绝非此即彼的两分法,知识来源于人与环境的互动,知识既是建构的又来源于经验发现,采取多元主义的本体论立场,以及有多条通向知识之路的认识论立场等。而“辩证”则强调混合方法研究者在酝酿混合方法研究的解决方案中,必须认真地倾听和考虑定量和定性视角,与定量和定性视角进行对话,并从这些视角的自然紧张关系中吸取经验教训,对话可以贯穿于研究的每一个阶段。

进入21世纪以后,社会科学方法论多样化和相互融合的趋势进一步发展,出现了一些新的变化。这表现为,一方面,社会研究越来越多地介入到公共政策决策,社会政策也强调证据为本(evidence-based)的研究,政府对行动研究方法论

(action research methodology)表现出更多的兴趣,增加了对社会研究方法论的关注和投入。另一方面,在量子物理学"包含中间状态逻辑"和模糊数学"多值逻辑"等自然科学最新成果以及后现代主义思想的启发和推动下,出现了一系列新的研究方法论,如混合方法研究、超学科研究、参与行动研究、层创方法、自我民族志和"不扎眼方法(unobtrusive method)"等。超学科研究把研究主体进一步扩大到传统学术圈之外,而参与行动研究和自我民族志则把研究主体与研究客体融合在一起。这些方法论或方法的新变化进一步强化了方法论多样化和相互融合的发展趋势。

五、小结

有关方法论范式的争论植根于古代哲学,自古希腊一直延续到现在。人们可以在整个方法论历史中找到定性、定量和混合方法演变的印迹。有关人与自然界的预设和观念引发了这些争论,但是个体差异和不同阶级的权力斗争也渗透到知识争论之中。自古希腊以来,定量取向一直在主导着西方思想,但是定性取向也在不断地挑战这个主导性观念。

实际上,定量与定性的方法论之争是历史形成的。自 16 世纪以来,英国形成了以培根为代表、崇尚实验和经验归纳的经验论,欧洲大陆形成了以法国笛卡儿为代表、崇尚先验理性和演绎的唯理论,这两种思想传统一直处于对立状态。后来进一步演化成哲学上的英美科学主义与大陆人文主义之间的对立,方法论上的实证主义与阐释主义之间的对立,直至定量方法论与定性方法论之间的对立。西蒙·克里奇利(Critchley,2001)也注意到这种差异,他提出,大陆哲学家更关注人生智慧,侧重于人文、诗学、自由和激情等定性观点,而英美哲学家更关注科学知识,侧重于客观性、测量和重复验证等定量观点。大陆哲学家关注"虚无主义和蒙昧主义",而分析哲学关注科学主义。

长期以来,定量方法论关注因果解释和确定性等思想观念,并把它作为唯物主义、经验主义、实证主义、真实和普遍知识的一个前提条件。相比之下,定性研究者倡导诸如唯心主义、相对主义、人文主义、建构主义等思想观念,关注人的理解、文化价值、意识形态和特殊性知识。混合方法论基于考虑冲突立场的辩证方法,整合了定性观点和定量观点,力图提供第三种立场,在辩证实用主义基础上将智慧与科学整合在一起。自早期以来,混合方法立场强调诸如多重现实、多元主义、连续性或反二元论、核实和均衡、对立面均衡、调和、反教条主义、混合主义(syncretism)、尊重和共存、互补性和整合等思想观点。

第五节　社会科学方法论与其他方法

社会科学方法论是一个被忽视的知识领域。尽管围绕它是否是一个独立的知识部门还有争论,但是,人们倾向于把它看成是一门学科,至少它发挥了传统学科的部分功能。近年来,西方学者也呼吁方法论在社会科学中要有更高的地位(Alasuutari et al.,2008:5)。要解决社会科学方法论的学科地位问题,不仅要看它是否有自己独特的研究对象,而且还要看它与其他方法论或方法之间的关系。与社会科学方法论相关的其他方法包括:哲学方法论、一般科学方法、科学方法论和具体学科方法,它们共同构成了一个完整的方法论体系。

根据抽象化程度和适用范围,可将方法论体系分为四个层次:①哲学方法论处于最高层次;②一般科学方法居于上中层;③社会科学方法论或科学方法论处于下中层;④具体学科方法处于最低层次(图1.1)。方法论体系四个层次由高到低的排列,反映了科学方法适用范围由大到小的排序。其中,较高层次对较低层次有指导作用。具体而言,哲学方法论对一般科学方法和方法论有指导作用,方法论对具体学科的专门方法有指导作用。

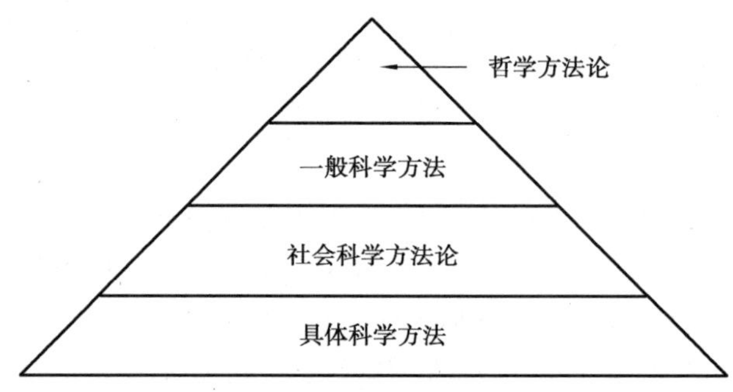

图1.1 四个层次的方法论体系

一、哲学方法论

哲学方法论处于方法论体系的顶层,是最高层次的方法论。哲学方法论并不是哲学的一个特殊部分,整个哲学知识体系都具有方法论的功能。哲学方法论作为最高层次,这是由它的自身性质决定的。马克思主义哲学是关于自然、社会和思维等各个领域的世界观,是认识世界和改造世界的最根本的方法。哲学方法论涉及人们认识和行动的一般思想方法和思维取向。所谓哲学方法论是指哲学作为世界观为人们提供了认识和改造世界的一般方式和原则。由于哲学方法论以整个世界为认识和改造对象,因此,哲学方法是现实世界最一般关系的反映,是一种普遍性方法,适用于所有领域,具有最大的普适性,对人们所有的认识和行动都起着指导性作用。质言之,无论是认识世界还是改造世界,都离不开哲学方法论的指导。一般而言,思想方法侧重认识世界,工作方法侧重改造世界。思想方法和工作方法紧密相连,有什么样的思想方法就会有什么样的工作方法,两者的功能要通过实践活动体现出来。此外,哲学方法论还是其他较低层次方法的灵魂,是其他一切方法的基础。尽管较低层次方法具有相对独立性,但是它们的运用,则要依赖于哲学方法论的正确指导。

哲学方法论包括具有普遍意义的一般哲学方法,从哲学原理中引出的一般方法,也包括在实践基础上概括出来的一般行动方法,以及具有普遍意义的一般创新性方法。哲学方法论主要包括以下内容:第一,辩证思维方法和辩证分析方法。例如,从联系和发展的视角看问题,从事物的起源来确定其本质的方法,逻辑和历史相统一的方法,抽象和具体相统一的方法,矛盾分析方法,透过现象看本质的方法,定性与定量相结合的方法等。第二,从哲学原理中引出的一般方法。例如,从实际出发、实事求是的方法,具体问题具体分析的方法,理论与实践相统一的方法,经济在社会历史发展中起基础性作用的视角,群众观点和群众路线的方法等。第三,在实践基础上总结概括出来的一般工作方法。例如,我国三代领导人在革命、建设和改革等不同时期总结出来的工作方法和行动准则。毛泽东提出的实事求是、一切从实际出发、走群众路线、理论与实践相结合的方法,没有调查就没有发言权的方法,“解剖麻雀”、抓主要矛盾的工作方法等。邓小平强调的解放思想、实事求是、不靠本本、不照搬别国模式、不搞争论、“不当收发室”、拿事实说话的工作方法,抓住时机、大胆试验的实践方法,注重实际、群众检验、讲求实效的评价方法等。江泽民倡导的思想方法和思维方式的现代化,用科学精神来指导实际工作;关于创新是社会发展的直接动力,创新和与时俱进是解决实际问题的最根本方法;没有调查就没有决策权等方法。第四,具有普遍意义的一般创新性方法。例如,头脑风暴方法、批判性思维方法、逆向思维方法、联想思维方法、发散思维方法、求异思维方法、德尔菲方法、信息交合法、卡片式激励法、科学问题哲学解释方法等。

二、一般科学方法

一般科学方法仅次于哲学方法论,位于方法论体系的中上层。与哲学方法一样,一般科学方法也是一种普遍性方法,适用于自然、社会和思维等所有领域。但是,一般科学方法并不像哲学方法论是用来认识和改造世界的,只能从某个特定的角度在一定程度上描述或说明这个世界。像哲学方法论一样,它对于较低层次的自然科学方法论和社会科学方法论以及更低的具体科学方法,也具有指导作用。

一般科学方法包括系统方法、信息方法、逻辑方法、数学方法等。其中,逻辑方法和数学方法是传统的科学方法,而系统方法和信息方法则是较新的科学方法。这些方法普遍适用于所有科学领域,是对各种具体方法的概括和总结,也是哲学方法的具体化或操作化。一般科学方法随着科学技术的发展而不断增添新的内容,它是一个开放的方法系统。随着跨学科研究的不断发展,必将有更多的一般科学方法问世。与此同时,一般科学方法如系统方法在被哲学充分消化后,可以上升为哲学方法论。可以说,一般科学方法是哲学方法论的一个重要的生长点或孵化器。

数学方法是对研究对象的数量、结构和空间进行描述、计算和推导的方法,一直是物理学、天文学等自然科学进步的促进力量。20 世纪后发展出数理统计方法,形成了定量方法论,在社会研究上得到广泛应用。近年来,模糊数学方法和模糊逻辑得到迅速发展,从传统集合论的“二值逻辑”发展出“多值逻辑”,提出了“模糊集合社会科学”概念,(Ragin,2000)为哲学认识论和方法论提供了新的观点,也为社会科学定量方法论和混合方法研究的进一步发展奠定了基础。与数学方法一样,逻辑方法也是一个古老方法,主要是指通过概念、判断和推理来思考研究对象的形式逻辑方法,涉及演绎与归纳、分析与综合、分类与比较、抽象与概括等推理方法,是辩证逻辑有关共性和个性以及一般、特殊和个别等哲学方法的具体化,也昭示了定量方法论和定性方法论的基本推理形式。系统方法和信息方法是第二次世界大战后发展起来的较新的方法,20 世纪 60—70 年代后得到广泛应用。系统方法是把对象作为系统进行定量化、模型化和择优化研究的科学方法。信息论将数理统计方法和系统方法应用于信息研究,所谓信息方法是对信息获取、处理、传递和转换进行研究的方法。系统方法和信息方法作为当代科学新潮流为哲学方法论提供了新的思想资料,丰富和发展了唯物辩证法有关联系和发展的基本观点。系统方法为现代复杂问题提供了有效的思维方式,为整合社会科学方法论提供了新的视角,也为具体科学的发展提供了方法。

三、自然科学方法论/社会科学方法论

自然科学方法论是关于自然科学研究所应该采取的基本原则、程序和标准的理论。自然科学方法论把自然界看成是一个由因果关系和规律所支配的世界,研究者的职责是去发现或揭示这些规律。自然科学方法论强调对自然现象的经验观察和受控实验,通过严格的研究程序,以确保获得可重复验证的事实证据,或者每一次实验获得相同的结果。可重复性验证使科学方法能够进行自我纠正,最终达到科学的理解。通过对事实的概括得出一般性理论,再利用一般性理论来解释自然现象本身。科学就是从具体数据到整体理论,再在经验领域得到检验的过程。可见,科学方法论的基本特征是实证过程和自我纠正,它有四个基本程序:①对自然现象进行观察或实验;②形成初步的解释或因果关系;③进一步进行观察或实验,以排除其他可能解释;④对原初的解释进行检验和完善。

社会科学是在自然科学直接影响下而建立起来的。在发展初期,社会科学直接移植了自然科学方法,提出社会科学方法论与自然科学方法论的统一性问题。在 20 世纪 30 年代,维尔纳学派甚至提出“统一方法论”口号,试图用自然科学方法论来统摄整个知识领域。尽管社会科学方法论后来提出了自己特有的定性方法论和混合方法研究,但是并没有从根本上改变用事实证据说话这个基本的实证取向。

自然科学方法论与社会科学方法论一样都属于特殊知识大类领域的方法论。在整个方法论体系中,自然科学方法论与社会科学方法论“平起平坐”,居于科学方法论和一般科学方法之后,属于第三个层次。从不同层次方法论之间的关系来看,自然科学方法论是沟通哲学方法论与具体学科方法的桥梁。一方面,自然科学方法论可视为更高层次哲学方法论在自然科学领域的具体应用,自然科学方法论要接受哲学方法论和一般科学方法论的指导。另一方面,自然科学方法论又同具体学科方法相区别,它是后者的概括和总结,对后者具有一般性指

导意义。哲学方法论通过自然科学方法论这一桥梁对具体学科方法进行指导，并通过这一桥梁从自然科学中汲取思想营养，以丰富和发展自身。

四、具体学科方法

在方法论体系中，具体学科所使用的特殊方法属于第四个层次，是最低层次的方法。具体学科方法通常以特定学科领域的特殊规律为研究对象，其特点是专门性。这就是说，某个具体学科方法只适用于所属的特定学科领域和对象，而不适用于其他学科领域和对象。具体学科方法主要涉及研究所使用的具体技术或工具，如实验方法、观察方法、统计分析法、比较方法、访谈法等。具体学科方法要接受哲学方法论、一般科学方法和科学方法论的指导，将科学方法的普遍原理与特定专业的专门技术结合起来，从而形成具体学科特有的研究方法。

具体学科方法通常是由学科的性质决定的。由于学科的性质、特定和目标不同，具体学科方法使用了不同的方法。物理学和化学主要使用受控实验方法，天文学使用观察和计算方法，生物学经常使用概率论和计算方法，医学关注简约模型的运用。社会科学由于很难做到对人的行为的实验控制，一般很少采用实验方法。例如，历史学研究人的思想、行为和反应，需要再现历史事件，就不能使用观察和实验，只能收集史料和其他证据，使用归纳方法来概括出某些规律性的东西。社会人类学由于涉及连续性和演进，就要使用比较方法，通过比较方法来排除不相干的条件或因素，从而勾勒出社会制度连续进化的不同阶段。

具体学科方法不是一成不变的。在学科的早期发展阶段，分析方法往往要比综合方法更重要，当学科变得成熟时，综合就显得更加重要。由于对所有要素都了如指掌，便于进行有序整理，因此就有可能作出综合性说明。具体方法也会随着学科的发展而改变。物理学最初关注物理实验，主要使用归纳方法，而现在却更多使用演绎方法，甚至被当成与数学相仿的演绎科学。

此外，每个学科领域的科学家有自己独特的研究方法。1834 年模仿艺术家概念而提出了“科学家”概念，在 19 世纪中叶以后，科学从形而上学和神学中独立出来，有了独立的学理身份。不同的科学家使用不同的研究方法，如达尔文擅长观察和分类，赖尔创立了历史比较法，爱因斯坦善于使用思想实验和模型方法，希尔伯特善于运用公理化方法等。

第六节 学习和研究社会科学方法论的意义

20 世纪 90 年代以来，随着全球化和信息技术的飞速发展，社会研究面临着严峻的挑战。社会问题变得越来越复杂，社会研究与决策者的关系日益密切，而社会研究方法却相对滞后。在这种情况下，正确的方法论指导就显得尤其重要，社会研究绝对不能瞎子走夜路，而应该打起灯笼走路，一定要有正确的方法论做指导。因此，社会科学方法论绝不是可有可无的，而是一个十分重要和迫切的问题,学习和研究社会科学方法论有着重要的学理意义和实践意义。

一、有助于更好地理解社会科学研究的性质和特点

社会研究具有自己的特点,它不同于纯哲学研究,也不同于纯自然科学研究,它是一种系统使用经验证据的社会探究活动。现在有两种社会研究倾向,一种倾向是把社会科学研究等同于哲学研究,把定性研究等同于"性质研究",于是工作总结、读后感、读书报告都变成了定性研究。另外一种倾向是,把社会科学研究等同于自然科学研究,以为社会研究可以采用纯自然科学的方法和程序,从事所谓的纯粹科学研究。

实际上,社会科学研究是系统使用经验数据对社会现象所作的解释。社会科学研究不同于哲学研究,因为哲学研究并不涉及经验证据,只要符合哲学论证的逻辑和程序就可以了。社会科学研究也不同于自然科学研究,因为自然科学研究并不涉及主体参与和价值观。相比之下,社会科学研究始终受到价值观的困扰,探索中渗透着价值观,事实中渗透着理论,所收集的数据受到研究者所使用的理论、假设或框架的影响。学习和研究社会科学方法论可以更好地理解社会科学研究的性质,准确把握社会研究的基本定位,从而避免将社会科学研究混同于其他研究的错误。

二、有助于选择正确的方法,厘清其理论预设,作出正确的研究决策

目前还没有弄清为什么研究实践交织着哲学问题。(Bryman,2008:14)但是清楚的是,社会研究方法背后隐含着相应的哲学预设和方法论取向。如前文所述,哲学立场包括本体论立场和认识论立场。在本体论上,存在着唯物主义、客观主义与唯心主义、主观主义之间的对立,前者认为存在着某种独立于行动者的社会现实,等待着社会研究者去发现;后者强调社会现实是参与者的不断创造和再创造过程。这两种本体论立场分别代表了对社会本质的客观主义说明和主观主义说明。在认识论上,存在着实证主义与阐释主义这两种对立的认识论原则,前者希望在社会研究中采用自然科学研究纲领并探求普遍的因果规律,后者强调人对语境阐释的持续参与以及对社会行动的理解取向。在方法论上,定量方法论通常联系着工具取向,强调个体作用和结构化程序,通常是理论检验的研究,主要用数字来呈现统计分析结果;而定性方法论往往是实践取向,强调整体作用和灵活性,通常涉及理论建构的研究,主要是用文字性叙述来阐释研究发现。

选择方法是社会研究的一个核心环节。选择某个社会研究方法,实际上就选择了它背后所隐含的哲学预设和方法论取向,选对了方法也就是选对了研究方向和道路。然而,在实际方法使用上,不少研究新手却表现出随意态度,有的出于自己的兴趣,有的出于自己的特长,而没有太多考虑方法背后的哲学预设和方法论准则。社会研究方法不是孤立存在的,它密切联系着基本哲学立场和方法论取向。如果从工具的角度孤立地看社会研究方法,就会夸大方法的作用,而

无视方法所依附的语境和条件，最终导致方法至上的工具主义或什么都行的随意主义。学习和研究社会科学方法论有助于克服方法使用上的工具主义或随意主义，准确把握方法使用所蕴含的条件和立场，把方法与研究问题联系起来，明辨研究的性质，培养对各种研究选择的敏感性，意识到有一系列用于收集和分析数据的方法，恰当地选择收集和分析数据的工具和技术，从而作出正确的研究决策。

三、有助于廓清社会研究的程序和规则，使社会研究更规范

社会科学方法论规定了社会研究基本的程序、规则和策略。如果不了解社会科学方法论，就不可能全面地了解社会研究的主要程序和规范，从而避免本该避免的一些技术性错误。社会研究最常见的错误是，只知道收集数据，而不知道数据收集的基本程序和要求，比如要反复地测试调查问卷的真实性和一致性，通常要有 1 ~2 次预调查和相应的统计分析。由于不重视定量研究的程序和规则，收集上来的数据往往并不具有最低限度的信度和效度，用这样的数据来解释社会现象，尽管也有某种像模像样的结果，但并不能令人信服。这如同医生用体温计来测量病人的血压也有某个结果一样。另外一种错误发生在定性数据分析上，以为只要有访谈或观察数据就可以引出结论，而不知道定性分析应该使用归纳逻辑而非演绎逻辑。许多研究新手把数据当成例证来验证某个观点或理论，而不是从所收集的数据中去归纳出核心概念及其相关概念，进而最终提炼出某个观点或理论。在这个过程中，定性数据分析所必备的多级编码程序也被省略了，本来蕴含丰富信息的调查数据变成了一堆干巴巴的例子，本该发挥主导作用的调查数据变成了可有可无的陪衬或摆设。

当然，社会研究程序和规则需要在实践中进一步完善和发展，但是，这并不意味着可以忽视经过无数次调查研究所积累起来的一些基本程序和规则。相反，要通过专业训练和特定的调查研究实践去强化这种意识，通过系统的学习和研究去全面地理解、准确地把握这些程序和规则。社会科学研究不是“依样画葫芦”，台湾学者黄光国(2006:4)也认为，“依样画葫芦”是一种只讲究“方法”而不注意“方法论”的研究方式。懂得如此“画”背后的道理，即基本的程序、步骤和规则，是社会研究者所应具有的基本素质和品质。因此，学习和研究社会科学方法论的意义就超出了方法论本身，而成了让社会研究更规范的一种学术倡导和研究自觉。从这一点上讲，学习和研究社会科学方法论有助于增强“做”与“不做”的意识，一旦选择了某个研究方法，就要预测后续研究环节并避开可能的陷阱，严格遵循与方法有关的程序、标准和步骤，不做违反方法程序的事，使研究方法在规范的轨道上运行。

四、有助于丰富和发展哲学方法论

如前所述，社会科学方法论是沟通哲学方法论与具体学科方法的桥梁。社会科学方法在对具体学科方法进行指导的同时，还为哲学方法论提供思想养料，

以丰富和发展哲学方法论。社会科学方法论与哲学方法论之间具有互动关系。一方面,研究方法和实践交织着哲学问题,哲学方法论引导着研究方法论的发展,另一方面,社会科学方法论对哲学方法论具有反馈和促进作用。自20世纪90年代以来,社会科学方法论得到迅速发展,出现了一系列新的研究方法论,如混合方法研究、超学科研究、参与行动研究、层创方法、自我民族志和"不扎眼方法(unobtrusive method)"等。这些新的方法论和方法反映了量子物理学的"包含中间状态逻辑"、模糊数学的"多值逻辑",以及复杂性科学等自然科学最新发展成果,触发了哲学方法论的自省和反思,为哲学方法论自我更新提供了新的思想材料,也有利于哲学方法论对较低层次方法论或方法进行概括和总结,在一定程度上丰富和发展了哲学方法论。

学习和研究社会科学方法论有助于弄清社会科学方法论在整个方法论体系中的地位和特点,以及它与哲学方法论等其他方法论或方法之间的关系,从而进一步增强接受哲学方法论指导并服务于具体方法的自觉性。此外,学习和研究社会科学方法论还有助于进一步廓清社会科学方法论对哲学方法论的支持和促进作用,及时总结国内外方法论的最新发展成果和经验,把社会科学方法论和哲学方法论进一步推向前进。

五、有助于增强社会研究技能,解决实际问题

社会研究技能涉及对社会现象进行探究的技术和能力,主要包括学术探究技能、信息管理技能和调查研究技能等。这些技能主要是通过方法学习、研究工作和调查实践而获得的,其中方法学习特别是方法论学习尤为重要。近些年来,西方社会研究越来越多地介入到公共政策决策中来,研究者与政策制定者密切合作,社会政策也特别强调证据为本(evidence-based)的研究,政府为改进社会治理加强了对健康、教育和犯罪等社会项目的评估,提高了对行动研究方法论的兴趣,增加了对社会研究方法论的关注和投入。行动研究包括实践行动研究(practical action research)和参与行动研究(participatory action research,PAR)。实际行动研究主要用于教育领域,涉及教师和教育者反思和改进教育行动实践,而参与行动研究主要用来提高组织、社区和家庭生活的质量和福祉,通过广泛参与、与他人合作和共同作决定这个行动过程,来探究参与者的认识和价值观如何规定和限制了他们自己的行动,以便进一步改进实践。参与行动研究不是单一、有序和线性的过程,而是一个交织着反思和行动的过程,即"查看"—"思考"—"行动",…… 不断循环往复的螺旋上升过程,最终落实在行动改进上。(Creswell,2008)学习和研究社会科学方法论有助于增强对社会科学方法论重要性的认识,把握方法论的最新发展动向,吸收行动研究方法论的最新成果,关注社会调查研究方法的与时俱进,提高对复杂社会现象进行探究的技能,为破解社会难题提供有力的方法论技术支撑。

学习和研究社会科学方法论还有助于提高学术鉴赏力,提高辨别研究质量高低的能力。学术评估既包括对研究结论的价值判断,还包括对研究工具、程序

和规范等方法论要素的评定。如果对研究工具和程序一无所知,就陷入人云亦云的尴尬境地。学习和研究社会科学方法论有助于培养对研究标准和局限的批判性意识,提高对学术研究进行批判性评价的能力,从而有效地解决学术批评方面的实际问题。

此外,学习和研究社会科学方法论有助于培养和增进可转移技能(transferable skills),为未来的就业和职业生涯发展奠定基础,解决大学生就业普遍存在的经验和技能不足的实际问题。可转移技能是一种与工作和生活密切相关的"便携式"技能,通常在学校情境下获得,但可在工作和生活中进行转换性应用,有助于个人职业生涯的发展。这些技能包括调查研究、批判性思维、设计与计划、信息管理、领导和管理、人际沟通等。其中,实证调查技能和信息管理技能就直接涉及社会研究方法论,要求掌握如何抽样、设计问卷、从事半结构访谈等调查技能,以及对信息进行归类、综合和评估等信息处理技能,这两种技能与政府、公司和事业等用人单位所要求的一些基本技能密切相关。

第七节 本书的目标和结构

一、本书的目标

本书旨在让读者了解如何从事社会科学研究并提供相应的方法论上的指导。本书主要用于大学本科高年级学生、硕士和博士研究生,也可以作为各类人文社会科学研究者和爱好者的专业参考书。本书有两个主要目标:①概述社会科学方法论的主要概念、基本取向和理论基础。②对如何规划、设计和实施社会研究提供一般程序性指导。

本书不是有关科学哲学的教科书。尽管本书多次提及社会科学方法论的哲学基础,涉及科学哲学一些主要流派争论的观点,但是,这些并不是本书所要论述的主要问题。同样,本书也不是社会研究方法的教科书。本书包含了如何选择和使用各种具体的社会研究方法,但是关注重点不在具体方法上,而在于如何设计和从事不同类型的社会研究。

本书描绘了社会科学方法论这门学科的基本图景,侧重于方法论的基本构成,而不是聚焦每一个具体方法的细节。不过,如果读者想要详细了解具体方法,就要参考其他关于具体方法的书籍和资料,或者将本书与其他有关具体方法书籍配套起来使用。

二、为什么要使用本书

使用本教材主要基于三个理由:其一,人文社会科学专业的大学生和研究生,在学习社会科学理论的同时,需要选修一门或更多社会研究方法的专业课程或通识课程,与此相配套,必然要选修社会科学方法论课程,以弄清社会研究方法的基本理论立场和主要取向。其二,在校大学生和研究生需要提交一篇学位论文,通常涉及实证调查,需要在弄清研究取向、规范和程序基础上,使用相应的具体研究方法。其三,国内高校和其他部门设立基金和竞赛项目来鼓励大学生从事课外科研活动,他们需要了解研究方法论及其研究工具和技术等方面的知识。根据上述这些理由,本书可用作学习和研究社会科学方法论的专业参考用书。

三、本书的结构

本书主要有四个方面的内容:第一,社会研究方法论的哲学基础、概念内涵和历史发展(第 1 章);第二,科学、社会科学与社会科学研究的性质和特点(第 2—4 章);第三,社会科学方法论的基本问题和基本要素(第 5—8 章);第四,研究方法论的程序方面(第 9—13 章)。

本书共有 13 章。第一章主要探讨社会科学方法论的哲学基础和概念内涵,概述了社会科学方法论的历史发展,考察了社会科学方法论与其他方法的关系,阐发了学习和研究社会科学方法论的意义。

第 2 章从在区分科学与非科学基础上,厘清了科学的含义,讨论了科学共同体的规范和精神气质,并探讨了科学解释的类型的特征。第 3 章界定了社会科学性质,考察了科学与社会科学、社会科学与自然科学、社会科学与人文学科之间的关系,描述了社会科学的起源、现状及其未来发展,探讨了社会科学的范围及其主要学科。第 4 章厘清了社会科学研究的性质,揭示了社会科学研究的特殊性,探讨了社会科学研究的动机、可能出现的错误以及研究的道德规范。

第 5 章探讨了研究者在社会研究过程中必须要回答的是科学方法论的基本问题,它们包括主体客体、主位和客位、客观性和价值观、解释水平、因果关系、抽象程度等。第 6 章厘清了理论概念,探讨了好理论的判断标准,对理论进行了分类,探讨了理论检验和理论建构这两种研究类型,揭示了对理论在社会科学研究中的作用。第 7 章界定了范式概念,说明了社会科学范式的特点,概述了社会科学的主要范式。第 8 章探讨了人类思维、语言、电脑、测量技术和图书馆等社会科学研究工具,阐明了社会科学研究一般工具的范围、性质及其优劣。

第 9 章揭示了研究设计的基本含义,概述了研究设计的功能和基本问题,并探讨了纵向设计、横向设计、个案设计和实验设计四种主要社会研究设计方案。第 10 章提供了社会科学研究一般过程,说明了选择研究问题、相关文献综述、设计研究方案、收集数据、分析数据以及解释数据和报告结果等具体步骤。第 11 章概括了定量研究方法的含义和特点,对定量研究方法的由来和发展进行了梳理,说明了问卷调查方法、实验法和准实验法等定量研究方法,探讨了定量研究的信度和效度,反思了定量研究方法的批评意见。第 12 章揭示了定性研究的含义及其特点,概述了定性研究的历史发展,讨论了定性研究的具体方法,提供了定性研究的评价标准。最后第 13 章提供了对混合方法研究目的和含义的说明,揭示了混合方法的由来与发展,考察了混合方法的四种主要类型,并对混合方法研究的未来发展进行了展望。

本章小结

社会科学方法论是以某种哲学预设为基础的。这些哲学预设包括本体论和认识论。本体论是对现实世界的立场,涉及现实世界的性质和特点。认识论涉及主体与客体之间的关系或者研究者与研究对象之间的关系,本体论和认识论共同构成了社会科学方法论的哲学基础。

社会科学方法论是关于社会研究方法的理论,涉及一系列构成科学研究本身的基本原则、信念和实践。所谓社会科学方法论是指用于指导社会研究的一般理论取向和哲学原理,对社会研究所做的一系列基本假定和规范,用于社会研究的总体策略和程序。方法是收集数据所使用的具体工具或技术。社会科学方法论的特定是:系统性、严谨性、实证性和价值性。方法论整体主义涉及用社会整体属性来解释社会现象的一种方法论原则,方法论整体主义把社会整体而不是个人看成是分析单位,从社会整体而不是将社会整体简化为部分来解释社会现象。方法论个体主义涉及用个人属性来解释社会现象的一种方法论原则,把个体用作分析单位来解释社会现象。

社会科学方法论的历史发展过程,大致可分为四个主要时期:①萌芽时期,②形成时期,③成熟时期,④进一步发展时期。从古代到18世纪结束是社会科学方法论的萌芽时期。当下有关定量、定性和混合等方法论思想都可以在先哲有关知识问题的争论中找到最初的源头。从19世纪初到20世纪30年代是社会科学方法论的形成时期。孔德模仿自然科学创立了经典实证主义,而狄尔泰和韦伯提出了经典阐释主义,这标志着社会科学方法论的初步形成。从20世纪40年代到60年代是社会科学方法论的成熟时期,其标志是形成定量方法论模式和程序,以及相关教科书的问世。定量方法论主导着社会研究领域,研究者主要用"假设—演绎"模式来研究社会现象。从20世纪70年代到现在是社会科学方法论进一步发展时期。这个时期的标志性事件是定量方法论与定性方法论之间的"范式战"以及作为第三种方法论的混合方法研究的问世。混合方法研究形成了第三次方法论运动。

社会科学方法论与哲学方法论、一般科学方法、科学方法论和具体学科方法等其他方法共同构成了方法论体系。哲学方法论处于最高层次,一般科学方法居于上中层,社会科学方法论或科学方法论处于下中层,具体学科方法处于最低层次,这种由高到低的排列反映了科学方法适用范围由大到小的排序。其中,哲学方法论对一般科学方法和方法论有指导作用,方法论对具体学科的专门方法有指导作用。

学习和研究社会科学方法论有着重要的学理意义和实践意义。第一,有助于更好地理解社会科学研究的性质和特点;第二,有助于选择正确的方法,厘清其理论预设,作出正确的研究决策;第三,有助于廓清社会研究的程序和规则,使社会研究更规范;第四,有助于丰富和发展哲学方法论;第五,有助于增强社会研究技能,解决实际问题。

思考题

1. 如何理解社会科学方法论的含义和特点?
2. 请举例说明什么是方法论整体主义。
3. 试述社会科学方法论四个发展阶段。
4. 试述哲学方法论与社会科学方法论之间的关系。
5. 联系研究实际,说明学习和研究社会科学方法论的意义。

讨论题

1. 结合社会科学方法论历史,谈谈社会科学方法论未来发展趋势。

2. 怎样看待混合方法研究？怎样在实际研究中使用混合方法研究？

参考文献

埃尔姆斯，等. 2011. 心理学研究方法[M]. 8 版，马剑虹，等，译. 北京：中国人民大学出版社：23-40.

B. N. 戈什. 1992. 科学方法讲座[M]. 李醒民，译. 西安：陕西科学技术出版社：30-60.

陈波，等. 1989. 社会科学方法论[M]. 北京：中国人民大学出版社：10-15.

恩格斯. 1972. 马克思恩格斯选集：第 3 卷[M]. 北京：人民出版社：468.

范伟达. 2010. 现代社会研究方法[M]. 上海：复旦大学出版社.

风笑天. 2001. 社会学研究方法[M]. 北京：中国人民大学出版社：6-7.

风笑天. 2005. 社会学研究方法[M]. 3 版. 武汉：华中科技大学出版社.

高宣扬. 2010. 当代社会理论：上[M]. 北京：中国人民大学出版社：67-108.

何玉德. 1982. 恩格斯对黑格尔系统整体思想的发展[J]. 复旦学报：社会科学版(3).

黄光国. 2006. 社会科学的理路[M]. 北京：中国人民大学出版社：1-21.

季子林，等. 1983. 自然科学方法论概论[M]. 呼和浩特：内蒙古人民出版社：1-34.

景天魁，等. 1993. 社会学方法论与马克思：第一册[M]. 北京：人民出版社.

肯尼斯 · S. 博登斯，等. 2008. 研究设计与方法[M]. 6 版，袁军，等，译. 上海：上海人民出版社：1-25.

李舒. 2007. 传播学方法论[M]. 北京：中国广播电视出版社：220-250.

林聚任，刘玉安. 2005. 社会科学研究方法[M]. 济南：山东人民出版社.

刘冠军. 2001. 哲学方法论论纲[J]. 理论学刊(6).

欧阳康，张明仓. 2001. 社会科学研究方法[M]. 北京：高等教育出版社：32-50.

覃正爱. 2006. 试论邓小平的马克思主义哲学方法论体系[J]. 湖南社会科学(5).

仇立平. 2007. 社会研究方法[M]. 重庆：重庆大学出版社.

韦诚. 2008. 方法学：科学发现的理论基础[M]. 合肥：安徽大学出版社：16-31.

修 · 高奇. 2005. 科学方法实践[M]. 王义豹，译. 北京：清华大学出版社：1-57.

叶飞霞，等. 2007. 论江泽民对马克思主义哲学方法论的丰富与发展[J]. 福建农林大学学报：哲学社会科学版(5).

殷杰，安篪. 2007. 巴斯卡的批判实在论思想[J]. 哲学研究(9).

余炳辉，等. 1986. 社会研究的方法[M]. 杭州：浙江人民出版社.

袁方. 1997. 社会研究方法教程[M]. 北京：北京大学出版社.

于丁春. 1990. 哲学方法论[M]. 北京：北京出版社.

袁方. 1997. 社会研究方法教程[M]. 北京：北京大学出版社.

Alasuutari P, Bickman L, Brannen J. 2008. The SAGE handbook of social research methods [M]. SAGE Publications Ltd.

Alastalo M. 2009. The history of social research methods [M]//In P. Alasuutari, L. Bickman, J. Brannen, eds. The SAGE handbook of social research methods. SAEG Publications: 26-41.

Asch S. 1952. Social psychology [M]. Englewood Cliffs, NJ: Prentice-Hall.

Bhaskar R. 1998. The possibility of naturism: A philosophical critique of the contemporary human sciences (3re ed.) [M]. London: Routledge.

Blumer H. 1969. Symbolic interactionism: Perspective and method [M]. CA: University of California.

Bryman A. 1988. Quantity and quality in social research [M]. London: Unwin Hyman.

Bryman A. 2008. Social research methods (3re ed.) [M]. Oxford University Press.

Campbell D T, Fisk D W. 1959. Convergent and discriminant validatation by the multitrait-multimethod matrix [J]. Psychological Bulletin, 56: 81-105.

Cartwright N. 2000. The dappled workd: A study of the boundaries of science [M]. Cambridge: Cambridge University Press.

Cook T D. 1985. Postpositivist critical multiplism [M]// In L Shotland, M. M. Mark (Eds.), Social science and social policy. Beverly Hills, CA: Sage.

Cook T D, Campbell D T. 1979. Quasi-experimentation: Design and analysis issues for field settings [M]. Boston: Houghton Mifflin.

Creswell J W. 1994. Research design: qualitative and quantitative approaches [M]. Thousand Oaks, CA: Sage.

Creswell J W. 2007. Qualitative inquiry & research design Choosing among five approaches (2nd ed.) [M]. Sage Publications.

Creswell J W. 2008. Educational research: Planning, conducting, and evaluating quantitative and qualitative research[M]. Pearson Prentice Hall, NJ: Upper Saddle River.

Critchley S. 2001. Continental philosophy: A very short introduction[M]. Oxford, UK: Oxford University Press.

Cronbach L J. 1982. Designing evaluations of educational and social programs[M]. San Francisco: Jossey-Bass.

Crotty. 1998. The foundations of social research: Meaning and perspective in the research process[M]. London: Sage.

Dahlback O. 1998. The Individualism-Holism Problem in Sociological Research [J]. Journal for the Theory of Social Behavior, 28(3): 232-278.

Danto A. 1985. Narration and Knowledge [M]. NY: Columbia University Press.

Denzin N K. 1978. The research act: A theoretical introduction to sociological methods [M]. New York: Praeger.

Denzin N K, Lincoln Y S. 2000. Handbook of qualitative research (2nd ed.) [M]. Thousand Oaks: Sage: 1-28.

Elias N. 1992. Time: An essay [M]. Oxford, UK: Basil Blackwell.

Ellis B D. 2001. Scientific essentialism [M]. Cambridge and New York: Cambridge University Press.

Fine A. 1986. The shaky game: Einstein, realism and the quantum theory[M]. Chicago, IL: University of Chicago Press.

Fry C L. 1934. The technique of social investigation[M]. New York: Harper.

Gardner M. 1993. The great Samoan hoax [J]. Skeptical Inquirer, 17: 131-135.

Garia G E, Poston D L. 2008. Methodology [M]//In W. A. Darity, Jr. ed., International encyclopedia of the social science (2nd ed.) (Vol. 5), Thomson.

Gergen K J. 1973. Social psychology as history[J]. Journal of personality and social psychology, 26: 309-320.

Giddens A. 1984. The constitution of society [M]. Cambridge, UK: Polity.

Glaser, Strauss A. 1967. The discovery of grounded theory: Strategies for qualitative research [M]. New York: Aldine.

Greene J C, Caracelli V J. 1997. Advances in mixed-method evaluation: The challenges and benefits of integrating diverse paradigms (New Directions for Evaluation, No. 74) [M]. San Fancisco: Jossey-Bass.

Greer S. 1969. The logic of social inquiry[M]. Chicago: Aldine.

Guba E G., Lincoln Y S. 1985. Naturalistic inquiry[M]. New Bury Park, CA: Sage.

Hacking I. 1983. Representing and intervening: Introductory topics in the philosophy of natural science [M]. Cambridge, UK: Cambridge University Press.

Harding S. 1987. Feminism and methodology[M]. Milton Keynes: Open University Press.

Harre R, Madden E. 1975. Causal Powers, A theory of natural necessity[M]. Oxford: Basil Blackwell.

Hemple C E. 1966. Philosophy of nature science [M]. Englewood Cliffs, NJ: Prentice-Hall.

Howe K R. 1988. Against the quantitative-qualitative incompatibility thesis or dogmas die hard [J]. Educational researcher, 17: 10-16.

Hyman H H. 1955. Survey design and analysis: Principles, cases and procedures[M]. Glencoe: The Free Press.

Jahoda M, Deutsch M, Cook S W. 1953. Research methods in social relations with especial reference to prejudice. Part I: Basic processes[M]. New York: Dryden Press.

Jick T D. 1979. Mixing qualitative and quantitative methods: Triangulation in action [J]. Administrative Science Quarterly, 24: 602-611.

Johnson R B. 2008. Editorial: Living with tensions [J]. Journal of Mixed methods Research, 2: 203-207.

Johnson R B. 2009. Toward a more inclusive "Scientific research in education." [J]. Educational Researcher, 38: 449-457.

Kaplan A. 1963. The conduct of inquiry: Methodology for behavioral science [M]. Scranton: Chandler Publishing

Company.

Laudan L. 1971. Towards a reassessment of Comte ' s "Methode Positve." [J]. Philosophy of Science, 38(1):35-53.

Lundberg G. 1942. Social research: A study in methods of gathering data[M]. New York: Green & Co.

Mitrovic B. 2007. Intellectual history, inconceivability, and methodological holism [J]. History and Theory, 46: 29-47.

Newman I, Benz C R. 1998. Qualitative-quantitative research methodology: Exploring the interactive continuum [M]. Carbondale: Southern Illinois University Press.

Platt J. 1996. A history of sociological research methods in America: 1920-1960 [M]. Cambridge: Cambridge University Prees.

Proctor R W, Capaldi E J. 2006. Why science matters: Understanding the methods of psychological research [M]. Malden, MA: Blackwell.

Ragin C. 2000. Fuzzy-set social science [M]. Chicago: University of Chicago Press.

Ratner C. 2008. Methodological holism versus individualism, in Given, L. M. ed., The Sage Encyclopedia of qualitative research methods (2nd ed.) (Vol. 2) [M]. Sage Publications:516.

Reichardt C S, Rallis S F. 1994. Qualitative and quantitative inquiries are not incompatible: A call for a new partnership [M]//In C. S. Reichardt & S. F. Rallis (Eds.), The qualitative-quantitative debate: New perspective. San Francisco: Jossey-Bass:85-92.

Ritzer G. 2000. Modern Sociological Theory (5th ed.) [M]. McGraw-Hill.

Runes D. 1983. Dictionary of philosophy [M]. NY: Philosophical Library, Inc.

Shweder R A. 1996. Quanta and Qualia: What is the "Object" of ethnographic method? [M]//In R. Jessor, A. Colby & R. A. Shweder (Eds.), Ethnography and human development, pp. 53-57. Chicago: University of Chicago Prees.

Silverman, David. 1985. Qualitative methodology and sociology: Describing the social world [M]. Aldershot: Gover.

Smith J K, Heshusius L. 1986. Closing down the conversation: The end of the quantitative-qualitative debate among educational researchers [J] Educational researcher, 15:4-12.

Tashakkori A, Teddlie C. 1998. Mixed methodology: Combining qualitative and quantitative approaches [M]. Thousand Oaks, CA: Sage.

Teddlie C, Johnson R B. 2009. Methodological logical thought since the 20th century [M]//In Teddlie C, Tashakkori A. Foundations of mixed methods research: Integrating quantitative and qualitative techniques in the social and behavioral sciences, Thousand Oaks, CA: Sage:62-82.

Webb E J, Campbell D T, Schwartz R D, Sechrest L. 1966. Unobtrusive measures [M]. Chicagco: Rand McNally.

Williams M, Bryman A, Liao T F. 2004. Methodological holism [M]//In M. S. Lewis-Beck eds., The SAGE encyclopedia of social science research methods (3 vol.). Sage Publications.

Williams M, Bryman A, Liao T F. 2004. Methodological individualism [M]//In Lewis-Beck M. S. eds, The SAGE encyclopedia of social science research methods (3 vol.). Sage Publications.

科学的性质 2

“什么是科学?”这一问题困扰了人类几个世纪。哲学家、历史学家和科学家提供了不同的答案。但是,从本质上讲,所有领域的科学探索都是相同的。科学是一个持续而严密的推理过程,这个推理过程的基础是预设、方法、数据和理论的有机结合。本章从区别科学与非科学入手,揭示科学的本质和特点,对科学群体的规范和精神气质进行探讨,并探讨了科学解释的类型和特征。

第一节　科学与非科学

科学与非科学的区别是什么？区别就在于收集数据和分析数据的方法。科学在许多方面有别于其他形式的符号或解释,比如信息、常识和伪科学等。本节将厘清科学与非学科之间的界限,对非科学的性质和特点进行探讨。

一、信息、知识与科学

过去,信息一直被看成是通信消息的同义词,常常与“消息”“情报”“知识”等同起来。20 世纪 40 年代末,信息论揭示了信息更深刻、更广泛的含义。目前国内外已有上百种有关信息的定义。哈特莱(R. V. L. Hartley)最早对信息进行了界定。他认为,信息是人们在通信符号表达中选择符号的具体方式。

信息是物质的一种普遍属性和功能。信息有三种类型:第一类是有关物理世界的信息,即本体论上的信息,反映了事物的运动状态及其变化的方式;第二类是有关主观精神世界的信息,即认识论意义上的隐性信息,反映人类所感受的事物运动状态及其变化方式;第三类是有关客观性概念世界的信息,即认识论意义上的显性信息,反映人类所表述的事物运动状态及其变化方式,通常用语言、文字、图像、影视、数据等载体来表示。这三类信息需要进行不同程度的加工才能成为知识。但有时第二类和第三类信息也能直接表现为知识,如《韦氏大字典》就把知识视作数据和新闻。信息具有三个特点:①信息的存在具有普遍性、无限性、动态性、时效性和相对独立性。②信息具有可传递性、可转换性、可扩散性、可复制性、可存储性和可分割性,因而具有共享性。③信息具有可度量性。信息不会因认识而消失,也不会因传递、复制和扩散而增值。

信息不等于知识。知识是人们出于某种目的,从自然界收集数据,并进行整理、概括、提取而得到的有价值的信息。知识是一种具有普遍意义、有一定概括性的高层次信息,或称为知识信息。知识信息只是人类社会中客观存在的部分信息,但不等于信息的全部。信息是被赋予一定意义的数据,知识是对被赋予了一定意义的数据的理解,简言之,知识就是被理解的信息。

科学源于拉丁文"scientia",原意是指了解、知识或学问。英语中的科学(science)通常指的是自然科学。在德语和法语中,科学不仅包括自然科学,而且还包括历史学、语言学和哲学。① 从起源上来看,科学是实践的产物,是在生产活动和科学实验基础上形成的一种研究探索的社会活动。从认识的角度看,科学既是认识活动,又是认识的结果。从思维的角度看,科学是对客观事物、现象及其规律的反映。从社会结构的角度看,科学是社会上一种专门的职业,有独立的社会建制,是一种社会产业。

知识不等于科学,而是科学的产物。英国科学史专家C.辛格指出,科学创造知识,但它本身并不是知识。知识作为一种人类认识成果,内容非常广泛。默顿认为:"知识涉及从民间信仰到实证科学的每一种观念类型和每一种思想形式。"实际上,知识既包括各种生产实践、科学实验和社会活动所创造的科学知识,又包括了在实践、工作和生活中积累起来的普通常识和经验知识。应该指出的是,科学知识有严格的规定和限制,它是在客观事实的基础上,对客观事物和现象的性质及其规律的认识。科学知识是知识的主体部分。科学创造了知识,知识是科学的结果,而科学又依靠知识,没有知识的宽广基础,就不会有科学的研究和科学的发展。

科学是产生知识的一种方法,也是一种社会制度。科学产生于17世纪至19世纪欧洲启蒙时期的思想变革。启蒙时代质疑传统的宗教权威,相信理性和人类进步,强调物质世界的经验性。科学从研究自然界开始,然后拓展到研究社会现象。科学同时是指产生知识的体系以及由此得到的知识。这一体系经历了漫长的演变,目前仍处于缓慢而稳定的变化中。它是对关于世界与知识本质的预设、知识的取向,以及获得知识的手段和程序的整合。知识体系存在于科学群体的社会制度中。科学知识是由概念、定律和理论组成的,理论是将关于现实世界的知识加以浓缩、由相互关联的抽象概念所构成的体系。理论是思考现实世界的一种简要方法,就像一张关于现实世界的地图,有助于去探究世界的复杂性,解释各种事物产生和发展的原因。

科学需要用专门的技术来收集经验证据(empirical evidence),然后用所得到

---

① 汉语原本没有"科学"这个词,16世纪以后"science"由西方传入中国,曾被译为"格致",是"格物致知"的简称,意思是通过接触事物而获得知识。1895年前后,康有为采用日文的译法,把原译的"格致"改称为"科学",泛指西方的自然科学和社会科学,与传统的儒学相区别。

的证据来支持或否定理论。经验证据是指人们通过感官进行观察、访谈等所得到的结果。科学是用可获得的经验证据对世界的一种系统解释，简言之，就是有证据的解释。如果光有经验证据，没有解释或系统解释，就是事实资料的堆砌。如果光有解释没有经验证据，哪怕再系统，也就是一种独断的理解或偏见。因此，科学是解释的程度与经验证据的比例之间所达成的一种平衡，超过这个平衡点，就会走向极端：要么是事实资料的堆砌，要么是独断的偏见，就是非科学。

然而，并不是所有的资料都能成为经验证据。科学的证据要根据研究者共同约定的规则或程序来获得。经验证据一般分为用数字表示的定量数据(quantitative data)和用文字表达的定性数据(qualitative data)。社会世界的许多现象往往很难用感官直接观察到，因此就需要把不能直接观察的概念转换成可观察、可测量的概念，这就是测量技术。

二、常识与科学

常识(common sense)有两层含义：其一，指对人的内在感觉进行统合以形成对象的整体意识的能力或官能。其二，指人们特定的认识能力和知识形态，即人们行动时通常具有的理智能力、见识和判断等。

常识是一种知识的形式，可以用判断或命题来表示。常识有以下三个特点：①普遍性。因为常识是所有理智正常的人都具有的，所以具有最大的普遍性或共同性。这种普遍性与“普通的(ordinary)”或“通俗的(vulgar)”意思相近。②直接性。常识不需要推理或证明，它是“直接”知晓的。正因为如此，它有时被看成是“直觉的”或“本能的”。③明晰性。常识是清楚明白的，不能有任何含糊，否则就不可能为人们所普遍接受。

赫兹菲尔德(Herzfeld,2005)认为，常识是在特定的文化情境中生成并使用的，对于局外人而言，常识无疑是一道墙，一道无形的屏障。没有常识，就无法进行沟通和对话，白白在误解和猜测中消耗了时间。对于局内人而言，常识是无形的，深藏于经验生活中，往往不被察觉甚至被忽略。不违背常识是人类生存的一条基本原则，因为常识之外有许多风险。而不理解常识，便无法融入社会生活。常识构成了人类的生存背景和行为模式。

常识既是一套语言系统，又是一套价值系统。对常识的麻木意味着缺乏足够的洞察力和感受力。如果抛开常识，就会无休止地滥用知识。常识作为一种文化养料，无法摆脱“当地见识”而批量化。常识对日常生活来说是非常珍贵的。当然，常识中也会有互相矛盾的概念，因为人们经常在不同的时候使用这些概念，所以很少会注意到，如“异性相吸”和“物以类聚”。常识源自传统，通常是正确和有用的，但是常识也可能夹杂着错误、误传、矛盾和偏见。

科学与常识之间的关系复杂。它们有时相互竞争，有时相互一致。假定我们知道它们之间的原则区别，当我们从纯粹观念的废矿石中分离出科学知识的贵金属时，我们发现，我们不得不借助于“常识”的推理力量。尽管科学知识相对独立，有自己非常独特的性质，但是也不是自给自足的独立认识王国。因为科学的理论范式源于经验事实，与大量的生活世界的常识混合在一起。

科学并不限于对生活世界的系统扩充，往往与常识相一致，这一点正是科学的特色。许多科学是从对日常生活的实际关注中发展起来的，比如几何学发源于土地测量和勘定，力学产生于建筑和军事技术中提出的问题，等等。科学研究需要按照精确性、可重复性、普遍性、连贯性、一致性等常识性的认知规范来仔细选择、精心重构来自田野观察和实证调查的经验数据。事实上，所有符合这些规范的一套外在事实都被称为科学。

虽然常识与科学之间存在着一致性，但它们之间也存在着较大的差异。首先，常识没有对事实的根据提供说明，而科学却对事实产生的具体条件和根据进行了系统解释。在区分科学与常识时，有人认为科学不过是"整理过的"或"条理化的"常识。这种理解并没有充分地表达科学与知识的特有差异。诚然，科学是组织化的知识体系，但不能说"整理过的"或"条理化的"的知识就是科学。图书馆目录是一种极有价值的图书分类，但人们都不会说目录是一门科学。因为这一划分并没有详细说明哪一种组织或分类是科学的特征。人们从日常经验中获得的信息就是常识，虽然这种信息非常精确，但并没有对"为什么会这样""在什么范围内有效"作出详细的说明。比如，一种草本植物毛地黄用作心脏的兴奋剂已有好几个世纪，但人们却说不出它的机理是什么，人们往往用毛地黄花像人的心脏来说明它的功效。科学按照说明性原则对知识进行了组织和分类，科学详细说明了各种事物发生的条件和根据，对这些起决定作用的条件的详细阐述就是对特定事物的解释。

其次，常识在语言表达上是不确定的，而科学语言却具有确定性。常识用语比较含糊，并不能把不同的事物准确地区分开来。常识用词比较宽泛，缺乏专一性，不足以表征事物间的精细差异。相反，科学通过重新塑造日常用语减少了它的不确定性。比如，常识所说的"水在充分冷却时凝固"就是一个不太严格的表述，它不能说明牛奶和饮料何以会在一定温度下凝固，但海水并未凝固。因为它没有对各种不同的液体及其凝固点进行明确的区分。计算和测量技术能够有效地减少语言表达的模糊性，提高其准确性和专一性。引入精确性能够使科学陈述经受着经验证据更彻底的检验。之所以前科学信念往往经不起经验检验，是因为前科学信念的模糊性与未经分析的不确定事实相一致。因此，科学的确定性有助于解释为什么常识性信念具有稳定性，甚至延续达几个世纪之久，但科学理论却很少具有这种稳定性。现代科学通过提高陈述的确定性，通过把它们整合成逻辑上统一的解释系统，强化了检验程序的辨别能力，用更多来源的相关证据支持其结论。

再次，常识知识通常关心特定事件对人们价值的影响，而科学探求只关注事物间的依存关系，而不太考虑特定事件对人们价值的影响。比如：占星术为了确定天体运行对人的命运的意义，才去关心不同星座间的位置，天文学一般专注于天体研究而不涉及人的命运。因此，理论知识有故意忽视事物直接价值的倾向，这样一来科学陈述与日常生活中所熟知的事件和性质就不会有太多的联系。例如,电磁理论对人们在日落时所看到的绚丽色彩提供了系统的解释,但是许多人与电磁理论之间似乎还是有一条难以逾越的鸿沟。应该承认科学陈述使用了比较抽象的概念,这些概念与日常生活常识关系不大。不过,科学陈述与日常生活事务的关联性也是不容置疑的。科学概念不同寻常的抽象性,它们与日常体验"相去甚远"的特性,是综合性系统解释的必然结果。人们所熟知的事物性质和关系,往往是辨别个别对象和性质的依据。因此,在系统地表述这些事物的性质时,就不能诉诸于人们所熟知的那种具有个性特征的性质和关系,而是要对它们进行抽象,以说明各种不同事物的普遍性。

三、"伪科学"与科学

在现代科学出现以前,人们往往用前科学或非科学的方法来获取知识,如神谕、命相学、巫术、炼丹术、占星术和灵魂学等。现代社会已不常看到这些方法,但是这些方法仍然存在,只是地位远不如从前罢了。现在非科学主要用来解释宗教、艺术、哲学等一些科学无法解释的现象。由于大量存在着非科学事物,如文学、艺术、魔术等,因此就有非科学存在的市场。一旦有人把非科学推举为科学,那么非科学就成为一种伪科学。

1844 年,英国首次出现伪科学(Psecudo science)概念,用以指代占星术、炼丹术、命相学和颅相学等知识。伪科学也涉及科研做假或者故意违反科究程序等。但是,伪科学不同于一时的科学错误,因为伪科学在特定的时间和地点冒充科学,把已被证明不是科学的东西当成科学,长期不能提供或拒绝提供严格的证据。当然,也有因为认识的局限、并非有意造假或有意违规传播而导致的伪科学,比如燃素说,在科学史上就不能简单地说是伪科学,虽然它最终被证明是错误的,但对化学的发展有一定的贡献,只是在"氧化说"出现以后,"燃素说"才变成了伪科学。

马利奥·邦格在《什么是伪科学》中指出,"任何一个尽管本身不是科学却自称是科学的知识领域都被称为伪科学。"邦格用 12 个条件作为规范确立了一个非科学体系,其中包括神学和文学批评。人类对自然和社会的理性认识被称为知识。知识有很多类别,比如对宇宙的认识,可以是神学、占星学、哲学、文学、天文学、物理学、化学、数学、生物学等。邦格把科学限定在很小的范围,在他看来,神学和占星术是迷信的伪科学,哲学和文学是意识形态的非科学,而天文、物理、化学、数学、生物学才属于科学。

伪科学具有以下几个特征:①研究者一般是不学无术者或学术表态者。②伪科学研究的是非常规性问题。其中许多是科学家从没有想过的可笑问题:如超常感知、灵魂学等。③伪科学在理论上害怕批评,在技术上拒绝检验。④伪科学不遵守基本的科学准则。⑤伪科学的终极目标是沽名钓誉。

区分科学与伪科学的标准是:①科学使用相关性思维方式,而伪科学使用相似性思维方式;②科学寻求经验证实和证伪,而伪科学超越经验或忽视经验;③科学家关心竞争性理论的评价,而伪科学家不关心竞争性理论;④科学倾向于使用内在一致并简约的理论,而伪科学往往采用复杂的特设性假说;⑤科学靠创新不断取得进步,而伪科学因循守旧、裹足不前。

第二节 科学的预设和本质

从上述关于科学与非科学之间的关系可以看出,科学是对世界的一种系统性解释,这句话的背后实际上蕴含了"世界是有序的、可以理解的"这个预设。预设是科学探究的重要组成部分,也是准确把握科学本质的必要前提。本节首先探讨了预设概念及其作用,然后考察了科学的本质和特点,概述了科学基本主张及其争论,最后了讨论了科学的局限。

一、科学的预设

科学探究首先要弄清科学预设,揭示科学预设的内涵,确立科学预设的合法地位。然而,预设究竟是什么? 人们对此并不十分清楚。预设(assumption)又称为先设或前设(presupposition),是科学探究必不可少的基本信念。预设具有三个特点:①预设是一个起始点;②不能检验也不能证明;③通常是隐含的,不直接说出来的。科学预设为科学探究提供了有关现实世界无法再少的最基本图景。如果没有预设作为条件或限制,就会产生无穷的假设,无法用有限的经验证据来验证它们。

从预设的定义和特点可以看出:第一,科学预设是所有科学家都必须接受的无差别前提,是绝对需要的和必不可少的,任何科学家只要从事科学实践,就必须从一开始接受或持有。第二,任何手段和方式都无法证明科学预设,科学本身无法证明它的预设,逻辑推理也无法证明,经验证据也无法证明,哲学和其他学科也无法证明。哲学所能证明的是,科学的基本预设是不可证明的。第三,科学预设是一个没有明确说出来的假设。预设通常蕴含在词语背后,没有明确讲出来,但是它悄然发挥作用,影响到人们对科学的信任度,也影响到人们对科学目标、经验证据、作用范围等问题的看法和态度。

科学有多个关于自然界的预设。不同科学家所理解的科学预设也不尽相同,但是归纳起来主要有下列五项。

(1)自然的实在性。自然的实在性是科学探究背后所蕴含的一种预设,这就是说,科学家必须相信自然界或现实世界的客观实在性。没有这样一个信念,科学家就无法进行观察和实验。这个信念是全部科学的基石。这意味着,无论世界如何呈现出来,我们的思维将逐步反映出它的图像。科学代表了对自然统一性的一种探究,而不仅仅是我们对它的感知。

(2)自然是统一的。这意味着在相同条件下或相似情况下,会出现同样的事情。如果自然缺乏统一性,就无法理解、解释或认识自然界。如果没有统一性,科学家就无法提出事实、规律或理论。当然,科学家从来没有假定普遍的同一性，他们只是假定，自然界存在着统一性，而是这种统一性是可以理解的。

(3)自然是有序的。科学家始终相信，自然界存在着某种秩序。这个有序性预设是“自然是统一的”预设的进一步引申，因为如果自然界是统一的，那么就必须是有序的。这意味着事物遵循着同样的规律，在所有的时空条件下以同样的方式出现。由于这种秩序是持续的和稳定的，因而所有事物始终都以有序的方式出现。既然自然界是有秩序的，那么科学家就可以去发现这些秩序性，从而揭示自然的统一性。有序性信念构成了假设和验证的基础。

(4)自然是可理解的。科学家不仅相信自然界的有序性，而且还确信自然界是可以理解的，也就是说，科学家能够揭示这种统一性和有序性背后的奥秘。科学家认为，在自然界与人类认识之间并不存在不可逾越的鸿沟，人类经过不懈的努力，必将能够解开有序的自然界之谜。当然，这并不意味着人类能够轻而易举地做到这一点，因为自然界总是不太愿意暴露自身的秘密。

(5)自然是有因果性的。这个预设也是统一性预设的逻辑引申。既然自然界存在着统一性，那么所有事物必须具有某种合理的逻辑联系，这种逻辑联系就是因果性。自然界纷繁复杂的现象看似偶然和杂乱，但背后却隐藏着普遍的因果性。每个事物都有其产生和存在的理由或原因，在同样的条件下，同样的原因会导致同样的结果。当然，自然界的因果性并不显露在外，科学家只能通过观察和实验去揭示各种事物的因果联系。

以上这些预设是科学研究必不可少的信念，对所有科学探究来说，这些信念都是完全没有差别的。可见，科学是建立在信念基础上的，这些信念是基于普遍感知而得出的，只有提出符合普遍感知的预设才能使科学令人信服。这些预设既不能得到证明，又是不可替代的。如果科学家不能领会这一点甚至抵触这样的认识，那么就不可能深刻地理解科学基础。

预设有不同的类型。有的预设在所有科学研究中都会出现，有的预设只会在某些科学研究中出现。前者被称为总体性预设，而后者被称为局部性预设。总体性预设无论在任何论证中都得不到证明，而局部性预设在一个给定的论证中得不到证明，却可能在总体性学科中得到证明。例如，“世界是有序的、可理解的”是总体性预设；“简约性”是方法论预设，正态分布、独立样本和方差齐性等是回归分析方法预设，这里的方法论预设和方法预设都是局部性预设。

预设在科学探究中有着极其重要的价值。首先，预设有助于更好地理解科学论证过程。科学论证通常涉及预设、证据和逻辑这三个基本要素，逻辑把预设和证据结合在一起以得出结论。在评价科学结论时，通常需要充分地展开所有的论点，对照预设、证据和逻辑进行逐项检查。如果预设是模糊的，证据必然会模糊，最终的结论肯定是有问题的。其次，预设还有助于更深刻地理解科学学科，规范科学思考，在普通感知的有效作用范围内提出研究问题，把无根据“奇想”和胡诌观点从科学探索中清除出去。最后，预设还有助于把假设数量限制在最低限度，避免过多不必要的假设而造成混乱。如果没有预设作为限制性条件，就会产生无数的假设,而无法用有限的证据来进行验证。

二、科学的本质和特点

科学的本质是什么? 对这个问题的回答就要弄清科学的含义是什么,科学包含哪些必需的要素。科学是一种探索和研究现实世界的艺术,所谓科学是用可获得的证据对现实世界的一种系统解释,简单地说就是有证据的解释。科学的基本要素是预设、证据和逻辑性思考。从起源上来看,科学是实践的产物,是在生产活动和科学实验基础上形成的一种探索性社会活动。科学既是认识活动,又是认识的结果。从操作上讲,科学是用特定研究方法获取经验证据,再通过经验证据来支持或否定理论的一种探究过程。从结果上讲,科学是对现实世界的一种系统性描述、说明和解释。如果光有经验证据,没有说明和解释,就是事实资料的堆砌。如果光有解释没有经验证据,哪怕再系统,也只是一种独断的理解或偏见。因此,科学是解释的程度与证据的比例之间所达成的一种动态平衡。

从本质上说,科学是客观的,科学不依赖于诸如情感、偏好之类的主观态度,不受任何偏见的束缚。科学对象是独立存在的,具有自己独立属性。所有科学探索都是相同的,无论是物理学、化学、分子生物学、社会学、教育学和经济学,科学研究都有一个连续而严密的推理过程,这个推理过程的基础是预设、方法、数据和理论的有机结合,这样的推理使我们的理解能够建立在可检验的理论基础之上。

科学本质上是经验的。科学突显了经验证据的重要性,强调从数据中引出结论。如果某个事物是真实的,就必须要有相应的充分证据来证明。科学思想必须经过严格的检验和证伪。对假设的检验是科学活动的核心,如果假设得不到证据的支持,就不能称为科学理论。对理论判定的依据是,它能否比旧理论解释更多的现象或者回答更多的重要问题。然而,也应该看到,单凭数据还不足以确定理论,因为数据可以同时匹配另外一套同样完善,甚至更出色的理论。数据是渗透着理论的,因为总有理论指导着对数据的选择、组织、解释和理解。

科学本质上是追求真理的。科学承认现有的理论不是绝对的,它是一种试探性探索、近似性解释、需要不断地加以修正和改进。科学否认自己达到了绝对真理,强调外部自然界存在着诸多不确定性,承认没有任何研究能够得出经久不变的结果。之所以说理论是真实的,是因为人们相信当下世界是这样运行的。绝大多数科学知识是经得起时间检验的,即使有时没有办法确保绝对的真理性,但是可以达成越来越准确的近似性。

科学本质上是自我矫正的。与时俱进是科学的本性,科学从来不故步自封,无论何时发现了新的事实,就要修正旧的结论。科学是建立在系统怀疑和探求新的事实基础上的。科学知识是科学研究不断自我调节的结果,而不是依靠某种方法来研究一成不变的问题。科学知识最终是在专业性怀疑和批评的策动下不断向前推进的,科学知识是一个长期积累和进步的过程。当然,由于科学经常涉及研究者和利益攸关者的争议领域,因此科学积累又是曲折和间接的,需要不断地加以调整和修正。

与其他非科学知识系统相比,科学具有以下四个方面的特点或原则:

(1)用系统的事实证据来回答问题。科学的目的是了解现实世界,科学工作建立在观察世界的基础之上,用事实证据来回答问题。比如可以收集有关地球轨道的数据去解释冰川的周期性,但是像"是否应该要求所有学生都宣誓"这样问题就无法进行实证考察,因为这一类问题的答案取决于具体情形。在科学研究中,测量和实验结果、观察或访谈数据等都可以成为证据的一部分。但这些证据总是可以被此后的研究结果所推翻。某个时期有可靠证据支持的观念(如有关太阳系的地心说)可能后来会被抛弃或修正(如日心说取代地心说)。研究者需要用系统的证据来回答问题,不仅要有支持他们理论设想的证据,而且还要有与他们的理论设想不一致的证据,即使这些证据会推翻他们的理论设想。

(2)自洽的知识体系。科学解释的内在标准是自洽性和相容性。所谓"自洽性"是指科学理论内部的无矛盾性,它要求理解和解释上的融贯一致、自圆其说,绝不能出现相互矛盾的观点和倾向。一个不自洽的知识体系是不合理的,至少是有待改善的。一个成功的科学体系不仅内部要自洽,而且要与相关的背景知识相一致,这就是所谓科学的"相容性"。背景知识是指已经得到确证并且被普遍接受的科学解释。虽然新的科学解释与原有解释发生冲突在所难免,但是,它不能与原有科学理论中经过检验的真理成分的东西相矛盾或冲突。

(3)对任何方面都可以质疑。任何科学的东西都是可以质疑的,没有哪一个事件或哪一个方面是可以免于质疑的,这就是说,在科学研究中没有神圣的东西。如果没有质疑,就没有科学本身,也就没有科学的发展。然而在实际研究中可能会忽视对某些问题的质疑。之所以忽视,可能是因为这些问题是一些常识化或固定化的东西,还可能是因为在当时的情境下缺乏质疑此类问题的条件。比如,欧洲中世纪没有细菌学,当时疾病更多的被看成是一种神学问题,因此在很长一段时间内始终没有提出对瘟疫发生的非神学解释。而这个问题的提出是对教会知识话语权的挑战与颠覆。此外,还有些问题出于意识形态、心理因素或专业等方面的原因而为研究者所忽视。因此科学质疑就要鼓励同行审查和学术批评。学术批评不仅仅是科学研究的一个特点,而是科学进步必不可少的条件。在学术会议、研究合作或其他场合的学术辩论可以使科学知识更完善。

(4)不断积累和修正的过程。在科学研究中,提出一个问题或解答一个问题都是在前人研究的基础上进行的。科学进步离不开科学探索,也离不开前人的积累。这种积累就是牛顿所说的"站在了巨人的肩膀上"。科学积累有两层含义:第一,科学探索是建立在前人研究成果基础上的,这种积累是一个逐步和渐进的发展过程,其中包括了革命性的科学突破。第二,科学需要不断地完善自己,科学积累是一个不断改进和完善的过程,科学需要在积累中不断调整或修正有问题的结论。科学的积累性意味着科学结论的暂时性,在科学活动中,绝对没有终结和神圣的科学结论,任何科学解释都是一种暂时性和阶段性的科学认识。因此,科学积累不是直线式进行的,而是通过持续修正以曲线的方式向前推进的,科学需要不断与时俱进。

三、科学的基本主张

科学有哪些基本主张?对这个问题,亚里士多德以来的科学家们一直在进行探索。不同的科学家有不同的理解和答案。尽管如此,综观科学家们所提出的科学基本主张,大致可以归纳为四条:崇尚理性、追求真理、尊重客观、符合现实。

(一)科学崇尚理性

所谓理性就是合理的理由。科学是理性的,理性的主张首先是针对方法的,因为方法先于结果并由此而产生结果。科学结论的合理性来源于科学方法的合理性,而合理的方法产生合理的信念。使用合理的方法以及正确的推理和证据就能够成功地发现真理,从而理性地去行动,即用合理和真实的信念去指导行动。因而,理性具有双重功能:调整信念和指导行动。理性的信念涉及所有支持真理的证据和理由,理性的行动催生了良性事物。合理的理由要求用以真实的信念来指导行为。这揭示了真实信念与良性行为之间的密切关系。当信念与行为不协调一致时,就会导致伪善和不忠诚,就不仅仅是理智问题,而是道德问题。如果光讲调整信念而忽视指导行动,行动就会偏离信念,其后果就是变态或病态,就会坚持错误,惧怕接触现实,脱离现实,抵制现实,从而造成巨大的损失。

与理性相对立是激情。柏拉图曾用马车来做比喻,灵魂好比是一辆双驾马车,理性是驭马者,激情是驯服的马,欲望是桀骜的马。在柏拉图看来,灵魂的本性是理性,激情和欲望都应服从于理性,欲望违背理性而耽于感官享乐就违反了灵魂本性而导致反常行为。一个有理性的人,即使偶尔会产生强烈的愿望想摆脱理性的支配,但是终究会始终不渝地相信理性和真理。当然,科学是理性的,并不是说只有科学才是理性的。科学只有与其他理性的方式如常识和哲学等结合在一起,才能使科学臻于完善。

(二)科学追求真理

科学真理涉及现实与真实陈述的一致性,或者说真实陈述符合现实。这个定义有三个组成部分:第一,有关世界某个事物的陈述;第二,世界的实际状况;第三,某个事物与世界之间的符合关系。真理符合论表明,如果某个陈述符合现实,那么这种陈述就是真实的,否则就是虚假的。真理符合论最早可以追溯到古希腊哲学家亚里士多德。

真理符合论认为,现实世界先于观念而存在,现实世界决定了科学陈述的真理性。这就是说,陈述与世界之间并不对称,外部世界始终居于天然的优先性地位,客观现实决定了信念,而不是相反。事实上,只有纠正了错误观念才能重新获得真理,而信念本身并不能改变客观现实。需要指出的是,真理的载体是某个陈述,而不是哪一个人,人是某个陈述的载体,但是只有陈述才是真理的载体。由此,真理并不因为有人说出了真理或没有说出它,而受到任何影响。科学真理不是定义出来的,也不是个别人物表态或全民公决就能决定的,真理完全是一种客观的自然状态。

有意义和融贯论是真理的必要前提。由于真理是陈述与现实之间的一致,真理就具有实际价值,能够在实际工作中发挥作用。真理性信念是相互融贯、协调一致的,不会引起表里不一和不融贯性。如果真理定义本身是有缺陷的,那么科学就会枯萎和凋谢。真理同时具有理论和实际的重要性,反科学观点的最明显特征是,利用拼凑起来的引述来代替真理,或者设法躲避真理。

(三)科学尊重客观

客观的知识关注外部的物质客体,这种知识能够通过检验而得到证实,进而在人们中间达成普遍一致的意见。客观性有三个基本方面:第一,客观知识是关于客观对象本身,绝对不会因为主观观念的改变就改变了既成事实。第二,客观知识是可以获得的,所有人只要具有普通智力都可以获得。这种客观知识是公开的,可以加以验证。第三,世界观的差异不会对客观性产生任何影响。客观性不依赖于特定的世界观,世界观差异并不影响客观性。科学知识受到尊重的一个原因,就是科学超越了政治、文化和宗教的局限,不会因科学家本人的种族、宗教和文化背景而有什么差异。

客观性的作用在于,客观性能够让事实和真理超越个人的偏见和愿望,客观性将个人从自私的主张和见解中提升出来,而把注意力或关注点转向外部世界。科学探究有着共同的对象,科学家用共同的数据来获得共同的见解,在此意义上,客观知识就与主体间的一致意见紧密联系在一起。如果不同主体之间无法达成一致意见,那么也就没有什么客观知识了。

当然,客观性知识具有主观性和社会性,因为客观知识涉及人类主体,科学家作为人类一员不可避免地从人类中心视角出发、用人的语言来观察现实世界,如果用主观性去排斥客观性而不是去支持客观性,或者在谈到科学态度时,故意避免谈到客观性或合理性,就会出现严重的病态。因为把科学信念视为与任何事物无关的东西,就过分拔高了人的主体性,超过了人的认知能力。无论是毁掉了知识的客观性方面,还是毁掉知识的主体性方面,都会导致荒谬。

(四)科学符合实际

科学方法提供了对现实世界的理性认识,产生了客观知识,现实的观念与具体现实相吻合。现实主义认为,现实在人类之外而独立存在,外部现实包括了物质客体。物质客体本身并无高低贵贱之分,即使是渺小的微粒,也是一种真实的存在,像整个宇宙一样的现实。现实主义相信,科学家通过与现实的接触能够获得信息和知识,相信自然现实制约着人们的信念。这种信念促使科学家从事经验性观察并收集实验数据。

现实性有两条准则,第一,现实与思想同时存在,现实产生了思想。第二,思想可以理解现实。唯心主义反对第一条准则,认为只有思想是存在的,现实只不过是思想假象。建构主义断言现实世界是思想的投影,与其说是思想发现了现实,不如说是思想构成了现实。怀疑主义反对第二条准则,但并不反对外部世界的现实存在,只是反对思想能够获得可靠的知识。相对主义承认个体能够接受真理,但不承认公众能够接受真理,因而就不存在共同的客观知识。

上述科学的四项基本主张是密切相关的,其中有些部分是相似和重叠的,比如合理性的目标就是追求真理和现实主义。有些主张具有某种依存关系,比如客观性和现实性是真理性的基础,而合理性是实现真理性的途径和手段。

四、围绕科学基本主张的争论

科学的四项基本主张实际上是现代主义的一种思想表达。现代主义是西方自文艺复兴和启蒙运动以来一种学说观念,它以近代工业革命和牛顿经典力学为基础,认为存在着真、善、美的标准,崇尚理性,依赖逻辑推理,对科学进步充满信心,信奉人道主义价值观,对未来充满信心和乐观态度,根据对人类福祉的功效来判断思想的价值。

20 世纪 10—20 年代,相对论和量子力学相继确立。这些自然科学新成就改变了人们对自然科学的传统看法,使人们有机会重新审视科学的基本主张。1934 年奥地利科学哲学家卡尔·波普尔(K. Popper,1902—1994)出版了《研究的逻辑》(*Logik der Forschung*),1962 年又出版了《猜想与反驳》(*Conjectures and Refutations*)。波普尔在这两本重要著作中探讨了科学与非科学分界的问题。他提出,区分科学与非科学的标准,不在于理论是否得到证实,而在于理论是否具有"可证伪性(falsification)"。他认为,"可证伪性"和可反驳性与可检验性(testability)是同一个意思。如果不能被否证的理论,就不是科学的理论。他还把暂时尚未得到否证的一系列严格检验称为"佐证(corroboration)"以区别于卡尔纳普所说的"验证(confirmation)"。波普尔坚持认为,观察不可能发生在理论之前,任何理论都受到某种理论倾向的指引。观察本身是渗透着理论的,因为根本找不到不带任何理论倾向的观察和数据,科学家也不可能摆脱某种理论倾向而从事所谓的纯观察。更为重要的是,科学理论只不过是科学家的猜想,是人类强加到自然界上去的。科学不可能产生出真理,只能提供无数的猜想或近似的真理。波普尔通过证伪区分了科学与非科学,但是他最终把数据与理论合在一起,把科学与真理分开了。

科学哲学家库恩(T. Kuhn,1922—1997)在波普尔的基础上进一步探讨了科学合理性问题。他 1962 年出版了《科学革命的结构》(*The Structure of Scientific Revolutions*)一书,该书被译成 16 种文字,影响甚广。他认为,科学思想并不具有确切的含义和证据支持,只有放到更大的范式中考察才有意义。范式是某个特定时期科学家们所共同使用的分析框架。在他看来,科学不是渐进式演进的,而是通过革命不断跳跃式发展的。科学总是处于不断革命状态,科学的历史就是新老范式不断更迭的历史,一个最典型的例子就是爱因斯坦的相对论取代了牛顿的经典力学。库恩之所以用科学革命概念,是因为他要强调新老范式之间的本质差别,即不可通约性(incommensurability)或不相容性。范式更替不仅改变了科学家观察世界的"概念之网(conceptual network)",而且还改变了判断科学的标准,包括确定问题和解决方案合法性的准则。由于范式间缺乏共同的尺度和标准,科学基本主张所说的合乎理性的客观性也就荡然无存了。库恩甚至认为,科学就是非理性,科学家永远不可能理解现实世界,无法认清如何迈向真理的目标(高奇:2005:67)。

波普尔的学生拉卡托斯(Lakatos,1922—1974)和费耶阿本德(Feyerabend,1924—1994),进一步细化了波普尔和库恩的有关观点。拉卡托斯认为,波普尔的证伪概念是以绝对无误观察为基础的。然而,事实上没有任何一个观察是确定无误的。观察受到先入为主的预期和理论的干扰,观察的结果也蕴藏着阐释性理论(interpretative theory),因此理论和观察都有可能出现错误,所谓观察能够证伪理论只不过是一厢情愿的教条而已。在他看来,任何理论都不是孤立存在的,而是与其他理论相联系的。划分科学与非科学的标准,不应该是单个理论,而应该是"理论系列"即所谓的"研究纲领(research program)"。科学研究纲领由硬核(hard core)和保护带(protective belt)组成。硬核是核心,是一系列不受经验检验的陈述和命题,而保护带则是外围,是一系列应该接受经验检验的假说和命题。证伪往往先指向保护带。如果硬核遭到否定,那么整个研究纲领就要被彻底否定。研究纲领并非在所有时期都是进步的,它可以从进步的研究纲领蜕变为退步的研究纲领,进步的研究纲领能不断地产生新的问题,预见新的事实,而进步的研究纲领最终将否定退步的研究纲领,实现研究纲领的更替。一般来说,单独的观察或实验还不足以否证研究纲领,因为进步的研究纲领有某种机制将反例转化为正例。这样一来,科学划界的标准就不是证实,也不是证伪,而是预见新事实,科学革命的内容也不是范式的更迭,而是研究纲领的更替。

费耶阿本德从新的角度来审视科学,突显了科学的文化传统。他在1975年出版的《反对方法》(*Against Method*)一书中,严厉批评科学沙文主义,反对将科学归结为整齐划一的程式和规则。在他看来,每一个传统都应该有平等的地位和发展机会,西方科学不过是一种具体传统,并不具有特殊的优越性。白种人对少数民族"传播理性、进行启蒙",实际上是一种权力的宰制,其目的就是要让少数民族放弃自身文化。他甚至指出,古代神话、现代偏见和专家冥想都有可能增进人类知识,如中医、草药和针灸可能会促进医学的发展,因此科学家为了发现真理,必须保留人类一切可能有用的思想。他反对将方法论视为一成不变的东西,因为在科学史上所有的方法论规则都曾经被违反过。费耶阿本德承认理性对科学进步的重要性,但是又强调,理性原则可能会限制科学进步,既有的方法论规则必须有所突破,才能完成对未知的探究。他甚至提出,理论上的无政府主义要比理论上的规则和秩序更能促进科学的进步,科学进步的原则是"什么都行(everything goes)"。于是,理论的多元论是迈向真理的途径。一种观点只会包含部分真理，不可能包含所有真理，只有不同意见的冲突才会相得益彰。经验主义者把经验观察看成是客观的，但是，世界上并不存在纯中立的客观观察，因为任何观察和实验都受理论的污染。

波普尔、库恩、拉卡托斯和费耶阿本德对科学基本主张的质疑可归纳为以下四个方面。①经验证据既不能证实一个理论，也不能证伪一个理论，所以真理是难以捉摸的。②理论不是由数据决定的，观察中渗透着理论，理论选择的多种标准导致歧义。③范式是不可通约的，所以科学不可能逐步走向真理。④由于不存在独一无二的科学方法，科学本身也就没有任何与众不同之处。

波普尔和库恩等人的观点引发了20世纪80—90年代有关科学合理性的三次大论战。西奥卡瑞斯（Theocharis）和西莫普勒斯（Psimopoulos）在1987年《自然》（*Nature*）第329期杂志上发表评论，指责波普尔和库恩等人对科学基本主张的批评过于夸张，有失公允，建议科学界提出恰如其分意见。1987—1988年《自然》杂志先后发表18封信，围绕波普尔和库恩的科学哲学观点展开了激烈辩论。第二次意见交锋是针对柯林斯（Collins）和平奇（Pinch）1993年出版的一本通俗读物《魔像人：每人所应该了解的科学》。魔像人（Golem）是犹太神话所创造出来有生命而无头脑的泥塑巨人，威力巨大但笨拙危险。柯林斯和平奇借助魔像人强调人类的错误进入了科学的核心，科学家应该向公众提供一个统一说法，把科学这个古老而笨拙的怪物打扮得整齐规范，随后《科学》（*Science*）、《自然》（*Nature*）、《今日物理》（*Physics Today*）和《新科学家》（*New Scientist*）等杂志发表了一系列批评性或评论性文章，展开广泛的讨论。第三次意见交锋是由戈特弗里德（Gottfried）和威尔逊（Wilson）1997年在《自然》杂志上发表《科学是一种文化建构》文章引起的，此后发表了多封读者来信，围绕社会学建构主义排斥具体证据而把意见一致作为真理进行了激烈争辩。自1995年以来，这一系列围绕科学基本主张的争论火药味甚浓，被称为“科学大战”。当然，这一系列大论战有助于廓清科学的本质，弄清科学威力和科学局限。

五、科学的局限

知识就是力量，科学具有威力，但是科学也不是万能的。自近代以来，随着牛顿力学的辉煌成就和工业革命一路高歌猛进，人们更多看到的是科学的威力和技术的力量，用科学来改造整个世界成为人类最大的愿望，“征服大自然”成为科学威力最好的注解。但是，20世纪初一系列自然科学新发现改变了人们对科学的传统观点，第二次世界大战特别是原子弹毁灭性的后果，使人们对科学有了比较均衡的看法。20世纪末以来，人们越来越清楚地认识到科学固有的局限。

科学局限主要有以下四个方面。首先，人们永远不可能观察到世界上所有事物，科学永远不可能解释世界上所有的事物，海森堡“测不准原理”、哥德尔（Godel）“不完全定理”和混沌理论就是佐证。相对于人类有限的认识能力来说，世界似乎有无限的复杂性。科学在解决各种环境和社会问题的同时，又会引起新的环境和社会问题。人们为某个问题提供答案，但是马上会引出无数的新问题,新问题增长的速度远远大于答案增长的速度。

其次,科学不能提出自己所需要的伦理。尽管科学知识为伦理决策提供了信息,如医学研究首先要考虑受害者最多的疾病,但是,仅仅依靠科学数据还不足以构建完备的伦理道德体系。科学只有放眼于科学之外,才能开拓视野,看清伦理道德的重要性。

再次,科学不能直接证明自己所需要的预设。科学预设为人们提供有关现实世界无法再少的最基本信念。然而,科学无论采取什么手段和方式都无法证明自己的预设:理论不能证明,经验证据不能证明,逻辑推理也不能证明,甚至哲学也无法证明。哲学所能证明的是,科学预设是不能证明的。

最后,科学只能发现既有技术条件所能触及的事物。科学发现在很大程度上取决于一般技术工具和手段,人们在特定的历史时期只能使用特定的研究工具,而特定的研究工具往往决定了科学发现的广度和深度。例如,人类对宇宙的探索受到望远镜性能的制约。20 世纪初用天文望远镜所能看到的银河系被当成整个宇宙,而现在人类借助射电望远镜能够观察到大约 200 亿光年之外的类星体。可以期待在不远的将来,人类能够用更先进的望远镜观察到更遥远的星空。

此外,科学还可能受到个人认知能力的限制,以及人们所掌握的科学知识水平的限制。因此,提高科学家的个人能力,有助于对自然现象做出更准确的预言,提供更有说服力的证据,从而真正地理解世界是如何运作的。

第三节 科学群体

尽管科学探究取决于认知能力和知识水平等个人品质,但是科学活动往往是以群体性方式展开的,正是这种群体性特征,形成了科学领域特有的价值观,特殊的思维方式和习惯以及共同的行为规范。

一、科学群体的含义

科学群体(science community)不是一个地理上的社区,而是科学研究者的集合。从狭义上说,科学群体指的是科学家们的集合,即科学家群体。从广义上说,科学群体可以指所有从事科学研究工作的个人和团体的集合,同时包括了自然科学与社会科学。科学群体是指具有相似的技术训练、信仰与价值、道德原则,以及职业生涯发展路径的研究者所组成的专业性群体。

科学群体通常没有明确的界限,其成员没有会员证或登记名册。不过,一般认为,获得专业博士学位是一张进入科学群体的非正式“门票”。博士学位是比硕士更高一级的学位,意味着具有独立从事科学研究的能力。但是有些研究者并没有博士学位也能成为专业研究者,而且并不是所有博士都会进入研究领域工作。事实上,西方大约有一半获得科学博士学位的人没有把科学研究作为其终身职业。他们进入了许多不同的职业领域,比如教学、行政、咨询、临床实务、顾问等。科学群体的核心研究者大部分在大学里工作,也有的为政府或其他组织机构工作。大部分科学研究者服务于世界大学排名前200所的研究型大学或机构。换句话说,科学群体虽然在地理上是分散的,但是它的成员却往往在较小的专业群体里工作。

科学群体有不同的层次结构。按学科分,有物理学群体、化学群体、生物学群体等。在学科下面又可细分为各种专业群体。同一学科或专业群体的成员,由于他们具有不同的学术观点,因而形成了不同的科学流派。一个学科或专业群体内,可以有相互竞争的不同学派,如物理光学专业在历史上就有过著名的波动说学派与微粒说学派。科学群体也可以按国家或地区划分,如中国的科学共同体、美国的科学群体等。科学群体有横向转移与纵向更替的现象。20世纪下半叶以来,随着交叉学科和跨学科研究的发展,越来越多的科学家从一个科学群体转移到另一个科学群体,或者在两个或多个学科的交叉地带建立了新的科学群体。

科学群体到底有多大?以广义的定义来说,从事与科学研究相关的专业人士在发达国家约占全部劳动力的15%。由于知识的专业化,科学家大多只能熟知某个特定的学科领域。在美国,大约有17 000名专业社会学家、132 000名建筑师、650 000名律师以及1 257 000名会计师。每年大约有500人获得社会学博士学位,16 000人获得医学学位,38 000人获得法律学位。许多研究者一生中只能完成一项或两项研究,少部分人能够从事多项研究。在某个学科尖端或特殊领域(例如,离婚研究或死刑研究)从事研究的人,可能不会超过100人。

1660年创立的英国皇家学会(Royal Society)是世界上历史最悠久的科学学会,也是最早的科学群体。它是历史上第一个为官方认可的科学家组织,许多著名科学家都是它的会员。英国皇家学会表明,作为一种专业性社会活动,科学不仅是合法的,而且还享有崇高的社会威望。

二、科学群体规范

任何人类群体的行为都受到社会规范的约束,科学群体也不例外,它要受到一系列专业标准与价值观的制约。这些规范与工商、政府等其他社会机构的要求并不相同,体现了科学家群体不同于其他职业群体的特点。这些规范是研究者通过多年习得并使之内化的。这些规范相得益彰,一起塑造了科学家的独特角色。研究者的工作环境与科学系统实践也会强化这些规范。像其他社会规范一样,专业规范是正当行为的标准样式。由于研究者是一个有血有肉的人,因此他们的情感、意志、人格和意愿等种种内在因素都会影响到他们的专业行为。科学规范并不能在实践中得到完全地贯彻执行,时常会出现违规的情况。科学活动也不是在真空中进行的,各种社会、政治和经济因素都会影响到科学探究本身。

科学社会学家默顿对科学家的行为规范进行了探讨,概括出六种基本的规范,他称之为科学的精神气质:普遍性、公有性、无偏见性、有条理的怀疑主义、独创和谦逊。① 这些基本规范规定了科学家的行为准则,为科学职业活动提供了基础,主要包括以下内容。

(1)普遍性。这意味着,如果某个研究假说尚未得到经验证实,不管它来自何处,都要遵循既定的科学标准,该标准是与观察和原先已经被证实的知识相一致的。某个假说能否成为科学学说并不取决于发明者的个人属性或社会属性,与个体的种族、国籍、宗教、阶级和个人品质无关。普遍性规范基于科学的非个人特性,与种族中心主义格格不入。

(2)公有性。科学发现是社会协作的产物,为全体社会成员所共享,是人类共同的精神遗产。发明者的法律权力受到严格的限制。以发明者的名字命名的定律或者理论是尊重和纪念发明者的一种特殊方式,并不意味着发明者及其继承人能够有权独占或随意处置其发明成果。

(3)无偏见性。无偏见性不等于利他主义,也不屑于利己主义行为。它意味着求知的热情、无根据的好奇心、对人类利益的无私关怀等特殊动机。无偏见性不能容忍欺骗、诡辩、不负责任的夸夸其谈、滥用专家权威、炮制伪科学等行为。

(4)有条理的怀疑主义。有条理的怀疑主义与其他科学精神气质有着密切联系,它既是方法论的规范,也是制度性的规范。科学用经验和逻辑的标准来审视所有的科学假设和理论。科学会对与自然和社会有关的所有事实提出质疑,因此,如果其他社会机构使用并呈现这些事实资料,科学便会与之发生激烈的冲突。

(5)原创性。科学成果只承认第一,不承认第二,因此在科学探究中,原创性受到极大的尊崇。科学进步源自科学家孜孜不倦地贡献自己的原创性研究成果,因此,科学群体只要在机制和功能上不断地强调原创性并予以相应的奖励,就可以突显原创性至高无上的地位,这样一来学术承认和名气就成为工作成就的一种象征和奖励。原创性是科学体制自身的要求,也是科学家从事科学活动最有力的鞭策。科学体制把原创性视为最有价值的东西,从而使原创性成为人们主要关心的东西(默顿,1982)。

(6)谦逊。与哲学家和思想家不同,科学家特别强调研究的累积性和继承性,这就要求科学家只有"站在前人的肩膀上",才能取得原创性研究成果,绝不能有任何漠视前人研究成果的"豪气"。科学家还必须正视个人能力的局限性以及他所掌握的科学知识的局限性。谦逊规范源自科学的本性,植根于科学知识和科学劳动的特殊性。谦逊对科学家的行为有着最直接的影响。从科学家对排位的态度到科学成果的自我评价以及科学奖励的接受,谦逊都在调节着科学家的行为,发挥着缓和矛盾、化解冲突、保障科学群体和谐运作的重要作用。

---

① 默顿在1942年论文《科学和民主的札记》中提出了四条规范:普遍性、公有性、无偏见性、有条理的怀疑论。1957年论文《科学发现的优先权:科学社会学的一章》又提出独创和谦逊两条规范。

三、科学群体的精神气质

科学群体的精神气质是默顿对科学家行为规范的另外一种提法，它涉及对科学家行为进行约束的一系列价值观和道德规范。这些规范以规定、赞许、许可和禁止的方式表达出来，并得到制度性确认而被合法化。这些规范通过告诫、案例表达和赞许等形式，为科学家所内化，而成为他们的科学良知。尽管没有任何机构对科学的精神气质作出明确规定，但是它常见于科学家的偏好、科学著述以及道德共识。值得注意的是，默顿关于科学精神气质的论述，在一个相当长的时间里并没有获得普遍的认可。不过，批评意见并不是集中在精神气质的构成上，而是集中在这些规范是否在指导着科学家的日常行为。

继默顿之后，许多人提出了新的科学规范和准则。例如，古尔南认为默顿的提法过于抽象，他认为科学家的行为准则应该包括诚实、客观、宽容大度、对任何确定的东西抱怀疑态度、无私的刻苦钻研精神等。H. 莫尔认为，古尔南的提法也过于抽象，无法满足当下科学家的现实需要，他所提出的规范如下：要诚实；绝不胡诌瞎编数据；要一丝不苟；要公平对待轻重缓急次序和思想；对对手的数据和思想不存偏见；不要凑合，而是力求解决问题。他还把这些规范概括为更明确的原则：①避免片面性，认真考虑与自己看法不同的其他观点；②使用易于理解、有明确定义的概念和符号；③把观测和实验所得到的数据视为最高权威；④一旦发现理论不能自圆其说，或被实验事实所否定，就要随时准备予以修正或以新的理论取而代之；⑤应当时刻牢记，科学家在思想方法、数据、结论和理论等方面是互相依赖的；⑥推崇简约性，除非必要，绝不要创造新的结构。

苏联科学家亚历山德罗夫提出了七项科学行为规则：①要探索真理，而不要被偏见、权威和个人想象所蒙蔽；②要进行论证，而不要仅限于提出论断；③要接受并捍卫已被证明了的东西，而不要随意歪曲它；④不要固执己见和自以为是，而要不断重新审视自己提出的有根据的观点；⑤真理是靠论据确立起来的，而不是靠势力、命令、训斥和压制确立起来的。

默顿关于科学精神气质的论述比较抽象，但在一定程度上揭示了人类科学探求活动的内在本质。问题在于，默顿的提法似乎还可以再做新的补充，如独创性、竞争性、继承性、人道性、客观性、宽容性等，它们与默顿的提法相似或者独立于它。至于莫尔和亚历山德罗夫的提法，则过分具体，很难说是科学活动的社会规范，可能是科学家的行为准则，尽管这两者之间存在着密切的联系。

自 20 世纪中叶默顿提出科学的精神气质以来，不同学者的诠释见仁见智。美国社会学家卡普兰（Norman Kaplan）对科学的精神气质提出了批评：其一，科学的精神气质不能解释科学家的行为，因为科学家在大多数情况下并不遵守这些规范，所以很难说这些规范是科学群体的社会规范；其二，即使这些规范在理论上能够成立，但在现实中却对科学事业没有什么实质性的贡献。尤其在当代，科学研究和应用出现了一系列不良现象，科研造假、剽窃等不端行为屡屡发生，从这些事件中很难看到科学精神气质的影子，因此，科学精神气质只能在科学社会学的研究层面上具有价值。

第四节 科学解释

科学是在经验证据基础上对现实世界所做的一种系统解释和说明。科学解释不同于常识和伪科学的解释,是唯一为科学家所接受的解释。与其他解释相比,科学解释具有以下几个方面的特征。

(1)科学解释是经验性的。如果解释以感觉经验为基础,那么它就是经验性的。科学解释必须建立在客观、系统的观察基础上,而观察是在严格控制的条件下进行的。解释所涉及的观察事件和条件都可以为其他人所检验和证实。

(2)科学解释是可验证的。凡是科学解释都是可验证的。不是通过直接观察来进行验证,就是通过具体预测未观察到的条件下应该发生的事情来进行验证。如果某个解释所预测的结果没有被观察到而受到质疑,那么这个解释就是可检验的。

(3)科学解释是简约的。科学家通常会对某个现象提出若干个竞争性解释,在这种情况下,科学家通常会选择其中最为简约的一种解释,也就是在解释该现象时使用最少假定的一种解释。

(4)科学解释是暂时性的。科学解释不是一劳永逸的,多少带点缺陷,需要在探究中不断加以修改和完善。科学家即使对自己的解释颇有信心,但仍会承认解释中可能存在着某些缺陷。

(5)科学解释必须经过严格评审。科学解释必须得到同行专家苛刻的专业评审,才能成为已有科学知识的一部分。科学解释通常发表在公开出版物上,好让同行进行审查、批评和重复验证。这就要求科学家尽可能作出详细的解释,以便同行专家能够据此作出判断。

可见,科学解释是一种基于经验、可验证的解释,也是一种经过专家严格评审、具有简约性的暂时性解释。正因为如此,科学解释与其他非科学解释区分开来。科学解释的特征决定了科学解释不是整齐划一,而是有不同类型的。科学解释主要有演绎-规律性解释、或然性解释、功能性解释和发生学解释四种类型。

一、演绎—规律性解释

任何科学解释都有两类陈述:描述被解释事件的陈述,叫被解释项;起解释作用的陈述,叫解释项。演绎—规律性解释又称 D-N 解释(deductive-nomological explanation),这种类型具有演绎论证的形式结构。其中被解释项是解释前提在逻辑上的必然推断,解释前提中有一个类似于定律的概括。这种类型是解释的范例,是理想的解释形式。

在演绎—规律性解释中,依据被解释项的不同,也有不同的情形。

(1)被解释项是一个必然真理。"为什么从1开始的任何奇数之和总是一个数的平方?如$1+3+5+7=16=4^2$"这种解释实际上是一个证明,证明被解释项是必然性真理。如果证明前提本身是必然性真理(其前提是个算术公式,它的必然性是有保证的),而证明的程序是符合逻辑证明的形式要求的,则解释即可完成。但是这类解释属于逻辑学和数学等形式科学范围,并不是经验科学的任务。

(2)被解释项是一个历史事实,这通常有两种情况:一是被解释项是一个个别事实,二是被解释项是一个统计现象。

第一种情况:"为什么昨天玻璃杯装满冰水时,杯子外面会潮湿?"被解释的是已发生的个别事实。对此可作如下解释:装满冰水的玻璃杯的湿度大大低于周围空气的温度,空气中含有水蒸气,只要空气接触到较冷物体,空气中的水蒸气一般就会凝结为液体。

第二种情况:"为什么19世纪初欧洲天主教徒的社会组织比新教徒的社会组织具有更大的社会内聚力,一般说来,社会成员间密切的社会关系有助于个人在精神紧张时坚强地活下去。被解释项是个统计性历史现象,解释项也有一个类似于规律的假定。这个解释不是去解释某人在这个时期为什么会自杀,而是说明为什么会有那么高百分比的人自杀,所以这是一种统计性解释。而解释项中类似于规律的假定实际上也是一种统计性概括。但这种解释仍属于演绎模式。

(3)被解释项是一条规律。这一类有三种情况:其一,被解释项是一个全称陈述的普遍规律,断言某些事物间不变的联系。例如,有关冰的密度大于水的密度的规律,阿基米德定律的解释是,液体支持物体的力与物体排开液体的重量相等,受力物体处于平衡状态等。解释项中这些规律都是全称陈述的普遍规律。其二,被解释项也是一个普遍规律,但解释项是一个比规律内容更丰富的理论。"为什么水中加盐会降低水的冰点?"被解释项也是规律,但目前对它的解释是热力学原理的"能"和"熵"等概念,这些假定不能与实验程序联系起来,即它们是理论,而不是"实验定律"。其三,被解释项是一个统计规律。"为什么红花豌豆与白花豌豆杂交获得的后代,近三分之二开红花,其余三分之一开白花?"这是一条遗传统计学规律:一定性状在一定元素群中出现的相对概率。对它的解释是孟德尔遗传理论和有关豌豆遗传成分的某些其他假定。解释项也引用理论,这种理论包括了统计性假定,它揭示了亲代遗传性状传给后代的概率。

二、或然性解释

或然性解释涉及所有经验科学,由于作为演绎推理前提的解释项还不足以保证被解释项在逻辑上为真,因而是"概率性的"。

"为什么凯修斯谋杀恺撒?"被解释项是某个个别历史事件。按照希腊历史学家普鲁塔克的解释,是罗马将军凯修斯对暴君的仇恨。这种解释隐含着关于一定文化中某些人表现仇恨方式的一般假定。然而,这些假定不可能有严格的普遍性,至多只是一种统计规律:在某种社会,某些人主要以某种方式表示仇恨。由于被解释项是个个别事实,解释项是个统计规律,因此被解释项并不是解释前提的演绎推断。更具体一点说,这个统计规律可表述如下:古罗马社会上层对暴君非常痛恨的人,有大于二分之一的概率去密谋杀死暴君,而凯休斯就是这样的人。恺撒是暴君,因此凯休斯谋杀凯撒是高度概率性的,但这不是演绎推断。

下面的例子可以看得更清楚些:"甲从链球菌感染中康复。"对此的解释是:因为给甲注射了青霉素。但注射青霉素与从链球菌感染中康复的联系具有统计性质。这种解释只是赋予被解释项以高度或然性,并无演绎上的确定性。

有人认为或然解释知识是通向演绎解释路上的暂时中间站,并不构成一个独立类型。但是,或然解释前提中的统计假定并不能全用全称陈述来代替。因为统计性规律并不是人类知识不足造成的,而是现实世界某些对象,尤其是多层次、多中介对象所固有的客观规律。

三、功能性解释

生物学和社会科学主要采取这种功能性解释形式。功能性解释揭示了某个体发挥某项或更多的功能(或功能障碍)以维持个体所属系统的正常运作,或者揭示了某个行动在实现某个目标中所发挥的作用。功能性解释或目的性解释的特点是,它们使用"旨在"一词,在多数情况下用某种未来的状态或事件来解释业已发生的行动。

功能性解释或目的性解释有两种情况:其一,为某一特定规定时间内的特定行动、状态或时间去寻求解释。"为什么英国国王亨利八世要废除与凯瑟琳·阿拉贡的婚约?"对此,历史学家把这一废除行动归因于凯瑟琳没有给亨利八世生儿子,他为了获得一个男性继承人而与她离婚。所以他的离婚是为了实现有意识的目标而采取的一种有意识的行动。其二,为所有相同的特点寻求解释,而不管这种系统会在何时存在。"为什么人有肺?"这个问题要求解释人的肺进化到现阶段的功能问题。生物学家提供的答案是:氧对食物的氧化是不可缺少的,肺把氧从空气传输到血液、最后到达细胞,因此肺对维持人体生命活动是不可缺少的。

由此可见,目的性解释或功能性解释不一定要把被解释的行动解释为行动者有意识的结果。例如,人的肺的功能并不是有意识的目标,也不是行动者出于某种目的把肺设计出来。但对人类某些行为的解释,确实存在着有意识的计划或目的。同时,也应该注意,尽管目的性解释在说明已有行动时要涉及未来,但是未来状态对目前行动并没有因果作用,也就是说,并不是亨利有个人男性继承人的未来状态使他要求离婚,而是他对未来的愿望使他采取这个行动。同理,并不是人体内食物的氧化造成了肺的存在和作用,而是人体及其环境的构成决定了肺的存在和作用。

四、发生性解释

发生性解释需要对早期系统演变为后来系统的一系列主要事件作出说明和解释。这种解释必然涉及该系统过去所经历的全部事件。不过,具体要提及哪些时间节点就要视因果联系而定,如果前后事件并没有因果联系,就没有必要述及。

历史研究通常较多地涉及这种发生性解释,它往往通过描述某个特定研究对象是如何从某个早先对象中演变出来的,来解释为什么这个对象具有一定的特征。这种解释往往成为"发生学"解释。"为什么罗马天主教皇要出卖赎罪券呢?"A. 戈特鲍布对此作出了发生性解释。出卖赎罪券事件可追溯到公元 9 世纪,当时教皇正在与伊斯兰教徒进行交战。伊斯兰教义宣称,如果伊斯兰教徒在战斗中阵亡,他的灵魂可以直接升入天堂。但是基督教教徒却没有这种待遇。为此,教皇约翰七世在公元 877 年下令赦免阵亡十字军战士的罪过。于是就发行了赎罪券,得到赎罪券的教徒可以赦免原罪,直接升入天堂。1199 年,教皇因诺森特三世允许,只要付钱也可以得到赎罪券所带来的好处。1300 年,当十字军衰微时,教皇就设法通过出卖赎罪券来筹措军费,于是筹备了"大赦赎罪券",原定每一百年出卖一次,后来改为每 50 年、33 年、25 年举行一次。到 1477 年,教皇希克斯图斯四世宣布,不仅死者,甚至活人都可以因购买赎罪券而免除最后审判。上述一系列描述涉及一般性发生性解释,但并不具有规律性质,只能使后续事件的发生成为可能性。其中有许多解释基于动机因素和心理学假定,如教皇"想要"使十字军具有战斗力或筹措大量资金;教徒们害怕最后审判,所以渴望购买赎罪券;每一次出卖赎罪券的成功,又促使出售赎罪券的时间不断缩短,而且因有奖赏,又使这一过程不断得到强化等。

本章小结

科学有别于信息、常识和伪科学等其他形式的符号或解释。科学与非科学的区别在于收集数据和分析数据的方法。信息是物质的一种普遍属性和功能,具有普遍性、无限性、时效性、可传递性、共享性和可度量性等品质。信息不等于知识。知识是人们提取的有价值信息或者被理解了的信息。知识不等于科学而是科学的产物。科学是产生知识的一种方法,也是一种社会制度。科学需要用专门的技术来收集经验证据,然后用所得到的证据来支持或否定理论。

常识是一种知识形式,通常用判断或命题来表示。常识具有普遍性、直接性和明晰性等特点。科学与常识既有联系,又有区别。常识与科学的区别是:①常识通常不对事实的根据提供说明,而科学却要作出具体和系统的解释;②常识的语言不确定,而科学语言具有确定性;③常识通常关注事件的价值性,而科学探求要求尽量不考虑事件对人的价值的影响。

伪科学是指占星术、炼丹术、命相学和颅相学等非科学知识。伪科学不是科学错误,而是冒充科学,把已被证明不是科学的东西当成科学,并无法提供充分证据。伪科学的特点是:不学无术;关注超常感知、灵魂学等非常规问题;害怕批评并拒绝接受检验;不遵守科学准则;最终目的是获取名利。科学与伪科学的区分是:①科学使用相关性思维方式,伪科学使用相似性思维方式;②科学寻求验证和证伪,伪科学超越经验或忽略经验;③科学家关注竞争性理论,而伪科学家不关心竞争性理论;④科学使用一致并简约的理论,伪科学采用许多复杂的特设性假说;⑤科学靠创新不断进步,伪科学一味保守而停滞不前。

预设是科学探究必不可少的基本信念。科学预设包括:①自然的实在性。②自然是统一的。③自然是有序的。④自然是可理解的。⑤自然是有因果性的。科学是一种探索和研究现实世界的艺术,所谓科学是用可获得的证据对现实世界的一种系统解释,简单地说就是有证据的解释。科学的基本要素是预设、证据和逻辑性思考。如果光有经验证据,没有说明和解释,就是事实资料的堆砌。如果光有解释没有经验证据,哪怕再系统,也就是一种独断的理解或偏见。因此,科学是解释的程度与证据的比例之间所达成的一种动态平衡。

科学的本质是:①科学是客观的。科学不依赖于诸如情感、偏好之类的主观态度,不受任何偏见的束缚;②科学是经验的。科学突显了经验证据的重要性,强调从数据中引出结论;③科学是追求真理的。科学承认现有的理论不是绝对的,它是一种试探性探索、近似性解释、需要不断地加以修正和改进;④科学本质上是自我矫正的。科学从来不故步自封,无论何时发现了新的事实,就要修正旧的结论。科学的特点是:①用系统的事实证据来回答问题,科学必须能用经验证据来回答问题;②自洽的知识体系,科学解释具有自洽性和相容性,绝不能相互矛盾;③对任何方面都可以质疑,科学研究中没有神圣的东西,任何科学的东西都可以加以质疑;④不断积累和修正的过程,科学研究是在前人研究的基础上进行的,科学进步离不开前人的积累。

科学基本主张,大致可以归纳为四条:崇尚理性、追求真理、尊重客观、符合现实。波普尔、库恩、拉卡托斯和费耶阿本德等人对科学基本主张进行了质疑。波普尔和库恩等人的观点引发了20世纪80—90年代有关科学合理性的三次大论战。这一系列大论战有助于廓清科学的本质,弄清科学威力和科学局限。科学局限包括:①科学永远不可能解释世界上所有的事物;②科学不能提出自己所需要的伦理;③科学不能直接证明自己所需要的预设;④科学只能发现既有技术条件所能触及的事物。⑤科学还可能受到个人认知能力的限制,以及人们所掌握的科学知识水平的限制。

科学群体是一个特定人群集合。狭义科学群体是指科学家群体,而广义科学群体则是指所有从事科学研究工作的个人和团体的集合。科学群体是指具有相似的技术训练、信仰与价值、道德原则以及职业生涯路径的研究者组成的专业性群体。科学群体有不同的层次结构,通常有不同的学科和专业研究方向。不同学科成员构成了不同的科学群体。默顿概括了六种科学群体规范,即普遍性、公有性、无偏见性、有条理的怀疑主义、独创和谦逊。①普遍性。它植根于科学的非个人特性之中,科学标准与种族、国籍、宗教、阶级和个人品质毫不相干。②公有性。科学发现是社会协作的产物,是全社会成员的共同遗产。③无偏见性。它涉及求知热情、无根据的好奇心、对人类利益的无私关怀,而与欺骗、诡辩、不负责任的夸夸其谈、滥用专家权威、炮制伪科学等水火不容。④有条理的怀疑主义。科学用经验和逻辑来审视一切科学假设和科学理论,并对每一个方面的事实根据提出质疑。⑤原创性。科学成果只承认第一,不承认第二,原创性受到极大的尊重。⑥谦逊。科学强调继承性,即"站在前人的肩膀上"推动科学前进。

与其他类型的解释相比,科学解释具有以下几个方面的特征。①科学解释是经验性的;②科学解释是可验证的;③科学解释是简约的;④科学解释是暂时性的;⑤科学解释必须经过严格评审。科学有不同的解释类型,包括:①演绎—规律性解释,它具有演绎论证的形式结构,其中被解释项在逻辑上是解释前提的必然推断;②或然性解释,它涉及解释项还不足以保证被解释项在逻辑上是真的,而只具有"概率性";③功能性解释,它涉及某种结构在实现目标中所发挥的作用;④发生性解释,它需要对早期系统演变为后来系统的一系列主要事件作出说明和解释。

思考题

1. 信息、常识、知识和伪科学是什么？它们有哪些特点？
2. 试述常识与科学的区别和联系。
3. 什么是科学的本质？它有哪些特点？
4. 如何理解科学群体？它有哪些基本规范？
5. 联系科学发展史，谈谈科学解释的类型及其特征。

讨论题

1. 举例说明伪科学对科学发展的危害性，谈谈如何防范和杜绝伪科学？
2. 联系研究实际，说明为什么科学研究要在前人研究基础上进行？

参考文献

蔡贤浩. 2004. 浅谈现代科学共同体的伦理规范[J]. 广西社会科学(5).

傅祖芸. 2007. 信息论：基础理论与应用[M]. 北京：电子工业大学出版社.

戈什. 1992. 科学方法讲座[M]. 李醒民，等，译. 西安：陕西科学出版社：1-29.

劳伦斯·纽曼. 2007. 社会研究方法：定性和定量的取向[M]. 郝大海，译. 5 版. 北京：中国人民大学出版社.

理查德·沙沃森，丽萨·汤. 2006 教育的科学研究[M]. 曹晓南，等，译. 北京：教育科学出版社.

李醒民. 1989. 科学的革命[M]. 北京：中国青年出版社.

麦克尔·赫兹菲尔德. 2005 什么是人类常识[M]. 刘珩，等，译. 北京：华夏出版社.

欧内斯·特内格尔. 2002. 科学的结构：科学说明的逻辑问题[M]. 徐向东，译. 上海：上海译文出版社.

欧阳康，张明仓. 2001. 社会科学研究方法[M]. 北京：高等教育出版社.

P. K. 默顿. 科学发现的优先权[J]. 梁前文，译. 科学与哲学研究资料，1982(4)：150.

盛华根. 2005. 论科学规范的层次结构：默顿科学精神气质的另一种解读[J]. 科学学与科学管理(6).

涂建华. 2003 中国伪科学史[M]. 贵阳：贵州教育出版社.

修·高奇. 科学方法实践[M]. 北京：清华大学出版社，2005：17-122.

杨国枢，等. 2006. 社会及行为科学研究法(上)[M]. 13 版. 重庆：重庆大学出版社.

杨耀坤. 2006. 科学理性的沉思：科学价值理性的诠释[M]. 合肥：安徽教育出版社.

殷正坤，邱仁宗. 1996. 科学哲学引论[M]. 北京：华中理工大学出版社.

约翰·齐曼. 2003. 真科学：它是什么，它指什么[M]. 曾国屏，等，译. 上海：上海科技教育出版社.

张碧辉. 1986. 略论科学共同体[J]. 科学学与科学技术管理(5).

张之沧. 1999. 科学与伪科学的划界原则及标准[J]. 科学学研究(4).

周寄中. 1987. 科学殿堂里的共同体[M]. 北京：人民出版社.

Herzfeld M. 2005. Cultural intimacy：Social poetics in the nation-state[M]. NY：Routledge.

社会科学的性质 3

科学通常被分为社会科学与自然科学两大类。人类的知识系统主要有社会科学、自然科学和人文学科三个领域。当下科学发展的主要标志是,社会科学迅速发展,走向科学研究的前台,与人文学科和自然科学相互交叉和融合,形成了更大的相对完整的知识系统。弄清大科学系统内各个分支科学的定位及其相互关系,有助于准确地把握社会科学的性质。本章在界定社会科学性质的基础上,探讨了科学与社会科学、社会科学与自然科学、社会科学与人文学科之间的关系,并对社会科学的起源、现状及其未来发展进行了分析,对社会科学的范围及其主要具体学科进行了概述。

第一节　科学体系中的社会科学

社会科学的性质是什么?这是一个争论已久的问题。围绕社会科学的科学性与价值性、实证性与解释性的争论一直没有停止过。社会科学的性质源于科学的性质,但又不同于科学的性质。因此,有必要详细考察科学与社会科学的关系,在科学与社会科学的关系中来把握社会科学的性质。

一、科学与社会科学

前文已说过,科学是产生或获得知识的一种方法,也是一种社会制度。但国际学术界对科学含义还存在着争议,大体上有两种观点。第一种观点是英美的科学概念,认为科学是逻辑严密的实证知识体系,它必须同时满足两个条件:(1)尽可能具有严密的逻辑,最好是公理化系统,如果做不到,也至少能运用数学模型,有一个自圆其说的理论体系;(2)能够直接进行观察和实验并得到经验观测的检验或证伪。第二种观点是德国的科学概念,认为科学就是指一切体系化的知识。人们经过系统研究而形成的比较完整的知识体系,不管是否具有像自然科学那样的规律性,都应该属于科学的范畴。按照英美对科学概念的解释,只有自然科学才属于严格意义上的科学,社会科学勉强算是科学,而人文学科则不能视为科学,只能是一门学问或学科。因此,英美两国把所有科学分为自然科学、社会科学和人文科学三大类。德国把所有科学分为自然科学和精神科学或文化科学两大类,按此理解,人文学科应当属于科学。

根据以上两种观点,英美的科学概念可视为狭义的科学概念,而德国的科学概念可视为广义的科学概念。但是,广义与狭义之说并不是两种毫不相干的观点,它们之间是相通的。从广义的科学概念出发,可以把人文学科纳入科学系统中,有助于全面和完整地理解科学内涵,也有助于对人类知识体系做出统一的分类。从狭义的科学概念出发,可以突出科学的本质属性,强调任何科学都要致力于对规律性的追求。

人类的知识探索和积累大致有三个领域:社会科学、自然科学和人文学科。这三个领域都属于统一的大科学知识体系。在这三个领域中,每个领域又可以细分出成百上千个次级专业领域或学科。然而,不论这些领域差别有多大,内涵有多么不同,研究方法是否一致,它们的最终目标都是一致的:为全人类提供一个更好的生存条件,不但了解人类的过去,把握人类的现在,而且规划人类的未来。

社会科学专门探讨以人为主体而衍生出来的所有课题,其中包括了探讨人类社会生活层面的知识领域,探讨人类、文化及其与周围环境的关系,研究分析人类行为、人际关系及人类与其他生存环境之间关系等。美国《教育研究百科全书》(*Encyclopedia of Educational Research*)将社会科学定义为“探索人类关系的各种科学”(*Hairris*,1960)。美国国家科学基金会(National Science Foundation)则将社会科学定义为“探讨社会机构及其行为及个体在团体之行为表现的科学”(Federal Funds for Research,1979)。美国《社会科学百科全书》(*Encyclopedia of the Social Science*)将社会科学定义为“社会科学是研究团体中个人活动的心理及文化的科学”(1965)。《大美百科全书》(*Encyclopedia American*,1994)则指出社会科学“主要是以人际关系为探讨对象,内容广泛,很难下简单的定义,而此学科所涵盖的范围也不易分类”。这些有关社会科学的定义,尽管各有侧重,但亦有其相似之处,它们至少包括了研究人的行为与文化、个人在团体中的关系与行为模式,以及个人与团体如何互动等。尽管有人对社会科学能否称为科学感到怀疑,因为社会科学缺乏像自然科学那样为科学群体所普遍接受的定理与模型,特别是范式(paradigm),但是这也突显了社会科学的复杂性、多变性与不可预测性,而使得社会科学的发展更加具有挑战性。

综上所述,科学作为产生知识的一种方法,涵盖了人类对不同领域的探讨,科学不仅要能够解释世界,具有支持解释的相关证据,而且还要形成自洽的理论体系,经得起检验或证伪。根据对科学性质的理解,可以将社会科学看成是科学在社会领域的延伸和发展。据此可以将社会科学定义为:用可获得的证据对社会现象的一种系统解释。这可以从三个方面来加以理解:①社会科学是对社会现象的研究和解释,社会现象包括了社会关系、社会结构、社会过程等,也包括了人的行为、精神产品和文化等。②社会科学是对社会世界的一种解释，包括了对社会现象的概括、界定、分类、解释、理论、定律和模型等，这种解释不是支离破碎的或互不相干的，而是相互联系的，是整体性的系统解释。③对社会现象解释是以证据为基础的，这种证据是从实践经验中获得的，在操作层面上是可行的。

社会科学具有三个特点：①以人为研究对象。社会科学各个学科都是以研究或解决与人有关的问题为主，并且针对这些问题寻求答案。社会科学所涉及的人的问题包括人的生存、人的发展、人的教育、人的文化等问题。从全球的观点来看，社会科学涵盖了对小到非洲儿童饥饿问题、大到联合国的运作维持等问题的探讨和研究。②价值性。价值是指是否合乎需要。每个人在不同的文化背景下形成了不同的价值观。尽管有时价值观是潜在的或隐藏的，但价值观渗透在人的认识和行为的全过程。由于社会科学是对人的研究，因此如何处理人的价值观问题就显得特别重要，因为不同价值观从各个方面对社会研究产生影响。③复杂性。社会系统是由多种多样相互作用的单位所构成，它具有复杂的等级结构和组织，以及演进中的复杂行为，除了具有物理系统的非线性动态机制的复杂性外，还具有凭借人自身的经验来进行内在调适和学习的复杂机制。因此，社会科学的复杂性远远超过一般科学。

二、社会科学与自然科学

整个科学体系汇集着人类在自然、社会和精神领域进行探索和认识的系统成果。社会科学在整个科学体系中占有重要地位，社会科学是与自然科学同等重要的科学。为了更好地理解社会科学的性质，有必要弄清自然科学与社会科学之间的区别和联系。

自然科学起源于人类对各种自然现象的困惑。自然科学最早起源于古代美索不达米亚的天文学和古埃及的几何学。中国古代的科技发展曾一度是其他国家难以逾越的高峰，但是在明清以后停滞不前。西方科学在古希腊时期，经过亚里士多德等人的努力，初步形成天文学、物理学、生物学、几何学等学科。欧洲中世纪时期，西方科学家坚持科学真理，与宗教相冲突。至16世纪末期，追求真理的科学态度日益盛行，真正意义上的自然科学家应运而生，他们在数学、物理、化学、生物、地理、地质、天文等领域取得突飞猛进的发展。在16—17世纪，现代意义上的自然科学诞生。伽利略开创了新物理学，牛顿创立了经典力学，波义耳等人把古代炼金术转化成化学。到了18—19世纪，自然科学取得了许多重大突破，确立了细胞学说、能量守恒与转化定律以及生物进化论。到了20世纪，爱因斯坦相对论、量子力学、“三论”和“新三论”的出现使自然科学步入了一个新的发展阶段。

关于自然科学的范围与定义，迄今还没有一个明确的说法。如果从“形式”上来区分，可以把自然科学分为形式科学与经验科学。前者为数学和逻辑学，后者包括物理、化学、生物、地球科学等学科。如果从“应用”上来区分，可以把自然科学分为基础科学与应用科学，前者是数学、物理、化学、生物、地球科学等学科，而后者包括电机工程、土木工程、水利工程、生物工程、遗传工程等学科。

社会科学与自然科学之间的联系与区别一直是社会科学方法论的关注焦点。其实社会科学和自然科学都是从旧哲学中分离出来的,它们本是同根同源的。自 19 世纪以来,现代意义上的各门社会科学纷纷从旧哲学中分离出来,成为相对独立的知识领域,它们在发展中不断丰富和壮大自己,日臻完善。可以说,社会科学与自然科学是人类知识系统中的双峰并峙,它们之间既有学科上的渊源关系,又有本质上的区别。

(一)社会科学与自然科学的联系

社会科学与自然科学具有相似性和共通性,主要表现在:第一,社会科学与自然学科都具有科学性,与常识、伪科学、迷信等非科学的东西具有原则上的区别。社会科学和自然科学都是用可获得的证据来解释世界。它们都试图揭示现实世界的本质及其内在联系,对未来世界的发展作出预测。第二,社会科学是在自然科学的影响下而产生的。自然科学的实证分析模式和科学精神成为社会科学模仿的样板。最初的社会科学是在反省自然科学的理论和方法的基础上,按照自然科学的模式来构建的。第三,当代社会科学与自然科学有一体化的趋势。在第二次世界大战以后,特别是 20 世纪下半叶以来,自然科学与社会科学在观点、理论和方法上相互渗透、相互影响,出现了一系列的跨学科研究和超学科研究,表现出知识一体化的发展趋势。正如华勒斯坦所说:“自然科学一直都在朝着一个新的方向转变,它日益地将宇宙看成是不稳定的、不可预测的。……与此同时,社会科学也在朝着一个新的方向转变,日益地表现出对自然的尊重。自然科学与社会科学的趋同比以往更加明显,以至于我们完全有理由相信,两者都是在处理各种复杂的系统。”(华勒斯坦 等,1997:84)

(二)社会科学与自然科学的区别

尽管社会科学与自然科学具有天然联系,具有学科上的相似性和共通性,但是它们之间的区别也是不容忽视的。社会科学与自然科学之间的区别主要表现在以下四个方面。

(1)研究对象不同。社会科学与自然科学的最大差别在于,前者是以人类社会为中心,后者是以没有思想的大自然为研究对象,因此自然科学的规律或法则无法直接套用在社会科学研究中。社会科学的研究对象具有人为性、异质性、价值与事实的统一性、与研究主体的内在相关性等自然现象所不具有的独特性质,这是社会科学独立于自然科学的对象性前提。

(2)研究目的不同。自然科学侧重于对人类生存、发展、享受具有工具性或手段意义的知识,它们一般只涉及工具合理性,而价值合理性问题通常在它们的视野之外。社会科学不仅能够提供某些具有工具性价值的社会知识,能够营造一个有助于经济技术发展的社会环境,而且还探讨与人类生存、发展、享受有关的目的与意义。社会科学在很大程度上是以关注人类生存和社会发展的价值、意义为目的的。

(3)研究方法不同。自然科学主要使用实验和观察等定量方法来进行研究,而社会科学除了使用定量方法外,还要使用访谈等定性方法。近30年来,社会科学研究方法有了新的发展。一方面,社会科学特有的定性方法更加成熟,访谈法、参与观察法、民族志、扎根理论等定性方法得到广泛运用;另一方面,将定量方法与定性方法结合起来使用的混合方法研究异军突起,在社会科学许多学科领域受到关注并得到应用。

(4)功能不同。自然科学与社会科学都有描述功能和解释功能,对社会经济发展具有推动作用。但是,自然科学具有更强的应用功能,而社会科学则有更强的批判功能和规范功能。社会科学所提供的具有超越性和理想性的人文精神和伦理力量,将有助于保证社会经济增长和科技进步符合人类的要求并造福于人类,而不至于异化为人类的对立物去支配、奴役人类自身。

综上分析,虽然社会科学与自然科学在研究对象、目的、方法和功能上有所不同,但是两者都与人类社会密切相关。大体而言,自然科学侧重于解决人类在物质生活环境上的问题,而社会科学侧重于处理人类精神层面的事务,两者对于人类社会都是不可或缺的。在当今全球化时代,如何寻求社会科学与自然科学的均衡发展,对于建构人类文明的新体系具有重大的意义。

三、社会科学与人文学科

所谓人文学科是有关人类思想和文化的知识体系。人文学科源于拉丁文humanists,原意为人性、教养,特指对古希腊、古罗马文学作品的研究,后来扩大到对语言、文学、历史和哲学等所有有关人类文化产品的研究。现代人文学科包括文学、语言、历史、哲学、建筑学、音乐、美术、戏剧、舞蹈、神学等学科。不过,历史学究竟属于社会科学还是人文学科尚有争议。从研究对象来看,历史学无疑属于社会科学,但是从研究目的和研究方法来看,历史学似乎更偏向于人文学科。

人文学科是人类文明史上最古老的学科,人类最早的知识系统是人文学科。现代意义上的人文学科诞生于14—15世纪,曾经涵盖了整个社会科学。18世纪90年代,法国启蒙思想家孔多塞提出了社会科学概念。进入19世纪以后,社会科学逐步从哲学等人文学科中分离出来。社会科学以社会现象为对象,通常包括经济学、社会学、政治学、法学、教育学、心理学等学科。到了20世纪后半叶,由于社会科学和人文学科关系密切,又出现了两者相互交融和混合的情况。有的研究者将人文学科与社会科学同等看待,统称为“人文社会科学”,或者将人文学科视为社会科学的一部分,将文学、历史、哲学、艺术学、宗教学、美学、伦理学等统统划归到社会科学名下,它们与经济学、政治学、法律学、社会学等学科一起统称为社会科学。在日常生活和工作中,出于方便的目的,有时将人文学科与社会科学合一起通称为“文科”,以区别于自然科学的“理科”以及农、工、医、工程技术的“工科”。有时将哲学、人文学科和社会科学合在一起,统称为“哲学社会科学”。

(一)社会科学与人文学科的联系

人文学科与社会科学有着密切的联系,在许多方面有着较大的相同或相似之处,要明确把它们区别开来并不太容易,因为社会科学与人文学科的界限并不像社会科学与自然科学的界限那样分明和清晰。正如华勒斯坦等人在《开放的社会科学》(*Open the Social Sciences*)中所指出,社会科学与人文学科的边界正日益变得模糊。因此,在为社会科学定位时,既要看到人文学科与社会科学之间的密切联系,又不能厚此薄彼,将其相互割裂或对立起来。人文学科与社会科学之间的联系主要有以下三个方面。

(1)在科学发展史上,人文学科与社会科学曾经是“母与子”关系。在现代科学出现后的很长时间内,社会科学孕育于人文学科之中。18 世纪 90 年代,法国启蒙思想家孔多塞创造了“社会科学”概念。19 世纪以后,社会科学各学科才陆续从哲学或人文学科中分离出来,成为独立的科学类型。而且这种分离的时间并不算太长,分离在有些方面也是有限的。同时,社会科学在与人文学科相分离以后,两者却又在许多方面发生了新的紧密联系,出现种种相互渗透和融合的现象。

(2)社会科学与人文学科在研究对象和内容上有重叠之处。社会科学研究的对象是社会,社会具有人的属性,是人的历史与实践活动的产物。社会与自然的区别就在于社会并不是一个纯客观的世界,而是人的主体性活动的结果。人是社会的主体,就此而言,社会科学与人文学科的研究对象都是人。经济关系是人的经济关系,政治体制是人的政治体制。因此,人们很容易将人文学科与社会科学等同起来,当成一种科学类型来看待。

(3)社会科学和人文学科在研究方法上有相似之处。比如,社会科学也往往存在着与人文学科相似的研究主体参与或价值渗透现象,社会科学家并不能像自然科学家那样成为价值无涉的研究者。

(二)社会科学与人文学科的区别

尽管社会科学与人文学科在许多方面很接近,但是两者之间也存在着差异。人文学科与社会科学的差异主要表现为以下四个方面。

(1)研究对象与研究目的的差异。社会科学是以社会现象为研究对象的,着重研究社会主体与社会客体的关系,试图揭示社会行动规律和社会发展规律,因此社会科学更多的是从社会结构、社会角色、社会属性、社会关系等方面来理解人和社会的本质。而人文学科侧重于研究人的观念、精神、情感和价值,即人创造的涉及人自身存在及精神寄托的文化状态,人文学科就是人关于自身生存意义和价值体验与思考的系统化、理论化。社会科学虽然也研究社会意识形态或精神文化，但只是把它当作社会结构或社会系统中的一个构成因素，研究它与其他社会因素之间的相互作用和因果关系，并不研究人类感受、人类价值和人类文化的内在结构、历史因袭，也不研究个体在人文事实中的独特感受和创造性作用，而这些问题恰恰是人文学科的研究对象。人文学科关心的是人类活动对人的生存的价值与意义，而社会科学关注的是人类活动在社会系统中的"功能"与"功效"，这就是它们的主要区别。（潘立勇，1998）

（2）研究方法的差异。社会科学旨在揭示社会规律，重视对社会现象的因果性分析和说明，具有浓厚的理性分析和经验检验的特征，它们运用统计方法、实验方法、社会调查与社会观察等方法，对社会的经济现象、政治现象、法律现象等进行实际观察与分析，在经验事实的基础上借助于数学和逻辑分析等工具、清晰而确定的概念，运用归纳、演绎等方法提出或验证社会科学理论。人文学科研究侧重于对人类自身的价值和意义的体验和思考，更多靠心性的领悟与直觉来感受人类精神与价值世界，特别需要个性化的感受、理解、思辨与表达，不追求他人的认同。狄尔泰及其追随者认为："人文学科者应该永远对单个的或不重复的事实感兴趣。"人文学科学者必须与自然科学学者不同，他必须放弃因果说明，放弃发现确切法则的努力。他关心的不是说明，而是理解，是阐释学。"（贡布里希，1989：390-391）因此，在人文学科研究领域，更多的是使用意义、价值、理想、情感、人性、人格、善恶、美丑等概念，以合理地理解、体验人类的精神生活、宗教信仰和文化世界。

（3）学科结构的差异。关于社会科学与人文学科的划分，迄今尚无定论。不过，人们一般把经济学、社会学、政治学视为"核心社会科学"，而把哲学、文学、伦理、语言、文学、绘画、雕塑、建筑等领域视为人文学科。著名的《大不列颠百科全书》认为"社会科学"有 8 个学科，即经济学、社会学、政治学、人类学（社会人类学和文化人类学）、心理学（社会心理学）、地理学（社会地理和经济地理）、教育学（指学习与社会关系、学校与社会制度关系的研究领域）、历史学（介于社会科学与人文学科之间的学科）。20 世纪 70 年代，由联合国教科文组织出版的三卷本巨著《社会及人文学科研究中的主流》，列出 11 种社会科学和人文研究学科：社会学、政治学、心理学、经济学、人口学、语言学、人类学、历史学、艺术及艺术科学、法学、哲学。前 5 种学科属于社会科学，而后 6 种学科属于人文学科。（中国社会科学院情报研究所 等，1985）

（4）学科功能的差异。社会科学比人文学科有更大的直接应用价值与实际经济功效，能够直接产生更多的经济效益或社会财富。在这方面，社会科学与自然科学更为接近。社会科学的应用价值集中表现为各类管理应用学科的建立和发展。近年来，许多综合性大学建立和发展了工商管理、行政管理、社会管理、科学与教育管理、旅游、体育、文化和艺术管理等各种管理学院或管理专业，这是社会科学在应用教育方面发展的重要标志。人文学科旨在为人类构建一个意义的世界，守护人们的精神家园，使人类心灵有所寄托、有所归依，为人类的经济和技术行为廓清终极意义或规范价值取向,为人类的生存、发展建构一个理想的精神世界。当然,文学知识、历史知识、美学知识和伦理学知识等人文学科知识也可以为现代“文化产业”提供人文资源要素,开发出具有重要经济价值与市场价值的知识产品和文化消费品。

可见,社会科学与人文学科并不是对立和冲突的,社会科学主要关注解释和分析,而人文学科则主要关注文化与欣赏,双方各有各的功能和价值,任何一方都不能完全取代另一方。正如科学社会学家伯纳德·巴伯(1991)指出,“社会科学家与人文学科的学者,都应抛弃存在于两者之间的反唇相讥和冲突,携手合作,确定各自然而又彼此互补的利益与活动范围。双方部分地按自己的合乎逻辑的方式发展;同时也能彼此获益 —— 社会科学可以提出对于人类行为的系统的、实在的新理解;而人文学科则可以提供有时能预见社会科学的未来进程的真知灼见。”

第二节 社会科学的起源、发展及其未来

一种知识形态的社会科学是如何历史地建构起来的?社会科学作为人类科学认识整体的一个重要组成部分,经历了一个漫长的历史发展过程。社会科学知识是人类社会活动全部历史经验的总结,它与社会科学的历史发展具有内在相关性。本节试图通过对社会科学起源和发展的考察,进一步加深对社会科学本质的理解。

一、社会科学的起源和发展

社会科学经历了一个多阶段的历史发展过程。从严格意义上说,社会科学成为一门真正的科学是在 18 世纪中叶以后。18 世纪 90 年代,法国启蒙思想家孔多塞创造了“社会科学”概念,标志着社会科学作为一门独立学科的出现。但社会科学的萌芽,却可以追溯到 18 世纪中叶以前,其早期思想甚至可以追溯至古希腊对理性的探讨。正如自然科学是从自然哲学中发展起来的一样,近现代社会科学是从道德哲学(伦理学)中发展起来的。在中世纪的神学里,就有了政治、社会、经济、地理等概念。从中世纪到文艺复兴和宗教改革运动时期,学者们关于人类思想和社会行为的观点,一直是教会关注的主要对象。社会科学的发展可以大致划分为三个不同的阶段:一是从人类文明开始到 18 世纪末,社会科学的萌芽和形成阶段;二是从 18 世纪末到 19 世纪末,社会科学持续分化和独立阶段;三是 20 世纪以来,社会科学各学科成熟和发展阶段。

(一)萌芽和形成阶段

大约公元前3000 年,世界五大文明发源地出现了社会思想的萌芽,人类有关社会的认识和知识在不断地积累。从人类最古老的神话传说和宗教观念中可

以看出，当时人们还没有把人与人之间的社会关系与人与物之间的自然关系区别开来。公元前 8 世纪（中国可追溯到公元前 11 世纪商周之交）是个明显的转折点。在此之前，社会科学尚处于萌芽状态，其思想散见于各种古代典籍中，而在此之后，社会科学才以原始的形式展现出来。当时的主要标志是，“知识分子”作为第一批非官非商的劳动者出现在历史舞台上。他们总结已有的经验知识，创立了原始形态的自然科学、社会科学和人文学科。不过，由于当时社会生产力和人类认识水平极其低下，在相当长的历史时期中，人类关于社会的知识是与其他知识夹杂在一起发展的。这种将人类各种知识汇聚在一起的知识总体被称为哲学，当时的哲学是囊括人类所有知识成果的大一统体系。

随着人类历史上第一批“知识分子”的出现，人类社会知识领域有了专门的耕种人。中国春秋战国时期的老子和孔子，古希腊的苏格拉底、柏拉图、亚里士多德，以及印度吠陀时期的乔达摩·悉达多都是这一领域的开拓者。当时西方思想家把更多地注意力投向外部自然界，而东方哲人则更多地关注人类和社会本身。古代思想家们探讨了有关人类生存的一系列社会问题，提出了原始形式的社会科学范畴，如“礼”“仁”“法”“正义”“民主”等，并提出了早期社会研究方法，如感性直观、类比和推理等。在前后数百年的时间里，在人类社会思想发展史上矗立起第一个思想高峰，产生了政治、法律、管理、伦理、军事、经济、史学、教育、文艺、美学等学科思想。虽然这些思想大多数还处于萌芽和零散的状态，但为整个社会科学的发展奠定了基础。囿于当时的社会历史条件，这一时期的社会科学一般比较笼统和浅显，记录性描述比较多，相关论证较少。

中国在封建社会建立以后，儒家、法家、兵家等诸子百家理论获得进一步发展，出现了三次大的社会思想发展高潮。第一次高潮是以西汉全盛时期“罢黜百家，独尊儒术”为标志的封建礼教研究，第二次高潮是盛唐时期政体、法治、管理与经济问题的繁荣，第三次高潮是宋朝理学的“学问思辨”，形成了中世纪东方精神文明的繁荣昌盛。与东方相比，欧洲在中世纪步入思想文化发展中的最黑暗时期，社会科学只能在教会允许的范围内，以扭曲的形式缓慢地向前发展。中世纪欧洲大学只有神学、医学、法学和哲学四个系，学者们大都成为神学的代言人。自 16 世纪以后，随着自然科学和资本主义的发展，文艺复兴带来了思想解放，社会科学终于冲破了封建专制和宗教神学的桎梏，获得了迅猛的发展。许多社会科学学科相继从神学和哲学中分化、独立出来，形成有特定研究领域的知识系统。

弗兰西斯·培根是近代实验科学的鼻祖，他尖锐地批判经院哲学，主张以观察、实验的方法去发现真理。霍布斯继承了培根学说，消除了培根唯物主义中的有神论偏见，主张用力学和数学来说明一切，建立了近代第一个机械唯物论体系。18 世纪法国的唯物主义者把对宗教的批判提升到新的高度。经过长期的斗争，统治欧洲达千余年之久的宗教神学社会学说终于被人本主义社会学说所取代。尽管如此，此时的社会科学还不很成熟，个别社会学科领域还留有神学的尾巴。从人类文明诞生到 18 世纪末，是社会科学的萌芽和形成阶段，这个发展阶段的主要特征是：

（1）社会学者大多是“百科全书”式的，较少有专门的社会科学家。虽有大量的智士仁人、思想家观察社会，发表看法，但他们对社会现象的考察往往是笼统的，而不是分门别类的。由于交通不便、信息交流迟缓以及生活方式的限制，学术活动常常是以老师个人为中心的学派所展开的讨论，如亚里士多德的逍遥学派、孔子儒家学派以及各种师徒型的小团体等。因而，社会知识的质与量，都受到老师个人的生活环境、经验、性格、信仰等因素的巨大影响。

（2）社会知识混杂于哲学或神学之中。例如，亚里士多德的《政治学》对古希腊城邦政体的分析，又是与哲学、历史、神学学说混合在一起。这一时期相当部分的社会知识掺杂着感受、经验、猜测、思辨的成分，主观随意性较大。比如说，孔子对教育的深刻见解，显示出明显的经验性特征。

（3）偏重感性直观、直观外推、经院哲学论证法和经学注释法等非科学方法。所谓直观外推法，就是将个人的行为和感觉外推，以此来理解社会和世界。所谓经院哲学论证法是指中世纪经院哲学所惯用的抽象的、脱离现实生活的空洞推论，教条、僵死和烦琐是其显著特征。所谓经学注释法，是对先哲经典的无限重复的正名、考据和注解。在文艺复兴之后，人们逐步转向理性认识世界的方法，强调认识方法和评价方法的统一。

（二）分化独立阶段

从18世纪末至19世纪末，社会科学获得了空前发展。18世纪的欧洲工业革命和法国大革命，摧毁了传统的权威结构，实现了社会和道德的重建。法国大革命在许多方面成为日后革命运动的楷模，也成为19世纪和20世纪哲学变革的思想动力来源。

随着资本主义制度在各国的确立，社会科学各门学科相继创立，自成一体。自16世纪开始，占主导地位的神学开始大不如前，哲学的地位却突显出来，医学和法律向技术方向发展。于是出现了两大科系：文科系（即人文学科或哲学）和科学系。18世纪后期，自然科学和包括哲学在内的人文学科逐渐在知识与组织上发生分离，这两大门类的知识被西方许多学者称为“两种文化”。社会科学作为介于自然科学和人文学科这两种文化之间的一个新的知识门类得以发展，逐步形成自己的特色，最终成为独立的学科。18世纪90年代，孔多塞正式使用“社会科学”概念，标志着社会科学的出现。这个时期的社会科学深受自然科学的影响，社会科学家大都把人类社会类比于自然界，或者把人类社会当成自然界的直接延续，从而把社会规律归结为自然规律。有些学者甚至认为只有用自然科学方法，才能真正解决社会科学各种学说的理论问题。1857年，一批英国学者成立“促进社会科学全国协会”，“社会科学”一词从此得到广泛运用。这一时期的中国、印度等东方诸国，仍处于封建或者半封建半殖民地的统治之下，由于中央集权制过于强大，社会科学缺乏生存和成长的条件。在这一时期，社会科学的发展具有三个明显的特点。

(1)各种社会理论诞生,科研活动成为一种职业。西方文艺复兴的狂飙,动摇了神学的权威,争得了"人学"应有的地位。资产阶级革命和资本主义制度的建立,迫切需要与之相适应的社会意识形态。随着社会经济政治的巨大变化和进步,人们对各种社会现象表示极大的关注,对人类经验的复杂性、人类行为的社会特征及文化特征的认识逐步深化,许多学者开始注意从理论上抨击当时欧洲的政治制度和社会制度。科研活动逐渐成为一种职业,沙龙、书信、大学、学会等,成为人们较为平等地探讨问题的方式,涌现了一大批社会活动家和理论家。

(2)各门社会科学学科纷纷创立。在社会科学大发展的社会环境下,经济学、政治学、法学、社会学等社会科学的主要学科逐渐从哲学中分化、独立出来,各种学术思想流派不断演变,如古典经济学派、古典地理学派、文化人类学的进化学派、语言学的历史比较学派、实验心理学以及心理学的机能主义学派、构造主义学派等。各门社会科学学科以各自特殊的社会现象为研究对象,十分注重客观的社会生活和经验资料的收集积累,在一定程度上摆脱了纯思辨的研究方法,实验、比较、心理分析、行为分析以及定量分析等研究方法得到较为普遍的使用。

(3)无产阶级的社会科学理论诞生。对资本主义的批判从它产生那一刻起就开始了。首先是空想社会主义和共产主义的代表人物,对资本主义弊病和丑恶现象的揭露和批判,对新的社会制度的向往和描述。莫尔的《乌托邦》、康帕内拉的《太阳城》、摩莱里和马布利的"斯巴达式"共产主义,一直到圣西门、傅立叶、欧文的理论和典型示范的实验,都反映了处于自发阶段的无产阶级对于未来社会的积极主张。19 世纪中叶,马克思主义诞生不仅使哲学,而且使整个社会科学发生了根本性变化。

(三)成熟和发展阶段

20 世纪的社会变化,是以往任何时代所不能比拟的。这百年间爆发了两次世界大战、20 世纪 30 年代资本主义经济危机、第一个社会主义国家诞生、世界殖民主义体系崩溃、长期的冷战与东西方对峙。而在这百年即将结束的前夕发生了东欧剧变和苏联解体,世界格局又发生了变化,国际风云变幻莫测。

20 世纪是人类历史发生大变革、同时也是人文社会科学获得大发展的世纪。在这个时期,社会科学走到科学前沿,成为与自然科学并驾齐驱的学科,社会科学各学科繁衍扩展,形成了庞大的科学知识群。因此,国外一批有影响的学者把 20 世纪称为"社会科学的世纪"。这一方面是由于知识运动的内在逻辑推动,另一方面更重要的是由于人们社会生活和社会实践的需要。这主要表现在:①世界政治格局发生了剧烈变化。在政治上出现了两大新的地缘政治格局,一是以美苏为首的两大阵营之间的冷战以及冷战的终结,二是亚非拉国家争取独立的民族解放运动。前者使社会科学的研究机构、主题、重点、价值取向等都深受其影响,后者则意味着西方思想文化的普遍性受到挑战,因为西方思想反映了欧洲中心主义、男权主义、资产阶级的政治偏见。②社会生产力和新科技革命迅猛发展,使人类的生产方式、生活方式和交往方式都发生了根本变化。生产快速增长和过度开发带来了许多有关人类生存的全球性问题,如和平与发展、人口爆炸、能源危机、环境污染、生态平衡等,也带来了人类物质生活、精神生活和价值观念的变化,产生了一系列社会问题,如信仰危机、性解放、种族冲突、青少年犯罪等。这些都为社会科学的发展、变革提供了新的实践基础和对象性前提。③高等教育在世界各地得到空前发展。伴随着大学教育的扩张,社会科学科学家人数成倍增加,学者们对前人未涉足的领域进行了广泛研究,渗入到邻近的学科领域,跨学科研究和交叉学科研究纷纷出现。基于冷战、知识经济发展及全球化竞争的压力,许多国家纷纷投资科学和技术的研究。在此背景下,社会科学的研究领域和研究规模急剧扩大,质量不断提高,研究装备和管理手段日益现代化,形成了一些社会科学发展中心,其资金首先来自各大国的政府及各种基金会,其次来自某些跨国公司。可以说,当代社会科学研究不再是单凭兴趣、爱好而进行的个人活动,而成为一种社会职业和由政府支持和控制的国家事业。

在这个时期,社会科学研究成为国家领导的、甚至国际范围内合作的、有组织、有计划的行为。社会科学理论直接与人们生活和各种实践活动相关、与国家政策相关,比如,凯恩斯主义的变革,使美、德等资本主义国家的经济卓见成效。全球性问题引起广大科学家、学者、思想家以及普通民众的关注,产生了许多非官方的学术团体,如举世瞩目的罗马俱乐部、20 世纪 80 年代开始的联邦德国绿色和平组织等。社会科学研究方法不断科学化,控制论方法、信息方法、系统方法以及各种定量研究方法在社会科学领域得到运用。新的学科和理论层出不穷。马克思主义社会科学思想在 20 世纪得到丰富和发展。社会主义在实践中创新,不仅积累了许多经验,而且在基础理论方面取得了较大的成绩。在这一时期,各种社会思潮此消彼长,反映了错综复杂的社会生活。

当代社会科学与自然科学、哲学、思维科学、人文学科之间相互渗透,出现了前所未有的整体化发展态势。专业化研究与综合性研究相互结合,定量研究方法不断增强,应用比重相对增加。自 1930 年开始,社会科学定量研究出现增长势头,到 20 世纪 60 年代已成为主要趋势。以电子计算机为核心的现代信息技术的广泛应用更强化了这一趋势。与此同时,新方法、新手段层出不穷,各种方法相互渗透、交叉融汇、综合集成。据粗略统计,在 22 个主要社会科学学科中正在使用的研究方法多达 1 500 余种。其中社会学、经济学、语言学与符号学、心理学等学科所创造的方法最为丰富,向其他学科输送、移植的方法最多。古本根重建社会科学委员指出:"在 20 世纪,历史学、人类学和地理学最终将残存于它们内部的早期普遍化传统彻底地边缘化了,社会学、经济学和政治学构成了一个以国家为中轴的三位一体,从而巩固了它们作为核心社会科学(以研究普遍规律为主旨)的地位。"(华勒斯坦 等,1997:31)

我国的社会科学研究经历了曲折的发展历程。自 1978 年中国共产党十一届三中全会以后,倡导解放思想、实事求是,中国特色社会主义空前发展,极大地促进了我国社会科学的复苏、创新和发展。一个既有民族文化传统、又吸取了当代社会科学最新发展成就的崭新中国社会科学体系正在形成。这种具有中国特色的社会科学体系的构建和发展,不仅将造福于中国人民,而且必将为世界文明作出贡献。

二、社会科学的未来发展

社会科学今天所取得的巨大发展,既是它当初诞生时所无法预知的,又有违当时许多人的初衷。社会科学建立之初,学者们希望它成为一门综合性的单一科学。但后来的事实证明这一愿望是不现实的。自 19 世纪初叶以来,由于社会问题的复杂性和多面性,加之社会分工越来越细,社会科学不断发生分化,经济学、政治学、人类学、社会学、心理学、法学等主要社会科学学科先后发展成为独立的学科。据估计,它的分支已达数千个。第二次世界大战结束以后,在各学科不断分化和高度专门化的基础上又呈现出综合化发展态势。虽然专业化和分化一直没有停止过,但综合化、跨学科研究却在日益增强。一些边缘性学科、交叉学科和新兴学科不断出现,各学科研究对象、内容和方法的重叠和交叉越来越多。一方面,社会科学与哲学的联系越来越密切,彼此关注的问题比以前更多了。社会理论在与认识论有关的问题上越来越哲学化了,而在欧美哲学所关注的问题上,哲学越来越社会学化了,过去曾一度认为难以避免的认识论问题,现在更要依靠社会惯例来解决。另一方面,哲学对社会科学发展的影响越来越大。这主要表现为后现代主义哲学对社会科学的渗透和扩张。

20 世纪下半叶以来,一些国家和地区只重视发展生产而忽视了可持续发展,从而导致了环境、生态、资源、人口、社会保障、贫困、都市化等一系列问题。这些发展问题的解决,需要政府、自然科学家、社会科学家、企业家和社会力量的共同努力,需要改进传统的研究方法论和方法,消弭由使用单一方法所带来的偏颇和局限,因此,出现了研究者与利益相关者共同参与的超学科研究视角,把定量方法与定性方法结合起来的混合方法研究,以及试图超越自然科学与社会科学区隔的复杂性研究。

(一)后现代主义的渗透

后现代主义(postmodernism)是更广泛的后现代运动的一部分。它是 20 世纪 70 年代以后在西方出现的一场大众文化运动和思想运动,涵盖了建筑学、艺术、音乐、文学批评、法律、心理学、教育学、社会学、政治学和文化研究等领域。后现代主义肇始于人文学科,植根于存在主义、虚无主义(nihilism)和无政府主义(anarchism),特别是海德格尔、尼采、萨特与维特根斯坦等人的理论思想。后现代主义是对现代主义的一种拒绝。由于其纷繁复杂,很难给它下一个具体的定义,最简单的方法就是把它与现代主义作对比。现代主义是指兴起于西方“启蒙时代”的基本预设、信仰和价值,它推崇理性、民主和人道主义,认为世界上存在着真、善、美的标准,相信科学技术进步,对科学技术充满了信心,对人类未来持积极乐观的态度。

后现代主义是对现代主义所确立的预设、思想和实践的反动。实际上，第二次世界大战以后的社会发展为后现代主义奠定了基础。首先，由于世界大战、殖民主义、人口增长、全球资本主义和世界移民，世界的多样性在加大。单一民族国家之间文化的混合和融合，以及不平等和权力等变化中的社会结构都导致了前所未有的多样性。与此同时，在社会科学内部也出现了多个相互竞争的理论视域，每个理论视域都说自己提供了更好的解释。这些社会科学的新发展挑战了关于"普遍真理"的观念。而且越发严重的社会碎片化和社会科学的视域化也对占统治地位的经验论逻辑（即归纳逻辑）提出了挑战。据此，有些哲学家开始认为，所有科学知识都只具有暂时性，有待于进一步修正。这从根本上动摇了关于确定性知识的科学原则。此外，在后现代主义思想出现之前的一段时间里，有关现实的社会建构本质的观点就开始出现了。

后现代主义认为，艺术或人文学科与社会科学没有根本的区别。它对各种抽象的解释表示怀疑，认为研究最多也只能做到描述，因此所有的描述都具有同样的价值。研究者的描述不会比其他人的描述好到哪里去，研究者所描述的只不过是个人经验。后现代主义者试图彻底转变或解构社会科学，甚至否认社会世界的存在，质疑任何系统的经验观察、知识概括以及知识积累。他们认为，有各种不同形式的知识，各种知识都或多或少地打上了个人的烙印或地域烙印。他们质疑对逻辑、理性和理智的依赖，质疑对真理的追求，因为真理要涉及价值观、秩序和规则。后现代主义反对明晰性、必然性、整体性和连续性，而代之以含糊性、相对性、破碎性和不连续性。后现代主义还拒绝有关通过理性来促进人类进步的思想，拒绝用科学来做预测或制定社会政策。

后现代主义具有以下一些特征：①拒绝所有的意识形态和有组织的信仰。②过度依赖直觉、想象力、个人经验和情感。③充斥无意义感和悲观主义，不相信世界会有进步。④极端的主体性，认为心灵与外部世界没有区别。⑤狂热的相对主义，认为有许多关于世界的解释，这些解释中没有一个是更好的。⑥强调异质性、混乱性和复杂性。⑦拒绝研究过去或差异，因为只有此时此地是相关的。⑧无法研究因果关系，因为社会生活过于复杂且稍纵即逝。⑨研究永远无法真正地呈现社会世界所发生的事情。

后现代主义对当代社会科学研究产生了深远的影响。在研究问题上，研究者更多地关注当地的话语，特别是在小地方产生的话语，这些话语反映了多个现实、对现实的认同和多重解释。在数据收集和处理上，对研究参与者和研究者的社会建构代替了对社会文化现象的描述和理解。访谈不再被视为对现实的报告、对受访者体验和意义的表达，而是被视为由主导话语问题及其回答所构成的当地背景。民族志方法的研究成果不再被视为基于扎实田野调查而对其他文化的权威报告，而是被视为被研究者的建构和原创作者的虚构文本。在研究成果报告上，后现代主义者反对以中立的方式来呈现研究结果。他们强调，不应该隐匿研究报告的作者或研究者，必须毫不含糊地在报告中显示他们的存在。因此，后现代主义的研究报告就像是一件艺术品，目的在于启发读者，为人们提供娱乐，挑起人们的好奇心，唤起人们的回应。后现代主义研究成果的呈现常常带有舞台、表演或戏剧的风格，其形式不拘，可以是一篇小说、一部电影或一场戏剧。后现代主义者甚至提出，与学术期刊相比，用戏剧或音乐作品来呈现关于社会生活的知识，效果更好，因为它的价值在于讲述故事，这个故事可能会引起有过类似经历者的共鸣。

后现代主义著作所表现出来的反科学取向已迫使社会研究者重新审视其社会研究方法论，这里有三种可能的方法论立场：第一，放弃所有系统地理解社会生活的尝试，这是一种悲观主义的立场。第二，接受后现代主义者所提出的一切主张，并按其主张行事，这是一种盲从主义的立场。第三，接受后现代主义者对现代科学本体论和认识论所提出的一些无法回避的批评，比如要求语境限定（context-specific）、多重现实和社会建构现实、强调知识的暂时性，以及研究者在知识生产中的作用，这是一种改革主义的立场。就这三种立场而言，我们更倾向于第三种立场。尽管社会科学研究具有复杂性，知识具有暂时性，但是，后现代主义者所提出的知识相对主义却是从一个极端走向了另一个极端。

（二）跨学科、“超学科”研究的增强

自20世纪90年代以来，随着知识经济发展，人类知识的生产方式正在发生革命性的变化。超学科（transdisciplinarity）研究模式的影响正在日益扩大。超学科是不同学科的学者和利益相关者一道工作去解决生活世界问题的一种尝试，是跨学科研究和多学科研究的一个新的发展方向。

在传统上，科学是超脱于现实生活世界之外的，科学被看成是对自然现象的一种系统解释。从文艺复兴到19世纪，科学经历了三次大的分化。首先是哲学与自然科学的分化，然后是社会科学与哲学的分化，进而是自然科学与社会科学的分化。20世纪初叶，科学有加速分化的趋势，科学各学科变得越来越支离破碎。每个学科都关起门来自成一体地进行研究，学科之间很少沟通、交流和合作。专业化一度成为阻碍现代科学继续发展的障碍，因为每个事物都有负面作用，专门化可能阻碍了人们对负面作用的认识。基于这样的认识，研究者们提出了要进行“交叉学科”和“跨学科”的研究。20世纪40年代，贝塔朗菲等人提出了系统理论，认为存在着科学知识抽象结构统一体。皮亚杰（Piaget）提出了知识破碎背景下的科学统一观。第二次世界大战以后，“多学科”“交叉学科”和“跨学科”研究在西方得到了进一步的发展。尽管战后学科分化仍在继续，但新学科更多地是以学科交叉融合的方式出现的。尤其是20世纪六七十年代，跨学科、交叉研究得到了迅速发展，各种跨学科研究机构纷纷成立，跨学科的研究文献大大增加，并涌现大量的交叉、横断和边缘性学科。在20世纪70年代，詹奇（Jantsch）首次使用了“超学科（transdisciplinarity）”概念①。他提出，政府、业界、

① 国内有学者把它译为“超学科性”或“超学科学”；台湾学者译为“跨学们”“科际整合”或“学门整合”等。

大学这三方要在更大的社会范围内进行创新，他建议，用系统论来研究组织，把高等教育改造成教育创新的系统。这样，通过科学家与社会利益相关者的对话和交流，科学成为社会生活过程（即现实生活世界）的一部分。在这样的解释框架内，解决问题包括了反思、态度改变、个人能力的提高和所有权的变更。超学科行动研究成为科学家与社会利益相关者之间的相互学习和交流的内容。

超学科概念是在单学科、多学科和跨学科概念的基础上发展起来的。单学科研究是最常见的科学研究形式，仅限于在单一学科、单一领域或研究分支里进行研究。在单学科研究中，研究者一般有共同的研究主题、学术语言、研究范式和研究方法论。多学科研究扩大了研究的范围，涉及不同学科学者之间的合作，但是，这种合作还比较初步，仅仅限于研究结果的汇总，概念、认识论、方法论和学科之间的融合或整合程度都不高。跨学科研究是一种更高水平的学科合作，它整合了多个学科的数据、技术、工具、观点、概念和理论，所提出的解决问题的方案超出了单一学科的范围和领域。在跨学科研究中，概念、方法论或认识论有了更进一步的整合和交换，能够相互补充和相得益彰。（Gibbons et al.,1994;Jantsch,1972）超学科是在跨学科研究的基础上出现一种新的研究形式。超学科的动力源自对学术研究实际应用的需求，以及对新知识的追求。超学科的目的在于通过整合学科和非学科的观点，来获得对整体现实世界的认识。（Gibbons et al.,1994;Klein,1996; Salter et al.,1996）因此，可以把超学科看成是一种特殊形式的跨学科研究，这一研究形式打破了学科内外的界限，对学科知识和非学科知识进行了高度的整合。超学科研究的例子有：技术评估研究和健康伦理研究等。

从根本上来说，超学科不是工具意义上的一种方法，而是本体论意义上的一种态度或世界观。超学科基于量子物理学的两个观点。第一，超学科采用了包含中间状态的逻辑，这与非此即彼的二值逻辑（即亚里士多德逻辑）迥然相异，亚里士多德逻辑中没有中间状态。然而，中间状态是现实世界的一部分，必须加以说明。包含中间状态的逻辑在数学上已得到证明，适合于解释各种复杂性现象。超学科的第二个观点是现实世界是多维的。事物的每个层面都有自身的规律和逻辑，量子层面现象与日常生活现象有着不同的表现。目前政治、社会、经济和宗教等领域都在坚持二值逻辑以及现实是单向度的思想，仍然以牛顿世界观和19世纪的科学观为圭臬。尽管人类已经历了科技革命和电脑革命，量子力学技术已应用到日常生活，但是人们的思想却深受旧有世界观的影响。21世纪面临前所未有的复杂性，依靠传统的方法很难处理和解决这些问题，这就要借助超学科研究来实现某种超越。

超学科有五个方面的本质特征：①超学科处理生活世界的复杂性和异质性，挑战科学知识的支离破碎，具有杂交性、非线性和反思性。②超学科强调不确定性和应用的语境，重视语境限定的知识沟通，而这个应用语境正是通过不同利益相关者的不断沟通来建构的。③超学科强调相互沟通的行动，要求科学知识与社会实践在各个研究阶段进行密切和持续的合作，在不同行动者及其观点的沟通中形成所要研究的问题。④超学科也是行动导向的研究，不仅要整合不同的学科,而且还要整合理论发展和专业实践,不仅要生产出解释社会问题的知识,而且还要生产出有助于社会问题解决的知识。⑤超学科要有新的组织构架来保障,超学科知识生产的管理模式应该是松散的结构、扁平的科层制、开放的指挥链。

"超学科"主要有四个研究重点:第一个重点放在生活世界的问题上,第二个重点是学科范式的整合和超越,第三个重点涉及参与性研究,第四个重点是寻求学科外的知识统一。超学科用下列方式来处理问题:①把握问题的复杂性,②重视生命世界的多样性和对问题的科学看法,③将抽象知识与案例特有的知识联系起来,④增进被视为公共利益东西的知识和实践。(Pohl et al.,2007)

总之,超学科是一种方法论、研究理念或世界观。超学科对亚里士多德以来传统的二元逻辑和线性逻辑进行了挑战,对科学知识和生活世界的分离进行了纠正,对传统的学科知识生产模式进行了革命。与传统意义上的交叉学科和跨学科研究相比,超学科是一种具有革命性的跨学科研究,也是跨学科研究的最新发展形式。

(三)"混合方法研究"的进一步运用

在20世纪的大部分时间里,定量方法主宰了社会科学研究。在20世纪20—30年代,描述性统计分析日益成熟,推论统计学得到飞速的发展。在20世纪40—50年代,定量研究主导了社会科学研究。在行为科学和组织研究领域,研究者们信奉价值中立,通常用"假设—演绎"模式来研究社会现象。与定量研究方法的主流地位相比,定性研究一直处于社会科学研究的边缘。定性研究发轫于19世纪,随着人类学、民俗学等学科的发展而发展起来,早期的定性研究主要凭主观经验和理论思辨来进行,但因缺乏统一的方法论指导原则和操作规范,长期得不到重视。20世纪最后20年,在对定量研究质疑声中,出现了所谓的"定性革命",定性方法登上历史舞台,应用研究受到重视,作为其理论基础的建构主义也备受关注。定性研究被看成是对当时占统治地位的定量方法的一种反动。建构主义的出现不可避免地引发了范式争论,即所谓的"范式战"(Gage,1989),两大阵营围绕范式或世界观对对方的研究方法、程序严谨性以及结果效度进行批评。

在两大阵营激烈争论的同时,出现了将定性方法和定量方法结合起来使用的"混合方法"。混合方法研究作为兼具这两种方法长处的一种实用技术,成为这场"范式战"一个未预料的后果。尽管混合方法研究仍未完全成熟,但是它一开始就是以定量方法和定性方法之外的第三种选择出现的,被西方学者看成是继定性方法和定量方法之后的"第三种研究范式"(Johnson et al.,2004),"第三条道路"(Gorard et al.,2004),"第三次方法论运动"(Teddlie et al.,2003)和"第三种研究共同体"(Teddlie et al.,2009)。

混合方法研究的目的是"意义提升(significance enhancement)"。根据柯林斯、奥屋格普兹、萨顿(Collins,Onwuegbuzie & Sutton,2006)等人的观点,"意义提升”是使用混合方法的一个主要理由，它包括使用混合方法的五个目的（Greene et al.,1989）：①“三角互证”，即把定量数据的结果与定性数据进行比较；②“互补”，即在一种方法的结果与其他方法的结果的比较中寻求解释、例证、改进和澄清；③“发展”，用某个方法的结果来丰富另外一种方法的结论；④“引发”，即揭示研究问题重构过程中似是而非的观点和矛盾，描述数据中出现的新观点；⑤“扩展”，通过使用多种方法来扩大研究的广度和范围。

混合方法的中心假设是，用两种方法要比用一种方法能更好地理解研究问题。约翰逊和奥屋格普兹（Johnson et al.,2004）认为，混合方法研究是指使用多种研究方法或掺和了不同研究策略的研究，是“研究者在同一个研究中综合调配或混合了定量和定质研究的技术、方法、手段、概念或语言的研究类别。”它与定量和定性研究方法的主要区别是，在同一个研究中运用一种或多种定性和定量方法。塔沙克里和特德莱（Tashakkori & Teddlie,2003：711）把混合方法定义为“一种把定性和定量方法用于问题类型、研究方法、数据收集和分析过程和/或推论的研究设计”。在《混合方法研究杂志》（*Journal of Mixed Methods Research*）的创刊号上，混合方法被定义为“调查者在一项单独的研究或调查项目中对定性数据和定量数据进行收集、分析、混合和推断的研究。”（Tashakkori et al.,2007：4）

我们认为，混合方法是一种带有哲学假设、兼用定性和定量方法的研究设计。作为一种具体方法，混合方法关注收集和分析数据，强调在单项研究或一系列研究中混合使用定性和定量方法。混合方法问题指导着混合调查研究，它可用叙事或数据来回答。问题在混合方法中占有中心地位。混合方法数据分析涉及对统计和叙事数据的分析技术，以及其他混合方法特有的策略。在混合方法研究中，调查者需要在统计分析和主题分析之间进行熟练地切换。一般而言，混合方法论者应该精通定性和定量的经典著作以及混合方法研究著作（Creswell,1994,2003）。

混合方法还有一些其他资料收集和分析的技术。把混合方法研究看成是一种纯粹和精确的“方法”，得到了不少研究者的认同。但是，混合方法研究是一种特殊的研究设计，它既是调查方法又有哲学预设。作为一种方法论，它涉及指导数据收集和分析的哲学预设，以及在研究过程每个阶段的定性方法与定量方法的混合。一些混合方法研究者认为，混合方法是另一种与定量方法论或定性方法论并驾齐驱的方法论，它有自己单独的哲学预设和理论立场。从本质上讲，所有研究方法背后都有规范调查者研究的哲学预设。方法论一词意味着研究过程的复杂性，混合方法研究假设了一种或几种世界观，强调了应用的导向。但是，大部分混合方法调查者对它背后的哲学导向不感兴趣，这是为什么 20 世纪 80 年代至 90 年代初期的“范式战”没有影响许多混合方法研究者的原因。他们可能更感兴趣的是研究问题本身，而不是对复杂哲学问题的讨论。

进入 21 世纪以后，对混合方法研究的兴趣与日俱增。混合方法研究进入了加速发展时期，主要有三个特点：①加强了定量研究与定性研究之间的对话；②混合方法研究及其应用的数量显著增加。③混合方法逐步成为独立的方法论领域。这个时期加强了定性和定量两大阵营之间的对话,同时也加强了混合方法研究与其他方法的对话。混合方法研究积极回应来自定量方法和定性方法的质疑和挑战。例如,"科学为本研究(SBR)"是布什任期内美国教育部所提出的后实证主义研究立场,它主张用随机控制实验作为教育政策研究中因果性的"黄金标准"(Cook,2002)。混合方法研究对此进行了回应,提出因果性问题非常复杂,定量方法不能独自解决因果性问题,只有在定量调查中加入定性研究才能解决复杂性因果问题(Maxwell,2004)。

近年来,混合方法研究及其应用不断增加。一方面,学术期刊上有关混合方法研究的论文不断增加。有学者统计过,从 1995 到 2005 年,共有 60 多篇人文社会科学论文使用了混合方法研究(Plano Clark,2005)。另一方面,混合方法研究在更多的领域得到应用。例如,《家庭医药年报》(*Annals of Family Medicine*)发表了有关混合方法研究的专刊(Creswell et al.,2004)。《咨询心理杂志》(*Journal of Counseling Psychology*)发表有关定性研究和混合方法研究的专集(Hanson et al.,2005)。《美国医学会杂志》(*The Journal of the American Medical Association*)和《柳叶刀》(*The Lancet*)等权威期刊要求在健康科学实验检验中使用定性数据。

最近,不少研究者呼吁,要把混合方法研究看成是一种单独设计。一些研究专著和专业学术期刊的出版更加速了混合方法作为单独方法论领域的形成。《社会和行为研究混合方法手册》(*Handbook of Mixed Methods in Social and Behavioral Research*)(Tashakkori et al.,2003)专门讨论了一些有关混合方法的争论问题、方法论问题、在不同学科领域的应用问题,以及未来发展的方向。克雷斯韦尔(Creswell,2003)把混合方法看成是继定量方法和定性方法之后的第三种方法。约翰逊和奥屋格(Johnson et al.,2004)把混合方法看成是教育研究中的合理设计。更为重要的是,塞奇(Sage)出版公司在 2005 年创办了《混合方法研究杂志》(*Journal of Mixed Methods Research*),专门刊载有关混合方法研究的学术论文,著名混合方法研究专家克雷斯韦尔(Creswell)和塔沙克里(Tashakkori)担任主编,该刊第一期已于 2007 年 1 月问世。混合方法研究也引起了国际学术界的兴趣。2005 年 7 月在剑桥大学首次举行混合方法研究国际研讨会,共有 100 多位混合方法专家和方法论专家参加了会议。

混合方法研究是一个与定量和定性方法并驾齐驱的方法论工具,有其独特的世界观、术语和技术。混合方法设计整合了传统的定量方法和定性方法,用一种全新的方式把定性方法和定量方法整合在一起来解决研究问题,这两种方法的混合大于两种方法的简单相加。可以预见,混合方法设计将是未来社会科学研究的主导性方法论工具,研究者也可以从混合方法研究的发展中获益。尽管如此,混合方法研究才刚刚起步,总体上还不成熟,但具有很大的发展潜力。

(四)复杂性研究的广泛应用

复杂性研究(complexity research)是近年来引人注目的学术进展和学术潮流,甚至被称之为"21 世纪的科学"。复杂性研究是一种日益强大的知识运动,它强调,人类社会系统是所有系统中最为复杂的一种。复杂性研究将自然科学引入社会科学领域,使社会科学成为人类知识体系中最引人注目的部分。

复杂性研究被视为一种超越自然科学和社会科学传统区隔的新观念。复杂性理论提出了一种新的科学本体论,它拒绝了以普遍知识、实验控制、决定论和线性因果性为基础的传统认识论。它对事物的解释性说明是以有限知识、情境知识、开放和不可预测系统,以及复杂要素间的非线性互动为基础的,而这些要素表现出"层创性"和"自组织性"。复杂性理论已被称为"对现实的跨学科理解,包含了带有层创特性和转变可能的复杂开放系统"(Byrne,2005:97)。

复杂性研究的主要推动力是反还原论,它反对用系统要素来解释系统,强调系统性能要大于各要素(或部分)之和,因为复杂性系统会产生新的和不可预测的结果,而这些结果源于各要素(或部分)之间的相互作用。复杂性系统具有以下一些特征:①它是与环境不断进行相互作用的开放系统。②它处于远离平衡态,需要不停的运动以维持其自身结构和生存。③它们是由许多要素构成的,要素之间不断地进行相互作用。④诸要素间的相互作用产生了不同的反馈回路,正反馈会增强要素的活动,而负反馈则会抑制要素的活动。⑤系统行为是诸要素间相互作用的结果,要素可能会被替换,但结构却被保留下来。⑥每个要素都不了解系统的总体行动,只会就地行动,只知道就地所发生的事情。

在复杂性研究中,"层创"和"自组织"是两个最重要的概念。"层创"概念一直是社会思想中重要的概念。现在常被用来指涉当地互动产生全球性结构和模式的过程。这个结构或模式不能仅仅从要素一级的行为或性能来理解或预测。(Mihata,1997:31)"层创"既包括灾难式的层创,又包括创新式的层创,"层创"的数学、物理学、生物学和社会学表征及其临界点是认识复杂性系统的重要标志。为了应对环境的变化,复杂性系统在缺乏中央控制机制的情况下,必须形成某种结构并不断地加以调整,这就是所谓的"自组织"。"自组织"是复杂性系统对环境产生自适应性的一个调整机制,自适应性反映了复杂性系统在系统层次上的自身调适能力。正因为有了"自组织",新结构和新要素之间的关系模式被"层创"出来,系统从原初的完全无结构而形成了复杂结构。由于复杂性系统通常远离平衡态,一旦有内外干扰,系统就会随机波动并从一个或多个选择点上偏离原有的轨道。这些变化点就是临界点(tipping point)或分叉。现在全球变暖引起全球气候扰动增大,就是系统波动的一个范例。

对复杂性系统的分析需要使用非线性逻辑,因为远离平衡态的系统必须用非线性方程来描述。传统的科学解释都是基于线性的因果关系,通常是从原因到结果,这个结果可能又成为另一个结果的原因,直到问题中的现象得到解释,这些因果序列是用线性方程组来表示的。但是,远离平衡态的系统并不是一种线性过程。系统偏离平衡态的程度越大,它的复杂性就越大,就越需要在非线性条件下来处理。在复杂性系统中,各种要素不断地进行相互作用和反馈,这些相互作用的结果与该系统的初始条件并不是一种线性关系。多次反馈使系统表现出"层创"特征和新的组织形式。

在理解复杂性研究中,要把复杂性与混沌区分开来。尽管复杂性理论出自混沌理论,但是复杂性是一个比混沌更重要的概念。混沌对系统的初始条件很敏感,一个很小的条件变化会引起巨大的后果,比如“蝴蝶效应”等。但是,复杂性理论很少关注初始条件,而是关心各要素间的相互作用及其不可预见的结果。混沌侧重于系统某个初始条件的微小变化所引起的不可预测的后果。复杂性强调系统诸因素间的复杂相互作用而“层创”出来的秩序。正因为如此,复杂性理论在经济领域得到了广泛的应用,而混沌理论却在经济领域无所作为。

在理解复杂性中,还要把复杂性系统与复杂系统区分开来。大飞机制造是复杂系统但不是复杂性系统。大飞机之所以复杂是因为大飞机系统是由大量要素构成的,在总体描述这些要素上,该系统是复杂的。然而,在复杂性系统中,无法通过分析其要素来完全了解诸要素间的相互作用以及系统与环境之间的相互作用,而且诸要素之间的关系往往因自组织而发生变化并表现出新的特征。

在社会科学研究中,复杂性理论不仅被用作本体论预设,而且在众多的学科领域中得到应用,如经济学、城市规划、建筑学、教育学、文学、历史学、人类学、社会学等。它所探索的复杂性现象涵盖了从一个细胞呈现出来的生命现象,到股票市场的涨跌、城市交通的管理、自然灾害的预测,乃至社会的兴衰等。复杂性研究受到了全球研究者的广泛关注。20 世纪 90 年代末,普利高津等在“Gulbenkian 社会科学重建委员会”的报告中提出,要用非线性概念而不是传统的线性逻辑和因果关系来理解远离平衡态的复杂性系统。1999 年,美国《科学》杂志以“复杂系统”为主题出了专辑,分别探讨了化学、生物学、神经学、动物学、自然地理、气候学、经济学等领域的复杂性问题。1998 年,伯恩(Byrne,1998)专门为复杂性理论在社会科学中的应用撰写了《复杂性理论和社会科学》(*Complexity Theory and the Social Science*)一书。他提出,社会科学研究不能只把复杂性理论当成参考性框架来使用,而要在应用社会科学中使用复杂性理论。(Byrne,2005:96)他把案例视为一种复杂性系统,这些复杂性系统嵌于其他复杂性系统之中,并与其他复杂性系统交叉重叠。比如一个城市嵌于全球和国家系统之中,而街道、家庭和个人嵌于城市之中。(Byrne,2005:105)最近,电子期刊《社会问题》用特刊专门讨论了“复杂性科学和社会政策”这个议题,试图从复杂性视角来研究社会问题。

复杂性问题在 20 世纪 80 年代就引起了我国学者的注意。在 20 世纪 80 年代末,钱学森通过对系统科学的研究就认识到复杂性研究的重要价值。目前国内许多学者都在关注复杂性研究的发展,并有大量的科研人员在从事这方面的研究工作。

(五)社会政策研究的进一步增强

社会政策是一个颇有争议的领域,社会政策是政府为提升社会福祉对市场经济自发机制所做的有目的性的公共干预。学者对公共干预的目标、范围和方法有不同的看法,比如在公共政策的目标上,有的认为,社会政策的目标仅在于减少极端贫困人口的数量,还有的认为,社会政策的目标在于改善社会、消除贫困和社会不平等以实现社会公正和社会融合(Beck et al.,1997)。社会政策的范围有狭义和广义之分。狭义的社会政策范围仅限于劳工及贫民生活,而广义的社会政策则涵盖了福利、就业、住房、健康、文化、教育、人口、婚姻与家庭生活、社区和社会公共环境以及宗教等方面。

社会政策既指社会政策这门学科,又指社会政策本身所要做的事。社会政策主要涉及收入、健康、教育、住房和个人社会服务等一系列有关公共再分配的政策措施。有时社会政策通过资源的集中和重新分配,或者通过无形中可能会增加福利支出的减免税办法而与财政政策相联系。传统的社会政策一直在关注个人需求和个人福利,社区生活质量、社区服务和社区环境保护等属于公共干预的范围。在某些情况下,社会政策也被视为永久性的法律政策(如法律援助和犯罪处理等)、劳动力市场政策(如创造就业机会)、经济政策的某些方面(如价格条例)。(Kvist et al.,1997)

一般认为,瓦格纳(Adolph Wagner)在1891年首次提出了社会政策概念。他在当年的一篇论文中提出,社会政策是运用立法和行政手段,调节财产所得和劳动所得之间的分配不均问题。1837年,德国学者成立了"社会政策学会"。但是,此后的社会政策研究并没有受到足够的重视。20世纪中期以后,社会政策才逐渐成为一门独立的应用社会科学学科。第二次世界大战以后,西方主要资本主义国家不同程度地建立了"福利国家"的社会政策体系,为全民提供普遍性的福利,以抵消市场经济所带来的负面影响。许多前选择性或法人性的福利条款变成普遍服务,公共卫生和公共教育系统取代了市场的解决方案,社会基本上接受了社会最低程度的权利。20世纪六七十年代以后,随着经济全球化的加速和冲击,开始出现全球化时代的福利国家危机,劳资合作和社会伙伴关系受到冲击,工会力量受到削弱,社会福利和服务的准入条件提高了,一些服务被私有化和市场化,这些变化加剧了不平等,降低了福利。对此各国政府不同程度上采取了偏向新自由主义的经济政策和社会政策,试图通过降低社会保障的高成本来消除危机。然而,社会政策的公众支持依然十分强劲。直到20世纪90年代末,经合组织国家都没有明显削减社会开支,它们将20%到35%的国内生产总值花费在社会福利上,通常略高于20世纪70年代水平。

20世纪90年代,欧洲委员会把社会排斥(social exclusion)概念作为社会政策的核心概念。社会排斥是由欧盟委员会所提出的一个社会政策概念并被联合国国际劳工局所采纳。社会排斥理论是欧洲社会政策研究中新兴的社会理论,社会排斥理论将社会成员不平等福利资源的分配视为一种社会排斥现象,将融合和社会排斥问题与社会政策的推进联系在一起。一方面,社会政策会导致或加剧社会排斥;另一方面,社会政策也是反社会排斥、实现公民权利、促进社会融合的有力手段。

20世纪后期,有关福利国家的信念动摇之后,社会政策研究向纵深发展。社会政策领域吸引了更多的研究者加入,包括经济学家、政治学家、社会管理学家、社会心理学家等。社会政策本身客观上也要求融合经济政策等其他多个领域的政策内容，比如，住房政策既涉及社会环境和社区建设等环境政策和社会政策，也涉及房地产市场研究和融资等经济政策。

进入21世纪以后，人们在关注社会政策与经济政策关系的同时，还把目光投向更多的领域和弱势人群。过去，福利国家很少去关注妇女、少数民族或残疾人等其他少数人群的利益。人们对风险社会对社会政策的冲击和影响认识不清(Beck,1992)。但是，随着全球化的发展和国家间不平等的加剧，人们更加关注全球化背景下的贫困和社会排斥问题，希望通过社会政策工具来应对各种形式的社会排斥，用"基本收入"来确保所有人的社会福祉。

"对话"模式是社会研究与社会政策之间最有效的联系形式，它是在研究者、决策者和利益相关者三者之间的广泛交流过程中形成的。这种模式摒弃了过去所谓的"政策目标决定研究性质"的陈腐观念，而强调对政策目标的阐述过程。在快速变化的全球化时代，持续不断的社会研究有助于突出亟待解决的问题，并为如何解决这些问题提供参考框架。

在西方，由于新自由主义逐渐占据上风，市场力量重新受到推崇，私有化深刻地影响了政府税收能力以及公共再分配接受性，福利多元化取向尝试用市场或准市场的解决方案，用非政府或志愿机构甚至家庭来取代正在退出的福利国家。在21世纪，西方福利政策满足人们需求的程度将取决于劳动力市场和经济增长对政策议程所施加的影响。

在我国，社会科学研究历来就有政策研究的传统，但是严格意义上的政策研究是最近几年的事情。新世纪以来，我国更加重视社会的均衡发展和包容性增长。社会政策研究更加关注社会弱势群体，为弱势群体提供最基本的生活保障，通过社会救助、社会保险、医疗卫生服务、妇女儿童保护、房屋住宅政策、平等的劳资关系、婚姻家庭保护、义务教育等社会政策的供给，满足社会弱势群体的基本需求，为弱势群体提供平等的发展条件。

第三节　社会科学的范围

一、社会科学的领域

社会科学的范围与内容至今仍是众说纷纭。《社会科学百科全书》(*Encyclopedia of the Social Science*)将社会科学分为三类：纯社会科学、准社会科学及社会关联科学。纯社会科学包括法律学、政治学、经济学、社会学、人类学、刑罚学及社会工作。准社会科学则包括心理学、教育学、伦理学及哲学。社会关联科学则有生物学、地理学、医学、语言学及艺术等。有些学者认为社会科学既然研究人类行为，那么就应该把语言、文学、历史等人文学科包括在内；但也有一些学者认为如此一来社会科学就无所不包，难以与其他科学划请界限，因此社会科学不应涵盖人文学科。1971 年,王云五主编的《云五社会科学大辞典》将社会科学分为下列 12 类:人类学、政治学、国际关系、行政学、经济学、社会学、法律学、心理学、地理学、历史学、教育学及统计学。魏镛在《社会科学的性质及发展趋势》一书中将社会科学分为 5 类:①基本社会科学,包含人类学、心理学、社会学、政治学、经济学及地理学六门;②应用社会科学包括了教育学、行政学及国际关系三门;③规范性的社会科学有法律学一门;④分析性的社会科学为统计学一门;⑤记载性的社会科学则是历史学。

《国际社会科学百科全书》(*International Encyclopedia of the Social Science*)将社会科学划分为下列 10 类:人类学、经济学、政治学、社会学、法律学、心理学、心理分析、地理学、历史学及统计学。美国国家科学基金会则将社会科学分为以下 8 类:人类学、政治学、经济学、社会学、法律学、历史学、教育学及语言学。20 世纪 90 年代"经合组织"出版了《弗拉斯卡蒂手册》,提出社会科学的范围应包括:心理学、经济学、教育科学(教育、培训等)、人类学(社会人类学和文化人类学)、民族学、人口学、地理学(人文地理学、经济地理学、社会地理学)、国家及城市规划、管理学、法学、语言学、政治学、社会学、组织与方法、社会科学中的其他混合型、交叉性学科以及与科学技术交叉的学科。

尽管如此,社会科学的发展日新月异,随着跨学科取向(interdisciplinary approach)日趋重要,社会科学的范围也在不断扩大,跨学科社会科学如大众传播、教育心理学、政治经济学、政治社会学、历史人类学、经济地理学、经济人类学等在 20 世纪 80 年代之后陆续成为社会科学新的发展领域。跨学科社会科学出现的主要动力因素在于:传统学科的分类已经无法适应或满足当前人类对于各项公共事务与问题的探讨。

二、社会科学的主要学科

尽管人们对哪些学科属于社会科学还有不同意见,但是根据大多数学者的观点,可将社会学、心理学、经济学、教育学、政治学、历史学、法学和人类学视为社会科学的主要学科。下面分别作简要论述。

(一)社会学

"社会学"一词来源于拉丁文的"社会"和希腊文的"学说",原意是一门关于社会的学说。现代社会学家关于社会学的定义存在极大的差异,并没有达成共识,这些定义把社会学界定为:研究社会的科学、研究人类群体生活的学问,或者研究社会关系、制度的学问等。社会学似乎涵盖了所有社会科学领域的学科,而且其界定似乎比经济学或政治学都来得更不清楚。社会学与文化人类学之间有相当多的重叠,但是社会学家比大多数人类学家更强调社会关系。社会学家研究社会的制度层面,并努力去发现决定社会组织与行为的因素。社会学家非常关注下面三个层面的互动关系:①个人与个人的互动,②个人与团体的互动,③团体与团体的互动。

法国社会学家孔德是社会学的创始人，马克思及韦伯都对社会学理论作出了重大贡献。1874 年，欧洲的社会学概念引入美国，萨姆纳（Sumnel）在耶鲁大学开设了第一门大学社会学课程。1893 年，芝加哥大学率先成立社会学系，两年后，第一本社会学刊物《美国社会学杂志》（*American Journal of Sociology*）问世，从此美国大多数大学广泛开设了社会学课程。今天社会学研究包括下列主要内容。第一，它研究所有社会的制度与系统，像婚姻与家庭、宗教组织、犯罪，社会关系中的所有其他系统，如阶级和种姓制度、种族群体和少数群体，以及与都市化和工业化有关的社会过程。第二，社会学是通过调查贫困、犯罪等社会问题，了解其社会性质，探讨社会进步、社会改革或其他道德规范的形成原因。社会学特别关注那些与都市生活、工业活动及各种制度现代化有关的社会解组问题。

根据联合国教科文组织的统计，现代社会学的分支学科已达 100 种以上，而且有逐年增加的趋势。这些分支，按一定标准可以分成六类：①对与人类社会有密切关系的自然环境的研究，如天文社会学、地理社会学、气候社会学、环境社会学、灾害社会学等。②对社会的某一特定领域进行的社会学研究，形成了诸如经济社会学、政治社会学、军事社会学、教育社会学、人口社会学等学科。③对社会的各种结构性单位进行的社会学研究，形成了诸如家庭社会学、组织社会学、社区社会学、乡村社会学、城市社会学等学科。④对社会某种特定规范进行的社会学研究，形成了诸如民俗社会学、道德社会学、法律社会学、宗教社会学等学科。⑤对社会特定人群进行的社会学研究，形成了诸如儿童社会学、青年社会学、中年社会学、老年社会学、妇女社会学、残疾人社会学等学科。⑥对各种文化现象进行的社会学研究，形成了诸如文化社会学、知识社会学、语言社会学、艺术社会学、科技社会学等学科。

这些分支社会学大多属于社会学的应用研究领域，是运用社会学的基本理论对社会特殊领域进行研究的知识成果。由于各国国情不同，社会发展水平有差异，各国社会学分支学科发展的数量与种类相差很大。例如，在美国种族问题十分突出，种族社会学受到重视，十分发达。而随着现代化、城市化程度的不断提高，在一些发达国家，农村社会学已不再受到注意。但是在我国，由于农村人口比重仍然占 50.32%，社会现代化、乡村城市化进程尚未完成，农村社会学还备受关注。

（二）心理学

心理学源于希腊文的“Psyche”和“Logos”。“Psyche”的含义是“灵魂”或“精神”，“Logos”的含义是“研究”，这两个词合起来的意思是“对灵魂或精神的研究”。心理学最初起源于两千多年前的古希腊哲学。苏格拉底、柏拉图以及亚里士多德等哲学家都将对心理的思考视为哲学问题。1879 年，德国哲学家、心理学家冯特（Wilhelm Wundt）在莱比锡大学创建了世界上第一个心理学实验室，研究人的意识经验，从此心理学从哲学中分离出来而成为了一门独立的学科，冯特因此被誉为“心理学之父”，他的著作《生理心理学原理》（*Principles of Physiological Psychology*）

也被推崇为不朽之作。随着心理学研究的深入，心理学逐渐有了相对统一的定义：心理学是研究人的心理现象及其规律的科学，具体来说是研究人的行为和心理活动规律的科学。

心理是与物质相对的概念，涉及人的一切精神活动，包括人的感觉、知觉、记忆、思维、情感、意志、气质、性格、能力等心理现象。人的心理活动纷繁复杂，表现形式丰富多样，它与人类认识世界、改造世界的一切活动及其取得的成就分不开。心理学主要研究人的心理现象，也研究动物的心理现象。因为动物的行为在某些方面可以推及人类。但心理学以人的心理活动和行为为主要对象，研究动物的心理和行为是为了能够更好地解释、预测和调控人的行为。

心理学研究的行为一般分为两大类：一类是外显行为，即可以观察到的行为和反应，如吃饭、讲话、读书等，这些行为能够通过直接观察来研究；另一类是内隐行为，即不能通过直接观察，但可以运用心理学特定的研究方法和技术，从直接观察到的行为来推论出人的内部心理活动和状态，如思考和记忆等内部心理过程。

心理过程是指个体心理现象的动态过程，包括认识过程、情感过程和意志过程，它反映了正常个体心理现象的共性一面。认识过程又称为认知过程，是个体在实践活动中对认知信息的接受、编码、储存、提取和使用的心理过程，主要包括感知觉、思维、记忆等过程。情感过程是个体在实践活动中对事物的态度的体验。意志过程是个体自觉地确定目标，并根据目标来调节、支配自身的行动，实现预定目标的心理过程。认识过程、情感过程和意志过程并不是彼此孤立的，而是相互联系、相互作用的，共同构成了个体心理过程的有机统一整体。情感的发生与深化、意志行为的确定与执行都是以认识为基础的，而情感、意志又会反过来影响认识活动的进行和发展。同样，情感也会对意志行为产生动力作用，而意志行为又会有利于丰富和升华情感。

随着研究的深入和发展，心理学在理论上已形成了独立的学科体系，在应用上与社会实践领域建立了广泛联系，形成了许多心理学分支学科，各个分支学科都有自己特定的研究对象和研究任务，它们包括：①普通心理学，②生理心理学，③发展心理学，④教育心理学，⑤人格心理学，⑥社会心理学，⑦工业心理学，⑧消费心理学，⑨法律心理学，⑩临床心理学。

（三）经济学

经济学有广义和狭义之分。广义的经济学是一切经济学科的总称，凡是以经济现象为研究对象或把经济原理和方法应用于具体研究领域的学说体系都可以称为经济学。狭义的经济学主要是指理论经济学，理论经济学是研究如何充分利用与配置稀缺资源的一门社会科学。人类的需求是无止境的，但并不是所有的需求都能被满足。经济学关注如何充分利用已有的稀缺资源，来尽可能地满足人们的需求。

可以从两个角度来研究经济问题：①微观经济学专门探讨家庭在消费、储蓄和工作上的决策,或是厂商吸收投入、生产和销售产出、定价以及广告等微观问题。②宏观经济学则是研究一个国家的产出、国民收入、国民储蓄及国民投资等。宏观经济学分析失业、通货膨胀、国际贸易收支,以及国民收入分配等整体性问题。

经济学的研究和教学领域包括:数理经济学、经济思想史、经济史、工业组织、农业经济、劳动经济学、公共财政学、国际经济、金融学、财政学、经济学理论、宏观经济学、微观经济学、经济系统与发展、经济制度学、计量经济学、管理经济学、区域经济学、土地经济学、社会主义经济学、国际贸易学等。一般而言,当前经济学主要的次级研究领域为数理经济学、经济思想史、经济学史、工业组织学、国际经济与贸易、计量经济学、经济发展等。经济学学科发展有三个方面的新趋势:

(1)经济理论和方法的本土化发展趋势。经济学的中国化、本土化是中国经济学独立发展的理性呼唤,是对于西方经济学被当成科学经济理论范式传播的一种抵制。经济学中国化、本土化命题的提出,表明现有经济学并非本土的,现有经济学与本土现实还有很大差距,不能很好地服务于本土的经济建设。要使经济学更好地服务于本土的经济建设,必须通过与本土实际相结合,全面地改造现有的经济学,而这种改造必然是通过保留其精神和原则而使其在形式和内容上更好地反映本土现实。通过这种改造,使经济学成为反映本土文化及其理念、研究本土经济现实及其规律的理论体系。

(2)经济学数学模型化的发展趋势。在世界范围内,第二次世界大战后经济学发展的突出特点是经济学数理化和模型化的发展趋势。但是经济学数理化和模型化在中国则是20世纪80年代后出现的事情。经济学数理化和模型化的积极效果是增强了经济学研究的准确性和规范化,但突出的问题是分析的片面性和失误。经济学数理化和模型化存在着过度形式化现象,而忽略了对具体经济现象的研究和分析,为数学而数学、为模型而模型,最终建构的模型与所研究的具体经济现象相关性不大,拟合度不高。尽管经济学数理化、模型化的发展是大势所趋,但片面地强调经济学分析的模型化显然是有问题的。

(3)经济学社会化、实践化的发展趋势。经济学的社会化、实践化发展趋势反对在经济学研究中大量地使用数学和模型,而主张突破经济学狭隘的研究领域,把经济学现象作为一个复杂社会系统来进行全方位的分析研究。这种发展趋势强调经济学作为实践、经验和历史科学的特点,而不仅仅是“黑板经济学”,要求加强对社会问题的现实分析,强调经济学研究要从具体的经济现象和现实出发。例如,诺贝尔经济学奖得主,美国经济学家加里·贝克尔在经济学的社会化研究上取得了丰硕成果,他把经济学的研究领域拓展到了社会学、政治学、人口统计学、犯罪学和生物学等广泛领域,被称为是“经济学帝国主义”的代表性人物。

(四)教育学

教育学(education)是一门研究教导和学习原理的科学。从广义的角度来说,教育学是人们获得知识、顿悟或形成态度和增进技能的一种过程。正规教育是通过有组织的研读或教导而习得,比如在学校或学院学习等。非正式教育则是通过日常生活经验或与传播媒体非计划性和间接的接触而获得知识和技能,如书籍、期刊、电影、广播和电视等。教育具有社会性功能和个人性功能。其中,“社会性功能”是通过过去和现在的累积经验,来提高社会成员的行为效率,而“个人性功能”是为个人成功地应对新挑战而准备的,有助于过上更富足和更满意的生活。

教育学包括下列研究领域:①教育学理论。它主要包括教育哲学、教育心理学、教育社会学、教育经济学、教育人类学、教育生态学、教育研究法、教育史等。②教育制度。它包括教育行政制度、学前教育(幼儿教育)、国民教育(义务教育)、中等教育、职业技术教育、高等教育、成人教育、师范教育、特殊教育、体育等。③比较教育。它侧重于比较世界各国,如中、美、日、英、法以及其他国家的教育制度与问题。④教育行政。它的内容包括教育行政学、教育法规与人事、教育计划、教育财政、预算、决策与领导、中小学组织与行政管理、高等教育组织与行政管理、教育评鉴等。⑤课程与教学。该领域包括课程理论、中小学课程、职业学校课程、大学课程、师资培育课程、幼儿教育活动设计、个别化教学、启发式教学、电脑辅助教学、现职教育等。⑥学科教材教法。它主要涉及各个学科,如语文、外语、自然、美术、音乐、工艺、家政、社会公民、体育等教学方法与教材设计。⑦训育与辅导。它包括咨商与辅导理论、民族精神教育、个案研究、团体辅导、团体动力学、就职辅导、学校卫生、社团活动辅导、青少年问题等。⑧其他有关专门领域。例如,教育工学等。

(五)政治学

政治学是一门广为设立的学科,主要探讨有关政治过程、政治行为、政治制度、政治功能及政治理念等知识和问题。自古希腊以来,西方关于政治现象的系统性研究,大致集中于政府与政治,而在新世纪之交,西方学界对于政治学的研究大致仍维持这个方向不变。美国政治学者兰尼(Austin Ranney)将政府与政治这两个概念融合为一,将政府定义成“为一个特定社会而制定和执行法律的人民与制度的组织体”,而政治则是“制定政府政策的过程”。拉斯韦尔(Harold Lasswell)则明确指出,“政治是一门研究影响力和具有影响力的学问”。伊斯顿(David Easton)则认为,“政治生活包含了所有显著影响社会,而采取权威性政策的各种活动及其付诸实行的方法”。他的名言“政治是社会价值的权威性分配”已被政治学者广泛接受,并成为政治学内容的一种经典概述。

政治学是一门尚在发展中、仍具有发展空间的学科,由于其研究重心从开始就引起不少争议,因此政治学者对于政治学究竟应该涵盖哪些内容也是见仁见智。政治学者都赞同,政治学理论可以帮助人民充实其生活,增强他们分析公共议题的洞察力。政治学者基本赞同,公共政策的制定应进行系统化和有意义的讨论。此外,他们还提出,要利用科学研究方法探讨政治学,即使无法像物理或化学等学科建立严谨的模型,但也要将政治学研究奠定在科学分析的基础上。(《大美百科全书》第22册,1984)

对政治学研究的领域有不同的理解。第二次世界大战前,人们大致把政治学研究划分为政治学原理、本国政治、比较政治和国际政治四大领域。1978年美国政治学会所确定的政治学研究范围是:①外国、国际政治制度和行为;②国际法、组织和政治;③方法论;④政治稳定、不稳定和变迁;⑤政治理论;⑥公共政策的制定及其内容;⑦公共行政;⑧美国政治制度、程序和行为。这些具体意见,虽然未必都是科学的,但毕竟为政治学的学科分类提供了一种基础。

近年来,我国对政治学学科的分类有以下几个主要方面:①政治理论,包括马克思主义学说、中国和外国政治思想史、当代政治学理论和政治哲学、政治学的基本概念和范畴、社会的意识形态体系等。②中国政治,包括中国政治史、中国社会主义的政治结构、政治制度、政府体制的领导和建设、干部与人事、地方政府、民族问题、统一战线问题、人民与政治家问题、政治心理、政治参与、政治过程、政治发展等。③比较政治,包括各国的政治制度的模式、政治形式,一些主要国家的政治制度史和现行政府体制、政治管理制度、政治过程、政治文化、精英人物,第三世界国家的政治发展、政治稳定、政治变迁及其各种模型,以及地区研究和国家研究等。④公共政策,包括公共政策理论、决策科学、政策分析、决策的模型研究及福利政策、就业政策、教育政策、科学政策、种族政策、都市政策、外交政策、军事政策的研究等。⑤公共行政,包括行政管理、市政学、行政法学、官员体制、比较行政、组织和管理分析、组织理论和行为、人事行政等。⑥国际政治,包括国际政治理论、国际关系、国际政治格局、国际法、世界性和地区性冲突与战争研究等。

(六)历史学

历史研究现在已被同时视为社会科学或人文学科的一个分支学科。历史学有广义和狭义之分。广义地说,世界上的一切科学都可以称之为历史学,因为每一门科学都不能不研究它自身的历史发展过程。狭义的历史性是研究人类社会历史发展过程的学问。

历史是指人类用文字将过去的思想与文化活动经验保存下来的记录。一般而言,历史学是对史事的原始文字记录或史料进行叙述性说明。历史学的主题包括探讨人类有意义的过去,尤其是指那些能影响整个社会经验和发展的制度与个人行为。传统上,历史研究主要集中于政府及其领导人的行为,以及他们之间的冲突。换言之,历史学的重心大都放在政治史和外交史。但是到了最近100年间,历史学研究的范围,已经扩展到思想史并涉及整个社会经济及社会生活史。

一般而言,历史是以记录个别文明或单独国家为基础的。西方传统的历史研究,不论是研究一个文明或一个国家,甚至一个地区,都划分为古代、中古、近代早期、近代等几个不同的时代,以及政治、外交、经济、社会、文化和思想史等几个专题。历史研究在研究方法和主题方面具有特殊性,分别隶属于社会科学和人文学科。

历史研究的目的,从好奇到追求科学真理都有。历史也是个人教育经验的重要部分,可借以透视人类的不同经验与文化本质,并通过探究工作,培养人们处理复杂问题的能力。对于一个决策者而言,历史能比其他社会科学学科提供更广泛的资料和经验,作为当今决策的参考和借鉴。通常我们对于历史的功能都有一个错误看法,认为依照历史的"法则",人类的未来完全是由过去决定的,亦即历史会不断地重演。但是历史本身显示,利用人类过去的经验对未来作预测,事实上会受到太多的偶发事件的影响与限制。尽管如此,历史确实可以解释人类当前问题的起源,并提醒决策者当心可能会产生的后果。

历史研究必须运用机制和客观的方式去进行,以便从所收集的史料中获得关于过去最精确的史实,而且也必须防止错误及避免资料上的残缺,同时还必须抛弃民族或党派以及个人的偏见。尽管如此,历史学家很难完全客观,因为他们不可能完全抛弃自己的道德价值,任何一位历史学家对于历史的研究,不论是问题与假设,都不可避免地反映他自己所处的时代,而每一个时代都有新的问题和研究切入点,所以人们常说,"历史的研究永远不能产生最真实的历史面貌",原因就在于此。例如,日本有的历史学家并不认为第二次世界大战"侵略"了中国,而是"进出"中国而已,这明显是歪曲了历史的真相。

历史学的研究与教学大致可以分成下列核心领域:①史学与方法论。这其中包括了历史哲学、史学思想、史学史、比较历史学等。②通史。它主要包括世界通史、中国通史、中国上古史、中国中古史、中国近代史、中国现代史等。③断代史。例如秦汉史、魏晋南北朝史、隋唐史、五代史、宋史、元史、明史、清史等。④世界史。其中大致包括了世界上古史、世界中古史、世界近代史、世界现代史等。⑤各洲历史。例如亚洲史、美洲史、非洲史、拉丁美洲史、欧洲史、澳洲及大洋洲史及其他地区的历史等。⑥国别史。这是以个别国家为研究与教学重点的次级领域。⑦地方史。这是微观历史的研究方向,如,中国地方史、各国地方史等。

(七)法学

法学是社会科学领域中具有相当重要地位的学科,法被看成是人类寻求公正、伸张正义、维系公平的最后一道防线。法学又称为"法律学",即法律科学的通称。法学是以法律现象及其规律为研究对象的科学体系。法律包括所有的原理、规则及由法院允许适用和通过国家权力予以执行的制定法。在高度发展的现代国家里,公民的生老病死等所有行为都受到法律的约束与管理,因此法学所涵盖的范围极大。例如,被继承人死亡后,如果其遗嘱符合法律条件,那么法律就需要监督遗嘱是否有效执行。人类早期的法律制度仅限于维持社会治安、防止暴力犯罪、保护财产所有等。但是当今法律覆盖的范围正在逐渐扩大，几乎囊括了所有有关人类的行为。

法律体系主要有大陆法系（以欧洲大陆为主）、英美法系、中华法系、印度法系和伊斯兰法系等。由于工业革命以后，西方资本主义国家国力强盛，大陆法系和英美法系成为当今国际法律制度的两大主流体系。大陆法系实行于欧洲大陆的拉丁语系和日耳曼语系国家，其法律概念、法律原则及法律程序主要源自罗马法，并以一个范围极广的法则将其规范，如拿破仑法典。而英美法系则以英国、美国及英联邦的国家为主，它起源于英国，逐渐扩展至所有英语国家。它并未受到罗马法的影响而独自发展，一般将英美法系称为普通法系。

大陆法系与英美法系的主要差异在于：首先，从法源精神来看，大陆法系偏重以“成文法”作为法官判案、处理法律案件的主要依据；而英美法系则从日常解决各种纠纷的“案例”中形成，“遵循先例”的原则，亦即法官在审理案件时应与以往的判决结果不相违背，这是英美法系的精髓所在。其次，从法律思考的角度来看，大陆法系是以法典的抽象规范为基础的，从此演绎出各种法理，而英美法系则以具体的案件“案例”来作归纳式的思考。最后，从法律的内容来看，大陆法系比较重视实体的规范，英美法系则强调程序法。大陆法系分为“公法”与“私法”，并且以私法（民法）为其核心，但是英美法系则不区分公法和私法。

法学大致可以划分为下列九个主要学术领域：①基础法学。它包括法律哲学、法律学方法论、法制史学、法律社会学、法律心理学、法律人类学、比较法学等。②宪法。其内容主要为基础理论、宪法制度与制宪史、宪法修正、基本人权、政府组织、基本国策、比较宪法、战时宪政制度等。③行政法。其主要课程为行政法概论、行政组织法、行政作用法、行政程序法、行政救济法等。④经济法。具体的课程包括资源与环境法、投资法、国际贸易法、商标法、专利法、公平竞争及交易法、消费者保护法、财税法、金融合作法、国有财产及国营事业法等。⑤刑法学。它包括刑法、特别刑法、少年法、刑事诉讼法、刑事政策、犯罪学、监狱学等。⑥民法。它包括财产法（债权、物权及准物权法）、土地法、著作权法、身份法、强制执行法及破产法、非诉讼事件法、公证法及国际私法等。⑦商法。该领域包括公司法、票据法、保险法、海商法、有价证券法、信托法、商务仲裁法、商业会计法等。⑧劳动法。该领域涵盖劳动基准法、劳动契约法、工厂法、集体协约法、工会法、劳资争议处理法、劳工卫生安全法、劳工保险法等。⑨国际法。它包括国际法一般理论、海洋法、太空法、条约法、外交与领事关系法、国际组织法、人权法、战争与中立法等。

法学与科学技术的发展有着紧密的联系。随着科学技术的发展，产生了一些新的社会现象，如人工授精、试管婴儿、“克隆”技术、器官移植、互联网等，这就为法学的发展提出了新的任务，要求加强科技立法，完善因科技发展而产生的新的社会关系的调整。同时，科技的发展又为法学的研究提供了新的、快捷的手段，利用高新科技来研究法律现象，以不断完善我国的法律体系，是当前法学研究的一个重要方面。

(八)人类学

人类学(anthropology)源于希腊语“人的学问”的复合含义。(庄孔韶,2006)人类学是比较年轻的学科,大约在19世纪40年代,人类学才成为一门独立的学科。人类学是一门兼顾研究人类生物面及文化面的学科。在其发展过程中,不同的国家形成了不同的研究传统,不同的国家对人类学界定也不尽相同。以英国、美国为主的国家认为,人类学是指研究人类体质及文化的综合性学科,既研究人类的生物属性,也研究人类的文化属性。以法国、德国、俄罗斯等为代表的欧洲大陆国家认为,人类学主要研究人类生物属性,即研究族群体质的学科,因此有关人类文化或者族群文化的研究被称为“民族学(Ethnology)”。尽管人类学家对如何定义人类学尚有争议,但是一般认为,人类学研究的中心课题是为了了解人类的整体观。

人类学成为独立学科与英国学者泰勒(Tylor)的积极推动有关系。泰勒从19世纪60年代开始进行人类学研究,先后发表了《人类早期史研究》(1865年)、《原始文化》(1871年)、《人类学》(1881年)等著作。1883年他正式接受了牛津大学的聘书,成为世界上第一个学术意义上的人类学家,也可以说人类学是1883年被认定为独立学科的。泰勒的主要理论贡献是:①提出“万物有灵论”,即古代人类认为世间任何东西都具有灵魂,无论是山、水、树木、石头,还是飞禽走兽,原始宗教信仰起源于万物有灵。②把“文化”作为人类学理论的中心概念。③提出文化上的“遗留说”,即认为随着社会的发展与变迁,总有一些文化现象被保留下来,并成为某个民族或族群的文化特征,也可以理解为“民族传统文化”具有继承性和相对稳定性,在社会发展与变迁中,某些东西会被保留下来,继续发挥影响。④在人类学理论方面强调理性主义,在研究方法方面,最先主张使用统计法。

人类学领域广博,人类学家必须要有多方面的学识,对于人类的体质、文化、经济、语言、宗教、社会组织等要有所了解。因此,人类学与人文学科及社会科学的互动是很密切的。例如,研究爱斯基摩人的人类学家,必须具备足够的“体质人类学”知识,以便测量现代爱斯基摩人的体质,或者描述他们的体质特征,这属于生物学领域。他也必须能够识别考古遗迹,来追溯现代文化的古老证据,这属于考古学领域。学习当地的语言,以便详实地记录土著语言,这就属于语言学专业。如果人类学家研究爱斯基摩人如何治理自己的村落,这就牵涉到政治学领域。当他观察到土著如何进行猎物、采集,如何分配食物、交易羊皮时,他已经涉及经济学范畴。假如人类学家兴致大发,研究爱斯基摩人的人际互动、社会价值结构,这就属于社会学领域。如果想了解土著的宗教信仰、文学、民俗歌曲和神话等,这就牵涉到宗教学和民俗学领域。

20世纪初叶,中国早期欧美留学生回国,带来了美英德法等不同国家的不同传统,造成人类学(文化人类学)和民族学在中国内地的同时使用。到了20世纪50年代,带有欧陆传统的民族学曾一度是中国广泛使用的称谓。“文化大革命”以后,出于中国少数民族政策、民族院校体制及其学科归属等原因,民族学仍然是主要称谓。改革开放后,中国学者才开始使用人类学称谓(人类学/文化人类学和社会人类学)并建立人类学研究机构(或民族学机构名称添加人类学字样)。

人类学次级研究领域包括:①文化人类学。其中包含经济人类学、亲属人类学、政治人类学、法律人类学、宗教人类学、心理人类学、应用人类学、生态人类学、城市人类学、人口人类学、原始艺术与物质文化、妇女人类学、民俗学等学科。②考古人类学。在此科目下的课程有:民族考古学、试验考古学、分析考古学、年代考古学、理论考古学、新考古学(人类考古学)、应用考古学、特殊考古学等。③体质人类学。这个领域包括灵长学、化石人类学、人类进化、种类分歧与分类、体质文化与环境等。④语言人类学。该领域包括历史语言学、结构语言学、社会语言学、民族语言学及心理语言学等。

总之,人类学的内容非常广泛,从人类的起源到人类社会的发展,从人种的差异到族群的差异,从文化的功能到文化的变异与冲突,等等。只要有关人类的问题,这个学科就有可能涉及。

本章小结

社会科学性质与科学性质有关,但又不同于科学性质。所谓社会科学是用可获得的证据对社会现象的一种系统解释,这就是说,①社会科学是对社会现象的说明和解释,②这种解释是一种系统的解释,而不是零碎的解释,③对社会现象解释是以可获得经验证据为基础的。社会科学与自然科学具有相似性和共通性,这主要表现为:第一,社会科学与自然学科都具有科学性;第二,社会科学是在自然科学的影响下而产生的;第三,当代社会科学与自然科学有一体化的趋势。社会科学与自然科学之间的区别主要表现在研究对象、研究目的、研究方法和研究功能等方面。

所谓人文学科是有关人类思想和文化的知识体系。人文学科是人类最古老的知识系统。人文学科与社会科学之间的联系有三个方面。第一,在科学发展史上,人文学科与社会科学曾经是一种"母与子"的关系;第二,社会科学与人文学科在研究对象和内容上有重叠之处;第三,社会科学和人文学科在研究方法上存在着相似之处。人文学科与社会科学的差异主要表现在研究对象、研究目的、研究方法、学科结构以及学科功能等方面。

社会科学作为人类科学认识的组成部分,经历了一个漫长的历史发展过程。18 世纪 90 年代,法国启蒙思想家孔多塞创造了"社会科学"概念,标志着社会科学作为一门独立学科的出现。但社会科学的萌芽,却可以追溯到到古希腊罗马时代和中国春秋战国时期。社会科学大致可以分为三个不同的发展阶段:一是从人类文化诞生到 18 世纪末,社会科学的萌芽和形成阶段;二是从 18 世纪末到 19 世纪末,社会科学的持续分化和独立阶段;三是 20 世纪以来,社会科学各学科的成熟和发展阶段。

社会科学的历史演变经历一个先综合,后分化,再综合的过程。社会科学在早期是高度综合化的,后来经历了一个不断分化发展的过程。然而,在第二次世界大战以后,社会科学又呈现出综合化发展的态势。尤其是 20 世纪下半叶以来,出现了研究者与利益相关者共同参与的超学科研究视角,把定量方法与定性方法结合起来的混合方法研究,以及试图超越自然科学与社会科学区隔的复杂性研究。社会科学研究未来发展的前景和趋势是:①后现代主义的渗透,②跨学科研究和"超学科"研究进一步增强,③"混合方法研究"进一步得到运用,④复杂性研究的广泛应用,⑤社会政策研究的进一步加强。

随着跨学科研究的日益发展,社会科学的范围也在不断拓展,在20世纪80年代之后,大众传播、教育心理学、政治经济学、政治社会学、历史人类学、经济地理学、经济人类学等跨学科研究成为社会科学新的发展趋势。目前社会科学研究的核心学科包括:社会学、心理学、经济学、教育学、政治学、历史学、法学和人类学等。

思考题

1. 社会科学是什么? 它有哪些特点?
2. 自然科学与社会科学的联系和区别是什么?
3. 试述社会科学三个发展阶段。
4. 联系研究实际,谈谈社会科学的未来发展趋势。
5. 结合自己的专业谈谈对社会科学范围的理解。

讨论题

1. 请比较自然科学与社会科学,试述它们的区别和联系。
2. 结合中国古代三次社会思想发展高潮,谈谈中国对社会科学发展的贡献。

参考文献

安东尼·吉登斯. 2003. 社会理论与现代社会学[M]. 文军,赵勇,译,北京:社会科学文献出版社:48-51.

安文华. 2008. 科学、社会科学与我国社会科学的发展[J]. 甘肃社会科学(3).

伯纳德·巴伯. 1991. 科学与社会秩序[M]. 北京:三联书店:307.

陈波,等. 1989. 社会科学方法论[M]. 北京:中国人民大学出版社.

丁元竹. 2004. 完善社会政策、提高执政能力[J]. 经济参考报. 09-29.

贡布里希. 1989. 他们却原来都是人:对人文学科中文化相对主义的反思[M]//范景中. 艺术与人文学科:贡布里希文选. 杭州:浙江摄影出版社:390-391.

华勒斯坦,等. 1997. 开放社会科学[M]. 刘锋,译,北京:三联书店.

黄长著. 2005. 国外人文社会科学的现状及发展趋势[J]. 湖南社会科学(1).

林聚任,刘玉安. 2004. 社会科学研究方法[M]. 济南:山东人民出版社.

梁宁建. 2003. 心理学导论[M]. 上海:上海教育出版社.

刘鸿武. 2004. 故乡回归之路:大学人文学科教程[M]. 北京:清华大学出版社.

刘娟. 2006. 社会科学研究项目管理[M]. 北京:中国财政经济出版社.

刘仲亨. 1999. 国外社会科学发展百年回顾[J]. 国外社会科学(6).

梅拉尼·莫特纳,玛克辛·伯奇. 2007. 质性研究的伦理[M]. 丁三东,等,译. 重庆:重庆大学出版社.

欧阳康,张明仓. 2001. 社会科学研究方法[M]. 北京:高等教育出版社.

潘立勇. 1998. 关于人文学科、人文学科与人文精神[J]. 浙江大学学报(4):16-18.

潘泽泉. 2007. 国外社会政策研究的最新动态及对我国的启示[J]. 理论探讨(4).

彭新武. 2006. 人文社会科学概论[M]. 北京:首都经济贸易大学出版社.

沙依仁,等. 2006. 社会科学是什么[M]. 北京:世界图书出版公司.

吴鹏森,房列曙. 2005. 人文社会科学基础[M]. 上海:上海人民出版社.

许志峰,等. 1989. 社会科学史[M]. 北京:中国展望出版社.

伊曼纽尔·沃勒斯坦. 2003. 所知世界的终结:二十一世纪的社会科学[M]. 冯炳昆,译,北京:社会科学文献出版社:232-234,259-260.

中国社会科学院情报研究所,等. 1985. 当代国外社会科学手册[M]. 南京:江苏人民出版社:3.

庄孔韶. 2006. 人类学概论[M]. 北京:中国人民出版社.

Alvesson M. 2004. Postmodernism, in M. S. Lewis-Beck, A. Bryman, and T. F. Liao, (eds), The Sage Encyclopedia of Social Science Research Methods[M]. Thousand Oaks, CA: Sage: 842-846.

Beck U. 1992. The risk society: Towards a new modernity [M]. London: Sage.

Beck W, Maesen, van der L, Walker A. 1997. The Social Quality of Europe[M]. Kluwer Law International.

Blaikie N. 2007. Approaches to social enquiry: Advancing knowledge[M]. Polity Press, Cambridge.

Byrne D. 1998. Complexity theory and the social sciences: An introducation[M]. London: Routledge.

Byrne D. 2005. Complexity, configurations and cases[J]. Theory, culture and society, 22: 95-111.

Collins K M T, Onwuegbuzie A J, SuttonI L. 2006. A model incorporating the rationale and purpose for conducting mixed methods research in special education and beyond. Learning Disabilities: A Contemporary Journal, 4: 67-100.

Cook T D. 2002. Randomized experiments in educational policy research: A critical examination of the reasons the educational evaluation community has offered for not doing them [J]. Educational Evaluation and Policy Analysis 24(3): 175-199.

Creswell J W. 1994. Research design: Qualitative and quantitative approaches [M]. Thousand Oaks, CA: Sage.

Creswell J W. 2003. Research design: Qualitative, quantitative, and mixed methods approaches (2nd ed.) [M]. Thousand Oaks, CA: Sage.

Creswell J W, Fetters M D, Ivankova N V. 2004. Designing a mixed methods study in primary care[J]. Annals of Family Medicine, 2(1), 7-12.

Ferge Z. 2003. Social policy. In William Outhwaite (ed.), The Blackwell dicationary

of modern social thought [M]. Blackwell Pub., MA: Malden: 616-619.

Gage N L. 1989. The paradigm wars and their aftermath: A "Historical" sketch of research on teaching since[J]. Teachers College Record, 91(2): 135 -150.

Gibbons M, et al. 1994. The new production of knowledge: The dynamics of science

and research in contemporary societies [M]. Sage Publications, London: 179.

Gorard S, Taylor C. 2004. Combining methods in educational and social research [M]. London: Open University Press.

Greene J C, Caracelli V J, Graham W F. 1989. Toward a conceptual framework for mixed-method evaluation designs [J]. Educational Evaluation and Policy Analysis, 77(3): 255-274.

Hanson W E, Creswell J W, Piano Clark V L, et al. 2005. Mixed methods research designs in counseling psychology[J]. Journal of Counseling Psychology, 52 (2): 224-235.

Harris C W. 1960. Encyclopedia of Educational Research [M]. NY: Macmillan.

Johnson R B, Onwuegbuzie A J. 2004. Mixed methods research: A research paradigm whose time has come [J]. Educational Researcher, 33(7): 14-26.

Jantsch E. 1992. Towards Interdisciplinarity and Transdisciplinarity in Education and Innovation[M]// In L. Apostel, et al. (eds.), Problems of Teaching and Research in Universities, Organisation for Economic Cooperation and Development (OECD) and Center for Educational Research and Innovation (CERI), Paris: 97-121.

Klein J T. 1996. Crossing Boundaries: Knowledge, Disciplinarities, and Interdisciplinarities[M]. Charlottesville, VA: University Press of Virginia.

Kvist J, Sinfield A. 1997. Comparing tax welfare states [J]. Social Policy Review, 9: 249-275.

Maxwell J A. 2004. Causal explanation, qualitative research, and scientific inquiry in education [J]. Educational Researcher, 33(2): 3-11.

Mihata K. 1997. The persistence of "emergence" [M]// In R. A. Eve, S. Horsfall & M. E. Lee (Eds.), Chaos, complexity and sociology. Thousand Oaks: Sage: 30-38.

National Academies. 2005. Facilitating interdisciplinary research [M]. The National Academies Press, Washington: 306.

Plano Clark V L. 2005. Cross-disciplinary analysis of the use of mixed methods in physics education research, counseling psychology, and primary care. (Doctoral dissertation, University of Nebraska-Lincoln, 2005) [J]. Dissertation Abstracts International:66,491.

Pohl C, Hadorn G H. 2007. Principles for Designing Transdisciplinary Research[J]. Proposed by the Swiss Academies of Arts and Sciences, oekom, München:124.

Salter L, Hearn A. 1996. Outside the lines: Issues in interdisciplinary research [M]. Montreal: McGill-Queen's Press.

Tashakkori A, Creswell J W. 2007. The new era of mixed methods[J]. Journal of Mixed Methods Research 1:4.

Tashakkori A, Teddlie C (Eds.). 2003. Handbook of mixed methods in social and behavioral research[M]. Thousand Oaks, CA: Sage.

Teddlie C, Tashakkori A. 2009. Foundations of Mixed Methods Research: Integrating Quantitative and Qualitative Approaches in the Social and Behavioral Sciences[M]. Thousand Oaks CA: Sage.

社会科学研究的性质 4

作为整个科学研究的一部分,社会科学用自己特有的方式对社会世界进行解释和说明。社会科学研究是工业革命和科学技术发展的产物,工业革命打破了传统的生活模式,需要建立新的模式,社会科学研究试图寻求这种新的模式。在社会科学发展过程中,形成了社会科学主要的研究领域或学科,确立了社会科学特有的理论、研究方法论和研究工具,形成了社会科学研究有别于其他人类精神活动和知识系统的根本特征。本章将阐述社会科学研究的性质,着重探讨社会科学研究的特殊性、社会科学研究的目的、可能出现的错误以及研究的伦理规范。

第一节　社会科学研究的特殊性

科学研究是一个"解谜(puzzle-solving)"的过程,社会科学研究的目的是为了解答各种社会之谜。尽管社会科学研究与自然科学研究有许多相似性,比如,不同学科和研究领域会因研究时间的长短、研究范围和研究手段的不同而有不同的研究路径和方法,但是社会科学研究不同于一般意义上的科学研究。由于社会世界和社会现象的特殊性,社会科学研究表现出不同于自然科学研究的特殊性质。

(1)社会科学研究的对象是人。在研究对象上,社会科学与自然科学的区别在于:自然科学涉及对物的研究,而社会科学涉及对人的研究。社会科学所涉及的不是无生命的物,而是有目的、有情感、有意志、有心理活动、有行为博弈的活生生的人。社会科学研究者常被视为"积极参与的观察者",因为他们参与被观察对象的经历和活动。美国学者肯尼思 · D. 贝利(1986)指出:"自然科学家一般并不介入他或她正在研究的现象,而社会科学家则身在研究的现象之中。"由于研究者对研究活动的参与,因此他们在考察研究对象时,就不可避免地会影响到研究对象,由此获得的调查数据并不能完全、准确地反映被研究者的真实情况。另一方面,研究对象在获知研究者的动机和看法后,有可能调整或改变了自己的意见或行为,作出了与平时不一样的反应,从而影响研究结果的真实性。有的研究对象甚至会反作用于研究者,进行行为博弈,使后者或多或少地受到前者看法和价值观的影响。例如,在问卷调查时,被调查者可能故意隐瞒或夸大自己的想法;在研究者作出预测后,被研究者有可能调整或改变自己的习惯性行为,使预测落空。所有这些都加大了社会科学研究的难度。

(2)很难严格控制社会现象。在研究方式上,社会科学不能直接搬用自然科学的研究方法。对社会现象和过程的研究通常不能在严格的实验室环境中进行。因为在人工隔离和人为操控的条件下很难对人的行为进行充分研究,在实验室里严格控制人类行为在法律或伦理道德上是无法接受的,或者因为这种实验花费巨大而受到限制或禁止。社会科学研究者会用更复杂的多变量分析和统计技术来代替实验控制。更为重要的是,自然现象具有重复性,而社会现象往往不可重复,很难让社会现象在同样的情境下再次发生。还有,人自身也会随着时间的推移而发生变化,人们所经历的外部环境以及人们的思想观念会发生不同程度的变化。基于这些情况,社会科学研究往往采取与自然科学研究不同的探索方式和路径。

(3)社会科学更关注理论。在研究关注上,社会科学研究比自然科学研究更关注理论。尽管所有的科学研究都涉及理论和数据,但是一般来说,自然科学研究更注重数据,而社会科学研究更注重理论。自然科学是在受控条件下收集数据的,并把数据作为检验理论的一种方法。由于理论是有特定的条件或因素限制的,并以无生命力量之间的关系为假定条件的,因此,自然科学具有用实验数据来验证理论的实证传统。社会科学试图说明个人和群体的动机和行为,以及社会制度对它们的影响等更复杂的现象。这些现象往往不能在人为控制的条件下直接观察到或加以量化。(Leontief,1993)还需要指出的是,社会科学研究具有阶级性和价值性。自然科学关注研究程序和数据的真实性,而社会科学更关注研究结果和理论的价值性。人类社会是由不同利益诉求的社会集团组成的,研究对象、研究视角和研究结果不同程度地反映了特定社会集团的价值取向和利益诉求。因此,社会科学的研究结果或价值评价很难有统一的尺度和标准,这与自然科学家几乎不存在因科学以外的因素而发生分歧的情况形成鲜明的对照。

(4)社会研究结果的不确定性。在研究结果上,社会科学研究要比自然科学研究有更大的不确定性。许多科学结论都具有一定程度的不确定性,即这些结论是可能的,但不是绝对的。在研究社会现象基础上而形成的理论不如自然科学理论那样合理健全。由于社会科学研究者往往不能直接控制研究的整个过程,因此其研究结果总比自然科学研究结果来得不确定。这意味着社会科学作出推论的“误差范围(error limits)”要大于自然科学,其主要原因在于,很难准确地测量核心概念及其环境因素。在社会科学研究中,环境因素对人类的思想和行为有很大的影响,这在一定程度上使“重复验证”变得十分困难,而“重复验证”是提高研究结果准确性和理论健全性的关键。总之,就目前情况而言,社会科学研究的准确性要比自然科学研究来得低。

(5)预测社会现象的低精确性。在研究功效上,社会科学研究对未来预测的精确性不高。自然科学理论可以用来预测未来所要发生的事情,可靠的理论应该包含对未来的预测以及对其原因的解释。社会科学理论也可以用来预测未来,但更多的是用来解释过去所发生的事情,发挥诊断和解释的功能。在社会科学研究中,理解了过去所发生的事情包括解释事情所发生的原因。尽管对过去事物的理解在一定程度上有助于预测未来,但这种预测只是大概的或粗线条的,精确程度并不高。例如,在教育研究中,研究者发现,学生在学习数学概念时常常会出现理解性错误。研究者可以去研究这些错误发生的规律和模式,尽管可能无法准确地预测何时再会发生这样的错误,但把握这些出错的规律可以让教师更好地了解学生,以设计出有针对性的试题来弄清学生是否有这样的理解性错误。

第二节 社会科学研究目的

社会科学研究常常出于不同的目的。这可能是出于自己的兴趣爱好,也可能是为了完成某项研究课题,有可能是为了完成学位论文,也有可能仅仅是为了评估工作绩效,等等。尽管这些目的千差万别,但是归纳起来不外乎有五种目的,即描述、探索、解释、预测和评估。由于不同的研究目的,因此就会有不同的研究设计、研究程序、研究方法。

一、描述

描述(description)是社会科学研究的一个主要目的。研究者对事物和现象进行观察,然后把所观察到的事物或现象描述出来。由于科学观察仔细而谨慎,因此,科学描述比日常描述要更精确。描述是在描绘一个关于“发生什么事”或“何事在进行”或“像什么情况、什么人或什么事”的图画,它关注于对复杂事情的了解。

描述性社会研究的最好例子是人口普查,人口普查的目的就是为了准确地描述一国的人口特征。其他描述性研究的例子包括人口统计学家所描述的年龄、性别以及各城市的犯罪率等。还有,市场调查的目的就是为了要描述使用或将会使用某些特定产品的人群。

定性研究特别需要描述。譬如,人类学就需要详细描述某些前文明社会的特殊文化。不过,研究活动并不限于描述,研究者通常还会探讨事物存在的理由及其所隐含的意义。

描述性研究与解释性研究有许多类似之处,但两者之间并没有清楚的界线。在描述性研究中,研究者开始于一个明确界定的主题,再进行研究以获得对这个主题的精确描述。描述研究的产物就是一系列有关这个主题的详细图表。研究结果通常用某种观点或行为的人数百分比来表示。例如,有10%的父母对其子女有过生理或性方面的虐待。

描述性研究聚焦于"是谁"与"怎样"的问题(如"是怎样发生的?""谁牵涉在内?")。描述研究的重点并不在于新话题的探索,或解释为什么某事会发生,而在于描述事情究竟何以如此。许多社会研究都是描述性的。调查、实地研究、内容分析、历史比较研究等大部分资料技术都要用到描述研究,只有试验研究比较少用。

二、探索

社会科学研究的第二个目的是探索(exploration)。探索是研究者对所要研究的主题进行初步的考察或了解。探索性研究是一个研究系列的第一个阶段。为了获得更充分的信息以便在后续阶段进行更系统、更详尽的研究,研究者就需要开展探索性研究。

研究者的目的是为了提出更明确的问题,以便后续研究能够据此寻求进一步的解答。探索性研究通常有三个目的:①满足研究者的好奇心和求知欲;②探讨对某议题进一步深入研究的可行性;③探寻后续研究所需要使用的方法。

在社会科学研究中,探索性研究是有很大价值的。当研究者探索新的研究领域时,常常借助探索性研究来获得新观点。对研究主题的探索通常有下列三种情况:一是研究者本人对打算研究的问题或现象不大熟悉、了解很少;二是研究者打算研究的现象或问题鲜为人知,或者很少有人涉及;三是需要着手进行一项大规模的研究。比如,关于大城市交通拥挤问题,虽然已有一些研究者在不同城市做过调查研究,但对于一个来自农村的大学生研究者来说,这是一个从未涉及的领域,是一个全新的课题,所以,他可能需要对此进行一项探索性的调查。对同性恋问题的探索性调查属于第二种情况。因为这个问题在我国大多数地区、大部分人群中并不普遍,人们对它的了解也很少,对它所做的研究就更少。在进行一项大规模的、内容复杂的调查研究课题之前,研究者往往会先进行探索性调查研究,以便为规划和设计正式的大规模调查了解必要的情况,作必要的准备。

探索性研究除了可以对问题或现象进行初步了解外,还可以为更深入、更系统、更周密的研究提供指导和线索。从某种意义上讲,探索性调查是一种先导型研究,即这种研究的成果为后续研究开辟道路或指明方向和途径。探索性研究者通常使用定性技术来收集资料。这种技术不太会受制于某个特定的理论或研究问题。定性研究方法有助于收集大量证据并发现新的议题。

需要强调的是,探索性研究所得到的结果和结论,都只是有关某种现象或问题的"初步印象",它难以对所研究的现象或问题进行比较系统、比较肯定和比较满意地研究。或者说,探索性研究的结果,往往只是新的、更系统的、更专门的研究的一个起点或背景。

探索性研究要求研究者富有创造力、心胸开阔又很灵活,站在调查的立场上探索所有的信息来源。探索性研究还要求研究者提出具有创意的问题,充分利用不经意发现的、可能带有重大影响的偶然因素。举例来说,研究者想要弄清跨国移民的孩子是否年龄越小,上大学后的负面影响也会越小。然而,他们却意外地发现,某个年龄段(6 ~ 11 岁)的小孩特别容易受到移民经历中负面因素的伤害。

探索性研究很少会得到确定性答案。因为探索性研究通常提出一些"是什么"的问题:这项社会活动的现状是什么?这类研究很难操作执行,因为几乎没有什么方针可供遵循。关于某个主题的所有方面都有可能很重要,因此无法明确界定研究的步骤,而探究的方向也随时在改变。这对研究者来说是个挫折,他们会觉得漂浮不定或者是在"原地打转"。

探索性研究最主要的缺点是很少圆满地回答研究问题,尽管它可以为获得答案和寻求确切答案提供线索。探索性研究之所以不能提供确切的答案,是因为它的代表性。

三、解释

解释(explanation)是社会科学研究的第三个目的。当你遇到一个已知的议题,而且这个议题已经做过一番描述,你可能想要弄清事情为什么会以现在这个样子呈现。这种想要知道"为什么"、试图解释的欲望,就是解释性研究的目的。它旨在说明事情、事件或情景的原因,并揭示"为什么"以及"如何"成为目前的样子。

解释是建立在探索性研究与描述性研究的基础之上,进而想找出事情发生的原因。除了聚焦于某个主题、呈现该主题的完整图景之外,解释性研究还致力于探究原因与理由。举例来说,描述研究者可能会发现有 10% 的父母虐待他们的子女,但是解释性研究者想要弄清为什么父母会虐待自己的子女。

索斯和罗埃德(South & LIoyd,1995)曾做过一项关于离婚率的解释性研究。他们试图用经验数据来验证这个理论:如果已婚者有机会接触到很多可以成为结婚对象的同伴,他们的离婚率就会增加。换句话说,人际因素(例如,接触到可能成为伴侣的机会)对婚姻的稳定性有负面影响。证据显示最近离异的夫妻中,有很大的比例在离婚前曾经与配偶之外的对象有过交往。他们还发现,在性别比例不平衡的地区,或在有许多未婚妇女从事全职工作的地区,离婚率也比较高。他们对这些地区高离婚率的解释是,这些地区的已婚男性在工作场合有较多的机会与未婚妇女发生社会互动。这种社会互动的总体社会氛围强调个人的自我实现与自我选择,并且允许以离婚的方式来结束不愉快婚姻。

四、预测

在解释之外,还有一个更高目的是预测(prediction)。至于解释与预测的关系,一种意见认为,解释和预测基本上针对同一个现象,只不过预测先于事件而解释后于事件而已。另一种意见强调解释和预测是两个根本不同的过程。从理论上讲,在一个事件发生之后,我们能够对它进行解释,也能够预测将于何时发生,并有可能对它的发生加以控制。这在实验室里通常是可行的,但在街面上却难以做到。这就是说,如果我们能够确定天气炎热和拥挤同时出现足以导致骚乱,那么我们就能预测骚乱将于何时发生(或至少能极精确地测定易发生骚乱的区域)。然而,由于我们不能控制天气,我们控制骚乱的能力也就只能取决于我们控制拥挤的能力。

预测就是预计与推测,即根据过去和现在去预言未来,根据已知去推测未知,这是对未来、不确定性事件的推断测算,根据对过去和现状的分析研究,探求未来的发展变化或趋势。可以说,预测的过程,就是一种科学分析的过程。

预测通常有两种途径:一种是凭实践经验,靠直觉判断,这是较粗糙的方法,也不够科学,达不到精确化、数量化的要求;另一种途径是,依据客观的资料数据和条件,用科学的理论和方法,认识和掌握事物发展、演变的客观规律,并按事物发展的客观规律,针对现实的条件和环境,结合丰富的实践经验,对未来、不确定的事件进行推测与判断。

科学预测可分为四类:一是总体预测,即预测科学技术的总体发展前景,它对科技领导机构选择科技发展的方向和道路,制定全面的科技发展规划尤为重要;二是学科预测,即预测某些学科(如物理学、生物学等)的整体发展前景,目的在于预测某一学科总体发展趋势,以便选择有意义的科研课题来保证学科整体的最优化发展;三是专项预测,即预测某个学科中的特定研究项目(如能源科学中的轻核聚变等),其目的也是为了选择有意义的科研课题,以确保科研项目的先进性与适用性;四是综合预测,即把科技预测同相关部门的发展(如经济、社会的发展)结合起来进行预测,为决策机构提供咨询、参考性建议和方案。

预测方法种类繁多,据美国斯坦福研究所的不完全统计,预测方法已达 150 种,其中常用的也有 20 种左右,按照预测专家 E. 捷恩茨的报告,可将预测方法分为四种基本类型:①直观型预测方法。这是在把握事物发展规律的基础上,主要依靠人的经验、知识和综合分析能力进行预测的一种方法,如专家预测法、特尔斐法、主观概率法等。②探索型预测方法。该方法说的是,对未来环境不作具体规定,假定未来的状况仍按过去的趋势发展,从而依据历史资料和现有知识去探索未来发展的可能性,如类比分析法、趋势外推法等。③规范型预测方法。该方法涉及把未来的需要和预想的目标作为限制条件,来估测实现这一目标的时间、条件、途径,如关系树法、矩阵分析法等。④反馈型预测方法。这是将探索型预测与规范型预测放入一个反馈系统中使之相互补充,不断反馈修正结果的方法。这种方法目前尚在发展中。

在上述四类预测中,直观型预测方法是简单易行的基础方法,其他各种类型的预测方法在许多环节上都要用到这种方法。探索型预测方法是从现在推向未来,规范型预测方法是从未来追溯到现在。这两种类型的预测都是以逻辑推断为基础的,根据发展的连续性原理来进行。反馈型预测方法则是把探索型和规范型两种预测方法结合起来使用。在实际的科学预测中,为了提高预测结果的可靠性,常常需要综合运用多种预测方法,以求得更好的预测效果。

五、评估

社会科学研究的第五个目的是评估(evaluation)。评估是一个持续的过程,贯穿于从找出问题、收集信息、产生可选择的方案、比较方案、决定最佳的解决办法及策略、实施选定的方案到最后评估结果的整个过程。

评估是用社会研究方法对社会行动计划作出估价,主要用于评定某项计划在多大程度上实现了预定目标,同时还要对具有政策相关性但未曾预见到的计划后果进行评鉴,所以这种研究有时也被称为计划评估。评估研究的有效标准是计划设计同计划目标之间的关系。它常常对研究设计提出质疑,如提出目标概念化问题,区分促进和限制计划有效性的各个变量,提出提高效率的有效措施。评估研究主要为行政管理和行政决策服务,所以在各级政府活动中得到广泛运用,甚至像联合国这类国际性机构也利用评估研究方法来估计自己的经济援助计划和其他计划。评估研究并不全是回溯性的,除了为判定已完成或正在完成的活动提供依据之外,规划评估还是大规模政策实施的一个组成部分,用于分配资源、改善操作、指导未来活动。

评估要测定某个价值对象履职的效率和强度,是对客观对象的主观把握,即评估是一种价值判断。这种价值由一定的系统规范所规定的。评估就是要根据价值规范对评估对象的效能进行预测和评定。评估合理性以科学性为基础,又远远地超出了科学的界限。提出评估的合理性问题旨在将评估与一般的科学活动区分开来。评估本身存在着诸多与合理性不相容的非科学因素,这首先表现在评估的价值取向性(或价值非中立性)上。每种评估都暗含着一定的价值背景。不同时期、不同环境和不同地位的评估主体对评估对象有不同的需求,这必然导致不同的价值立场,形成不同的评价目标,从而使评估带有主体化特征。再者,评估还有一个选择效应问题。对于同一个评估对象,不同的评估方法和评价等价物及取证方式会得出迥然不同的评估判定。评估结果和评估手段之间有一种相互依赖性,也就是说一个对象如何被评估,部分地决定了它的评估结果,表现出"一因多果"的现象。因而,评估结果只具有相对的意义,不同的评估手段所产生的评估结果并不具有可比性。另外,评估者个人的主观因素对评估的影响也不容忽视,尤其表现在一些决定性的评估方法的选择上,由于评估过程不可重复,评估结果也就缺乏必然性了。

提出评估合理性问题,还因为存在着与真正科学的评估格格不入的现象,它们或者表现为问题定义、指标准则、数据使用不当,或者表现为主观任意、观点和标准的多元性等。应当看到,上述问题一方面是由于评估本身的缺陷,另一方面是由于不良的评估行为造成的。评估的合理性的依据就在于不管我们怎样去进行评估,评估对象有其固有的价值属性,通过正确的方法步骤,这种价值属性就能够被我们所了解,为我们而呈现。

第三节　社会科学研究中的常见错误

社会科学研究是探求社会世界各种问题答案的过程，这一过程是一个完整的科学研究过程，每一步都要符合一定的规范和程序，否则就会产生各种各样的错误。社会科学研究要避免可能出现的错误，就要对可能出错的步骤或环节有清醒的认识。社会科学研究常见的错误包括简化论、过度概括、层次谬误、选择性观察、过早妄下断言、光环效应、赌徒谬误等。

一、简化论

"简化论(reductionism)"指的是研究者用个体层次资料来解释宏观层次的现象。研究者用较低的分析单位来进行测量，而得出有关较高(或集群的)分析单位的结论，或者说，研究者收集了有关个人是如何行动的资料，但是，却得出有关宏观层次的单位是如何运行的结论。

"简化论"是使用不恰当的分析单位所造成的后果。然而，研究问题的分析单位并不总是清楚的。例如，某个研究者认为，人的个性是社会发展的原因，如果一个国家中的个人具有重要成就的个性，那么，这个国家就会发展。于是，他到世界各地去测量人的个性，最后，他宣称发现了第三世界贫穷的原因。实际上，他犯了"简化论"的错误。因为他仅仅通过收集人的个性等微观层次的证据，就试图解释社会发展等宏观层次的过程，或者说，来自于个人这一分析单位的证据，被用来解释社会这一分析单位的宏观过程。他忽视了其他宏观因素，如自然资源的缺乏、殖民主义的统治、接连不断的战争、落后的教育与技术、数以万计的饥民等对社会发展的巨大影响。

导致"简化论"的根本原因是，社会调查比较容易获得有关个人的具体资料，而宏观层次运行的情况往往比较抽象和模糊。

二、过度概括

"过度概括(overgeneralization)"通常是指把在一定范围内收集到的有效证据推广到有效范围之外。实际上，有限概括才是正确的做法。在某些情况下，少量的证据就可以解释某个较大的情形，问题是人们在进行概括时，所做的推论超出了证据的有效范围之外。天底下有许多人、事、物，人们其实所知甚少，甚至毫无所知，所以从这些略有所知的事务中进行概括似乎是合情合理的。举例来说，某人认识的 5 位盲人全都非常友善。可以推论所有的盲人都友善吗？某人所接触的 5 位盲人可以充分地代表所有的盲人吗？

三、层次谬误

"层次谬误"又叫"生态谬误(ecological fallacy)"、"区群谬误"或"体系错误”。这与上面所提到的“简化论”正好相反，指的是在社会调查中，研究者研究的是较大的集群分析单位，而用另一种较小的或非集群分析单位作结论。或者说，研究者在一个较大的集群分析单位上收集资料，而在一个较小的或非集群分析单位上来下结论。比如，某位研究者收集有关大集群（如城市、公司或工厂）的资料，却从这些资料中得出有关个人行为的结论，他就犯了“层次谬误”。下面是两个层次谬误的例子。

例1：在以城市为分析单位调查犯罪现象时，研究者发现，流动人口多的城市犯罪率大大高于流动人口少的城市，呈现“城市的流动人口越多，城市的犯罪率就越高”的趋势。如果研究者根据这一现象得出结论说：“流动人口比非流动人口的犯罪率高”，那么就犯了层次谬误。因为他的调查资料是以城市（分析单位是城市）为单位收集的，所得出的也只是有关城市的结论，而不能是有关流动人口和非流动人口（分析单位是群体）的结论。如果要得出有关群体的结论，或者说要用群体的特征来解释犯罪率，那么就应该用群体作为分析单位来进行调查，收集有关群体的资料。例如，分别调查流动人口和非流动人口的犯罪情况，分析两者的犯罪率，再通过比较来得出结论。

例2：研究者在两个规模相当的小城镇作调查，发现甲城镇高收入居民的比例超过50%，大大高于乙城镇的比例，同时还发现甲城镇中居民拥有摩托车的比例也大大高于乙城镇的比例。如果研究者据此得出结论说：收入高的居民更可能拥有摩托车，或者得出结论说：居民家庭收入与拥有摩托车之间呈正相关关系，那么就犯了“层次谬误”。因为我们并不知道这两个城镇中的哪些居民收入较高，也不知道哪些居民拥有摩托车。我们只知道城镇总体的收入分布和摩托车的拥有量，也许甲城镇中等收入和低收入的居民拥有更多的摩托车。为了弄清居民收入水平与居民拥有摩托车之间的关系，研究者就必须以居民而不是以城镇作为分析单位来收集有关资料。

“层次谬误”的错误根源在于：仅仅根据对群体的观察就对个人作出结论。尽管通过对各个变量的观察所得到的模式是真实的，但问题在于，对造成该模式的原因做出不正确的假设，即用关于个体的假设来说明群体。

四、选择性观察

“选择性观察（selective observation）”这个错误发生在当你特别注意某些人或事，并且根据他（它）们的特性进行概括时。人们通常把注意力集中在某些特殊的案例或情况，特别是当这些情况符合我们原来的想法时。我们常常留意那些会肯定我们已经知道或已经相信的证据，而忽略许多其他的例子以及与我们的想法相冲突的信息。我们对符合我们想法的事物特别敏感。例如，我们相信胖子比较友善，这个观念可能来自刻板印象或者出于其他原因。我们观察胖子时，会不自觉地特别注意他们的笑容及相关表情。某些心理学家曾研究过人们

"挑出"和歪曲自己的记忆,以使这些记忆更符合自己的想法。我们会过度解释胖子的手势或笑容,而不太注意与原来概念相冲突的证据,特别是他们不友善的行为。

五、过早妄下断言

"过早妄下断言(premature closure)"这种错误常与"过度概括"和"选择性观察"这两个错误一起发生,并强化了这两个错误的严重性。"过早妄下断言"发生在当你觉得掌握了全部的答案,因而不再需要倾听、向外寻找信息或是提出质疑之时。大多数人都有些懒惰或马虎,当他们找到一些证据或者观察了一段时间以后,就认为已经完全弄清楚了,匆忙确定或拒绝某个想法。换句话说,他们会马上依据这一点证据妄下断语或作出结论。

六、光环效应

"光环效应(halo effect)"又被称为"晕轮效应",是指人们会按照自己所肯定的或崇拜的事物,作出过度概括。美国心理学家戴恩、伯斯奇德和沃尔斯特做过一项实验,给被试者一些人物照片,这些照片被区分为有魅力者、无魅力者和中等魅力者,让被试者对照片中的人物进行评定,判别与魅力无关的一些特性,如婚姻、职业状况、社会和职业上的幸福等。结果,几乎在所有的特性上,有魅力的人都得到最高的评价,仅仅因为照片的人物长得漂亮,他们就被认为一定具有积极肯定的品质,而那些不好看的人被看成缺乏积极肯定的品质。这种"漂亮的就是好的"人际认知现象,就是典型的光环效应。

"光环效应"源于三个因素:①能力突出,具有专长。一般来说,人们喜欢聪明能干、具有专长的人。每个人都有一种寻求补偿、自我完善的需要,聪明能干的人能让人感到可以从他的身上学到更多的东西,因而使人更愿意接近这样的人。②性格开朗、刚毅耐劳。具有这样性格的人容易招人喜欢,人们会出于喜欢和敬佩而产生交往的愿望。③品质高尚。品质高尚的人会使人产生钦佩感、敬重感和亲切感,从而吸引他人。帕里等人曾就"友谊问题"访问了四万多人,结果表明:吸引朋友的良好品质包括信任、忠诚、热情、支持、帮助、宽容、幽默感等,其中忠诚和热情排列最前,而能力、名望和地位所产生的光环效应最大。

"光环效应"本质上是认知主体对他人的一种心理定势。一旦形成这种心理定势,人们就会依据这种定势去解释他人的一切,把从外部获得的信息按已形成的定势加以取舍分类,加到已形成的关于他人的印象上去。"光环效应"在很大程度上只是一种主观臆测,不可避免地会产生"以偏概全"的错误,或者以某一优点来全面肯定一个人,或者以一个缺点全面否定一个人。

七、赌徒谬误

"赌徒谬误(gambler's fallacy)"说的是:如果在玩骰子时一连输了许多次,那么再玩一次的成功机会将会更大。从概率与事实来看,这都是错误的想法。

任何根据固定概率发生的事件,都不能用来预测下一次随机事件发生的结果,但是赌徒的心理并不是如此。赌徒在赌博时常常以为,如果自己连着输了几次,那么随后就肯定要赢一次了。比如说,一个赌徒在一轮掷骰子中手气不好,一连掷出了五次两点,这时候他就会认为,他下一次再掷出两点的可能性不大,也就是认为再掷出两点的概率将会降低。实际上,每一次掷骰子都是互不相干的,也就是说,第一次掷骰子和第二次掷骰子之间其实并没有什么关系,赌徒前一次掷骰子的结果并不会影响后一次掷骰子的结果。

很多玩轮盘赌的赌徒,总以为盘子转过很多红色数字之后,就会落在黑的上面,因而他们可以赢了,这就是所谓的"赌徒谬误"。其实,假如轮盘赌的盘子上只呈现"红""黑"两色,那么轮盘赌的下一次赌数是红色的概率仍然是1/2 。同样,如果你在一轮掷骰子中已掷出 5 次两点,那么你下一次掷出 2 的概率仍然是1/6。

一个骰子掷出的点数为 1 的概率(A)是 1/6 ,而该骰子另一次掷出的点数为 1 的概率(B)也是 1/6,这里事件 A 和 B 是互相独立的。日常生活中所说的"彼此没有关系"的事件被称为"独立"事件。某人明天早上长跑的概率与英国女王明天晚上参加宴会的概率是无关的。反之,如果事件 A 的结果影响到事件 B,那么就可以说 B 是依赖于 A 的。例如,某人明天早餐吃鸡蛋的概率依赖于明天早上胃口是否好的概率。

赌徒认识不到独立事件的独立性,因而出现了所谓的"赌徒谬误"。参加赌博的人赌黑色或者红色,每败一次就增加赌数,而每赢一次就减少赌数。这些人总是这样想:假如象牙球呈现红色让他赢了,那么下一次不太可能让他再赢;假如象牙球呈红色让他输了,那么下一次可能帮他赢。

第四节　社会科学研究的伦理

研究都有伦理道德的维度。所谓研究伦理就是与公认的研究职业规范或惯例相一致的道德规范。社会科学研究往往涉及三种当事人:研究者、研究对象、研究资助者,他们之间的沟通互动就产生了一系列的伦理问题。研究当事人应当遵守最低限度的职业伦理道德。一般来说,科学性与伦理行为是一致的。如果研究者、研究对象或研究资助者的行为不道德,就很难取得合作者的信任,从而无法保证其研究的科学性,而且一旦某种虚假的东西被揭露出来,就会遭到学术界与公共舆论的遣责。社会科学研究伦理包括了研究者伦理、研究对象的伦理和研究资助者的伦理三个方面。

一、研究者伦理

诚实可信。就诚信而言,研究共同体以及赞助研究的机构团体都反对作假与抄袭。不当科学行为表现为研究者伪造、歪曲所收集的资料或收集资料的方式,或者抄袭别人的作品。

剽窃越来越成为公众关注的道德问题。剽窃严重地损害了研究者的利益和研究者的职业声望。还有,间接剽窃行为也与直接剽窃行为一样属于严重的不法行为,间接剽窃是指在未标明出处和来源的情况下使用其他作者的语句、观点,扩展别人的段落,文章的观点完全一致,写作风格结构也大同小异。

研究欺骗也是不诚实行为。研究者伪造或自创并非真正收集的资料,或谎报研究实施方式。虽然很少出现这类事件,但是仍要求严肃对待。

二、研究对象的伦理

(1)自愿参与。社会研究的一个基本伦理准则是:参与者必须出于自愿。当我们观察校园志愿者活动时,我们不会征求参与者的同意。一个研究者假装参加一项婚礼仪式,实际上是要进行研究,被观察者对这个研究并不是出于自愿。访员敲门入户,表明受访者在没有告示的情况下,被拉进了调查。

当授课老师想要进行一项问卷调查时,老师应该让学生知道参与调查是自愿的。学生可能会担心,如果不参与研究,可能或多或少会影响到他们的分数。所以,指导老师应该特别留意这种带有惩罚意味的暗示,并要设法让学生消除这样的疑虑。例如,老师可以在学生填写问卷时暂时离开教室,或者可以让学生自己寄回问卷,或在下一次上课之前将问卷放在专用信箱里。

自愿参与原则可能与某些科学研究的要求并不一致。一般说来,如果实验对象或调查研究的受访者都是自愿的,科学推论就会受到影响。这样的研究定位可能会反映很多人的人格特征,但其研究结果并不能推论到所有的人。最明显的例子就是描述性研究,除非受访者是经随机抽样选出的,同时包括了志愿者和非志愿者,否则研究者就不能把抽样调查结果推论到总体。尽管自愿参与是一条重要的研究伦理和原则,但要真正遵循起来却常常困难重重。

(2)避免伤害。社会研究最重要的伦理准则是:不论研究对象是否自愿参加,但必须对研究对象无伤害。然而,在实际研究过程中,完全遵守这条准则是相当困难的。常见的例子是,在没有告知或获得许可的情况下,披露研究的细节,会让研究对象感到尴尬,或影响其家庭生活、朋友关系及工作关系等。

所谓伤害包括了情感或心理上的苦恼,以及生理上的伤害。造成伤害可能因研究方法的不同而不同:与观察法或问卷法相比,实验法因对研究对象有行为干预,更容易造成伤害。所有关于性欲研究都会造成情感上的困扰。回答类似的问题,会引起焦虑、勾起不愉快的回忆,或对自己作出批判性评价。问卷调查或访谈研究经常要求研究对象透露他们的反常行为、不为一般人所认同的态度,或有关低收入、领取社会救济金等贬低身份的个人情况。透露这些资料多少会让研究对象感到不舒服。

社会研究也可能迫使研究对象去面对平常不太可能考虑的问题。即使这类信息并不直接透露给研究者,但类似的问题也是会发生的。当研究对象参与回顾既往时,某些可能不义、不道德的过去会浮现在眼前,如此一来,研究本身就可能成为研究对象无休止痛苦的根源。如果研究课题涉及行为规范,那么研究对象也许会因此而开始质疑个人的道德,而这种质疑也许在研究结束之后会一直延续下去。还有,不断深入地提问会伤害研究对象脆弱的自尊。

还有一个经常不被承认的事实是,研究对象还会受到研究资料的分析和报道的伤害。在研究报告出版后,研究对象通常会读到他们曾参与过的研究。老于世故的研究对象,不难在各种索引和图表上找到自己的资料。他们也许会发现,自己虽然没有被指名道姓,但是被描述为顽固、不爱国、信仰不虔诚等。这些描述都会困扰他们,损害他们的自我形象。而整个研究的目的,也许只是为了解释为何有些人有偏见,而有些人则没有。

研究者有很多方法来保护研究对象免受伤害。比如,倍加尊重研究对象的隐私。研究往往涉及人们生活中的一些隐私、细节,研究者应承诺对所了解的内容进行保密。如果以一种匿名的方式来收集资料,就无法将研究对象与所提供的信息对应起来,就能有效地防止信息的意外泄露。

(3)避免欺骗。在社会研究中常常出现研究对象受到欺骗的情况。比如,研究者出于研究的目的参加某个组织,但并没有得到组织成员的同意。许多研究对象觉得这样的研究简直就是间谍行为。有的欺骗手法更为隐蔽:只让研究对象知道研究的部分内容,但隐瞒了研究的真实目的。一般说来,心理学和社会学的实验研究存在着更多的欺骗。根据 1964 年对 4 份心理学杂志的调查,在 475 项研究中有 88 项即 19% 用了欺骗手段。

不过,有些欺骗手段是必要的。例如,在意见随和性研究中,实际上只有一个研究对象,而这一点连研究对象本人也不知道。如果不用欺骗手段,这项实验就做不起来。当然,许多研究是完全没有必要采用欺骗手段的,如果有意这样做,那就是伦理问题了。

在某些特别的研究中,尽管迫不得已要使用某些欺骗手段,但是研究者还是要承诺避免欺骗。不过,当真的需要欺骗研究对象时,我们还是要衡量一下研究的潜在价值能否完全抵消欺骗所带来的不良后果。

(4)保密匿名。在社会科学研究中,为了保护研究对象的权益就要对研究对象进行匿名或保密。所谓匿名是指,研究者无法将某一个回答与相应的研究对象对应起来。如果邮寄问卷调查的问卷没有进行编号,那么问卷就是匿名的。所谓保密说的是,研究者能够指认特定研究对象的答案,但并不对外公布。例如,在一项调查中,研究者知道研究对象所填报的收入,但他承诺不对外进行公布。当然,研究者不能把匿名与保密混同起来。当调查是保密的而不是匿名的时候,研究者必须对研究对象讲清真相。

除了少数例外以外,我们一定要为研究对象所提供的资料进行保密。这不是一项容易遵守的规范。不过可以利用某些技巧来避免这些伤害,并做到更好地保密。比如,在研究开始前对研究当事人进行伦理责任方面的教育,在研究过程中及时删除不再需要的姓名和地址等可辨别资料,并用编号来代替。这就需要新建一个编号文档,以便将编号和姓名对应起来,这样就可以及时发现并纠正缺失信息和相矛盾的信息。但是要保证:除非有正当的理由,否则这个编号文档是不可以公开的。

同样,在访谈调查中,在初始阶段需要可辨别的调查对象资料才能与他们再度联系,以确定已完成了的访谈,或取得了原先访谈中所遗漏的资料。因此,知道研究对象的身份,对保证资料的质量是至关重要的。然而,当研究者确认访谈已经结束,并肯定不再需要有关对象的更详尽资料时,就可以放心地把所有可辨别身份的资料从问卷上删除。

三、研究资助者的伦理

许多社会研究的预算费用是相当大的。这批费用通常出自提供资金的资助者。在大多数情况下,研究经费由某些公共机构,如政府、社会团体、慈善机构等提供,研究资助者与研究者之间也会产生一些伦理问题。

(1)隐瞒真正的资助者。受访者的答案可能会受到调查资助者是谁的影响。如果受访者相信调查是由对这个议题采取强硬立场的报社进行的,就不太会抵触这家报纸对这个议题的公开立场。如果受访者相信调查资助者是中立的学术组织,一般就不会有这样的问题。伦理原则要求向受访者透露研究的资助者,除非有一个很好的理由支持不这么做。比如,一家堕胎诊所想要赞助一个关于宗教团体反堕胎态度的研究。研究者必须在以下几个方面的伦理价值之间取得平衡:向受访者公开资助者身份,违反资助者的保密要求而透露研究结果,以及受访者合作意愿降低的可能性等。如果公开结果,就会明显违反透露真实资助者的伦理规章。然而,在是否向受试者透露真正资助者这个议题上,还没有达成共识。

(2)对研究方式或发现的限制。在合同研究(contract research)中,对研究方式的限制最为常见。比如,某家公司或政府机构要求进行一项特殊的研究。合同研究经常需要在质量与费用之间进行取舍。当研究开始后,研究者可能会对研究进行重新设计,费用可能就会增加。但合同上规定的程序是不能改变的,研究者可能会发现自己被合同绑住了,被迫采用不那么理想的研究程序或方法。研究者因此陷入一个两难的选择:要么完成合同,做一个低质量的研究;要么不执行合同、失去酬金与未来的工作机会。

如果研究者无法坚持普遍接受的研究标准,就应该拒绝继续进行研究。如果资助者想要使用有偏差的样本或有诱导性的题目,研究者就应该拒绝合作。研究者往往面临抉择:要么做个"枪手",提供资助者想要的东西,即使违反伦理也在所不惜;要么做个专家,秉持较高的道德原则来教育、指导甚至反对资助者。此外,在有些情况下,资助者并不公开讲明真实的研究目的,而是对研究者进行私下暗示,从而产生迎合资助者意图的研究结果。还有的资助者对研究结果进行篡改,让研究结果符合其预期目的,这种行为也是违反研究伦理的。

社会研究当事人经常会遇到许多伦理问题,由于这些问题比较复杂,一般很难有统一的解决方案。不过,应该看到的是,这些伦理对于协调研究者与被研究者、研究者与发起者之间的关系会产生积极的影响,从而促进社会科学研究的繁荣和发展。

本章小结

科学研究是一个"解谜"的过程,社会科学研究旨在为各种社会之谜提供答案。由于社会世界和社会现象的特殊性,社会科学研究表现出不同于自然科学研究的特殊性质,它们包括五个方面的内容:①社会科学研究的对象是人,②很难严格控制社会现象,③社会科学更关注理论,④社会研究结果具有不确定性,⑤预测社会现象的低精确性。

社会科学研究常常出于不同的目的。尽管这些目的千差万别,但是归纳起来有五个方面:即描述、探索、解释、预测和评估。描述就是研究者对事物和现象进行观察,然后把所观察到的事物或现象描述出来。探索就是研究者对所要研究的主题进行初步的考察或了解。解释是建立在描述和探索研究基础上的,试图揭示事物存在和发展的原因。预测就是预计与推测,即根据过去和现在去预计未来,这是对未来、不确定性事件的推断测算,借助对过去和现状的分析研究,探求未来的发展或趋势。评估是对社会行动的计划或方案作出估价,主要用于评定一项计划在多大程度上实现了预定目标,同时还要对具有政策相关性但未曾预见到的计划后果进行评鉴。

社会科学研究要避免出现可能的错误,就要对可能出错的环节有清醒的认识。社会科学研究可能出现 7 种常见的错误,它们分别是"简化论""过度概括""层次谬误""选择性观察""过早妄下断言""光环效应"和"赌徒谬误"。

社会研究具有伦理的维度。所谓研究伦理就是与公认的研究职业规范或惯例相一致的道德规范。社会科学研究往往涉及三种当事人:研究者、研究对象、研究资助者,他们之间的互动就产生了一系列的伦理问题。社会科学研究伦理包括了研究者伦理、研究对象的伦理和研究资助者的伦理三个方面。研究者伦理主要是指诚实可信。研究对象的伦理包括:自愿参与、避免伤害、避免欺骗、保密匿名等。研究资助者的伦理有:隐瞒真正的资助者、对研究方式或发现的限制等。

思考题

1. 社会科学研究的特殊性是什么?
2. 联系实际谈谈社会科学研究的目的。
3. "简化论"错误及其原因是什么?
4. 举例说明什么是"层次谬误",如何在实际研究中避免"层次错误"?
5. 谈谈如何在社会研究中遵守有关研究对象的伦理规范。

讨论题

1. 请比较自然科学研究与社会科学研究,试述它们的区别和联系。联系某个社会科学研究成果谈谈社会科学研究的特殊性。

2. 联系研究实际,谈谈研究当事人应当如何遵守最低限度的职业伦理道德。

参考文献

艾尔·巴比. 2005. 社会研究方法[M]. 邱泽奇,译. 10 版. 北京:华夏出版社.

曹立安. 1990. 现代人际心理学[M]. 北京:中国广播电视出版社.

陈波.1989.社会科学方法论[M].北京:人民大学出版社.

风笑天.2005.社会学研究方法[M].3版.武汉:华中科技大学出版社.

何琳.1995.关于评估合理性的探讨[J].科研管理(1).

基斯·F.庞奇.2005.社会科学研究法——量化与质化取向[M].林世华,等,译.台北:台台北心理出版社股份有限公司.

金哲.1988.当代新术语[M].上海:上海人民出版社.

肯尼思·D.贝利.1986.现代社会研究方法[M].许真,译.上海:上海人民出版社.

劳伦斯·纽曼.2007.社会研究方法——定性和定量的取向[M].郝大海,译.5版.北京:中国人民大学出版社.

理查德·沙沃森,丽萨·汤.2006.教育的科学研究[M].曹晓南,等,译.北京:教育科学出版社:75-78.

唐·埃思里奇.2007.应用经济学研究方法论[M].朱钢,译.北京:经济科学出版社:46-47.

余炳辉.1986.社会研究的方法[M].杭州:浙江人民出版社.

易锦海,李晓玲.1997.交际心理学[M].北京:华中理工大学出版社.

Blumer H. 1966. Foreword. In S. Bruyn (ed.), The human perspective in sociology: The methodology of participant observation. Englewood Cliffs [M]. NJ: Prentice-Hall: iii-vii.

Denzin N. 1978. The research act: A theoretical introduction to sociological methods [M]. NY: McGraw-Hill.

Kelly A E, Lesh R A. 2000. Handbook of research design in mathematics and science education [M]. Mahwah, NJ: Lawrence Erlbaum Associates.

Leontief W. 1993. Can economics be reconstructed as an empirical science? [J]. American Journal of Agricultural economics. 75: 2-5.

Moschkovich J N, Brenner M E. 2000. Integrating a naturalistic paradigm into research on mathematics and science cognition and learning. In A. E. Kelly and R. A. Lesh (eds.), Handbook of research design in mathematics and science education [M]. Mahwah, N J: Lawrence Erlbaum Associates: 457-486.

South S J, LIoyd K M. 1995. Spousal alternatives and marital disso lution [J]. American sociological Review, 60: 21-35.

社会科学方法论的基本问题 5

社会科学方法论有许多重要的问题，在众多的问题中有一些基本问题，它们涉及社会研究所采取的基本立场、出发点和基本关系，以及指导人们从事社会研究的基本规范、原则和准则等。社会科学方法论的基本问题包括主体和客体、主位和客位、客观性和价值观、解释水平、因果关系、抽象程度等。这些基本问题是研究者在思考问题和实际研究过程中必须要回答的问题。这些问题对人们的研究取向和研究路径产生了决定性影响，进而影响到总体研究设计和研究过程，以及具体研究方法和研究工具的选择。

第一节　主体和客体

主体概念来自拉丁文 Subjectus，由“sub(在下面)”和“Jaclo(投下、奠基)”两个词干构成，原意是指放在下面的、基础性的东西。客体源自拉丁文 Objicio，最初的含义是在前面、置于对面，后期多用 Objectum，意思为对象。主体和客体是用来说明人类认知活动的一对范畴，是认识论和方法论的基本概念。

在古希腊，亚里士多德首次使用了主体概念。他在逻辑意义上使用主体，认为它是命题的主语，与谓词相对，是某种特性、状态和作用的承担者，代表了存在于世界中的实体。亚里士多德其实是在本体论意义上使用主体概念的。在认识论意义上，由于当时的主体和客体概念尚未明显分化，因此还没有明确的主体和客体概念。进入近代以后，随着自然科学的发展，哲学研究从本体论转向了认识论，主体和客体概念及其相互关系进一步突显出来。笛卡儿从“我思”出发，肯定了主体在认识中的能动作用。康德明确把认识对象作为客体，把认识者先验自我作为主体。在黑格尔那里，实体是客体，而主体是理念或绝对精神。马克思主义认识论在批判地继承前人思想成果的基础上，科学地阐明了主体和客体概念。主体是实践活动和认识活动的承担者，而客体则是主体实践活动和认识活动的对象或产物。主体与客体之间的关系是实践关系和认识关系。主体在能动地改造客体的过程中认识了客体，实现了主体与客体之间的一致，主体性认识在改造客体的实践过程中得到检验和发展。

一、主体的含义

在方法论上，主体是指认识活动和研究活动的承担者，即具有自我意识或一定认知能力并以研究活动作用于客体的人或研究者。主体具有两个方面的特点：①主体具有自我意识。主体是具有自我意识的人，但是并不是所有的人都是主体。在人类发展的早期或新生儿个体都不具备自我意识，无法将自己与周围环境区分开来，因此还算不上是主体。只有具有自我意识的人，才能成为认识关系的主体。②主体能主动发出动作。主体要认识客体，就必须作用于客体，与客体形成某种互动关系。在主客体关系中，主体是认知活动的发起者和能动者，在认知活动中，主体依照客体特性来改造客体，但同时也改造了主体自身。

在认知或研究活动中，存在着与主体有关的六项基本预设，它们包括：

（1）主体能力预设。主体是能够认识客体的。主体有一种主体结构，能够适应客体结构，从而实现两者的符合一致。如果缺乏这种认知可能性，知识本身就不会存在。既然世上存在着不同学科的知识体系并对人类的存在和发展产生巨大的影响，那么知识实际上就是可能的。人们不应该探讨知识是否可能的问题，而应该探讨知识如何可能的问题。

（2）异己意识预设。该预设涉及对其他具有相同体验的人类主体的承认。人能够意识到自己在认识客体，但同时也假定其他人也同样能够认识客体，从而使各种不同的主体体验或认知具有主体间性（inter-subjectivity）。这种人类所共有的异己意识，是人类思维和直观的一种先天结构，无法通过后天的手段加以排解。

（3）相互作用预设。主体感官由现实客体所激动，这就是说，主体本身同周围环境进行着能量交换。主体能够感受细胞所产生的某些变化，并把这些变化当作信号进行处理和传递。如果神经系统和大脑对这些刺激进行加工和处理，那么这些信号就被主体所感知或意识到，并被解释成关于客体的信息。知觉就是对感官信息的一种无意识解释，并对外部世界的内容进行了重构。

（4）人脑功能预设。思维是人类大脑的一种功能。人类思维和意识是人类生命体的一种伴生现象，是生物器官进化至最高阶段的一种功能。思维为人类生命体提供了有关自身状态和各种可能性的详细信息。认识是在外部世界作用于人脑和各种感官后产生的，主体通过大脑去加工、分析和处理感官所传递的各种认知信息。有关脑电图、睡眠和梦的研究成果表明，人类生理过程与许多意识现象是密切相关的。

（5）客观性预设。该预设是指科学陈述应该是客观的。客观性意味着科学陈述与现实有关，而与观察者的意识状态无关。客观陈述原则上是可能的，因为客观性陈述可以通过以下标准进行检验。①主体间的可理解性：科学陈述不是私事,必须用共同语言表达出来,以实现相互沟通。②不依赖于参考性:科学陈述与观察者个人的立场、视角或意识状态无关。③主体间的可验证性:任何人都能检验陈述,即通过适当的措施来验证陈述的真伪。④不依赖于方法:科学陈述的正确性不依赖于人们用来验证陈述的方法。⑤非约定性:科学陈述的正确性绝不能建立在某种随意行动或某种约定的基础上。

(6)简约性预设。简约性不是本体论预设,而是一条认识论和方法论预设,最初是由 14 世纪的哲学家奥康提出来的,又称为"奥康剃刀"。该预设要求主体尽量发挥思维的认识效能,把知识弄得更经济些,除去不必要的假定,对多余的知识内容进行压缩,以最经济和最简洁的形式把客体的知识结构再现出来。这种经济思维预设要求最低限度的说明:即保留必不可少的理论概念和假定,最大程度地限制解释上的随意性。

上述这些预设并不是互不相干的,而是相互依赖的,共同构成了一个整体。主体能力预设、异己意识预设、人脑功能预设是关于主体思维的功能性预设,它强调了主体意识的可能性、相互理解性以及主动性。相互作用预设说明了主体意识是通过主客体之间的相互作用而被激发起来的。客观性预设和简约性预设则涉及主体意识的内容及其表达形式,强调了科学陈述在内容上的非主体性或客体依赖性,在形式上的严谨性或非随意性。

二、客体的含义

在方法论上,客体是与主体相对应的概念,涉及主体从事研究活动的对象。客体并不等于物质。物质是本体论概念,是最高层次的概念,它是指不依赖于意识而独立存在的客观实在。而客体是认识论和方法论概念,是指人的认识对象或研究对象。客体与物质的主要区别在于:物质独立于人的意识之外而存在,而客体恰恰存在于人的认识活动中。客体只有与主体发生关系,客体才能够存在,否则就不存在所谓的客体。因此要把客体严格限制在认识论范围内,避免从本体论意义上来理解客体。客体也不等于存在。一个存在着的东西并不一定成为认识对象,换句话说,一个东西并非会同时获得存在和客体这两种规定性。存在着的东西可能是自在的存在物,如果自在存在物不与主体发生关系,那么就不具有客体的品格。

与主体相比,客体具有以下三个方面的特点:①客体是主体认识和作用的对象。客体是相对于主体而言的,客体只有与主体发生关系才能存在,只有当主体作用于某个对象时,这个对象才成为主体动作和认识的客体。②客体是主体认识活动的产物。在人们从事认识活动或研究活动之前,客体就已经存在了,客体所具有的结构和关联性是独立于人们认识和研究之外的。然而,客体只是在人们从事研究和认识活动时才被发现的。主体正是通过不断地研究和认识活动,来丰富自己对客体的认识并形成有关客体的观念。③客体是主体认识的极限。由于客体是通过主体的认识活动和研究活动被不断地发现和认识的,所以主体的认识活动是一个由少到多、由片面到全面、由表层到深层不断地把握客体的过程。主体认识所能达到的范围或极限是随着主体活动范围的拓展而不断扩大的,主体在达到了一定的范围或极限之后,又会面临着新的范围或极限。因此,主体只能不断地接近客体,客体只能由不断地接近而达到。

在研究方法论上,客体有四个方面的预设,它们包括:

(1)实在性预设。即认识对象是独立于意识之外而客观存在的。尽管人们对世界的认知离不开语言,人们表象、感觉、知觉和认识都依赖于既有的语言和认识结构,但是绝对不能说所有认知都是与主体有关的,因为所有关于主体相关性的论述都得不到证实,而有关外部世界的假定却得到了大量可信证据的支持。

(2)结构性预设。即现实世界是有结构的,而不是杂乱无章的。这种结构性包括:对称性、恒常性、拓扑学与曲律结构、相互作用、自然规律和系统性等。自然界、人类社会和人类思维都遵循着秩序性原则,具有某种结构。秩序性原则本身是一种客观实在,不会遭到破坏,也不会彼此发生冲突。人们只是在考察认知时,才把外部世界与意识区别开来。

(3)连续性预设。即世界是普遍联系的,在现实世界范围内普遍存在着相关关系上的连续性。这就是说,在无机物与有机物、动物与植物、肉体与精神之间绝没有不可逾越的鸿沟,因为这些鸿沟只是基于考察对象的需要而人为设定的,现实世界中并不存在这样的区分。各种事物普遍存在的连续性关联已得到科学史众多事实的证明。

(4)可说明性预设。现实世界中的各种经验事实是可以分析的,并可以通过"自然规律"得到描述和说明。假定某个事物或过程原则上不能加以说明,这是对知识一种不负责任的放弃。因此,可说明性预设是对任何形式的非理性主义、目的论或活力论的否定。例如,目的论曾说过生物进化论是不可说明的。需要指出的是,这里的可说明性预设并不等于可知性预设。尽管马克思主义认识论认为世界是可知的,但是这个论断是从本体论高度着眼于全人类作出的,这里的人类包括了从过去到未来所有的人类。每个时代的认识都是有条件的认识,不可避免地受到既有科技条件、认知手段和研究方法的制约,因而只能是部分可知性和可理解性。

上述关于客体的预设是针对研究对象的一种基本预设,是人们对研究对象特性的一种基本看法。实在性预设是所有有关客体预设中最基础性的预设,因为所有的其他预设都是由此而引申出来的。结构性预设和连续性预设是对实在性预设的进一步拓展和深化,因为结构性和连续性对实在的存在状况和相互关系作了进一步说明。可说明性预设是从结构性和连续性延伸出来的,正因为事物有了结构上的条理性和相关关系上的连续性,所以才有可能对事物进行描述和说明。可说明性突显了客体对主体的潜在价值性,蕴含了主体对客体认知的可达成性。

三、主体与客体的关系

在认识论和方法论上研究主体与客体,最重要的是要揭示它们之间的关系。

主体与客体关系的核心问题是，主体如何能够恰当地和不断地认识客体，实现与客观现实的一致，即如何具有客观性的问题。

主体与客体作为相互作用关系的对立两极，在彼此互动中不可分割地联系在一起，相互依赖、相互规定和相互制约。客体只有通过主体才能被认知，而主体只有对客体施加动作，才能认识对象和认识自己。这就是说，主体只是通过自己的活动来认识客体，主体也只是在作用于客体时才学会认识自己。离开客体就无所谓主体，离开主体，也无所谓客体，主体和客体都以对方为自己存在的前提和条件。

值得注意的是，特定历史阶段的主体不可能把整个现实世界当成实践活动和认识活动的客体。客体不是现实世界的全部，而只是同主体发生互动关系、对主体有实际意义的那一部分事物。从这个意义上说，客体标志着主体认识所能达到的范围和极限。然而，这一范围和极限，是随着主体的实践活动和认识活动的不断发展而不断拓展的，主体在达到了原有的范围和极限之后，又会面临着新的范围和极限。可见，客体不是一个实体性概念，而是一个与主体能力和活动有关的对象性概念。因此，主体与客体概念只能从认识论的意义上来理解，而不能从本体论的意义上来理解，否则就会导致错误和混乱。

认识既不发生在主体，也不发生在客体，而是发生在主体与客体之间的相互作用之中。最初的认识绝不是事物施加于感官的纯粹印象的产物，而是主体积极同化事物的结果。主体把事物纳入到自身感知运动的图式即动作图式之中，这些图式能够自我再生和自我组合，如学习就是一种对同化图式的调节。于是，主体同化客体的活动与这种活动对客体的顺应达成某种平衡，这种平衡就是认识的出发点，这种平衡从一开始就表现为主体与客体之间相互作用的关系。这里所说的同化，就是主体把客体纳入已有认知结构的过程，而顺应则是主体改变原有的认知结构以适应客体的过程，同化与顺应之间的平衡就是主体与客体之间相互作用的平衡，这表现为人的智力和认识。这样，在认知过程中，主体建构客体，客体改变主体，从而也改变主体自身，主体也具有了客观性。主体的阅历越广，认识的客体越多、越复杂，主体的认知水平也就越高级。

认知客观性是通过逐步接近客体而达到的，它必须满足两个要求：①主体要去除自我中心主义。因为客观性不在自身内部，而在于主体通过自己的活动来接近和认识现实，因此去除自我中心主义是实现客观性的一个前提条件。②主体在不断接近客体中来建构客体。去除了自我中心主义并不意味着就能获得客观性，主体需要在不断接近客体中建构客体，从而达成客观性，接近客体是实现客观性的一个根本途径和手段。可见，主体去除自我中心主义和不断接近客体是同一个认知整合活动的两个方面。认识的本质就是主体去把握客体，使主体具有客观性。当然，也应该看到，客观性首先是作为一个过程而不是作为一种状态出现的。这就是说，人的认识是一个过程，表现为主体和客体的不断分化，主体对客体的把握是随着主体与客体关系的发展而发展的。因此，主体具有客观性的过程也就是主体与客体的关系不断发展的过程。

主体把握客体是一个逐渐接近客体的过程。客体是通过主体活动才被认识的,客体本身是被主体建构而成的,因此客体具有不断被接近的品质。随着主体认识活动的发展,客体也不断扩展着,主体认识每前进一步,就更接近客体一步。在认识过程中,主体又会建构出新的客体,主体认识的发展是与客体的扩展同步进行的。客体只是不断地接近而被达到而又永远不会被达到,这就是人的认识发展的辩证过程。正如皮亚杰(Piaget,1977:30-31)所说:“如果说每个进步都在使认识的主体接近于客体,客体就会后退一个距离,就在这个距离的绝对值减少的同时,这个距离是永远并不就此消灭的;而且主体先后继续做出的模型尽管有了种种改进,但却不能在他仍然还不认识的那些性质方面就达到被客体所构成的那个限度,这个距离使得这些主体先后做出的模型只能归于近似的行列。”因此,主体只能通过逐步接近的过程来把握客体,人的认识活动是一个永远没有终点的过程。

第二节　主位和客位

主位和客位是社会科学研究中基本的研究立场、视角和方法。在日常生活中,人们经常自觉或不自觉地涉及主位和客位的概念,用局内人或局外人的眼光看世界。但是,社会科学研究所使用的主位和客位概念有着特定的含义和规范,涉及更加复杂的情况。

一、主位和客位的界定

主位(*emic*)和客位(*etic*)最初来源于语言学,原指音位和语音。后来含义有了引申,主位是指研究对象自己对事物的看法、分类和解释。客位是指调查者等外来人员对事物的看法、分类和解释。主位研究法又称为“自观研究法”,即站在局内人的立场上来看待所研究的文化。客位研究法又称为“他观研究法”,即站在局外人的立场上来看待所研究的文化。例如,我国西南山区过去曾流行“大脖子病”,当地村民自认为是鬼魅作祟所致,而科学家则认为这是当地食盐缺碘所致。

社会科学研究中的主位和客位概念是由人类学家派克(Pike,1954)在20世纪50年代提出来的。派克用这两个概念来代表实地社会调查所使用的两种方法。他提出,主位方法主要是用来发现文化模式,而不是在研究文化之前从一般分类角度来描述文化。客位方法主要是从文化外部来研究文化各个组成部分并把它们与其他文化下的情况进行比较。主位方法的标准具有相对性,强调研究活动与其特殊研究系统保持一致性,而客位方法的标准具有绝对性,依赖于研究工具的敏感性或专家分析。

另一个人类学家哈里斯(Harris,1964)也强调了主位和客位概念的重要性。他认为,科学研究涉及归纳法与演绎法之间的相互作用,以及经验论与唯理论之间的相互作用。在他看来，基础结构决定上层结构或上层建筑，客观行为决定了主位思想。如果理论不以事实为基础，就是没有意义的，而事实如果没有理论的指导，就是不可靠的。每一个社会都需要解决生产方式、人口再生产方式、家庭经济、政治经济和上层建筑五个方面的问题。如果将生产方式与人口再生产方式合并在一起，就形成了客位行为基础结构。将家庭经济与政治经济合并起来，就形成了客位行为结构。他进一步将上层建筑分为主位行为上层建筑和客位行为上层建筑，这样形成了客位行为的三层结构：客位行为基础结构、客位行为结构和客位行为上层建筑，前者包括宗教、亲属关系、政治思想、神话、哲学、美学、价值观等因素，而后者包括文学艺术、科学、仪式等因素。他认为，主位行为上层建筑可以分为三大部分，分别对应于客位行为的三层结构，主位行为上层建筑（如民族的动植物认同和分类、生存知识、魔术、宗教、禁忌等）对应于客位行为基础结构；主位上层建筑（亲属关系、政治思想、民族意识等）对应于客位行为结构（象征神话、审美标准、哲学、认识论、意识形态等）。

在派克和哈里斯之后，主位和客位概念得到进一步发展，成为研究人类社会和文化的重要方法或视角。主位研究方法是指，研究者通过亲自介入研究对象的实际生活来了解其文化行为，主位方法是与整体归纳范式特别是解释社会学范式有关的。阐释社会学范式相信，局内人的视角能够更好地理解研究对象，因为局内人的视角或主位方法能够认识到事物之间的多种关联。主位方法要求研究者融入特定的社会背景中，并成为其中的一员。主位方法实际上提高了调查对象作为信息提供者的地位，所以，研究者使用研究对象的概念和分类，并将研究对象的描述和分析作为最终判断的标准，这有利于研究者在研究开始之前获取更为客观和有效的信息。而客位研究方法是指，研究者通过与研究对象进行访谈来了解其内心世界。客位方法是与实证主义取向有关的，它从局外人的视角用结构性系统方法来解释研究对象。客位方法不是把研究对象作为一个整体来研究，而是把系统分解为更小的结构单元来进行分析。该方法实际上提高了研究者的地位，研究者可以使用对自己有利的概念，并在此基础上对概念进行分类，这有利于后期研究工作的进行。

二、主位和客位的优缺点

主位研究方法和客位研究方法各有其优缺点。主位研究会尽量让当地研究对象即局内人说话，由于是“从内部看文化”，研究者与研究对象享有共同的文化，因此与其他局外人相比，研究者能更透彻地理解当地人的思维习惯、行为意义和情感表达方式，更容易进入当地人的情感领域，更深刻地理解当地人的本土化语言及其意义。研究者能够心领神会地理解当地人的许多事情，而无需作过多的描述和解释。由于研究者长期与当地人共同生活，他们能够更细致入微地体验当地人的情感世界，并产生情感上的共鸣，这反过来更有助于挖掘其他局外人无法获得的一些重要信息。研究者与当地人长时间的良性互动，有助于研究者在建构理论时，将自己置于当地人的情境，尊重当地人的意见，充分表达当地人的意愿，真正实现研究结果与实际生活的完美结合。

当然，也应该看到，研究者以“局内人”身份介入当地人的日常生活，有可能会影响实地调查的效度。理想的研究工作应该在研究者与研究对象之间保持适当的距离，过多地介入当地社会生活，会在不知不觉中弱化这种距离感，使研究者可能对研究对象在日常生活中表露出来的隐含意义失去敏感性，甚至“想当然”地去模式化应对，从而导致意义的流失或隐退。鉴于此，不少学者表示出对主位研究的解释性效度的担心，主张研究者以天真无知的态度进入田野，因为天真能使研究者摆脱既有的偏见和假设，以开放的胸襟走进田野。有的研究者甚至提出了在实地调查中“变熟为生”的一些策略。

与主位研究一样，客位研究也有自己的优势和不足。客位研究的优势主要有三个方面。①客位研究是“从外部看文化”，研究者更容易看到整体文化结构以及整体文化与其他文化之间的联系，防止被贴上“浪漫民族志”的标签。在主位研究中，研究者会对“局内人”视为当然的一些事情产生好奇感和激励，提出“局内人”不太可能提出的问题，从而实现对“局内人”文化和行为更深入的理解。②客位研究有助于研究者更好地理解其他文化。“局外人”视角有助于认清文化再诠释的必要性，挖掘其他文化的独特含义，在不断比较研究者自己理解与当地人解释中去发现其他文化存在的价值。这个过程也是研究者与研究对象在意义层面上的一种积极对话。这其中的预设是，研究者对研究对象的尊重和充分理解，反过来会促成研究者对其他文化更好的理解。③客位研究有助于研究者获得难得的优惠待遇，即“陌生人效应”。客位研究方法更容易从研究对象那里获得一般人得不到的隐秘信息。研究者往往比其他“局外人”得到更加宽容的礼遇，研究者不必刻意效仿当地人的行为，不必严格遵守当地人的规范，也不必特别在意当地人对自己外表和衣着打扮的看法。如果研究者不太熟悉当地的语言或习俗，也可以随时提问，即使所提的问题多么“可笑”，也不会遭到当地人的耻笑。

当然，客位研究也存在着不足。在文化诠释者看来，社会调查与演讲一样，其意义是可以被研究者“阅读”的，在此过程中，研究者通过与研究对象的互动，能够阅读研究对象各种社会活动所具有的符号意义。然而，关键在于，阅读双方并不一定能够获得相同的理解，在更多的情况下，他们甚至会得出相悖的看法。因此，研究者需要在意见分歧中寻求平衡点，从而形成更切合实际的看法。客位研究并没有完全依据研究对象的“阅读”和理解来进行意义建构。出于这个原因，客位研究成为解决当代社会科学表述困境的一个途径。

可见，“主位研究”和“客位研究”是田野调查的两种研究视角，双方各有优势和不足，不能说某一种视角比另一种视角更好或更有优势。当然，两者的划分也不是绝对的。因为并不存在把局内人与局外人截然分开的固定界线，在实地调查过程中，很难有完全的“主位研究”，也很难有完全的“客位研究”，两者的差别只是程度性的，而不是绝对意义上的。完全的“主位研究”是不存在的。当研究者进行实地调查时，免不了要与当地文化保持一定的距离，研究者无法通过

“主位研究”取得完全的“文化持有者”身份，而绝对地理解研究对象。研究者所能做的是，通过调查数据来获得对当地人生活状况以及文化习俗的一种感知和大致解释。从这个意义上讲，如果研究者从陌生的“局外人”变成了彻头彻尾的“局内人”，就意味着研究者已经背离了研究规范，无异于宣告研究过程的结束。可见，所有的实地调查都是一定意义上的“主位研究”，人们对其他文化现象具有一种移情式的把握和理解能力，这决定了强调纯粹的“主位研究”是言过其实而没有实际的意义。

在社会研究中怎样处理主位与客位之间的关系？尽管对此还有不同的意见，但是多数研究者认为实地调查应该以主位研究方法为主。即使主位观点并不完全符合科学，但毕竟反映了当地人的思想和世界观。这种思想和世界观又会影响到他们的行为。如果将这种思想和世界观视为虚妄，而嗤之以鼻，就很难真正地了解当地文化。因为每一个民族都有其世代相传的价值观，不同的文化传统和价值体系很难进行简单的比较，只能根据当地文化的价值观或标准进行判断，而不能将外来的价值观或准则强加于他们。尽管主位和客位的方法最初主要用于对文化系统的理解，但是，社会研究者可以使用多种主位和客位相结合的方法来透视各种社会问题，以实现对社会问题更好、更全面的理解。例如，研究者可以用主位方法来收集调查数据，在整理和分析数据时，以受访者的意见和证据为基础，跳出具体的研究情境，用客位视角来审视和解读研究对象，在撰写研究报告时，用研究者口吻而不是受访者口吻来报告研究结果并阐发研究意义。

第三节 客观性与价值观

客观性和价值观是两个相伴相生的概念。客观性主要是指不受人们主观影响的内容，通常以形容词形式出现，比如客观的想法、客观的信念、客观的知识等。价值观是一种道德判断，经常以“应该”形式出现。客观性和价值观在日常生活中随处可见，比如，说话要客观，看问题要客观，要客观地处理问题，不应该那样对待他，这件事应该这么处理，等等。那么，什么是客观性？什么是价值观？客观性和价值观分别对社会研究有什么影响？本节将围绕这些问题进行探讨。

一、客观性维度

客观性是一种复杂性概念，它是人类知识的重要内容和属性，也是科学研究最重要的目标和根本性研究规范。所谓客观性是指知识内容或研究结果独立于研究者主观思想的特性。客观性有三个主要维度。客观知识是关于对象的知识，而不是主体本身。这种客观知识是可以获得的，任何具有普通智力的人经过训练都可以获得客观知识。客观性不会因世界观差异而有所改变，不同的世界观不会推翻或撤销既有的事实。

客观性的第一个维度是，客观知识是关于对象的知识。例如，“太阳从东方升起”表达了对太阳这个对象的客观看法,这与人们是否相信这种看法都没有关系。因为客观信念是关于对象本身,而不是说哪个人表达了什么信念,客观信念的真假取决于信念的对象,比如太阳,而不是任何别的东西。这样的思考反映了真理符合论的实质,也尊重了真理符合论精神,即现实优先于信念。

客观性的第二个维度是,客观知识是可以获得的。所有的人,只要具备了普通智力和天资,经过训练都能够得到,因而人们达成一致看法是可能的,所以客观观点是公开的、可以得到验证的。例如,某人说“太阳从东方升起”,但是这个看法并不需要这个人有什么特殊地位,与这个人的国籍、种族、性别和天资无关。实际上,只要认真观察,用心思考,具有普通人的天分就能获得这种知识。所有人对太阳进行观察都会得出同样的结论,并毫无例外地说:“太阳从东方升起。”当然,人们也可以重复做实验,以证实太阳实际的运行情况。

客观性第三个维度是,世界观的差异不会对客观性产生影响。客观性知识能够超越政治、文化和社会的界限,不会因为发现者的种族或信念不同而有差异,也不会因为发现者的阶级立场不同而有差异。尽管世界观的差异不会影响客观性知识,但是相对主义者或怀疑主义者竭力反对一般性客观性见解。他们人数不多,但是对科学认识产生了很大影响,使一部分人不去支持科学一般见解所认识的任何事情。尽管如此,客观性能够成为个人的一种信念,让事实和真理超越个人的偏见和愿望。科学将人们的注意力从自身引向外部世界,从自私的主张和见解转向对客观性和真理的探究。

需要指出的是,客观知识是人类主体所拥有的,否则就会出现经不起论证的客观性。研究者不可避免地从人类立场出发去观测世界,用人类的语言去描述它,这种语言是在人类日常交往中形成的。任何想要从世界图景中消除人类视域的做法都是荒谬的,任何以上帝的名义所做的观察都是站不住脚的。现在有的学者把客观性视为具有排他性人群的一种属性,这实际上就把客观性从物质客体变成了人类成员。如果把研究者的信念视为与任何事物无关的东西,就过分拔高了研究者,超出了个人认知能力的范围。客观知识与个体主体性无关,任何想从世界图景中消除物质客体或者人类作用的企图,都最终会导致荒谬的结果。

二、社会研究中的客观性

在思考科学知识时,客观性是形成客观知识的最根本因素。客观性是科学知识的基础已成为研究者的共识。科学哲学家卡尔·波普尔强调,观察、解释和评论中的客观性是科学研究必不可少的东西(Simkin,1993)。范曼(Feynman,1999)也提出,客观的精神状态是知识探索中最重要的要素。在社会研究中,研究者要尽量避免加入自己的主观信念和价值观,当然这并不意味着要达到一种完全的客观性,这种客观性是努力追求的目标,因为完全的客观性超出了人类现有状态下的现实能力,但是,尽量追求客观性却有助于获得可靠的公共知识。

客观性是与主观性相对立的范畴。主观性涉及个人的精神特性,包括个人的信念、价值观和观点。个人观点不能向其他人提供证明就是主观的。有些带有“应该”字样的规范性问题是主观的，没有经验和逻辑支持的个人判断也是主观的。在科学研究中要尽量避免涉及个人的主观问题，因为无法从个人的主观见解逻辑地推导出可靠的公共知识。与主观性相反，客观性并不取决于个人的精神特性，而依赖于观察、测量和逻辑证明。有关“是什么”的经验问题是客观的，因为它们不受个人价值观和信念的影响。与主观表达相比，在公共知识领域内更容易处理客观陈述的问题和建议。例如，“中国应该将人民币升值”是一个主观陈述的问题，是一个可以进行争论但很难在公共政策研究中加以处理的问题。而“人民币升值对我国出口和国内消费的影响”是一个在公共知识领域内更容易处理的陈述，因为该问题避免用评价性语言来进行表述。

那么，在实际研究中如何区分主观性和客观性？弗伦奇（French，1971）提出，科学从来没有要求完全的客观性，在确定研究对象时，主观性就已经进入了研究工作中。如果研究者对主观性侵入保持高度警惕，就能产生更可靠或更客观的研究。兰德尔（Randall，1974）认为，科学中性是科学客观性的一个重要内容，是研究中具有真正价值的客观性目标。科学中性包括价值中性、避免将研究者的个人价值引入学术研究工作。不过，科学中性并不能保证学术研究成果的影响也是中性的。研究者必须避免对有利益冲突的问题采取偏袒的态度，但是研究结果有时会导致利益分配上的不公平。因此，在研究过程中，把主观性与客观性区分开来就显得特别重要。在这个方面，有以下两种区分的办法：①如果一个命题或概念通过了逻辑相关检验、一致性检验和清晰性检验，那么这个命题或概念就是客观的。②如果研究者愿意将其陈述进行逻辑相关检验、一致性检验和清晰性检验并遵从检验结果，那么它们就是客观的。在实际研究过程中，研究者要努力达成客观性或中性，这是社会研究最重要的目标。

三、价值观的含义

价值观是人们对好与坏、对与错和应该与不应该等道德判断的系统观点。所有的人都有价值观，但是不同的人具有不同的价值观。有些价值观是人们意识到的，而另一些价值观是人们没有意识到的，有时人们也不清楚自己的价值观究竟是什么。例如，两个人坐在椅子上并谈论椅子的舒适度。一个人说，它很舒服；而另外一个人却说，这是他坐过的最舒适的椅子。两个人关于椅子舒适度的看法，不是一种能被证实的事实，而是涉及个人对椅子的感觉和价值判断。

科学研究要尽量使用逻辑判断，而避免使用价值判断，即客观地说明“事实是什么”，“事物是如何变化的”。传统实证主义认为，不能用经验证据来作出价值判断。由于事实与价值之间存在着根本区别，因此无法用逻辑方法从经验事实中推导出价值判断。这意味着经验证据与作出价值判断是没有任何关系的，价值判断决不能从经验证据中得到证明。这样一来，科学在价值判断这个问题上必须保持沉默，因为科学研究是以经验数据为基础的，只能处理事实材料。因此，科学在价值判断中并未扮演什么角色，而价值判断在科学探究中也没有什么地位，科学在本质上是价值无涉的。这种将价值判断从科学中剔除出去的观点，是韦伯最早提出来的，至今仍然为许多研究者所信奉。韦伯在方法论著作中提出，科学认识只有保持价值中立，才能确保客观性和中立性。

韦伯认为，科学的标志是客观性，社会科学要与自然科学划清界限，但同时还要证明自身的客观性，具有能确保其客观性的方法。社会科学研究的根本任务是进行因果分析，揭示各种事物存在的可能联系。社会科学研究对象是文化事件，而文化事件包含了价值和意义。他提出，文化事件要有“精神参与”，但并不主张因此而否定文化科学的经验客观性。他坚持认为，文化科学是一门客观的经验科学，反对在社会科学研究中使用直觉方法。尽管社会研究者在选择研究课题和研究成果应用上会受到价值观的影响，但是进入研究阶段以后，就要限制价值评价，尽量排除个人的偏好和价值判断，这样就能做到价值中立，获得客观性知识。

社会研究者从事价值中立的研究，这是在社会学发展中一种占优势地位的观点。但是，随着社会研究越来越深入，更多的社会研究者反对这种将价值观与研究过程分开来的做法。这些学者主要来自定性研究方法阵营，他们反对将自然科学的研究模式或原则直接套用于社会科学研究。在他们看来，即使是最客观的科学发现也会受到人们的道德谴责，许多客观发现并不是客观中性的。在个体层面上，个人认知是以已有的价值、信念和经验为基础的，个体观察社会现象，不是先观察然后再去解释，而是在观察中就已经作出了解释。社会学家古尔德纳认为，价值中立会导致漠视科学的善与恶区分，忽视对有争议的重大社会问题的研究。他说：“在广岛事件前，自然科学家也在说价值分离的科学，他们也赞成不进行价值评价。如今，他们中的许多人开始对此产生了怀疑。”鉴于此，这些学者提出，区分事实与价值是一种错误的二元论，这种区分是无效的，因为所有事实都是“价值渗透(value-ladenness)”的，价值判断直接影响了主要的研究方法。他们提出，研究者应该承认价值在社会探究中的重要作用，杜绝事实与价值的错误二分法，抛弃从社会研究中排除价值判断的做法。批判理论学者认为，事实与价值的区分是一种简单化策略和“拙劣的自我蒙蔽”，(Hesse，1980：247)掩盖了传统价值在社会研究中的作用。女权主义学者也拒绝科学是价值中立的观点，因为这是“实证哲学家的迷思”。(Haig，1997)

最近二十多年来，西方社会科学界拒绝价值中立的呼声越来越高。不少学者认为，价值中立观点本身其实就是一种价值判断，是一种规范而非方法。很多学者认为价值中立的观点是不可信任的，因为这些观点只在于维持能进行价值中立的探究。然而，学者在明确拒绝价值中立的同时，并没有明确指明究竟该怎样去做。这反而使研究问题的发展复杂化，因为价值判断领域本身也是有争论的。

四、社会研究中的价值观

价值观涉及人们的道德判断，而道德性又是人性的重要组成部分，很难从人自身中直接去除价值观。既然研究者无法通过去除价值观的办法来实现客观性,就只能设法去控制它所产生的消极影响。为此,研究者就要弄清价值观是在怎样的背景下进入研究过程的?又是以怎样的方式进入的?

文化、历史和利益是影响价值观的三大背景性因素。首先,不同的文化有不同的价值观。不同社会之间和社会内部的价值观是不同的,研究者就不能假定人们在价值观上有共识。由于不同社会或群体有不同的价值观,因此一个社会或群体的问题对另外一个社会或群体来说,可能就不一定是问题。比如,坐惯了沙发的经理可能觉得普通椅子不舒适,而那些坐惯了板凳的工人可能觉得椅子是他今生今世最舒适的板凳。其次,历史的发展会造成人们态度的变化。随着时间的推移,人们的生存环境发生了不同程度的变化,人们对事件和人群的态度也会随之发生变化。在某个历史时期被认为是一种社会共识,而在另外一个时期可能只是社会上少部分人的看法。比如,我国古代普遍推崇多子多福的观念,现在只在比较落后的农村或偏远地区还有一定的市场。最后,物质利益也会对人们的态度产生影响。在市场经济条件下,由于种种原因,人们具有不同的物质利益。市场经济的逐利本性促使人们用各种手段来推动这些利益。为了维护自身利益,人们在看待问题和处理问题上,往往采取有利于自己的立场、视角和态度。比如,在对房价的看法上,拥有多套住房的炒房者与刚刚进城的农民工就有截然相反的观点,因为他们具有不同的物质利益。炒房者希望房价越高越好,这样他们能获得更多的利益,取得更多的投资回报,而农民工则希望房价越低越好,这样他们能获得更多的实惠,住上更大或更好的房子。

价值观在社会研究中发挥着重要的作用。在社会研究实践中,价值观不只是影响研究的某些方面,而是几乎渗透于研究者每一个研究决定,依次影响到研究过程的每一个阶段。在确定研究问题,设计研究方案,收集数据的过程,对数据的解释以及对研究结果的应用上,都可以找到价值观的影子。

(1)价值观影响了如何选择研究问题。在社会研究中,利益和偏好对研究者选择什么样的研究问题产生影响。韦伯早就提醒人们,在选择研究问题阶段,就有了价值观的介入。不过,他所说的价值观介入只限于选题和成果应用阶段,而不涉及数据收集和解释过程。正如人们所看到的,在选择研究问题上,研究者的兴趣、偏好或利益往往发挥了决定性作用。有些问题是研究者出于对知识的好奇心而进行研究,而另外一些问题则是研究者为了取得某项研究基金而展开研究。

(2)价值观影响了对研究设计的选择。在社会研究领域,人们的价值观对选择特定的研究设计和研究目标产生了微妙而重要的影响,因为这些价值观体现了基本知识和技能、社区服务和社会发展等许多社会目标。在收集数据的过程中,研究者需要对研究目标和研究方法的长处和不足作出判断。研究者决定使用哪一种研究方法取决于研究者自己的偏好,而不是手头上研究任务的实用性。比如,尽管某个研究问题可能更适合于定量研究设计,但是,习惯于定性研究设计的学者很难贸然放弃他所熟悉的研究技术,而采取他不太熟悉的定量研究设计,因为偏好使他具有继续使用定性设计的惯性。

(3)价值观影响了收集数据的过程。在收集数据过程中,研究者需要作出一系列价值判断。研究者可能希望关注某个人群,而不是其他人群,这反映出研究者对这个人群的偏好。但实际的原因可能是,他关注这样一群人是因为更容易收集这一群人的数据。比如,在有关青年志愿者的研究上,与收集社区青年志愿者数据相比,收集在校大学生志愿者数据就容易得多,因为社区青年志愿者比较分散,具有很大的异质性和非均衡性,这些都增加了抽取样本和管理问卷的难度。

(4)价值观影响了对数据的解释。不同的信念、规范和价值观影响了研究者对数据的解释。在实际研究中,经常会出现意料之外的研究数据或研究结果,这些未预期结果恰恰是要加以说明的。如果研究者对这些反例进行适当的说明,就会进一步增加研究的解释力。但是,如果研究者出于某种利益上的考虑,有意去淡化某些研究发现,只选择有利的数据来证明某些观点,就会扭曲对数据的科学解释。这一切恰好证明了研究者不是没有共同的基础去对数据作出一致的解释,而是不同的价值判断导致了研究者对数据的不同解释。

(5)价值观影响了对研究结果的应用。从本质上讲,研究结果本身并不存在应用上的差异,但是个人偏好或功利性态度影响了研究结果的使用。一些与研究有利益关系的人往往会竭力抵制某些研究成果,或者过分推崇某些证据不足的研究结果。这往往会造成某些有广泛应用前景的研究成果得不到及时有效的推广,而另外一些颇有争议的研究成果却网开一面,得到广泛的应用。可见,人们的价值观不同程度地影响了研究结果的应用,研究成果本来是研究的目的,但价值观却使它们成为实现某些特定目标的手段。

从以上分析可以看出,社会研究中交织着代表价值和信念的不同规范,整个研究过程不同程度地受到研究者偏好和文化价值取向的影响。海伦·朗基诺(Longino,1992)曾把社会文化价值及其个体偏好称为"语境性价值观(contextual value)",而语境性价值观是无法彻底根除的。针对社会研究中挥之不去而又难舍的价值观,庞奇(2005:84)提出了三种应对策略。第一,研究者应该意识到价值判断上的不同观点,对赞成或反对价值中立的观点和做法要有清醒的认识。第二,在实际研究中,研究者应该能够识别价值陈述,比如"好坏""对错""该不该"等各种同义词。对研究问题中出现的价值判断,要谨慎措辞。第三,针对研究问题中出现的价值判断,要判定其使用的语境。如果是工具性价值判断(手段性),就要改写问题,去掉价值判断一类的词语。如果是目的性价值判断(目的性),就要提供有关价值判断的充分经验证据。

第四节 解释水平

社会研究的主要目的是对社会现象进行解释和说明。解释包括两种类型,第一种是日常解释(ordinary explanation),即用日常语言把意思表达得更清楚和更明白，或者用例子和易于理解的方式做进一步说明。例如，教师在上课时经常用大白话来解释比较艰深的概念和理论内容。第二种是理论解释（theoretical explanation），它是关于事情为什么发生的系统说明，通常涉及一系列有关概念之间关系的推论或命题。当然，也可以同时运用这两种解释。当研究者需要为新观点做出解释时，需要在大量理论性论述的同时，再加上一些通俗的讲解，让别人一下子听明白。日常解释与科学解释的共同点是，它们都来源于真实世界中所观察到的事物或现象。它们的区别在于拿来支持解释的证据水平不同。日常解释往往强调显而易见和说得通，而科学解释却强调全面性和系统性，特别要经过严格的专业评审。

一、科学解释

科学的解释是唯一为人们普遍接受的一种解释。所谓科学的解释就是对事物及其过程进行概括或抽象，从逻辑上说明这些事物有什么联系、如何有联系、为什么有联系。科学解释具有一系列与其他解释相区别的特征，它们包括：①科学解释是以经验为基础的。科学解释必须建立在客观的、系统的观测基础上，这些观测源于经验证据并符合一定的程序和条件。②科学的解释是理性的。理性意味着解释要符合逻辑规则，与已有的事实相一致。如果解释与既有事实不相一致或不符合逻辑推理，那么就算不上是科学的。③科学的解释是可检验的。科学的解释应该是可验证的，即通过直接的经验观测来得到验证。如果人们未能观测到某个解释所预言的结果，那么这个解释就是可检验的。④科学的解释是简约的。对同一个现象有许多类似的解释，人们往往选择其中最简约的一种解释，即使用最少假定或最少文字的解释。⑤科学的解释是暂时性的。科学的解释可能有缺陷，不可能是绝对的真，也不可能具有绝对的确定性。当新的证据证明有些预言是错误时，这些解释就会被新的解释所取代。⑥科学的解释是经过严格评审的。科学的解释往往经过同行无数次的拷问或质疑，一项解释经过五花八门的反驳性检验和推翻性检验而不倒，就越有资格被称为科学的。

在社会研究中，解释是与理论联系在一起的，人们往往用社会理论或原理对社会现象进行解释，因此，在某种程度上，理论与解释是同义的。理论解释往往具有很大的解释力，能够系统地说明某些现象为什么会发生，即为"为什么"问题提供一个完整的答案。在揭示特定现象的原因中，因果理论由于说明了该现象存在的前提条件，因而具有最高层次的解释力。弄清了现象的原因，反过来就可以通过预测或实际干预来改变结果。例如，医生查明了病人的病因，就可以通过药物或手术来进行根治。

对"为什么"问题的回答是解释性的，但是，这并不意味着所有解释都回答了"为什么"问题。这里至少有两个方面的原因：第一，人们并不总是有充分的证据来回答这样的问题，比如，在医学领域，"人为什么要睡觉"就是一个值得探究但很难加以回答的问题，因为缺乏令人信服的证据。第二，人们并不总是需要回答"为什么"问题，相反，却常常需要回答"是什么"和"怎么样"问题。

例如,在解释某个犯罪案件时,了解被告的犯罪事实往往比知道为什么要这样做更重要。同样在医学领域,出于实际的需要,知道"非典"是如何传染的,肝脏如何产生胆汁,某种疾病有何体征和症状,往往比回答"为什么"问题来得更重要。需要指出的是,有关"非典"传染的"如何"问题实际上与"为什么"问题并无两样,因为询问"非典"为什么会传染其实就是在询问"非典"是如何传染的。然而,有关肝脏为什么产生胆汁的问题在医学界是无解的,因为它更多地属于本体论一类的问题。

在社会研究实践中,研究者经常可能无法回答"为什么"问题,很难回答"为什么"问题或者无需回答"为什么"问题,这就造成了社会理论在解释力上面的差别。更为重要的是,由于社会研究的特殊性,社会研究很难像自然科学研究那样获得足够多的有力证据来提供因果解释,在大多数情况下,社会研究只能提供有限的因果解释,或者寻求更低水平的解释说明。

二、解释的层次

在社会研究中,至少有五个不同的解释水平,它们从高到低分别是:因果理论、定律、模型、分类和描述。

(一)因果理论

正如上文所说,因果理论是最有解释力的,因为它对"为什么"问题提供最完整的回答,并揭示了事物产生所必须具备的条件。如果将"因为"一词置于句首,那么因果解释就更加一目了然。不过,在很多情况下,研究者并不使用"因为"而是使用诸如"影响到""产生""导致""刺激""结果的改变""作用于"等意思相近的字眼。例如,关于"自杀率为什么是有变化的",涂尔干提供了这样的因果解释:所有社会自杀率主要受到个人社会整合程度的影响。社会整合是指个人社会关系的特性,它赋予了个人对社会实体的归属感,充当保护伞来抵御社会孤独和自杀的倾向。涂尔干自杀理论不仅对当时欧洲的自杀现象提供了完整的解释,而且还提供了控制自杀出现的基本条件,即良好社会关系所具有的社会归属感。在他看来,社会整合的缺失是导致自杀的最根本原因。

(二)定律

定律是被经验证实了的两个或多个变量之间重复发生的关系。与因果理论相比,定律的解释力水平较低。在一般情况下,定律并不是"否证(disconfirmation)"的对象,但是因果理论却需要经过否证。例如,心理学家桑代克(Thorndike)在大量实验的基础上提出了效果定律(law of effect)。该定律指出,任何紧随满意事态后出现的行为都会重复出现。该定律源自桑代克所做的一系列猫笼实验。猫被关在笼子里,只要做出适当的动作,笼门就会打开,猫吃到一条小鱼。桑代克注意到猫的行为因成功进食而变得更有效了。猫起初只是偶然的触摸,到最后会主动地做出适当的反应。可见,效果定律是从经验观测中总结出来的,对动物适当行为的效果做出了初步说明。但是，这种经验性定律并没有对猫为什么会有适当行为进行说明，因为它并没有解释这一学习过程的心理学机制和生理学机制。再回到"自杀率为什么会有变化"的问题。如果用定律来解答这个问题，就可以这样表述：在现代社会里，密切的宗教联系总是伴随着低的自杀率。很显然，该定律并不像因果理论那样解释得很透彻。该定律仅仅告诉你，宗教联系是密切的，自杀率就是低的。它并没有说，宗教联系与自杀率有任何因果关系。它只不过是说，在你发现一个因素即宗教联系是密切的地方，你会发现另外一个因素即较低的自杀率。可见，定律并没有过多涉及因果解释的细节，没有对"为什么"问题提供完备的解答，因而解释力低于因果理论。

（三）模型

模型原本在世界上并不存在，它以一种简化形式揭示了不同事物及其关系的结构。地图与模型非常相像，集中反映了模型的主要特征。世界上并不存在像平行线和点那样特别的街道和地方，但是地图以一种简化形式直观地告诉人们所处的街道和方位。在社会科学研究中，研究者经常用模型来说明不同事物之间的关系及其过程。例如，图5.1就是一个说明社会整合与自杀率之间关系的模型。这个模型说明了宗教信仰、职业地位、婚姻状况和性别对自杀率的直接影响，以及年龄通过宗教信仰和职业地位对自杀率的间接影响。由于该模型只是用箭头表示了宗教信仰、职业地位和婚姻状况等因素对自杀率的影响过程，并没有解释为什么宗教信仰、职业地位和婚姻状况等因素对自杀率产生影响，以及这种影响是如何发生的。正因为如此，模型的解释力不如因果理论。

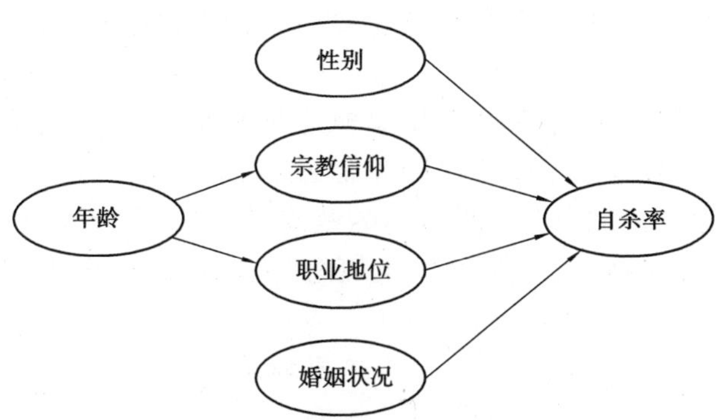

图5.1　自杀率影响因素的因果模型

（来源：Lewins，F. W.（1992）. *Social science methodology*. South Melbourne：Macmillan，p. 24.，本文在引用时作了修改）

尽管模型的解释力不如因果理论，但是随着信息技术的发展，模型在社会研究中发挥越来越大的作用。模型可以为探讨问题提供框架，有助于厘清重要的变量，更直观地解释假设检验。建立模型（model building）日益成为社会研究的一项重要活动。目前研究者建立模型活动主要涉及以下模型：模拟模型

(simulation models)、数学模型(mathematical models)、趋势模型(trend models)、随机模型(stockastic models)、实验模型(laboratory models)、信息与控制模型(informational and cybernetic models)、因果路径模型(causal and path models)等。研究者可以用下列规则来指导模型的设计和使用:①必须透彻地理解所要建立的模型系统。②只有系统中的重要部分及其控制量才能用来建立模型。③模型的常量、比率和相关系数必须通过实证测量来获得,而不能直接取之于文献资料。④建立模型并模拟结果是深化对系统认识的有效途径。

(四)分类

分类处于单个概念与理论之间的中间状态,与因果理论、定律和模型相比,分类的解释力更低。人们基于不同的目的,把事物分为不同的类别。日常生活经常用到分类。当人们洗衣服时,会把衣服简单地分为"很脏""不太脏"等类别。但是,根据人们活动的不同场合,又可将衣服分为"正装""休闲装"和"运动装"等类别。与日常生活分类相类似,研究者基于不同的目的也需要对社会现象进行分类。分类适用于对抽象、复杂概念的整理和组织,有助于在逻辑上清楚地说明各种不同简单概念所具有的共同特征,进而形成一个新的类别。理想类型就是一种分类,是研究者用来确定事物或现象根本特征的抽象类型。理想类型不是一种解释,因为它并没有说明事物为什么发生或者为何发生。尽管理想类型的解释力不如理论,但是研究者经常以它为基础来建构理论,研究者用范围较大、较为抽象的概念将许多较窄和较具体的概念聚合在一起,以此来观察或说明社会现象,看社会现象在多大程度上符合理想类型的描述。例如,社会学家韦伯所提出的科层制就是一种理想类型,这种理想类型有助于人们对科层制的深入研究。

另一种分类是将两个或更多的简单概念聚合成一个新的概念,这个新的概念概括了原有简单概念所具有的共同相似性特征。这种分类具有简约性,能够从看似混乱的概念中找出秩序,把不同的复杂概念转变为井然有序的同质类型(Bailey,1992:2193)。例如,对下面一组概念,人们可以做出不同的分类。

残疾人	下岗职工
监狱	法警
经理	犯人
技能培训	军事学院
看守	医疗康复
军事训练	军官
医生	犯人改造
公司	医院

这种分类经常出现在一些智力测验中,这些测验要求人们将这些概念分成

不同的类别,然后再加上适当的标题。在这些测验中,人们通常根据日常经验来确定概念的类别。上述这组概念可以分成四种不同的维度或类别:

与医疗有关	**与犯人有关**
残疾人	监狱
医生	看守
医疗康复	犯人
医院	犯人改造

与公司有关	**与军事有关**
经理	军事训练
技能培训	法警
下岗职工	军事学院
公司	军官

上述分类似乎比较简单。在定性研究中,研究者也常常碰到与此相类似的概念分类问题,但是,与日常分类相比,定性研究的分类更为复杂和艰巨。研究者在编码和分析数据时,需要找出不同概念的共同点,经过不断的比较,在更深的层次上审视概念与概念之间的关系,从中归纳出具有代表意义的主要维度或类别。例如,研究者可根据不同的研究目的将上述概念做不同的分类。

社会反常	**社会机构**
残疾人	监狱
法警	公司
犯人	军事院校
下岗职工	医院

社会角色	**社会过程**
经理	技能训练
看守	军事训练
医生	医疗康复
军官	犯人改造

与第一种分类相比,第二种分类谈不上更好或更差。因为它们服务于不同的目的。第二种分类根据“社会角色”和“社会过程”等社会学概念来进行分类。这种分类的解释性价值在于,它有助于弄清看似不同的社会情境所具有的共同特性。

（五）描述

描述是指人们基于某个立场对现有事物或现象进行描写和叙述，告诉人们发生了什么。这种立场主要涉及主位立场和客位立场，即研究者立场和研究对象立场。描述内容主要涉及现有事物的形式、结构、活动、变化和关系等。对自然现象的描述主要取决于观测工具的性能，研究者往往要用很长的时间来改进和完善观测工具。例如，天文学家用高性能望远镜来提高对星系描述的准确性，在这种描述中发现新的星系并把握宇宙的结构，从而提高人类对宇宙起源和发展方向的认识。对社会现象的描述主要取决于研究立场。当社会研究者描述受访者的基本特征时，人们所期望看到的是性别、年龄、民族、婚姻状况、教育水平、职业和收入等人口统计学特征。如果研究者从自己的兴趣和偏好出发，描述了受访者发型或者珠宝等非人口统计学特征，就是牛头不对马嘴。

描述的解释价值在于研究所采取的某种立场。由于描述只能显示研究者的出发点和原则，因此描述具有最低程度的解释力。从描述的立场可以看出，世界上并不存在所谓的无偏描述。当人们出于日常生活目的或科学研究目的来描述事物时，都会动用大脑中已有的概念框架来进行描绘。这反过来制约或限制了人们所希望分析的证据类型。例如，对同样一起严重的汽车交通事故，汽车工程师、交通工程师和心理学家可能会有极为不同的描述，这恰恰说明了描述中所隐含的取向或立场。

第五节　因果关系

日常生活中经常涉及因果关系，但是由于日常语言的模糊性，人们往往很难弄清因果关系究竟是什么。例如，人们可以说是贫穷导致了犯罪，道德沦丧造成了离婚，核电外泄引起了“抢盐”。但是这些都没有讲清楚因果关系究竟是怎样的，科学的因果关系需要有更精确和深入的论述。

一、因果关系的含义

有关因果关系的争论由来已久。自从 18 世纪英国哲学家休谟以来，因果关系始终是一个争论不休的概念。有的学者认为，因果关系存在于经验世界或者客观现实中，但是这种观点至今还没有得到令人满意的证明，人们正在努力地寻求这方面的相关证据。还有的学者认为，因果关系并不存在于现实世界中，只不过是人脑的一个心智结构而已，这种心智结构是人们思考世界的便捷通道。

那么，究竟什么是因果关系？所谓因果联系是某一种现象必然引起另一种现象的本质联系，这种联系具有时间顺序性，其中一种现象在前发生，另一种现象随后发生。在现实世界中，原因总是伴随着一定的结果，结果总是由于一定的原因所引起的。原因是引起某一现象的现象，而结果是被某一现象所引起的现象。原因与结果相互依存,共同构成了一个因果系列。

事物具有因果关系需要满足三个基本条件。第一个基本条件是时间顺序,它是指原因必须出现在结果之前,也就是说,由原因引出结果,而不是由结果产生原因。时间顺序是确立事物之间因果关系的必要条件,但不是充分条件。有时人们会根据时间先后顺序来推断因果关系。例如,秋天树叶落下,鸟儿开始迁徙。落叶出现在鸟儿迁徙之前,这是否意味着落叶是鸟儿迁徙的原因?其实这是两件毫不相干的事情。确立因果关系并不容易,尤其对横向研究来说,确定时间顺序是相当棘手的。例如,研究者发现,接受教育较多的人对别人偏见较少。接受更多教育是否会减少偏见?还是偏见较大的人逃避接受教育?这是一个先有鸡还是先有蛋的问题。想要找到答案,研究者就要寻找其他信息,或者设计出一个能够检验时间顺序的研究。确定时间顺序对简单因果关系来说并不难做到,因为简单因果关系是单向的,即从原因到结果。大多数研究所要处理的是单向因果关系。然而,复杂因果关系却很难确定时间顺序,因为复杂因果关系涉及交互因果关系或者同步因果关系。例如,刻苦学习后取得好成绩,但是好成绩也会产生激励作用,刺激更加刻苦地学习。因果理论经常包含了互惠关系或反馈关系,但是这些关系很难加以检验。有些学者将单向关系称为非循环关系,而将互惠关系称为循环关系。

因果关系的第二个条件是两个变量的关联性。当某一变量发生一定的变化时,另外一个变量也随之发生一定的变化,这说明两个变量是相互关联的,存在着共变性,而这种共变性关系在时间上是持续不断的。例如,上一年度某地居民的社会整合对自杀率有显著的影响,但下一年度却没有出现这种影响,因此这种因果关系是不稳定的。共变法的特点是从事物变化的数量或程度来判断因果关系。因此,在运用共变法时,需要对研究对象进行精确测量,由此才能得出可靠的结论。然而,在实际研究中,人们常把相关与关联混为一谈。相关是一个显示关联数量的统计量,代表了两个或多个变量之间关系的程度和方向。而关联则是一般性概念,通常用两个或多个变量同时发生的变化来测量,称为共变(co-variation)。还有,必须把相关与因果关系区分开来。相关是确定变量之间因果关系的基础,但是相关关系并不等于因果关系。例如,A 与 B 相关,可能意味着 A 是 B 的决定因素,也可能意味着 B 是 A 的决定因素,还可能意味着其他变量 X 同时决定了 A 和 B,或者 A 与 B 相关是由人为因素造成的。只有实验才能控制各种条件和影响,最终把变量之间的相关关系确定为因果关系。最后,还要把关联与因果关系区分开来。研究者可能在不同变量之间找到某种关联,但是这种关联并不意味着因果关系。关联是对其他无关原因的排除,但是却无法认定真正的原因。关联是因果关系的必要条件,而非充分条件。这就是说,要确定事物的因果关系,不同事物之间首先要有关联,但是光凭关联还不足以构成因果关系。例如,某位大学生每次周五考试总能得高分,但是每次周一考试都不理想,可见,星期几与考试成绩之间存在着某种关联,但是星期几并不是考试成绩好坏的原因,而真正的原因是,这个学生每个周末长时间做家教到周一考试时已疲惫不堪。

因果关系的第三个条件是排除其他可替代原因。排除其他可替代原因是指,研究者要确定结果确实是由原因而不是由其他因素造成的。这个程序也是排除虚假关系的过程,研究者通常把另一个未被确认的因素所导致的因果关系称为虚假关系。尽管研究者能够观察到时间顺序和关联,但是无法直接观察到排除其他替代原因,只能通过间接方式来做到这一点。例如,某人膝盖痛,天就下雨,这并不意味着关节对天气有什么影响,相对湿度这个第三个因素才是导致膝盖痛和下雨的真正原因。再看一个例子,吸烟与肺癌有关,不过这种关联并不是由第三个独立因素造成的。由于无法弄清这些独立因素的作用,研究者往往很难确定该因果关系的真假。再比如,韦伯提出,新教伦理与资本主义精神之间存在着因果关系,但是,有的学者提出批评,认为这种因果关系是一种虚假关系,因为这两个因素可能是另外第三个因素,即与中央政治控制有关的因素,所产生的结果(Swanson,1967)。研究者可以用以下两种办法来排除其他替代原因:①通过内部的设计控制。研究者在设计研究时,就可以设置某种控制来排除其他替代因素的影响,比如通过创设受到唯一原因变量影响的实验环境来达到这一目的。②通过测量潜在的隐藏原因变量。研究者可通过测量可能的替代原因来排除替代原因,这种做法就是调查研究中常用的控制其他变量的方法。研究者可以用统计技术来确定是否是原因变量影响了结果变量。

二、因果关系的复杂性

在当今社会科学研究中,单一因果关系思维已不常见,多元因果关系具有更多的真实性。多元因果关系意味着有超过一种以上的原因,而一个结果可能有多个原因。"多元原因""连接原因"和"推测原因"都说的是复杂的多元因果关系。在结果方面,许多研究已经从单一结果转到多元结果上,多元结果意味着一个原因可能会产生多种结果。图 5.2 显示了四种不同因果关系的组合和设计。在第一象限,是"多因和单果"的设计,这是定量研究中最常见的设计,它也是多元回归分析方法的基础。在第二象限,是"单因和单果"设计,这是社会科学研究比较过时的设计。第三象限的"多因和多果"设计以及第四象限的"单因和多果"设计是多元因果关系较为复杂的案例。这种复杂的因果关系要求研究者对各种因果关系进行具体的分析,采取适当的分析方法来把握不同类型的因果关系。由于社会现象包含多种因果联系,如果研究者介入到无止境的因果问题中,就会陷入到无止境的第一个原因的争论中。因此,在社会科学研究中,研究者往往把注意力集中在较小的研究范围或领域,用有限的因果框架来解释社会世界,这样做往往是迫不得已,或者出于方便的目的,因为研究者不可能对所有的因果关系进行总体表述。

由于社会世界的极端复杂性和不可重复性,社会研究往往很难确立不同社会现象之间的因果关系,很难从纷繁复杂的社会现象中分离出适当的原因。在这种情况下,研究者可能试图去证明不是原因的因素是原因,这显然是一个

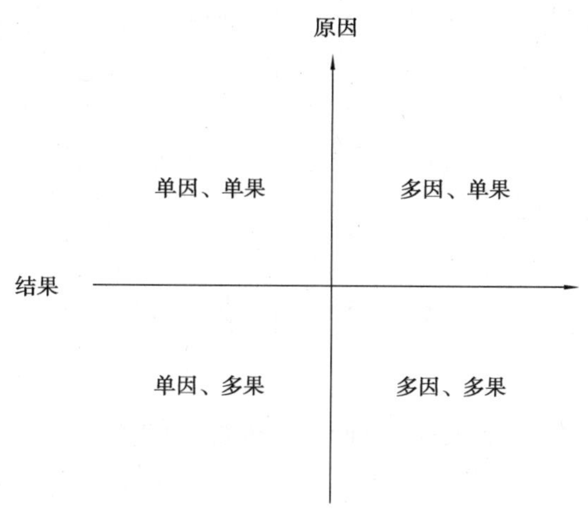

图 5.2 “原因—结果”的不同组合和设计

（来源：Punch，K. F. 社会科学研究法：量化与质化取向，林世华等译，台北：心理出版社股份有限公司，2005 年版，第 91 页）

注定要失败的尝试。尽管研究者在特定情境下能够分离出真正原因或多个原因，但是要准确地把握最终影响因素仍然是相当困难的。主要问题在于，社会研究领域存在着大量的、有时甚至是数不清的可能原因。这是社会理论很难分离出真正原因的一个缘由。在许多情况下，即使研究者假定了真正原因，研究者也往往不能肯定这些原因就是所要找的原因，因为研究者无法精确地控制其他变量或外部环境，而其他未控制的因素会干扰正在确立起来的关系。研究者不可能罔顾伦理道德将现实生活中的一群人放进实验室里，这种局限性往往降低了对变量和环境进行严格控制的条件，将更多的变异性带入最终的研究结果。此外，社会研究是通过实证调查来收集经验数据的，研究者在实地现场往往观察不到哪个因素先发生，哪个因素后发生。由于缺乏时间顺序，研究者很难判定哪个因素是原因，哪个因素是结果，只会简单地把现象之间的关系看成是对称的，而不去详细剖解其中的因果关系。从根本上说，实验法是判定因果关系存在的最好方法，然而，由于无法严格控制环境，实验法在社会研究中往往难以发挥作用。

近年来，针对社会世界因果关系的复杂性，有学者提出了概率性因果关系概念（谢宇，2006）。概率性因果关系不是绝对性的，而是概率性的。概率性因果关系不能进行绝对因果分析，而只能进行相对的平均值分析或趋势分析。社会科学具有变异性，相同的原因可能导致不同的结果。变异可分为总体变异和时间变异。总体变异是不同个体之间的差异，比如，同一个班级学生对同样教学内容有不同的接受程度，有的学生接受快，有的接受慢。时间变异涉及同样个体在不同时间里的差异，比如，在一天不同的时间里，人们的反应和态度不一样。概率性原因强调平均值和趋势。随着样本规模的扩大，因果关系趋向于平均值。概率性原因有两层含义：①有原因并不一定有结果。比如，多子女家庭未必教育水平就低。②没有原因却有结果。比如,吸烟与肺癌之间的关系,肺癌不一定是吸烟造成的,尽管吸烟与肺癌有统计上的因果关系,但是这种因果关系并不是决定性的。此外,需要指出的是,概率性原因并不适用于个案。只有在面对重复事件时,概率性因果关系才有意义。概率论的基础是重复,如果没有重复,就不会有概率,也不会有概率性因果关系。

第六节 抽象程度

在日常生活中,人们经常要处理抽象问题。例如,人们把陶瓷杯子、搪瓷杯子、玻璃杯子、不锈钢杯子或塑料杯子、纸质一次性杯子以及奖杯等概括为杯子。这种抽象撇开或舍弃了事物的具体属性,似乎远离了事物,但实际上更接近于真实。社会研究也要处理抽象问题,不过科学抽象要比日常生活抽象复杂得多。

一、抽象的含义

在社会研究中,所谓抽象是指人们从研究对象中抽取某个属性而舍弃其他属性的思维方法,具体来说,就是把实体某个方面的属性与拥有这个属性的实体本身区分开来。例如,从各种形式、大小、质地和用途的杯子中抽象出杯子概念。抽象主要有三个环节:①分离。对某个事物的特征或属性进行分析或分类,排除其他干扰性因素、特征或属性,暂时不考虑某个事物与其他事物之间的联系。②提炼。对某个事物表现出来的特征或属性进行对比,并联系其他事物的特征或属性进行比较,对各种相似的共同性特征或属性进行归类和提炼。③概括。对某个事物及其关系的主要特征或属性进行整合,从中概述出能反映该事物结构功能特征及其相互关系的基本属性。如果是哲学层面上的抽象,还要进一步对该事物的本质属性及其因果关系进行抽象。

在科学研究中,抽象有多种具体形式,大致可分为以下三种:①表征性抽象。它是对事物表现出来的形状、重量、密度、质量、大小、颜色、温度等外表可感性特征进行抽象,这是对事物表面性特征或属性的抽象,也是一种最低层次的抽象。②结构功能性抽象。对事物及其关系的结构功能性特征进行抽象,比如结构上的疏密性、层次性、中介性或异质性,以及功能上的稳定性、突发性、间歇性或持久性等,这是一种对事物及其关系中级层次的抽象。③本质性抽象。对事物及其关系的本质性特征或属性进行抽象,这涉及对事物及其关系的根本性特征和固有属性,比如必然性、因果性和规律性等,这是一种最高层次的抽象。

不同的抽象形式实际上反映了抽象的层次性,这种层次性可以从低到高呈现在一个连续谱上(图 5.3)。表征性抽象处于这个连续谱的起点,具有最低层次的抽象性,而本质性抽象处于连续谱的终点,具有最高层次的抽象性。各种不同的抽象性程度处于这两个极端之间,对应于这个连续谱上的不同取值点,比如,结构功能性抽象可以置于连续谱的中点位置。需要强调的是,各种抽象性程度在连续谱上的位置是相对的,而不是绝对的。

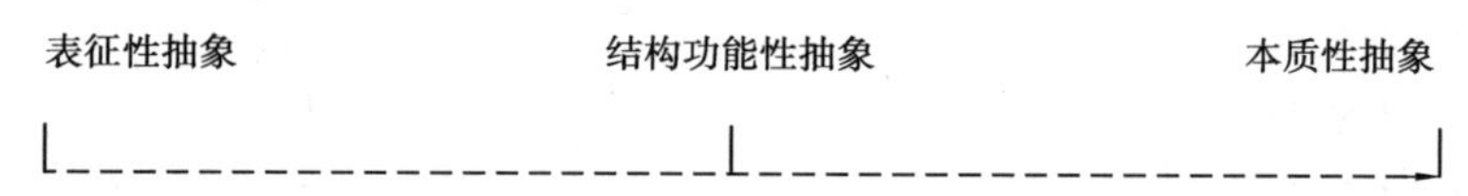

图 5.3 抽象性程度的连续谱

从这个连续谱可以看出,抽象性程度依赖于基础性抽象,即较高水平的抽象要用较低水平的抽象来说明,这表现出一种递进式关系。由此,可以把抽象程度看成是在某个概念之间有多少"亚概念"或次级概念层次,或者这个概念在现实世界上涉及多少层次。概念是主体认识客体的一种语言单元和产物,"亚概念"是指稍低一级概念或次一级概念。概念之间的层次越多,相互关系就越复杂,抽象程度就越高,离感知对象就越远。有些概念能够直接观察到,比如一只杯子或一棵树,这些概念就属于较低抽象程度概念,而有些概念无法直接观察到,比如正义和爱,这些概念就属于较高抽象程度概念。

二、抽象的层次性

可见,抽象程度与概念的层次性有关。如果一个概念不指涉其他概念就不能被理解,那么它就是一个更高抽象水平的概念。而较低水平概念是较高水平概念的构成单元,人们往往以较低水平概念为构成单元形成较高水平的概念或更宽泛的概念。比如,桌子是对餐桌、书桌和电脑桌等多种桌子的抽象概括,它舍弃了形状、大小和质地等特征,它所表达的意思可以指向特定的知觉对象。而家具则是对桌子等一套家庭用品的进一步抽象,但是家具并没有具体的知觉对象,家具的意思需要在弄清其构成概念的意思后才能得到理解。概念通常由若干"亚概念"组成,具有一定的取值范围,如岁数就是年龄的"亚概念",年龄是一个由许多不同岁数所构成的连续谱,比如 1 岁、10 岁、20 岁…… 100 岁等。在一个连续谱中,有两个或以上取值的概念被称为变量,只有一个取值的概念被称为常量。

概念具有两个特点,一是有意义性,二是可沟通性。概念是有意义的,因为概念具有某种约定俗成的含义或意思。概念又是可沟通的。因为概念的意思为人们所共享,可传递某种信息,达到人际沟通和交流的目的。可见,概念既有意义又是可沟通的,这两点是密切相关的。例如,只要听众听懂了演讲者所表达的意思,那么演讲就实现了人际沟通的目的。又如,病人向医生诉说头疼或恶心,这些概念在一定程度上反映了病人的感受,使它们所描绘的症状能够进行有意义的沟通。由于人们将概念的用法和意思视为当然,因此在实际交流中很少去细想其潜在的沟通特性。

一般而言,概念是用来沟通意思的,但是,也应该看到概念沟通上的复杂情况,因为同一个概念可以在不同语境或环境下表达不同的意思。例如,"爱"的概念在下列情境中有五种不同的意思。

我们相爱
我们爱人类
我们爱动物
我们爱吃中国菜
我们爱开快车

"爱"是一种炽热的人际情感,可以被界定为对动物或物品的深厚情感,也可以被界定为一种偏好或爱好,比如,爱吃中国菜等。当然,也会出现这样的情况,人们似乎在使用不同的概念,但实际上却指涉同样的概念,因为他们谈论的是同一个东西,比如,互联网、万维网、网络、在线、网上等。不过有些概念看似熟悉,却不容易理解,如文化、个性、领导力、激励、社会阶层、家庭生命周期等。在现有研究文献中,"个性"概念有400多种定义,而文化概念也有近200种定义。

概念不同层次的含义,反映了不同层次的抽象性。概念越是抽象,含义就越概括,人们就越容易忘掉它们。日常生活用语属于较低的抽象层次,具有通俗易懂性,人人都理解,一看就明白。但是,日常概念具有模糊性,不易准确地表达思想,理解起来容易产生歧义。专业性概念很少直接来自日常概念,研究者往往自行创造一套概念来表述自己的思想,以避免这种歧义性。专业性概念或术语往往涉及抽象层次较高的概念,不是一下子就能理解的。只有经过系统的专门训练,才能在一定程度上把握和运用抽象程度较高的专业性概念。哲学概念的抽象程度最高,需要经过系统的、长期的专业思维训练才能加以掌握和运用。

命题一般是用抽象概念来表达的。作为理论的一个组成部分,命题是对两个或两个以上概念或变量之间关系的详细说明。在有些情况下,由于无法用经验证据来确证抽象程度较高概念之间的联系,因而命题所涉及的因果关系无法加以确证。例如,医生能够获得足够证据来证明病人的呕吐是由细菌感染或遭遇车祸引起的,但是,相比之下,研究者很难收集充分的证据来验证像"人的生命意志多少影响了人的疾病"这样的命题,因为该命题中的概念"生命意志"抽象程度相当高,几乎无法测量,而收集全人类数据也几乎是无法实现的。

由于概念具有抽象性,因此人们理解起来就会有差异。例如,人们能够毫不费劲地理解"杯子"和"狗"的意思,但是,核物理学所使用的"介子"概念究竟是什么意思?意大利语所使用的"Bella figura(漂亮外表)"概念究竟是什么意思?由于这些概念比较抽象,人们往往不能理解它们的意思。在这种情况下,人们就需要借助其他概念来理解这些概念的含义。这就是说,高度抽象的概念无法进行自我说明,必须通过其他相关概念才能加以理解。例如,为了说明"杯子是什么",可以拿出一只杯子,并解释说:"这是一只杯子!"或者,用文字解释:"杯子是用于喝水目的的容器。"为了弄清杯子的意思,可能就要弄清"容器"和"饮水目的"这两个相关概念的意思。如果不这么做,就要借助更多的"亚概念"来弄清这些概念的意思,或者直接演示用杯子喝水的动作,从而直观地表达这个意思。即使某些最不熟悉的概念,人们也能用不同层次的"亚概念"来逐步弄清它们的意思。

理解抽象程度一个最简单方法是,向异族文化来客解释某个陌生概念需要用多少个句子。例如,就“杯子”而言,只需要两个句子就可以讲清楚“杯子”的意思。但是,对于更抽象的概念,就需要用更多的句子。例如,“爱”的概念涉及“一个人对另一个人或物的炽热情感”,“炽热的”意味着一种强烈的感情,而“情感”是人自身需要是否得到满足的一种“态度体验”,而“态度体验”又意味着……这就需要用许多句子来表达“爱”的意思。显然,这里“爱”的概念与“杯子”概念有不同的抽象水平。由于“爱”的概念比“杯子”概念来得更抽象,因此,“爱”的概念不可避免地需要进行更多的解释。

三、抽象与操作化

为了更好地理解抽象程度,还要区分“概念定义”和“操作定义”。“概念定义”通常采用“种”加上“属差”的办法,用多个“亚概念”来对概念进行界定。例如,“杯子”的“概念定义”是“用于喝水目的的容器”。“操作定义”需要将抽象的概念具体化,通常提供一个客观参照物(objective referent)、知觉对象或可观察的实例。“杯子”的“操作定义”往往会提供一个杯子的例子。在回答“X 是什么”的问题中,“概念定义”会用“一个 X 是……”等相类似的句式来进行表达,而“操作定义”则被表述为“这是一个 X”并提供一个 X 的例子。当然,有些概念因为抽象程度太高而无法给出一个具体参照物,也有的概念因为研究者采用不同的测量方法而有不同的操作定义。例如,正义、文化、个性等概念因很难可视化而无法给出客观参考物,甚至得出不同的操作定义,这类抽象概念就被称为“结构”(参见第十一章第四节的“结构效度”部分)。尽管如此,操作定义必须以既有研究文献为依据,具有一定的逻辑性和合理性。

值得一提的是,操作定义还要与研究对象特定的社会文化背景相一致。例如,研究者可能把“正规教育年限”用作受教育程度的操作定义,但是这个操作定义可能低估了某些特定人群的实际受教育经历和知识水平,因为不少人通过上网学习、“在家教育(home-schooling)”、生产劳动、拜师学艺等许多非正式途径获得了不俗的知识水平和技能,对这部分人来说,受教育程度还应该包括通过非正规教育途径所获得的知识和技能。

操作定义实际上是将观念层面的抽象概念转换成实证层面的具体实物,实现测量与真实之间的“同构(isomorphism)”。所谓同构是指形式或结构上的一致性或相似性。研究者通过测量来探知真实的构形(configuration),以获得对真实现象更深入的理解。由于同一个概念可能包括多个次级概念,因此就需要若干个操作定义来涵盖这些次级概念。研究者基于经验判断、逻辑推理或相关文献所给出的操作性定义可能是完全正确的,也可能是部分正确甚至是错误的。例如,某公司在工作绩效考核中,列出了学历、完工件数和婚姻状况等评分栏,就学历而言,高学历并不表示高工作绩效(部分正确),完工件数与工作绩效有密切的关系(完全正确),而职工婚姻状况则与工作绩效无关(错误)。为了正确地理解真实的概念结构,就需要给出正确的操作性定义,以实现同构的要求。

本章小结

社会科学方法论的基本问题涉及社会研究所采取的基本立场、出发点和基本关系，以及指导人们从事社会研究的基本规范、原则和准则等。社会科学方法论的基本问题包括主体和客体、主位和客位、客观性和价值观、解释水平、原因和结果、抽象程度等。这些基本问题是研究者在思考问题和实际研究过程中必须要回答的问题。

在方法论上，主体是指认识活动和研究活动的承担者，即具有自我意识或一定认知能力并以研究活动作用于客体的人或研究者。主体具有两个方面的特点：①主体具有自我意识，②主体能主动发出动作。所谓客体是与主体相对应的概念，涉及主体从事研究活动的对象。与主体相比，客体具有三个方面的特点：①客体是主体认识和作用的对象，②客体是主体认识活动的产物，③客体是主体认识的极限。主体和客体都以对方为自己存在的前提和条件，它们是在彼此互动中不可分割地联系在一起的。客体只有通过主体才能被认知，而主体只有对客体施加动作时，才能认识对象和自己。认识既不发生在主体，也不发生在客体，而是发生在主体与客体之间的相互作用之中。认知客观性是通过逐步接近客体而实现的。

主位和客位是社会研究的基本立场、视角和方法。主位是指研究对象自己对事物的看法、分类和解释。客位是指调查者等外来人员对事物的看法、分类和解释。主位研究法又称为"自观研究法"，即站在局内人的立场上看待所研究的文化，它主要与整体归纳范式特别是解释社会学范式有关。客位研究法又称为"他观研究法"，即站在局外人的立场上看待所研究的文化，它主要与实证主义取向有关。主位研究和客位研究是田野调查的两个视角，各有优势和不足，不能说某种角度比另一种角度更好。在实地调查过程中，很难有完全的"主位研究"，也很难有完全的"客位研究"，两者的差别只是程度性的，不是绝对意义上的。

客观性和价值观是两个相伴相生的概念。所谓客观性是指知识内容或研究结果独立于研究者主观思想的特性。客观性有三个主要维度：①客观知识是关于对象的知识，②这种客观知识是可以获得的，③客观性不会因世界观差异而有所改变。在社会研究过程中，有两种方法来区分主观性与客观性：①如果一个命题或概念通过了逻辑相关检验、一致性检验和清晰检验，那么这个命题或概念就是客观的。②如果研究者愿意将其陈述进行逻辑相关检验、一致性检验和清晰检验并遵从检验结果，那么它们就是客观的。

所谓价值观是人们对好与坏、对与错和应该与不应该等道德判断的系统观点。不同的人具有不同的价值观。在科学研究中去除价值判断是社会学发展中一种占优势地位的观点。但是，越来越多的社会研究者反对这种将价值观与研究过程分开的做法。文化、历史和利益是影响价值观的三大背景性因素。在社会研究实践中，价值观几乎影响到研究过程的每一个阶段，在确定研究问题，设计研究方案，收集数据的过程，对数据的解释以及对研究结果的应用上，都可以找到价值观的影子。

在众多解释中，科学解释是唯一为人们普遍接受的解释。所谓科学解释就是对事物及其过程进行概括或抽象，从逻辑上说明这些事物有什么联系、如何有联系、为什么有联系。社会研究有五个不同的解释水平，分别依次为因果理论、定律、模型、分类和描述。因果理论是最有解释力的，因为它对"为什么"问题提供最完整的回答并确定了事物产生所要满足的条件。定律是被经验证实了的两个或多个变量之间重复发生的关系，具有较低的解释力。模型以一种简化形式展示不同事物及其关系的结构。分类处于单个概念与理论之间的中间状态，其解释力更低。描述是基于某个立场对现有事物或现象进行描写和叙述，告诉人们发生了什么。

所谓因果联系是某一种现象必然引起另一种现象的本质联系。因果关系需要满足三个基本条件:①时间顺序,②两个变量相互关联,③排除其他可能的替代原因。社会科学研究面临的是多元因果关系,单一的因果关系思维已不常见。多元因果关系意味着有超过一种以上的原因,而一个结果可能有多个原因。社会科学研究往往很难确立各种社会现象之间的因果关系,从中找出或分离出适当的原因。

抽象是指人们从研究对象中抽取某个属性而舍弃其他属性的思维方法。抽象有三种形式:①表征性抽象,②结构功能性抽象,③本质性抽象。不同的抽象形式实际上反映了抽象的层次性,这种层次性可以从低到高呈现在一个连续谱上。抽象程度可以被定义为,在某个概念之间有多少"亚概念"层次,或者这个概念在现实世界上涉及多少层次。概念反映了不同层次的抽象性,概念越是抽象,含义就越概括,人们就越容易忘掉它们。由于概念具有抽象性,因此人们理解起来就会有差异。理解抽象程度一个最简单方法是,向其他文化来客解释某个陌生概念需要用多少个句子。区分"概念定义"和"操作定义"有助于更好地理解抽象程度。

思考题

1. 什么是社会科学研究的基本问题?
2. 试述主体的基本预设和客体的基本预设。
3. 主位研究方法和客位研究方法各自的优缺点是什么?
4. 在社会科学研究中,如何把主观性与客观性区分开来?
5. 联系实际,谈谈如何在实际研究中控制价值观的影响。
6. 为什么说描述具有最低程度的解释力?
7. 因果关系需要满足的三个基本条件是什么?
8. 试述"概念定义"与"操作定义"的区别。

讨论题

1. 联系某个定性研究项目,谈谈如何处理主位和客位这两个不同的视角。
2. 如何理解价值观在社会研究中是挥之不去而又难舍的东西。

参考文献

艾尔·巴比.1987.社会研究方法[M].李银河,编译.成都:四川人民出版社.

伯威兹·加瑞,谢尔·格朗霍格.2007.经营研究方法实践指南[M].熊剑,江伟,等,译.大连:东北财经大学出版社.

陈向明.1999.质的研究方法与社会科学研究[M].北京:教育科学出版社:135-137.

迪姆·梅.2009.社会研究:问题、方法与过程[M].李祖德,译.北京:北京大学出版社:44-56.

福尔迈.1994.进化认识论[M].舒远招,译.武汉:武汉大学出版社:43-51.

盖尔·詹宁斯.2007.旅游研究方法[M].谢彦君,陈丽,译.北京:旅游教育出版社:122-125.

高家方.1999.谈认识论上的主客体及其与主客观的关系[J].东北师大学报:哲学社会科学版(3).

何云峰.2001.从普遍进化到知识进化:关于进化认识论的研究[M].上海:上海教育出版社:58-65.

基斯·F.庞奇.2005.社会科学研究法:量化与质化取向[M].林世华,等,译.台北:台北心理出版社股份有限公司:81-93.

肯尼斯·S.博登斯,等.2008.研究设计与方法[M].袁军,等,译.6版.上海:上海人民出版社:38-41.

劳伦斯·纽曼.2007.社会研究方法定性和定量的取向[M].郝大海,译.5版.北京:中国人民大学出版社:

61-64,71-76.

马丁·丹斯考姆. 2007. 做好社会研究的 10 个关键[M]. 北京:北京大学出版社:144-159.

马克思·韦伯. 1999. 社会科学方法论[M]. 北京:中央编译出版社.

米勒和萨尔金德. 2004. 研究设计与社会测量导引[M]. 6 版. 重庆:重庆大学出版社:42-49.

皮亚杰. 1981. 发生认识论原理[M]. 北京:商务印书馆:103.

齐振海. 1988. 认识论新论[M]. 上海:上海人民出版社:33-39.

石向实. 2006. 认识论与心理学[M]. 北京:东方出版社:127-145.

舒炜光. 1990. 科学认识论:第一卷[M]. 长春:吉林人民出版社:206-236.

唐·埃思里奇. 2007. 应用经济学研究方法论[M]. 朱钢,译. 北京:经济科学出版社:60-62.

韦尔海姆·狄尔泰. 2004. 人文学科导论[M]. 北京:华夏出版社.

威廉·威尔斯曼. 1998. 教育研究方法导论[M]. 袁振国,主译. 北京:教育科学出版社.

谢宇. 2006. 社会学方法与定量研究[M]. 北京:社会科学文献出版社:40-49.

修·高奇. 2005. 科学方法实践[M]. 北京:清华大学出版社:27-33.

余炳辉. 1986. 社会研究的方法[M]. 杭州:浙江人民出版社:13-18.

岳天明. 2005. 浅谈民族学中的主位研究和客位研究[J]. 中央民族大学学报:哲学社会科学版(2).

张华,完权. 2007. 论人文社会科学的科学本质[J]. 理论导刊(11).

Bailey K D. 1992. Typoligies. Encyclopia of sociology, Vol. 4, edited by E. and M. Borgatta[M]. New York: Macmillan:2188-2194.

Feynman R P. 1999. The pleasure of finding things out: The best short works of Richard P. Feynman[M]. Cambridge, MA: Perseus Publishing.

French C E. 1971. Agricultural economics, 1971-1986, or some nasty illustrations of what you are getting yourself into[J]. Presentation to the International Graduate Seminar, Purdue University, Aug, 12.

Harris M. 1964. The nature of cultural things[M]. New York: Random House.

Hesse M. 1980. Revolution and reconstruction in the philosophy of science[M]. Bloomington, Indiana: Indiana University Press.

Haig B D. 1997. Feminist research methodology. In J. P. Keeves (Ed.), Educational research methodology and measurement. (2nd ed.)[M]. New York: Pergamon: 297-302.

Lewins F W. 1992. Social science methodology[M]. South Melbourne: Macmillan:19-40.

Longino H. 1992. Can there be a feminist science? [M]// In A. Garry and M. Pearsall (eds.). Woman, knowledge and reality: explorations in feminist philosophy. London: Routledge.

Pike K. 1954. Language in relation to a unified theory of the structure of human behavior, Volume 1[M]. California: Summer Institute of Linguistics.

Piaget, J. 1977. The role of action in the development of thinking[M]//In W. F. Overton, J. M. Gallagher (eds.) Knowledge and development. Vol. 1. Advances in research and theory. NY: Plenum:17-42.

Randall A. 1974. Information, power, and academic responsibility[J]. American Journal of Agricultural economics. 54:227-234.

Simkin C. 1993. Popper's view on nature and social science[M]. Leiden, the Netherlands: E. J. Brill.

Swanson G. 1967. Religion and regime: A sociological account of the reformation[M]. Ann Arbor, Michigan: University of Michigan Press.

社会科学研究中的理论 6

社会科学研究几乎每一步都要涉及理论,理论在社会研究中发挥着不可替代的作用。那么,理论究竟是什么?好的理论标准是什么?理论有哪些类型?如何验证或建构理论?这些都是争论已久的问题。本章试图在厘清理论概念的基础上,对理论本身进行了界定,探讨好的理论的判断标准,从三个维度对理论进行分类,探讨理论检验和理论建构这两种不同的逻辑,最后,从广阔的视域上对理论在社会科学研究中的不同作用进行探讨。

第一节 理论的含义

理论一词经常出现在日常生活中,人们常说:"关于那件事是如何发生的,我有一个理论。"思考和归纳是人类的天性,人们会根据各种思考提出许多理论,其中一个人的理论可能与另一个人的理论相似,探讨所有相似的理论是毫无意义的。因此,有必要将理论从日常生活中提升出来,置于科学思考的基础上。与日常百姓理论不那么严谨完整相比,科学意义上的理论服务于特定的研究目的,以系统的方式解释了事物或现象之间的关系。然而,在专业学术领域,理论也常常被误解和误用,不少人把教科书看成是理论,而把日常生活看成是实践。学生可能把自己所引用的文献称为"理论"。尽管某本书充满了理论,但是学生可能认为它的理论性不强,因为该书给出了许多实践性建议。

一、理论的定义

科学理论对世界上所发生的各种现象提供系统性解释。研究者经常引用牛顿发现万有引力故事来说明这个问题。牛顿坐在苹果树下休息,看到一个苹果从树上掉下来,引起了他的注意,就开始研究为什么物体只掉落在地下,而不上升到天上,结果提出了著名的万有引力定律。牛顿经典力学理论是自然科学的理论,因为它解释的是自然现象。如果某个理论解释了人类社会为什么会出现贫富分化现象,那么,这个理论就是社会科学理论。社会科学理论与自然科学理论之间的差别在于,前者试图解释人类社会世界,而后者试图解释人类生存其中的自然界。

那么,究竟什么是理论?理论由一系列具有内在逻辑联系的命题所构成,是关于各种事物或现象的系统性解释。这个定义表明:①理论是对各种事物或现象的解释,涉及自然、社会和思维等各个领域,科学理论包括了自然科学理论、社会科学理论和思维科学理论。②理论提供的解释不是零碎和无序的,而是高度有序、有结构性、有条理性的。理论解释往往是一个自洽的知识系统。③理论是由一系列命题构成的,命题揭示了事物或现象之间的关系,各种命题不是毫不相干或彼此孤立的,而是有内在逻辑联系的。

科学理论具有以下三个特点:①理论的目的在于揭示特定事物或现象之间的科学关系,这些关系是通过观察和逻辑而建立起来的,它说明各种不同的事物或现象是如何相互影响和相互作用的。②理论所揭示的科学关系是一种抽象化的理性认识,而不是一种通过感官而直接观测到的感性认识,这种科学关系必须通过数据分析或归纳才能推论出来。③理论必须得到检验,至少最终是能够加以检验的。尽管有些理论出于各种原因而无法得到检验,但是只要是内在可检验的,就不失为是一种理论。

根据以上有关理论的定义,可以将社会理论定义如下:以一系列具有逻辑联系的命题形式对社会世界或社会现象所作的系统性解释。社会理论是人们对社会世界进行思考的思想成果,具有深厚的历史渊源。马克思、韦伯、涂尔干是三大经典社会理论家,他们提出了具有原创性的社会理论,为社会理论的产生和发展奠定了基础。人们研究经典理论家,因为他们所提出的一些概念和思想,仍然激发社会学的想象力。

二、理论的结构

理论是对特定现象的系统性解释,这种解释具有一定的结构。理论的基本构成要素是预设、概念和命题。

(一)预设

理论通常有一些关于事物特性的预设(assumption),这些预设限定了理论只在一定的范围内有效。所谓预设是一些没有明确说出来的有关理论生存的条件。如果具备这些条件,理论就会存在,如果缺少这些条件,理论就无法存在,甚至发生错误。预设是理论的根基,是不用证明就可以接受的东西。预设是理论的一个组成部分,但却不是理论本身。预设不能说有对错,因为无法观察或检验预设的对错。如果预设可以检验,那就不是预设了。预设要符合现实才能发挥作用,如果预设离现实太远,那么就没有太大的价值,就要重新设定预设。

预设往往是隐含的、没有说出来的东西。研究者可通过确认某个概念所依据的预设来深化对这个概念的理解。预设是必不可少的起始点,对研究问题具有直接影响和制约作用。这是因为预设规定了理论体系和研究活动的基本特征和逻辑起点，往往在逻辑上包含了理论的主题和研究方向。例如，结构功能主义是一个重要的社会学理论，该理论的预设是：①社会是由相互依存的个体组成的，每个个体都在发挥维持社会稳定的功能；②社会变化是相当微小和缓慢的；③冲突和突变是一种反常，必须加以消除。当人们违反其中任何一项预设时，结构功能主义理论就会失去效力，换言之，结构功能主义只有在预设所规定的有效条件范围内才能成立。应该看到，这样的理论预设不是为了检验，而是为了说明该理论所适用的范围。如果理论预设没有得到清楚地说明，就有可能被错误地检验和应用。

在社会研究中，往往会忽视理论的预设，结果造成了理论检验和应用上的混乱，把理论应用到不该应用的范围。可见，弄清理论背后所隐含的预设是非常重要的，如果外部环境有悖于一个或多个理论预设，那么这样的理论应用就是不适当的。违反理论预设未必会对理论的有效性产生异议，但是，弄清预设会促进适当的理论检验和运用。

（二）概念

概念是理论的砖块。概念是用符号或文字表达出来的想法或名称。自然科学的概念常用符号来表达，而社会科学概念常用文字来表达。概念通常由定义和符号（字词）构成。只有在概念得到界定以后，才会有意义。人们也正是根据概念的定义来理解概念所表征的东西。概念既可以用来表示有形的物体或现象，比如房屋、桌子和书籍等，也可以用来表示无形的事物或现象，比如爱、幸福、社会经济地位等。

概念有多种来源。首先，概念来源于经验。一方面，人们通过对周围事物的观察创造了概念，比如孩子从父母那里学会“高度”概念。父母通常不会像字典一样给出“高度”定义，而是通过反复的举例、观察和纠错让孩子知道什么是“高度”。另一方面，人们通过经验中得来的简单概念来创造更抽象的概念。比如，从日常经验中的“顶端”或“底部”概念得出更抽象的“高度”概念，因为“高度”是无法直接体验的维度。

其次，概念来源于生活用语。生活中有许多用语，比如集团、社会和文化，这些用语是传统性的，构成了社会学概念重要的材料来源。像青少年和大众传媒等用语已被理论借用。需要指出的是，尽管日常生活充满了各式各样的用语，但是这些概念语意模糊不清，经常会产生误解。如果在沟通时发生困难，就要对有关概念进行界定，或者修正这些概念并增添新的内容，以达成对这一概念的共同理解。

再次，概念来源于研究者的发明。为了避免日常用语的模糊不清，研究者往往会创造出一些专用概念或专门术语。当研究者通过研究发现某些还没有被命名的社会现象，就可以用新的概念来指称这些现象。比如，经典社会学家发明了许多专业性概念，包括性别角色、生活方式、同龄群体、都市扩展和社会阶层等。

最后,概念还可以从概念中生成。例如,当研究社会经济地位这个概念时,社会学家试图弄清社会经济地位中一个变量较高(如教育)而另一个变量较低(如职业)的情况,这个差距成为一些理论关注的焦点,并得出一个新的概念"地位差异性"。在研究人际交往时,社会学家观察到,同样经济地位的人往往相互来往。在社会交往中,有些人的经济地位是相同的,而另一些人的经济地位不同,比如:具有大学学历、年薪3万元的银行经理与年薪只有6 000元的图书馆保安之间的交往就是经济地位差异的一个实例。为了防止与"社会地位差异性"这个习惯用法混淆,社会学家由此提出了"异质性"概念。

概念可以分为变量和常量两种类型。所谓变量就是有两个或两个以上不同取值的概念,比如"性别"包括"男性"和"女性"两个取值。常量就是只有一个固定不变取值的概念,比如一年有365天。可以用变量的语言来表述社会理论,通过描述不同变量之间的关系来揭示事物的性质。变量又可分为自变量和因变量。所谓自变量就是引起其他变量变化的变量,而因变量是受其他变量影响的变量。当一个变量的变化引起另一个变量的变化时,就形成了某种因果关系。

(三)命题

如果概念是理论的砖块,那么命题(proposition)就是理论的构架。命题是对两个或两个以上概念或变量之间关系的详细说明。命题是理论表达关系的一种形式,这种关系的表达格式有:"A越大,B亦越大","A的增长与B的下降相关"。如"金融危机增加了白人对黑人的暴力行为"。有点两个变量的命题叫双变量命题,如"城市人口密度越高,犯罪率就越高"。有关两个以上变量的命题被称为复变量命题,如"城市人口密度越高,文盲率越高,犯罪率越高"。

根据命题表达关系的性质,可以将命题分为假设(hypothesis)、公理(axiom)、经验概括(empirical generalization)三种类型。所谓假设就是没有得到经验数据验证的变量之间关系的陈述。简单地说,假设就是未经验证的理论。假设能够以可检验方式预测两个或多个变量之间的关系,简言之,如果研究者认为两个事物之间存在着某种关系,就能够以假设的形式来表述这种关系,然后用相关证据来进行检验。假设要得到检验,就必须尽可能地表达精确,比如,"智商越高,越不幸福"就是无法进行验证或证伪的假设,因为智商和幸福这两个概念需要加以操作化,以得到更精确的测量指标。不过,如果研究者用IQ来测量智商,用一系列等级指标来测量幸福,上述假设就可以表述得更精确:IQ测量分数越高,幸福等级就越低。这样表达的假设就可以用调查数据来检验。假设一般来源于理论、日常生活经验、前人的研究成果、流行观点的启发以及定性数据分析的结果。

公理处于理论的最高层次,是高度抽象的陈述。所谓公理是经过长期反复检验为真,无需其他判断来证明的命题。例如,"人性是善的",还有形式逻辑的三段论:如果对事物的总体有所断定,那么对其部分也就有了断定。公理是理论的出发点,所有其他命题都可以由此推演出来。公理的正确性是由定义或假定而来的,无法进行经验检验,只能通过逻辑推论得到部分证明。在社会理论中,公理往往是理论演绎系统的初始命题，这样的命题无需得到其他命题的证明，相反它们是推出其他命题的基本命题。

经验概括处于理论的最低层次，经验成分较多，抽象程度较低，是一个具体的简单关系。所谓经验概括是人们对经验材料进行分析和归纳所获得的初步结果。经验归纳不同于假设，不是先假设某种关系存在，然后再进行检验，而是先观察到某种关系的存在，然后再进一步得出结论。经验概括也不同于公理，它不是由公理推论出来的，而是从大量的经验材料中归纳和提炼出来的。例如，“城市住宅密度增大，犯罪率会上升”就是一个经验概括。人们基于过去经验、实际观察和新闻阅读，就能得出这一概括。当然，这种经验概括只是初步描述了住宅密度与犯罪率之间的关系，如果要把这种初步描述上升到更抽象的、更普遍的理论命题，就要经过实证调查数据的验证。

第二节 “好”的理论的标准

社会科学研究经过多年的积累，形成了一系列具有一定解释力的理论。然而，随着时间的推移，有些理论经受住了时间的考验，而另一些理论却逐步淡出了人们的视线。什么样的理论才算是一个“好”的理论？一个理论能否历尽沧桑而岿然不倒，这主要取决于理论自身的性质。这些性质主要有以下五个方面。

一、解释数据的能力

一个好的理论首先要能够解释专业学科领域的大多数数据。从理论上讲，好的理论应该能够解释所有的数据，而不是大多数数据。但是，由于有些数据是不可信的，因此只好求其次，只要求解释大多数数据就行了。一个理论不能解释有问题的数据，这是可以理解的。但是，如果一个理论不能解释学科领域出现的事实，那就是严重的问题了。因此，有必要严格划定理论的适用范围。如果理论的目的是为了解释人际互动，那么它不能解释社会变迁是无可厚非的，因为社会变迁显然超出了这个理论的适用范围。

二、逻辑的自洽性

好的理论第二个标准是逻辑上的自洽性。所谓逻辑的自洽性是指理论在总体上要保持逻辑上的一致性，避免逻辑上的矛盾性。通俗地讲，理论要在总体上自圆其说，在局部上不能有任何逻辑矛盾。逻辑的自洽性还要求理论在同样的前提下统一地解释社会现象。这就是说，理论在揭示社会现象背后的原因时，必须以同样的原因去解释所有类似的社会现象，而不能在出现无法解释的“反常”社会现象时，任意添加特设性条件以逃避被证伪。

三、可检验性

一个好的理论必须达到的第三个标准是可检验性（testability）。一个理论如果能够经得起实证数据的检验,那么就是可检验的。这就是说,这个理论说明了在某个特定条件下会出现的结果。如果这些结果没出现,那么这个理论就被否定了。例如,弗洛伊德关于人格精神动力学理论,为许多人格特质和人格失调现象提供了解释,但是这些解释过于复杂,结构松散,不能在实证层面上形成可检验性命题。如果一个人被观察到既吝啬又顽固,那么根据弗洛伊德理论,这是未能顺利度过性欲发展的"肛门期"所致。但是,同样的解释也可以用来说明截然相反的现象。弗洛伊德并没有说明特定情况下的人格特质是由何种机制造成的。如果某个理论提出了一种解释看似合理但又无法与观察结果相吻合,那么这个理论可能就是一个不可检验的理论。

四、表述的简约性

好的理论的第四个标准是表述上的简约性。简约性说的是,在许多与数据拟合较好的理论中,研究者会选择最简约的理论。简约性标准来源于中世纪英国哲学家奥康,奥康十分看重亚里士多德的一条重要原则:"实体决不增加超过必要的限度。"奥康对此进行了提炼,形成了著名的"奥康剃刀(Occam's razor)"原则:应该用最简单的话和最少的假定来解释问题,这个原则就是人们所信奉的节俭律(law of parsimony)。它说的是,一个理论应该用最简单的话和最少的假定来解释本领域的现象。如果两个相似的理论对同一个现象进行了解释,那么按照节俭律,就应该采用最简约的理论而放弃更复杂的理论。简洁、经济和优美是一个好的社会科学理论必须具备的品质。社会理论应该以最简约的概念或命题来表述观点,摒弃人为添加的华丽用词,以便用最少的语言表达最丰富的思想。

五、预测的准确性

一个"好"的理论应该能够对未来作出准确的预测。如果某个预测是简单和宽泛的,那么这种预测比猜想好不了多少,也不会对人们的行动有太大的帮助。一个"好"的理论应该能够超越原有的现象而准确地预测新的现象。从严格意义上讲,被预测的现象不一定是未被观测到的现象,而是早先没有留意或想到的现象,所以说是新的现象。例如,爱因斯坦相对论对很多自然现象做了预测,基本上与牛顿力学的解释和预言相一致。但是,爱因斯坦理论对牛顿理论的超越在于预言了新的现象,因为牛顿从未预测过这样的现象。相对论对"时间差"的预测是:假如两只完全准确的钟有相同的时间,其中一只被发射到太空轨道上,而另一只则留守在地球上,那么,与地球上的钟相比,轨道上的钟变慢了。研究者用超级准确的原子钟验证了爱因斯坦的"时间差"预言。

总之,一个好的理论应该具有解释数据的能力、逻辑上的自洽性、可检验性、表述的简约性和预测的准确性等特性。就上述这些特性而言,自然科学理论往往要比社会科学理论做得更好。因为物体的运动总是比人类的行为要简单得多。从这方面来讲,社会科学要提出完美的理论是非常困难的。迄今为止,所有的社会科学理论都是争鸣性理论,还没有一个社会理论能够从整体和细节上对人类行为的真正本质提出系统性解释。如果一个理论的预测相当准确,要么是因为这个理论所涉及的范围非常有限,要么是因为这个理论涉及众多变量而变得极端复杂。

可见,大多数社会科学理论算不上完美的理论,这并不代表这些理论就不是“好”的理论。对理论价值的真正检验在于它的主题是否重要,以及它在何种程度上接近于完美理论。如果理解人类的行为是重要的,那么构建相关的理论也是重要的,即使这些理论可能并不是很完美。

第三节 理论的类型

理论是对各种事物或现象的一种系统解释,但是理论解释也不是整体划一的,因为可以从多个方面对理论进行分类。表达形式、描述水平和解释层次是三个常用的理论分类维度,根据这些维度,可以将理论分类为:①定量理论和定性理论,②描述性理论、类比性理论和基础性理论,③微观理论、中观理论和宏观理论。

一、定量理论和定性理论

根据理论表达形式可以将理论分类为定量理论(quantitative theory)和定性理论(qualitative theory)。

所谓定量理论是用数学来表达的理论,理论中的命题、变量和常量及其相互关系都是用数字来表达的。只要将特定的数字带入定量理论公式,便可获得相应的结果。研究者也可通过设置特殊条件并观察输出中是否有特定数值的方式来检验理论。诺曼·安德森(Anderson,1968)所提出的信息整合理论就是定量理论的一个实例。安德森试图用这个理论来解释如何将各种不同的原始信息数据整合成一个总体印象。比如,某人总体印象可描述为热情或冷漠,诚实或不诚实,关心人或不关心人,等等。该理论要求按一定比例和权重来处理每个信息数据,将每条信息按特定的权重与比例进行数学组合而形成一个整体印象。

与定量理论不同,定性理论是用文字而不是用数字形式来陈述的理论,定性理论是大多数社会科学理论所采用的形式。乔姆斯基(Chomsky,1965)的语言获得理论就是定性理论的一个实例。该理论认为,儿童是通过分析所听到的语言来获得语言的,因为儿童会加工所听到的语言,并从中归纳出语言规则。儿童会在大脑中形成语言如何工作的假设,然后再在现实中去检验这些假设。这个理论并没有用数字来表达语言获得的参数,而用文字来说明对语言起着决定性作用的重要变量。

二、描述性理论、类比性理论和基础性理论

描述水平是划分理论类别的第二个维度。根据描述的不同水平,可将理论

分类为描述性理论、类比性理论和基础性理论。在众多理论中,有的理论主要用来描述某个现象,而另外一些理论则用来解释不同变量之间的关系。

(1)描述性理论。所谓描述性理论就是只对变量及其关系进行描述而不进行解释的理论。冯特(Wilhelm Wundt)关于意识结构的系统理论是描述性理论的一个实例。冯特主要关注意识结构。他认为意识是由感觉、感受和意志三种精神元素构成的,将这些元素整合在一起就构成了精神化合物。冯特尤其重视描述意识结构以及如何将复杂的意识事件分解成各个部分。描述性理论容易犯的错误是,当用某个概念描述了某个现象,却以为已经解释了这个现象。例如,早期功能主义理论用本能来解释动物的行为。这种理论把雌鼠照料幼仔的行为解释为“母性本能”。但是,研究者是如何知道雌鼠有母性本能的呢?研究者的根据是,雌鼠能照料自己的幼仔。这里的“母性本能”概念除了赋予被观测行为一个名称外,没有任何别的意义。这个概念只是表明雌鼠之所以有母爱行为,是因为它有一种母爱倾向。

(2)类比性理论。类比性理论(analogical theory)是比描述性理论更高层次的理论,它通过类比来解释某种关系。为了提出某个类比性理论,就要把物理系统的变量对应于拟建模行为系统的变量,然后再将最初理论规则应用于拟建模行为系统。劳伦兹(Lorenz,1950)提供了类比性理论的一个实例。劳伦兹想要解释“固定行动模式”“触发性刺激”和时间间隔这三者之间的关系。比如,小鸡搜索地面,最初只啄食米粒,但是随着饥饿时间的增长,开始啄食纸上的铅笔痕迹甚至是白纸。在这里,米粒是一种“触发性刺激”,直接啄食是一种“固定行动模式”。劳伦兹发现,随着时间的推延,某个征兆刺激更容易引发“固定行动模式”。为了解释这个关系,劳伦兹提出了“动机水压模型”。他设计了一个底部装有压力阀的罐子,压力阀连接着杠杆,可作上下调节。劳伦兹的类比模型如下:用“压力”来类比“固定行动模式”的动机,用“冲出阀门的水”来类比“固定行动模式”,用“按动杠杆打开阀门”来类比“触发性刺激”的知觉。这个模型的实际运作过程是:随着时间的推移,罐子里的水慢慢满起来,好比是“固定行动模式”的动机逐渐增强。如果罐子里只注了一部分水就会出现了“触发性刺激”,这样阀门就会打开,“固定行动模式”就发生了。但是,如果过了好长时间还没有出现“触发性刺激”,罐子里的水就装满了,“压力”就会触发阀门自动打开,这说明没有“触发性刺激”也会发生“固定行动模式”。最后,如果“固定行动模式”刚刚发生过,好比是阀门刚刚打开过,就缺少“固定行动模式”的动机,好比是罐子空了,“触发性刺激”也无效了。这样,劳伦兹的类别性模型就巧妙地解释了所观察到的事实。尽管如此,类比性模型还是存在着固有的局限性。类比性理论只能达到一定程度的类比,超过了这一点,类比就捉襟见肘了。因为动机与罐子里的水压毕竟不是一回事,而且水压的变动方式是很难预料的。

(3)基础性理论。与类比理论通过类比来构建概念框架不同,基础性理论(fundamental theory)在直接观测的基础上提出了新的概念框架,并对特定研究现象进行了系统性解释。这个新的概念框架包括了不可直接观测的实体和过程，而这些实体和过程是为了解释所观测到的关系而创建出来的。因此，这些实在和过程就超越了只是简单地描述可观测变量及其关系的描述性理论。基础性理论借助基础性现实模型(underlying reality model)来解释各种可观测变量之间的关系。从这个意义上讲，与类比性理论相比，基础性理论对现实做了更基础性描述。然而，在社会科学中，基础性理论却少得可怜。社会现象的极端复杂性可能是造成这一状况的主要原因。因为要很好地测量和控制社会变量，达到清晰地揭示各种社会变量之间真实关系的程度是极其困难的。费斯廷格(Festinger, 1957)的认知失调理论(cognitive dissonance theory)是基础性理论的一个实例。失调是认知失调理论的基本过程。按照这个理论，如果行为与态度不一致，就产生了一种负面动机即失调。由于这是一种负面的心理状态，因此它促使个体通过改变态度或行为来消除失调。失调理论的关键是认知失调的出现，这是态度改变的必要前提。如果没有失调，就不会有态度的改变。菲斯廷格理论就这样描述了失调是如何导致行为改变或态度改变的。

三、微观理论、中观理论和宏观理论

区分理论的第三个维度是层次。理论具有不同的层次，根据理论所涉及的层次，可以将社会理论分类为三个层次：宏观理论(macro-level theory)、中观理论(meso-level theory)和微观理论(micro-level theory)。

(1)宏观理论。宏观理论是对宏观社会现象的一种系统性解释。由于宏观理论主要涉及总体社会结构层面的事物或现象，如社会制度、社会运作和文化体系等，因此抽象程度比较高，解释范围较大，应用领域较广。马克思主义理论、达尔文进化论都是属于这个层次的理论。帕森斯结构功能主义理论是宏观理论的一个典型实例，他的理论又被称为“宏大理论(grand theory)”。该理论关于社会的预设是：整个社会具有系统性特征，这些特征必须用相应的抽象概念加以把握。帕森斯从系统的角度论述了行动的结构与功能，提出了社会系统理论。他试图用一套抽象的概念体系来反映现实世界，用概念组成一个分析框架来解释社会重要特征，但又不被具体的经验细节所淹没。在他看来，社会学理论能够用有限的重要概念去“抓住”外部事物的特征，这些概念不是与具体现象相对应，而是与现象中的要素相对应。因此他特别强调“行动系统”等核心概念的重要性。在他看来，建立概念体系优先于建立抽象的命题体系，理论中的概念不应过早地转变为命题，而应该首先组织成与现实系统性结构相同的分析系统，发展出一般性的概念体系。他试图找到一种统一的理论对社会世界作出准确的解释。

(2)中观理论。中观理论将宏观理论与微观理论联系起来，主要涉及中观社会结构层面的事物或现象，其抽象程度、解释范围和应用领域介于宏观与微观之间。组织理论、社区理论、群体理论、社会运动理论都是属于这个层次的理论。默顿的中层理论(theories of the middle range)就是中观理论的一个实例。默顿所说的中层理论是指介于低层次研究假设与高层次统一性理论之间的理论。在他看来,中层理论具有一定的抽象性,虽然接近于纯经验层面,但是比经验概括更高一层,主要用于指导经验性研究。尽管中层理论只涉及有限的社会现象,如参照群体、社会流动和角色冲突等,但是在有限的中层理论基础上可以形成普遍性理论体系。他强调,社会学研究首先要发展中层理论,然后才能形成综合性理论。他特别重视研究的阶段性和知识的积累性,主张在继承经典理论的基础上发展综合性社会学理论体系。

(3)微观理论。与宏观理论关注总体社会相对应,微观理论主要关注个体现实。所谓微观理论是对微观社会现象的一种系统性解释。微观社会现象是人们经常接触并参与其中的社会现实,日常生活中的行动个体及其人际互动就属于这个层次。微观理论主要涉及小片段的时间、空间或少数的人,这些概念通常都不太抽象。微观理论强调微观个体实在的重要性,其代表性实例是符号互动理论。符号互动理论的基本预设是:人们基于对意义的认识而采取行动。该理论强调,社会学应该重视对个体行动意义的研究,因为人的行动是有社会意义的。个体行为受到他或她自己对情境定义的影响,个体对情境的定义,表现为不停地解释所见所闻,赋予事物以意义。个体行动者总是根据他所处的情境而采取行动,选择意义、重组意义和改变意义。个体对意义的处理是以符号为中介的,个体通过解读符号所包含的意义而作出反应,从而实现人际互动。符号是指某种具有代表意义的标识或事物,比如语言、文字、记号、动作、物品甚至场景等。一个事物之所以成为符号是因为人们赋予了某种意义,而这种意义为大家所公享。

第四节　理论检验与理论建构

围绕理论有两种取向或路径:检验理论和建构理论。一种取向是,从抽象的概念或思考出发,把理论概念与经验证据结合起来,然后再用经验证据来检验理论概念。另一种取向是,从对特定经验证据的观察开始,以这些经验证据为基础进行归纳,从中概括和建构出更抽象的概念。在实际的研究中,可以交错地使用这两种不同的研究取向或路径。

一、理论检验

一个好的科学理论必须能够经受住经验证据的检验。理论检验使用的是演绎逻辑,即从某个抽象理论出发,朝着具体的经验证据前进(图6.1)。首先要将“长”理论变成“短”理论,再将“短”理论进一步操作化,变成可检验的假设,然后收集问卷调查数据或实验数据来进行统计分析,根据统计结果来检验这些假设是否得到经验数据的支持,或者说假设是否正确。这个验证过程实际上是一个自上而下(top-down)的过程,即从一般到具体的过程,形象地说,就是从室内天花板到桌面,再到地板的逐步下降过程。

理论检验的策略主要有验证策略、否证策略和强推断策略等,下面分述之。

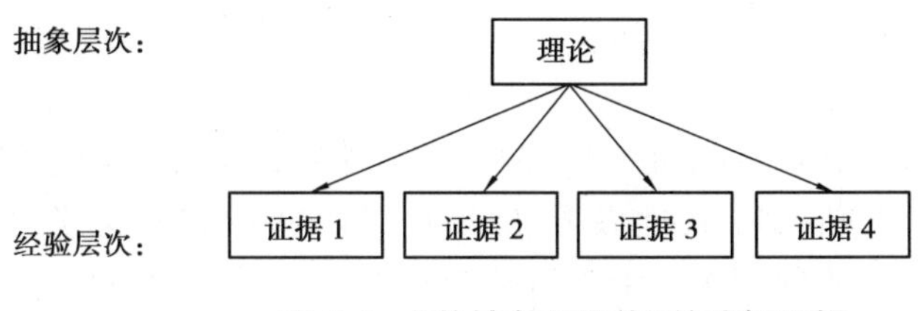

图 6.1 "从抽象到具体"的演绎逻辑

(一)验证策略

验证策略(confirmational strategy)是一种用正面证据或结果来验证理论预言的办法。该策略的主要程序是:确定某个尚未考察过的具体情境的理论含义,然后设置该情境,观测是否出现预测的结果。如果预测结果被观测到,那么理论就得到了预测结果的支持,该理论就被验证。如果预测的结果没有出现,那么该理论就没有得到支持。

验证策略是最常用的理论检验办法,但是该策略却存在着固有的局限。理论要生存下来,就必须得到验证,否则有了太多的失败就会被"绞杀",然而,寻找验证数据是没完没了的过程,可能到了世界末日,这个理论仍然是错的。当一个理论只是预测了一个宽泛结果时,特别容易出现"虚假验证(spurious confirmation)"。例如,在一个两组实验中,如果一个理论预言 A 组的分数比 B 组高,那么就有三种可能的结果:①A 高于 B,②B 高于 A,③A 与 B 相等。这样,支持该理论机会的概率是 1/3 左右。但是,如果理论的预言更加精确,这种因巧合而得到支持的可能性就降低了。例如,假使这个理论预言 A 组将比 B 组高 25 分,正负误差 2 分,那么单凭巧合而得出如此精确的结果几乎是不可能的。因此,精确表述的预言一旦得到验证,就会大大增强理论的信心。

(二)否证策略

否证策略(disconfirmational strategy)就是用正面结果来否证理论预言的办法。理论检验是非常复杂的,有时即使一个理论预言是相当精确的,也可能构想出其他类似的理论,在指定的误差范围内作出同样的预言。由于存在这样的情况,因此单靠证实策略还是不够的。因为理论检验不仅要看是否证实了预言,还要按照这个理论来确定是否会出现未预期结果。该策略实施的程序是:若 A 为真(即理论正确),则 B 为假(某结果不发生),因此,若 B 为真(该结果的确发生了),则 A 为假(即理论错误)。

检验理论既可以使用证实策略,又可以使用否证策略。通常,如果理论是新提出来的理论,相对而言还没有被检验过,那么会更多地使用证实策略。在这个检验阶段,目标是确定该理论能否在其领域内准确地预言或解释特定的现象。如果这个理论经过检验而存活下来,那么就需要用否证策略来检验该理论。在这个检验阶段,目标是根据这个理论的观点,确定是否还会出现未预期结果。如果确实存在着未预期结果,就意味着该理论并不是完善的,需要进一步改进,以便能解释先前未预料的结果,或者该理论将被更好的理论所取代。

（三）强推断策略

强推断策略（strong inference）是由约翰·普拉特（Platt，1964）在20世纪60年代提出来的，它是用不断排除其他解释而最终保留特定解释的方法来检验理论。根据他的观点，针对某种现象，科学理论会形成多个备选解释。每一种解释都提出自己的预言。为了检验这些备选解释，可以用实验结果来确认其中的一项或少数几项备选解释而排除其余的备选解释。在首次实验后，会排除一些备选解释。经过第二次实验，再排除更多的备选解释，这个过程一直持续下去，直到只有一个备选解释时为止。这个过程就是强推断过程。

不过，强推断策略只适用于具有明确预言的备选解释。比如，在普拉特所涉及的生物化学领域，由于能够精确地测量和控制变量，因此强推断是一个可行的程序操作。但是，如果不能精确地控制变量，数据模糊多义，或者不能辨别备选解释，那么就不能使用强推断程序。目前大多数社会理论远未达到精确说明的程度，只能宽泛地推断一个组的平均值不同于另一组。尽管如此，还是能用强推断来检验特定观点情境下的特定假设，在这种情况下，就要构建备选理论模型，然后确定预言结果呈现明显差别的范围，最后用适当的检验来确定假设的去留。如果将几个精确界定的理论用于解释同一组现象，即使理论作出了相反的预言，那么也可以使用强推断方法。用强推断方法来筛选理论显然要比分别检验每个理论更加有效。

二、理论建构

理论建构遵循的是归纳逻辑：即从经验事实出发，建立事实之间的联系，朝着更抽象的观念或理论前进（图6.2）。首先从调查现场收集定性数据，在数据分类的基础上，通过对数据的不断比较，从中归纳出概念之间的逻辑关系，起初可能只有一个主题和若干个模糊的概念，随着对数据的不断加工整理，逐步提炼出核心概念，归纳出经验性概括，最终形成更抽象的关系或理论。这是一个自下而上（bottom-up）的过程，即从具体到一般的过程，形象地讲，就是从地板到桌面，再到天花板的不断上升过程。

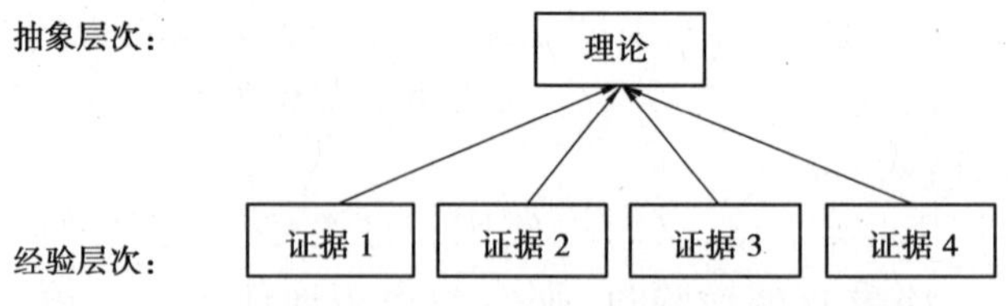

图6.2 “从具体到抽象”的归纳逻辑

理论建构的策略主要有扎根理论和“深描”策略等，其中扎根理论最为常见，影响也最大。

（一）扎根理论

在社会科学研究中，有很多构建理论的方法。巴尼·格拉泽和安塞姆·斯特劳斯（Glaser et al.，1967）所提出的扎根理论（grounded theory）是其中最著名的一种方法。扎根理论不像一般理论，需要对已有的假设进行演绎推理，而是侧重于对经验数据的综合归纳。扎根理论的目的是在经验数据的基础上构建理论。研究者一开始并没有预先构思好的理论，而是通过对原始数据的加工，逐步归纳出概念和命题，让理论命题逐渐从数据中浮现出来，然后上升到理论。由于理论出自数据，从中概括出来的概念融为一体，因而更接近于经验现实。

扎根理论是一种自下而上构建理论的策略，它需要在收集和加工经验数据的基础上，提炼出反映特定现象的核心概念，然后在这些概念之间建立起逻辑联系而最终形成理论。在这个方法中，研究者将不同进行比较，将微观层次事件视为宏观解释的基础。扎根理论不试图探究社会现象的单一因果关系，而是将社会现象纳入一个多组和多变量彼此相互影响的分析框架中，反映社会结构与个体行动和经验之间的联系，以进一步掌握社会过程的本质。

不过，需要指出的是，扎根理论方法最终获得的理论不是对社会现实的概念化和形式化，而是特定研究者从特定的角度对特定对象所作的一种解释。这种理论是一种抽象程度较低、实证取向的理论，它追求的是与精确严密证据具有可比性的理论，是能够重复验证的理论，具有概括性的理论。通过对不同社会情境的比较，扎根理论的方法追求的是一种普遍性。如果将这种理论继续向更抽象化方向发展，就会演变成中层理论或宏观理论。

（二）“深描”策略

除了扎根理论外，研究者还可以用“深描”策略来构建理论，尽管“深描”分析结果还不是严格意义上的理论，只是近似于经验概括一类的东西，但是“深描”采用当地人的视角，显得更真实。“深描”来源于克利福德·格尔茨（Geertz，1973）等阐释性民族志学者所使用的一种分析方法，他们探讨了理论为导向的描述，将民族志一系列特殊智力活动视为“深度描述（thick description）”，简称“深描”。

“深描”注重细节和背景等方面的信息，旨在通过对人们行为意义的描述来揭示他们的生活模式，从逻辑的高度来理解他们的生活模式。“深描”要求研究者长期沉浸到某个群体或社会环境中，通过参与观察和深度访谈来获得有关当地人语言、想法和认识等方面的整体性信息，对他们行为的模式和意义进行“理论性”或“分析性”描述，即对当地人的社会过程或者意义系统进行理论性分析。这种描述必须紧密联系特定事件的具体事实，从中揭示出社会生活的普遍特征。在这种理论性研究中，研究者已有的理解、经历和理论传承与他们自己的研究分析融为一体。“深描”关注人际网络、情感系统和意义模式，本质上是一种文化理解或呈现，因为文化以社会结构为基础并赋予行动以意义。“深描”的目的在于揭示文化框架,分析它的结构和内容,并以此来解释人们的日常生活行为。尽管根据格尔茨(Geertz,1973)的观点,没有一种文化能够被全面描述出来,但是,解释民族志努力将有关对文化观察的描述和解释提高到一个新水平,实现对社会心理过程的基本描述。

"深描"有不同的关注领域,有的研究者侧重于对某个社会情境的深度挖掘,说明了稳定社会互动的微观过程。有的研究者试图提供有关事件或背景的准确描述。他们通过分析特定的事件或背景,以此来获得对一个社会的动力性理解。还有的研究者采用现有理论来分析特定情境,他们将该情境放入一个宏观的历史背景中来进行分析。为了重构理论和理解社会行动,他们揭示了微观层次事件之间的联系,以及微观情境与更大社会力量之间的关系。

第五节　理论在社会研究中的作用

在社会研究中,理论具有相当的重要性。理论既是研究的出发点,又是研究的归属,几乎所有的研究环节都涉及理论。在综述文献时,分散叙述的意义不大,理论有助于将背景综合成一个有意义的整体。研究所获得事实或数据为理论提供了依据或间接验证了理论,理论反过来将意义赋予数据,因而变得更容易接受。在这个过程中,理论变得更为富足,而事实变得更为流畅、更有条理。理论促进了研究,研究反过来也促进了理论的发展并验证了理论。经过科学验证的理论就是科学知识。尽管新知识有时会损害原有理论的有用性,但是随着理论越来越多,可以对原有理论进行合并、替代或修正。可见,理论在社会研究中扮演着重要角色,发挥着重要作用。从广阔的视域来看,理论至少有以下几个方面的重要功能。

(1)理论为研究提供了框架。理论提供了一个普遍性判断的框架,提供了系统地展示研究各个侧面的准则,研究者可以以此为起点来确定研究结构。如果研究没有依据现有理论,那么研究结构就会因为缺少一个统一框架而显得杂乱无章。理论还能识别最重要的因素,为研究者组织数据提供便捷的途径,理论可以充当指导性系统来帮助研究者收集数据,在研究者无法收集数据的情况下,引导研究者沿着正确的路径前进。在社会研究中,理论还具有综合功能,将各种观点和经验数据整合成一个认识框架,使认识更深刻,意蕴更博大,应用范围更广阔。除了系统性观念引导外,理论还能确定需要进一步研究的空白点和不一致点,照亮进一步研究的道路。

(2)用理论来解释研究现象。理论不但有组织作用,还能解释研究结果。理论可以用于对观察到的事件、行为和收集到的资料进行解释。一方面,理论能够促成一种与背景相连的、更广泛的研究倾向性,去组织与解释经验数据和研究结果,为研究者批判地反思研究过程提供基础。例如,失调理论本来并不是为了解释决策研究而提出来的,但是研究者却可以用认知失调理论来解释有关决策研究结果,尽管研究者起初并不想要检验失调理论。另一方面,理论能够准确地把握事物更为根本的特征和关系,加深对问题的理解,有助于研究者,理解社会生活和社会系统等周围的世界。例如,皮亚杰发展理论揭示了儿童的思维过程,有助于人们更好地理解儿童思维是如何随着年龄与经验增长而变化的,他通过对不同年龄儿童特征性行为的描述,解释了为什么会有发展以及如何组织、适应和平衡发展等一系列机制问题。

(3)预测未观察到或未发现的因素。理论也能发挥预测的功能,根据现状来预测未观察到或未发现的因素。预测是指从已有的知识推测未观察的事项或关系。研究者根据理论指引,大致能知道下一步该做什么。预测与解释都是根据理论来推论事项或关系,两者的基本程序相仿,只是前者是推论未知的事项或关系,而后者则是推论已知的事项或关系。预测是依据理论推测有待观察的事项或关系。在社会研究中,从理论获得预测往往是研究假设的主要来源。研究者可以从同一理论引出多个预测性假设,然后一一加以验证。从理论所引出的假设都是系统性的,因而所获得的研究发现也是系统性的。由于这种假设以理论知识为背景,所得研究结果与其他知识相关联,因而研究的价值非同寻常。值得注意的是,理论预测的过程也是理论接受检验的过程。当研究者用理论进行预测时,理论也同时接受了检验。如果预测获得了证实,那么理论就得到了进一步的证实。尽管有些理论如描述性理论无法深入洞悉某些行为系统机制,但是它们可以通过控制行为变量取值的办法来预测该系统行为。描述性理论将说明哪些变量是需要考虑的,这些变量是如何相互作用来决定待解释行为的。一个好的理论通常会提出具有合理精确度的预言,这种预言往往与经验结果相吻合。

(4)指导研究的方向。理论所提供的预测,可能出于实用目的,也可能出于研究目的。就后者而言,理论可以形成研究方向,指出实证观察可能会有所发现的方向。打个比喻说,如果在黑暗中借助手电筒来寻找丢失的钥匙,与随意照来照去相比,把搜寻范围集中在钥匙可能丢失的地方,可能更容易找到钥匙。理论能引导研究者把手电筒照在更有可能观察到社会生活模式的区域。

(5)为新的研究提供思想。理论还可以为新的研究提供思想,这又被称为理论的启发性价值(heuristic value)。理论的启发性价值往往独立于效度。这就是说,尽管有时理论并没有得到经验研究的支持,但是仍然具有启发性价值。理论可能会暗示早先被忽视的一些变量,研究者可以在此启发下收集相关数据以探明这些变量的作用。在多数情况下,这样的变量往往显示出意义。此外,理论还可以提供用来评价新的发展的标准。新的发展因为不符合现存理论而显得很出格,新的发展会竭力表明,出格是与理论无关的测量误差或其他因素造成的,太多的出格沉积在一起可能会动摇一个理论。然而,对这个问题的强烈关注会带来新的洞见和快速发展。由于出格是未预期的发现,因此它们只存在于期望的情境里。这样,即使一个理论失败了,也具有启发的价值。

本章小结

与日常生活理论不同,科学意义上的理论是由一系列具有内在逻辑联系的命题构成的,是关于各种事物或现象的系统性解释。理论的基本构成要素是预设、概念和命题。预设常常为人们所忽视,所谓预设是一些没有明确说出的有关理论生存的条件。如果具备这些条件,理论就存在,如果缺少这些条件,理论就无法存在。预设是理论的重要组成部分,但不是理论本身。概念是理论的砖块,命题是理论的构架。所谓概念是用符号或文字表达出来的想法或名称。命题是对两个或两个以上概念或变量之间关系的详细说明。

好的理论必须满足一定的质量标准。一个好的理论必须能够解释相关领域中的大多数数据。一个好的理论还必须具有逻辑上的自洽性,这就是说,理论应该能够自圆其说,没有内在逻辑上的矛盾。好的理论还必须具有可检验性。所有理论命题或预言在最终的意义上都是能够加以检验的。一个好的理论还必须具有表述上的简约性,能够用最少的语言表达最丰富的思想。最后,一个好理论还应该能够对未来作出准确的预测。

理论可以划分为不同的类别。根据表达形式可将理论分类为:定量理论和定性理论。根据描述水平可将理论分类为:描述性理论、类比性理论和基础性理论。根据解释层次可将理论分类为:微观理论、中观理论和宏观理论。这三种不同的理论类型说明了理论在形式和内容上的差异性。

检验理论和建构理论是两种不同的研究取向。检验理论所使用的是演绎逻辑,即从抽象的概念或思考出发,把理论概念与具体证据结合起来,然后再根据证据来检验理论。这个验证过程实际上是从一般到具体的过程,形象地说,就是从天花板到地板的下降过程。理论检验的策略主要有证实策略、否证策略和强推断策略等。建构理论所使用的是归纳逻辑,即从特定经验证据开始,以这些证据为基础从中进行概括,并归纳和建构出更抽象的概念。这是一个从具体到一般的过程,形象地讲,就是从地板到天花板的上升过程。理论建构的策略主要有扎根理论方法和"深描"策略。

理论在社会研究中发挥着重要的作用。理论既是研究的出发点,又是研究的归属,几乎所有的研究环节都涉及理论。理论在社会研究中的作用主要包括:①为研究提供了框架,②可以用来解释研究现象,③预测未观察到或未发现的因素,④指导研究的方向,⑤为新的研究提供思想。

思考题

1. 什么是理论?它有哪些构成要素?
2. 试举例说明预设对理论的重要性。
3. 你认为一个"好"的理论最重要的标准是什么?
4. 试述宏观理论、中观理论和微观理论这三种理论类型之间的区别和联系。
5. 理论检验和理论建构各自的逻辑是什么?它们有什么区别和联系?
6. 举例说明理论在社会研究中的作用。

讨论题

1. 联系实际,谈谈社会科学理论与自然科学理论的主要区别。
2. 从学术期刊论文中分别寻找证实策略和否证策略的实例,说明它们是如何用来检验理论的。

参考文献

艾尔·巴比.2005.社会研究方法[M].邱泽奇,译.10版.北京:华夏出版社:32-33.

保罗·D.利迪和珍妮·埃利斯·奥姆罗德.2005.实用研究方法论计划与设计[M].顾宝炎,等,译.7版.北京:清华大学出版社.

陈波,等.1989.社会科学方法论[M].北京:中国人民大学出版社.

戴维·G.埃尔姆斯,巴利·H.埃特威茨,亨利·L.罗迪格三世.2011.心理学研究方法[M].马剑虹,等,译.8版.北京:中国人民大学出版社:30-39.

迪姆·梅.2009.社会研究:问题、方法与过程[M].李祖德,译.北京:北京大学出版社:27-40.

风笑天.2005.社会学研究方法[M].2版.北京:中国人民大学出版社:22-23,38-43.

肯尼斯·S.博登斯,等.2008.研究设计与方法[M].袁军,等,译.6版.上海:上海人民出版社:37-59.

劳伦斯·纽曼.2007.社会研究方法定性和定量的取向[M].郝大海,译.5版.北京:中国人民大学出版社:54-86.

林聚任,刘玉安.2004.社会科学研究方法[M].济南:山东人民出版社:46-50.

刘明.2008.护理质性研究[M].北京:人民卫生出版社.

梅雷迪斯·D.高尔,沃尔特·R.博格.2002.教育研究方法导论[M].许庆豫,等,译.南京:江苏教育出版社.

琼恩·基顿,邓建国,张国良.2009.传播研究方法[M].上海:复旦大学出版社:192-228.

唐盛明.2003.社会科学研究方法新解[M].上海:上海社会科学院出版.

陶保平.2002.研究设计指导[M].北京:教育科学出版社.

W.菲利普斯·夏夫利.2006.政治科学研究方法[M].上海:上海人民出版社.

威廉· 维尔斯曼.1997.教育研究方法导论[M].袁振国,译.北京:教育科学出版社:22-24.

修·高奇.2005.科学方法实践[M].王义豹,译.北京:清华大学出版社.

徐志明.1995.社会科学研究方法论[M].北京:当代中国出版社.

杨国枢,等.2006.社会及行为科学研究法(上册)[M].13版.重庆:重庆大学出版社:26-28.

袁方.1997.社会研究方法教程[M].北京:北京大学出版社.

赵国璋,等.2005.社会科学文献检索[M].增订本.北京:北京大学出版社.

Chomsky N. 1965. Aspects of a theory of syntax[M]. Cambridge, MA: MIT Press.

Festinger L. 1957. A theory of cognitive dissonance[M]. Stanford, CA: Stanford University Press.

Geertz C. 1973. The interpretation of cultures[M]. New York: Basic Books.

Gibbon J. 1977. Scalar expectancy theory and Weber's law in animal timing[J]. Psychological Review. 84(3), 279-325.

Glaser B, Strauss A. 1967. The discovery of grounded theory[M]. Chicago: Aldine.

Lewins F W. 1992. Social science methodology[M]. South Melbourne: Macmillan: 41-67.

Lorenz K. 1950. The comparative method in studying innate behavior patterns[J]. Symposium of the Society for Experimental Biology, 4: 221-268.

Platt J R. 1964. Strong inference[J]. Science, 146: 347-353.

7 社会科学研究范式

社会科学研究离不开各种隐含的预设。这些预设包括了社会科学家的基本价值信念以及他们研究主题的潜在意向。范式这个概念可以用来描述这些基本意向和潜在的知识预设。本章首先探讨了范式概念的含义,接着分析了社会科学范式的特点,概述了社会科学的主要范式,最后对本章进行了小结。

第一节　范式的含义

"范式(Paradigm)"一词来自希腊文,具有"共同显示"的意思,由此引出模式、模型、范例等含义。范式词源久远,在不同时代、不同领域,词义多有流变。在语法中,它具有词形变化的意思,如名词变格和动词变位的规则。18世纪的西方哲学家曾使用过这个词。在当代学者的著述中,范式一词涉及科学发展中的一些基础性问题。

一、范式的定义

托马斯·库恩(Thomas Kuhn)在1963年出版的《科学革命的结构》(*The Structure of Scientific Revolutions*)一书中首次提出了范式概念。他用范式概念来解释科学革命,将科学发展过程分为前范式阶段、范式阶段、革命阶段和新范式阶段。在他看来,科学家通常在占主导地位的范式框架内进行研究工作,但是随着反常现象的逐渐增多,传统的范式框架难以容纳或解释这些现象,于是就提出了新的范式,进而用新范式来取代旧范式。他认为,科学的历史就是一场范式革命的历史。

库恩本人并没有直接给范式下一个明确的定义。它有时是指科学群体"普遍承认的科学成就",有时它作为专业性的规定,是"一定时期内开展研究活动的基础"。它有时又指"在科学实际活动中,某些公认的范例——包括定律、理论以及仪器设备在内的范例——为某种科学研究传统的出现提供了模型"。有人统计过，库恩《科学革命的结构》一书中共有21个有关范式的不同提法，有三种基本含义：①形而上学范式或元范式（metaphysical paradigms or metaparadigms），指科学家的信念、信仰、标准、形而上学思辨、新的观察方式、有条理的原则，或者决定现实事物的力量。②社会学范式（sociological paradigms），指科学群体普遍认可的科学成就，就像普遍认可的政治制度或法律判决一样。③人工范式或结构范式（artifact paradigms or construct paradigms），即能为学者提供标准化研究程序的教科书或经典著作。（Masterman，1970/1993）

为了澄清人们对范式概念的误解，库恩在该书第二版"后记"和《再论范式》一文中对范式概念作了进一步说明。他认为，一方面，范式代表了某个群体成员所共同具有的信仰、价值、技术等；另一方面，范式代表了具体的"难题解答（puzzle-solution）"。他用"学科模板（disciplinary matrix）"概念来表示范式。这里的"学科"涉及学科工作者所共同掌握或分享的东西，而"模板"则是其中各种条理化的要素，"学科模板"有四个构成功能性整体的基本要素：①符号概括（symbolic generations）。符号概括是科学群体共同使用的表达方式，用来表示该学科共同具有的理论或经验关系。它们一方面代表了自然定律，另一方面又是公式符号的定义，如牛顿运动定律（$F = ma$）用质量（m）和加速度（a）给力（F）下定义。②模型（model）或共同信念模型。它是科学群体成员共有的信念，为科学群体提供了类比或比喻，既有本体论功能，也有启发性功能：一方面有助于科学群体确定什么是难题解答（puzzle-solution），一方面又有助于确定哪些是未解难题（unsolved puzzle）以及每一个未解难题的重要性。③共有价值（shared values）。与符号概括或模型相比，共有价值更不易为不同的科学群体所共享，尽管它们使同一个群体的科学家感到作为该群体成员所具有的意义。科学活动最重要的价值可能与理论语言有关。科学群体成员在实际运用共同价值时，往往有很大的差异。然而，他们仍会用这些共同价值来评判和选择理论，而理论也应该符合他们共同的价值规定。④范例（examples）。范例是学科模板中最重要的构成要素。所谓范例是科学家从科技文献中获得对专业问题的解答，它们能够成为具体研究的实例。在某些情况下，它们能够成为学生所涉及的具体问题的解答。在教科书、实验室或考场中都能找到这种范例。随着研究的逐步深入，科学群体用不同的范例来概括、说明他们共同的符号。因此，不同范例之间的差异，更能突显出不同科学群体共同的科学结构。

总之，库恩所说的范式是包括定律、理论、标准、方法等在内的一整套信念，是某个科学学科的世界观，决定了科学家们观察世界的方式。某个时期的科学家通常会共同信奉某个理论，他们具有共同的信念、价值标准、理论背景、研究方法和技术而构成科学共同体。

根据库恩对范式的解释和说明，可以将范式定义为：范式是用来观察和理解世界的一套完整的概念框架，它不仅形塑了人们所看到的事物，而且也影响了人们对这些事物的理解。人们看世界，就像相框"装"照片一样，正如所选用的相框会影响人们对照片的看法一样，对范式的选择也会影响人们对研究问题的看法。

例如，把照片装在一个又大又华丽的金质相框内，肯定与简单木质相框的感觉不一样。同样，用这种范式作为研究的框架，肯定和另一种范式的研究框架完全不同。

范式不能简单地理解成一种理论，范式远比理论复杂。范式主要有三个构成要素：①关于知识本质的看法。当人们说“我们认识某事物”时，所表达的是什么意思；②方法论。研究什么和如何研究，评价什么和如何评估都是范式需要回答的问题；③有效性标准。当人们提出对某个事物的看法时，范式提供了如何进行评定的标准。

人们从未跳出某种范式（框架）来看世界。人们在看待世界时，都不可避免地将世界装入自己的“框架”中。人们对世界的了解取决于人们看待世界的方式，而人们看待世界的方式又取决于人们所选择的范式。不同的范式为人们提供了看待世界的不同视角。因此，研究者的范式往往决定了对研究方法论和研究路径的选择。

二、社会研究范式

范式是研究者观察世界的思想窗口。一般来说，研究者观察到的社会世界是独立于研究者而存在的，研究者用自己特有的概念框架或范式来进行解释。因此，具有不同范式的两个人对于同一个社会现象会有不同的解释。比如马尔萨斯与马克思关于人口学说就是一个例子。马尔萨斯认为，人口以几何级数增长，而食物以算术级数增长，如果不控制人口，饥荒就不可避免，马尔萨斯把它叫做人口增长的自然规律，而且这一规律在不同的政治制度下都是有效的。与此相反，马克思认为，不存在自然的人口规律，每一种生产方式都有自己的人口规律。人口过剩是资本主义的必然产物，因为它需要过剩的劳动力。随着资本主义向社会主义过渡，人口过剩将会消失。由此可见，马尔萨斯与马克思分别用两种不同的范式来解释了同一个社会现象，得出了完全不同的结论。每一种范式都有它自己认为重要的问题，都有自己的一套概念或专业术语。在马尔萨斯那里，中心问题是人口过剩，而对于马克思来说，中心问题是生产资料所有制、阶级斗争，人口过剩只是一个表面现象。

社会科学存在着许多相互竞争的范式。尽管不同范式之间的竞争能够促进学术研究的发展，但是当不同范式的支持者不能有效地相互交流时，或者当每一方都坚信只有自己的观点才是正确的时，便会产生一些问题。例如，他们往往会纠缠于一些实际上是十分清楚的、或根本毫无意义的问题来进行争论。一门学科多个不同范式可能使研究结果难以积累，因为相互竞争范式使大家没有共同的语言来讨论研究结果。

社会科学有许多相互竞争范式的原因是源于情境差异和社会变迁。情境差异是从领域或空间的维度来讲的，自然物质成分在世界上所有地方都是一样的，但社会现象则不然。社会科学概念和理论可能在特定的区域内是有效的，但是在时空转换以后，由于社会文化情境的差异，就会面临着水土不服的困境。比如,将西方的社会科学概念和理论应用到亚洲和热带非洲时,可能难以适应当地的情况。依附理论对以前的拉丁美洲和东欧国家来说可能是一个适用的理论,但对于当今世界的其他国家和地区来说却可能不是这样。许多自称是世界性的理论往往因忽略了不同国家的结构和情境而失效。由于社会现象的情境性,社会科学家最擅长的是观察规律性现象、例外现象或反常现象,于是造成了政治学、社会学、人类学、社会心理学或社会历史学的许多论述中常常带有民族中心主义色彩,对读者产生某种误导。

社会变迁是从时间维度上来讲的,自然现象可能在一定的时间内没有变化,或者只有人们觉察不到的微小变化,但是社会现象的变化却是非常明显的,因为社会历史具有不可复制性,各种因素不可能在不同的时期以相同的方式再次组合在一起。例如,在马尔萨斯生活的时代,欧洲人口过剩是一个现实的假设,但是目前欧洲的出生率还不足以弥补人口外流。值得注意的是,近 20 多年来社会经济正在加速变迁,前一代反映当时社会现实的理论需要不断更新才能适应变化了的世界结构和各种趋势。

各种范式实际上代表了不同层次的社会现实。对一个范式的喜爱超过另外一个范式,表明选择重点在社会现实的某个层次而不是另外一个层次上。一旦作出这个选择,就会影响到社会理论家对社会现实的感知和认识,从而使他们很难把注意力集中在另一个层次的知识价值或用途。正如科恩所说,一旦某个科学家与一个范式有了利害关系,他对这个范式的信奉就超过了一种理性的信奉或单纯知识性的信奉。因此,在社会科学研究中,往往鼓励用不同的范式或新的范式来观察和解释事物。这有三个好处:首先,这可以避免或减少对某个范式的非理性信奉。其次,可以更好地理解用不同范式所得到的观点和行为。再次,能够跨出固有范式而获得意外的惊喜。但是当人们把范式错当现实时,是不可能做到这一点的。

第二节 社会科学研究范式的特点

哥白尼、牛顿、爱因斯坦等自然科学家曾经带来了范式巨变,那么,社会科学是否存在着这样的范式巨变呢?社会科学的发展是源于范式革命还是源于不断的累积?美国社会科学家艾尔·巴比认为,社会科学不像自然科学那样有明显的范式更替,社会科学一般只有许多相互竞争的范式,彼此没有对错之分,只有受欢迎程度的变化,很少被完全抛弃。那么,社会科学范式有哪些不同于自然科学的特点?它们有些什么样的特殊性?一般而言,与自然科学相比,社会科学研究范式具有以下五个方面的特点。

(1)社会科学研究的多重范式。在一定的时期内,自然科学通常只有一个占主导地位的范式,如果出现第二个不同的范式,就意味着原有的范式即将被淘汰,新的范式将取而代之。社会科学领域不存在自然科学那种单个范式主宰一切的情况。社会科学通常存在着许多相互竞争的范式:比如实证主义范式、结构功能主义范式、冲突论范式、符号互动范式、批判理论范式、阐释学范式、后现代主义范式等。这些范式从不同视角对社会世界进行了探讨和解释,形成了不同的基本预设和世界观,围绕这些基本预设的争论和政治冲突阻碍了社会科学作为一门科学的持续进步。在历史上,关于罗马帝国衰落的原因,从孟德斯鸠到马克斯·韦伯先后提出了 14 种理论,其中包括化学家提出的慢性铅中毒的解释。在这 14 个理论中,没有一个理论提供了完全充分、全面的解释,但是每种理论都使该现象的某一部分或方面变得更加明晰。

(2)不同范式能够同时共存,互为补充。社会研究没有统一的范式或模式,不同范式只是表述了不同的观点和方法,但每一范式都提供了一个独特的视角,对社会对象从不同的维度或方面进行了独立的解释或认识,每一种观察角度、研究方式都有其合理性和局限性。这样的范式一般只能获得一部分人的支持,甚至只是个别学者的坚守,很难形成所谓的"社会科学群体"。社会科学范式可以是一群人的范式,也可以是一个人的范式,但很难成为所有社会科学家共同的范式。正因为如此,社会科学的不同范式能够同时共存,互为补充。每一种范式都能够启迪新的理解,带来不同类型的理论,并且激发不同类型的研究。比如符号互动论和交换论范式从微观方面探讨了社会结构和过程,而结构功能主义和冲突论范式则从宏观方面进行了解释,两种范式虽然立足点不同,但能共存、共容并形成互补。

(3)没有范式的更替,只有范式之间的竞争。社会科学发展的任何时期都存在大量相互竞争的范式,它们既不可能彼此取代,也不可能完全成熟。自然科学的发展表现为范式更替或范式转换,即新范式对旧范式的替代,但社会科学的发展不是范式的更替或转换,而是范式之间的相互竞争,其中一些范式是无效的,而另一些范式却构成了当代社会科学的基础。如果没有范式的相互竞争,社会科学就不会有发展进步。社会科学范式的相互碰撞和竞争为社会科学的发展拓展了空间。因此,社会科学的历史不是一个范式巨变的历史,而是范式之间竞争的历史。比如结构功能主义与冲突论就是两个竞争的范式,它们以独特的方式揭示了社会生活世界的本质,但是社会世界既不是功能性的也不是冲突性的,而是既是功能性的也是冲突性的。因此,冲突论的出现并没有取代功能论,而是保持了两者之间的相互竞争:有时冲突论占上风,有时功能论受到推崇。

(4)社会科学研究范式常常表现为"双向忽略"。社会科学不像自然科学那样,有时会有"根本性的发现",社会科学所构建的理论经常是无法加以证实的,这部分因为社会事实本身就是不断发展变化的。在自然科学那里,当两个"不可通约"的范式相互竞争时,就会发生范式的更替,新的范式会否定旧范式的预设前提并质疑其论述。但是,在社会科学中,这种"不可通约性"常表现为双向忽略(mutual ignorance)。这意味着每个社会科学范式都提供了不同的、其他范式所忽略的观点,或者忽略了其他范式所揭示的社会生活的一些维度。这种"双向忽略”有两种形式,一种是无意的,一种是有意的。在社会科学中,经常看到几种不可验证的理论之间的对抗。它们小心谨慎地躲避对方并在各个方面巧妙地彼此忽略。由于社会科学规模庞大、分支学科众多,因此彼此忽略相对容易。在社会科学中,这种相互忽略历史悠久。在19世纪末20世纪初的时候,学术大师之间并不相互交流或极少相互交流。韦伯著作中没有提及与他同时代的涂尔干,尽管他熟知涂尔干著作《社会学年鉴》;而懂德语的涂尔干仅简要地提到过韦伯的思想,但是他们的研究却有大量相同的主题(如宗教)。在20世纪80年代,法国社会学家布迪厄首先提出了社会资本概念,美国社会学家科尔曼随后也提出了社会资本概念。尽管科尔曼熟知布迪厄的著作,但是他只在文章中提及布迪厄的名字,没有详细回应布迪厄的有关观点;布迪厄也没有在其著作中提及科尔曼对社会资本所作出的贡献。有趣的是,学者的观点越接近,他们之间的竞争就越激烈,双向忽略也越常发生。由竞争所引发的学者之间的相互孤立,会使同一个学科内各个专业之间原本就很少的交流变得更少了。

(5)范式没有对错之分,只有用处上的大小之分。社会科学家已经提出了一些解释社会行为的范式,但是,社会科学范式与自然科学范式在性质上并不相同。自然科学家相信,一个范式取代另一个范式代表了从错误观念到正确观念的转变。比如,现在已经没有天文学家相信太阳是绕着地球运转的。而社会科学范式并没有正确和错误的区分,只有作用大与作用小的差异,以及受欢迎程度上面的一些变化。当然,也应该看到,用不同的社会科学范式解释同一个现象有时会得到不同的结论,这给社会科学成果的评估带来一定的困难,但是这在社会科学发展中不可避免。

第三节　社会科学研究的主要范式

社会科学有许多相互竞争的理论范式,因此社会科学又被称作为多元范式的科学,因为没有一个范式是全能的。这些范式有不同的预设、想要解决的问题、研究技术以及科学研究范例。社会科学范式主要有:实证主义范式、结构功能主义范式、冲突论范式、符号互动范式、批判理论范式、阐释学范式、后现代主义范式等。

一、实证主义

实证主义(positivism)从广义上来讲就是自然科学的研究范式。由于近代自然科学革命确立了自然科学的权威地位,社会科学各学科竞相模仿自然科学来建立自己的科学。实证主义源于社会学创始人孔德,其形成标志为1830年后陆续出版的6卷本《实证哲学教程》。以孔德为代表的实证主义称为旧实证主义,20世纪盛极一时的逻辑实证主义称为新实证主义。

实证主义的主要观点是:①认为社会科学在学科性质上与自然科学诸学科是

一致的,社会科学研究目的跟自然科学一样都是寻找和建立普遍规律。②坚持科学知识的客观性原则。认为研究者只要遵循一定的研究逻辑或研究程序,即可获得经验世界的知识,因此强调知识的逻辑性和系统性。表述经验世界的科学语言也是统一的,科学家通过对经验事实的观察来建立规律性的关系。③坚持归纳主义的原则。认为科学知识的基础是经验归纳,科学的任务在于从经验上验证或作出预测,因而强调经验操作研究。④坚持价值中立原则,认为研究者在他们的研究工作中可以做到也应该做到避免个人思想或偏好的介入。在整个发现事实的过程中,观察者和研究工具都是中立的或者被控制的,不让个人情感或社会价值观对研究的问题、结果或分析产生影响。⑤主张方法论个体主义,强调个体是有意义行为的唯一承担者,社会结构只不过是个体行动和活动的副产物或结果,社会结构和社会制度等社会整体概念可以还原为个体的行动。个体依据特定情境中的其他个体的预期行为来指导其行动,由此创造了社会情境。

20 世纪 70 年代以后,实证主义方法论受到了质疑和挑战,出现了大量对社会科学研究模仿自然科学研究的批评,主要有四个方面:①社会科学没有能够取得有效的发现或定律性的经验概括;②由于社会行动是基于人的主观性、反思性和创造性情境诠释做出的,因此社会中不存在决定论的规律;③社会世界犹如一部书,我们只是在不同时间以不同方式去阅读它,我们处于一个话语分析(discourse analysis)的世界;④社会中只存在着具有历史意义的特殊事件,而不可能找到适用于任何时间和地点的一般规律。①

二、结构功能主义

结构功能主义(structural functionalism)也被称为社会系统理论,该范式在社会科学中历史最悠久。孔德和斯宾塞是其奠基者。涂尔干、拉德克利夫-布朗和马林诺夫斯基、帕森斯等对结构功能主义都有比较系统的阐述。由于帕森斯对结构功能主义理论的系统阐发,结构功能主义作为一种独特的理论范式和分析方法得到广泛传播,并在20 世纪50 年代取得了统治地位。但后来随着冲突论的崛起,结构功能主义逐步平息下来。与其他范式一样,结构功能主义包括了许多不同的作者与学派,尽管如此,这一范式却有着一些共同的原则立场。

结构功能主义基本立场是:社会系统像其他的有机体一样,也具有一定结构或组织化手段,社会各组成部分以有序的方式相互关联,并对社会整体发挥着必要的功能。整体是以平衡的状态存在着,任何部分的变化都会趋于新的平衡。结构功能主义的主要观点有五个方面:①社会是由许多相互关联的组成要素所组成,这些组成部分就形成了社会结构。所谓社会结构,指的是各种社会制度,可能指的是社会组织或行为的各种形式,也可能指的是各种社会角色的分配。②与生物有机体一样,一个社会要想得以延续就必须满足自身的基本需要。例如,一个社会必须要有能力从周围的环境中获得食物和自然资源,并且将它们分

---

① R. Collins. “Sociology:Proscience or Antiscience?” American Sociologic Review. Vol. 54. 1989. P. 124.

配给社会成员。③与构成生物有机体的各个部分相似，社会系统中的各个部分也需要协调地发挥作用以维持社会的良性运行。任何系统都会自然地趋向均衡或稳定，社会各组成部分对社会稳定都发挥了一定的功能。社会是由在功能上满足整体需要的各部分所构成的一个复杂的系统。④并不否认社会变迁的事实，但强调维持社会稳定的重要性，不赞成过度激烈的改革。它的基本观点是：在调适中求改进，在稳定中求进步。⑤强调知觉、情感、价值与信念的一致性。之所以社会系统能够存续下去并保持稳定发展，主要是因为成员之间具有相当的共识。

结构功能主义在许多问题上受到了批评，最严厉的批评来自于冲突论者：①他们认为功能主义所反映的社会观从本质上是保守的，因为它在很大程度上忽视了对社会的不满和社会冲突。②它强调共享价值观，把社会看成是由为整体利益服务的各部分所组成的，这似乎给不赞同这些社会价值观并试图改变它们的人们留下了极少的空间。③结构功能主义视角在社会稳定时是非常有用的，但当今世界社会变迁迅速，冲突可能是规律而不是例外。由于功能主义是如此依赖秩序、稳定和共识，它可能曲解了社会的真正本质。④与生物体不同，社会的各个部分并不总是为了整体利益而通力合作的。社会中的某些组成部分处于冲突之中，某些部分的获利是以其他部分的利益受损为代价的。

三、冲突论

冲突论是在结构功能主义式微的基础上发展起来的，是对结构功能主义范式的反动。20 世纪 50 年代中后期，一些社会科学家开始对帕森斯结构功能主义的精确性产生怀疑。他们吸取古典社会学家马克思、韦伯、西美尔等人有关冲突论的思想，强调社会生活中的冲突性并以此来解释社会变迁，逐渐形成继结构功能主义范式之后有重大影响的社会学范式之一。主要代表人物有美国的科塞（Coser）、米尔斯（Mills），德国的达伦多夫（Dahrendorf）等。冲突论在西方社会学界引起了巨大反响，很快渗透到社会科学各分支学科中去，推动了社会科学研究的发展。

冲突论用来解释社会现象的主要范畴是：冲突、冲突类型、社会冲突后果、冲突的控制、权力、统治、强制、制裁、社会的不平等、社会变迁等。

冲突论者科塞给社会冲突下定义是：为争取价值或社会地位的权利、权力和匮乏的资源而进行的斗争，在这种斗争中双方的目的不仅是取得梦寐以求的价值，而且还在于削弱对手、损害或者消灭对手。与其他结构功能主义者不同的是，科塞认为，社会冲突绝不是一种相互毁坏一切的消极的因素，它能够发挥积极的作用，例如，能够对社会结构进行组合，保持群体和集体的团结一致，巩固人与人之间的关系，控制社会变迁等。科塞认为，冲突行动的前提是一定的冲突意识，因此，他把冲突分为“真实的冲突”和“非真实的冲突”。在“真实的冲突”中冲突者企求得到一定的结果，而“非真实冲突”则用于减轻挑衅的紧张程度。

科塞主要是在群体研究范围内发展他的理论。而达伦多夫则认为社会冲突的根源首先在于社会的不平等,表现为统治者高高在上,而被统治者却要无条件服从。不仅是等级的不平等,而且所有收入和教育等方面的等级差别都是由于社会集团内统治权的分配不均造成的。要求改善个人地位所需要的制度化、角色冲突等其他的结构因素与"冲突"结构因素的关系也极为密切。达伦多夫根据社会单位的范围和冲突参与者的等级,将社会冲突分为 15 种类型。当然,统治者利用权力和强制性手段提出了法令规范,人们偏爱等级社会里某些符合行动规范的特定角色,而冷落另一些角色。这就是说,在社会监督的范围内,角色期待的实现要么受到积极的约束,要么受到消极的约束。"强制性的约束"会使人恼怒,因此社会冲突层出不穷,经久不衰。社会冲突的意义和结果在于,它不仅推动历史性的社会变迁,而且还规定了社会变迁的形式、规模和方向。冲突的发展一般有"宣告""凝聚"和"形成冲突"这三个阶段。冲突既不可能因压制而不爆发,也不会自行解决,而只能通过谈判、调解,或者通过第三者斡旋或强制性的调解才能得到控制。

近 30 多年来,社会科学对冲突研究的兴趣与日俱增,可以把这些冲突研究分成两大类:新马克思主义和批判理论可以算作一类。它们对资本主义社会及其社会学回避冲突原因的研究倾向进行了批评。克吕斯曼斯基(Krysmanski)认为研究冲突原因和消除社会的冲突意识具有同样重要的意义,他认为只有通过社会变革才有可能解决或者消灭冲突。在美国,在行动理论、互动论、功能规范冲突理论等方面出现了一系列新的冲突论观点。比尔(Bill)对达伦多夫和马克思的二位一体的冲突论提出了批评,并针锋相对地提出了三位一体的模式。他认为,考虑到社会极端复杂的特征、社会关系的多因次性和消除冲突的多极范围,这个模式在解释冲突现象时更令人信服、更加准确。

四、符号互动论

符号互动论又称象征相互作用论或符号互动主义,是一种主张从个体互动的日常自然环境中去研究人类群体生活的理论范式。该理论源于美国实用主义思想家詹姆斯和米德,最早使用符号互动概念的是美国社会学家布鲁默。戈夫曼是符号互动论在当代的主要代表人物之一。西方学术界曾有人把符号互动分为两派,一是以布鲁默为代表的芝加哥学派,一是以 M. 库恩为首的艾奥瓦学派。

符号互动论长期统治着微观社会学,它的主要目的是要解释通过符号而完成的人际互动。这一理论侧重研究人们在不同符号上所赋予的意义,互动者如何把握互动情景,符号对不同的人是否具有同样的意义等。库利和米德被公认为符号互动论的奠基人和主要代表人物。他们都关注人类是如何发展自我的,同时也都同意人的自我是由社会创造的。

符号互动论的基本预设是:①人对事物所采取的行动是以这些事物对人的意义为基础的;②这些事物的意义来源于个体与其同伴的互动,而不存于这些事物本身之中;③当个体在应对他所遇到的事物时,他通过自己的解释去运用和修改这些意义。

符号互动论的基本观点包括:①心灵、自我和社会不是分离的结构,而是人际符号互动的过程。心灵、自我和社会的形成和发展,都是以符号使用为先决条件的。如果人不具备使用符号的能力,那么心灵、自我和社会就处于一片混乱之中。②语言是心灵和自我形成的主要机制,人与动物的区别就在于人能使用语言这套符号系统。人际互动主要由沟通组成的,通过语言、手势和行动,人们实现了互相之间的沟通,但符号沟通的效率取决于其他人破译和理解符号的能力。③心灵是社会过程的内化,内化的过程就是人的"自我互动"过程,人通过人际互动学到了有意义的符号,然后再用这种符号来进行内向互动并发展自我。社会的内化过程,伴随着个体的外化过程。④行为是个体在行动过程中自己"设计"的,并不是对外界刺激的机械反应。个体在符号互动中逐渐学会了在社会允许的限度内行动,但在这个限度内,个体可以按照自己的目的行事。⑤个体的行为受到他自身对情境定义的影响。人对情境的定义,表现在他不停地解释所见所闻,赋予各种物体和事件以意义,这个解释过程或定义过程也是一种符号互动。⑥人际互动中有待于协商的中心对象是身份和身份的意义,个人和他人并不存在于人自身之中,而是存在于互动本身之中。

符号互动论者在方法论上倾向于自然主义的描述和解释,偏爱参与观察、生活史研究、人种史、语境化的互动片段和行为标本等方法,强调研究的动态过程,而不是研究的静止属性,强调探究真实的社会情境,而不是探究人造情境。符号互动论者并不主张采用正式的数据收集和分析方法,而代之以一般方法论指令,这些指令要求对被调查者采取"尊重"的态度。

符号互动论也受到批评,它们包括:①符号互动论并不是来自经验或者观察,我们无法把其中的概念转换成可供分析和观察的单位。②符号互动论只考虑有限的因素,而忽视了许多关键性的心理因素,也忽视了许多社会因素。③符号互动论所使用的概念方式是不准确的,也缺乏一致性,如"主体的我"、"客体的我"、"自我"、"角色"等概念都是模糊不清的。④符号互动论过于天真地依赖于自我与意义相结合的"合作性"观点。

五、阐释主义

阐释主义又称诠释学(hermeneutics)或阐释学,是一种解释和了解文本的哲学技术。文本可以是书面文字、对话、图片和事件。诠释学源自于希腊神话中一个神的名字赫尔墨斯(Hermes),这个神的职责是向人传达神的愿望,把模糊不清之处弄明白。解释主义产生于20世纪后40年,由开始的少数激进立场发展到后来具有竞争性的正统立场,为一系列抵制实证主义基本前提的方法提供了合理解释。

诠释学多见于哲学、艺术、历史、宗教研究、语言等人文学科,强调详细阅读或检验文本。研究者阅读文本,以揭示隐藏在文本中的意义。每位读者都把自己的主观经验带进文本之中。研究者力图吸收或进入文本中的整体观点,然后形成对整体与各部分之间相关性的深刻理解。真正的意义很少从表面看起来就简单易懂、一目了然。只有通过详尽地研究文本，思考它传递出来的多种信息，并寻求各部分的相关性，才能获得真正的意义。

阐释主义范式有许多不同的类型：诠释学、建构主义、常人方法论、认知社会学、唯心论社会学、现象学社会学、主观主义社会学以及定性社会学。阐释主义研究者经常使用参与观察与深度访谈。这些技术要求研究者用几个小时与被研究者进行直接的接触和交流。然后研究者以特别详尽的方式，分析访谈的录音或是研究行为的录像带，探求微妙的无序语言的交流，并从情境中了解互动的细节。研究者可能与受访者一起生活大约一年时间，使用细致的方法来收集大量的详尽资料，以便深刻地理解这些人是如何创造和沟通日常生活意义的。

与实证主义的工具取向形成对照的是，阐释主义研究取向是实践取向。它关注普通人如何处理日常生活事务，或如何做好日常事务的过程。阐释主义关心的是人们如何互动、如何与他人相处。大体上来说，阐释主义研究取向的目的是对人们如何创造与维持他们的社会世界有所理解并给予诠释。研究者通过直接详尽地观察在自然环境下的人们，对具有社会意义的行动进行系统的分析。阐释主义研究取向多年来一直以实证主义的忠实反对者自居。虽然有些实证主义者认为阐释主义研究取向在探索研究中颇为有用，但是很少有实证主义者认为阐释主义研究取向是科学的。

阐释主义研究受到的批评包括：①取向太过主观、过于相对主义，把所有的观点都看成是有同等价值。②把人们的思想看得比实际的状况更重要，关注地方化、微观层次以及短期的环境，而忽略了更为广阔的、长期的社会背景。③只关心主观的现实，因此是与道德无关的和被动的。④它不采取一种强烈的价值立场，也不主动帮助人们辨别周围错误的幻觉，以便改善他们的生活。

六、批判理论

批判理论是指以1923年在德国法兰克福成立的“社会研究所”为核心的一批研究马克思主义学说和现代资本主义社会的学者所形成的一个理论流派，又称为“法兰克福学派(Frankfurt School)”。其主要代表人物有霍克海默(Horkheimer)、阿多诺(Adorno)、马尔库塞(Marcuse)、弗罗姆(Fromm)、哈贝马斯(Habermas)等。他们深受马克思主义思想的影响，属于新马克思主义学派。

从20世纪30年代起，法兰克福学派就把他们的研究称之为“社会批判理论”。他们以历史唯物主义、黑格尔的辩证法以及马克思的批判和革命学说为基础，以分析现代资本主义社会为主要目标，将现代资本主义社会内在固有限制和不合理作为研究的重要主题。在学术观点上，法兰克福学派既批判传统理论，又与实证主义势不两立。

20世纪60年代，以阿多诺为代表的法兰克福学派与以波普尔(Karl Popper)为代表的实证主义进行了激烈的论战。他们批判纯经验性和数量化方法，拒绝“价值无涉”。他们坚信理论知识的时代性和政治性，倡导批判性的社会理论及其改造社会的作用，认为科学研究的目的不是解决“是什么”，而是解决“应该是什么”。

批评理论的主要观点包括:①批判理论继承和发展了马克思的早期思想,即黑格尔式的马克思学说,特别是否定和批判的辩证法思想。他们把自己的观点称为否定哲学,与肯定哲学或实证哲学相对立。②批判理论所谓对社会的批判,并非全盘否定,而是具体的否定。认为获取知识不是批判理论的最终目的,使人们获得解放才是其真正的目的。因此,批判理论并不反对经验研究和社会法则,它反对的是实证主义社会学的认知目标或认知旨趣。③批判理论重视实践问题。他们认为传统理论把理论与实践、主体与客体、价值与事实割裂开了,从而使理论研究成了脱离社会历史实践的独立王国,而批判理论重视理论与实践的统一。④批判理论反对"唯科学主义"观点,批判实证主义的工具性单向思维,主张科学技术也是"意识形态",反对实证主义的客观性和价值中立性观点。

总的来说,批评理论并未形成一个统一的思想观点,但他们有着共同的主题:西方资本主义和苏联马克思主义的社会组织形式表现出狭隘的和非人性化的"技术理性",颠覆了启蒙理性的理想。为了适应政治经济的不断变化,批判理论成员被迫经常改变他们的分析方式。最初,学派成员期望资本主义会变成垄断资本主义和法西斯主义,从而直接导致社会主义,但后来他们的思想,尤其是阿多诺和霍克海默的思想变得悲观起来。他们发现,工人阶级始终被新的大众文化所左右,很难发展出革命的意识形态。其他的理论学家,尤其是马尔库塞的观点仍然比较乐观。他指出在传统的无产阶级之外,已有了新的革命意识的源头,如少数民族和学生。

七、后现代主义

后现代主义产生于20世纪60年代,80年代达到鼎盛,是西方学术界的热点和主流。它是在批判和反省西方社会、哲学、科技和理性中形成的一股社会思潮,涉及文学、艺术、建筑风格、语言、历史、哲学等社会文化和意识形态的诸多领域,代表人物有德里达(Derrida)、福柯(Foucault)、巴尔特(Barthes)、罗蒂(Rorty)、利奥塔(Liotta)、哈贝马斯(Habermas)等。从某种程度上说,后现代主义是人类有史以来最复杂的一种思潮,虽然这一思潮目前仍处于一种纷繁复杂、多元化的发展状态,但从总体上看,后现代主义思潮的目的性明确,就是要对现代文明发展的根基、传统等各个方面,进行全方位的批判性反思。

从源头上讲,后现代主义是一股出自现代主义但又反叛现代主义的思潮,它与现代主义之间是一种既继承又反叛的关系。从内容上看,后现代主义是一种对工业文明负面效应的思考与回答,是对现代化过程中所强调的剥夺人的主体性、感觉丰富性的整体性、中心性、同一性的批判与解构,也是对西方传统哲学的本质主义、基础主义、"形而上学在场"、"逻各斯中心主义"的批判与解构。

后现代主义的理论特征有:①反逻各斯中心主义、反语言中心主义。后现代主义坚决否认本来意义上的形而上学,否认本体论和世界本原,认为"形而上"的东西只是一种假定,是"逻各斯"的一种表现形式,应该加以摧毁和解构。②否认整体性和同一性。后现代主义否认世界是一个相互联系的整体,否认同类事物之间具有同一性，而代之以碎片、相对性。因此事物的意义是相对的，事物之间的联系也是偶然的。③反对中心，强调差异性和不确定性。中心的存在就意味着有非中心的存在，意味着有主从、本末、内外等二元论存在；意味着本质决定现象、内决定外、中心决定非中心；也意味着人的认识总是要通过中心来揭示非中心。这实际上是一种“在场形而上学”和逻辑中心主义，是需要加以批判和解构的。后现代主义强调非中心、差异性和不确定性，以随意的零乱性和不确定性来对抗中心和本原。④反对理性，消解现代性。尽管现代性、科学理性破除了奴役、压抑的根源，但又设置了一新的奴役和压抑，设置了新的“权威”“本质”“中心”，所以，要拒斥一切现代性的理论，解构和摧毁现代性的观念、理论以及理性。⑤消解主体性。随着工业文明的发展，现代性使主体失去了自主性；主体意味着主客二分，也反映了现代性的缺陷；主体只是现代性的一个杜撰，世界没有人和物的关系，只有物和物的关系。⑥反对真理符合论。事物的本质不是客观的，只是人解释的结果，事物的本质、意义只存在于人们对事物的阅读和解释行为中。在后现代社会里，知识不以知识本身为最高目的，只是为销售而生产。

对后现代主义的批评有：①后现代主义用绝对的否定的态度对待形而上学的绝对的肯定的态度，其实是犯了同样的错误。②后现代主义对当代西方社会的把脉是准确的，只是开错了药方。后现代主义要求反对理性，消解主体，但这显然不是科技理性的错误，而是运用科技理性的社会运作方式的错误。③相对主义。后现代主义要摧毁一切标准，奉行“怎么都行”必然会走向相对主义。④后现代主义只是代表了对当代社会的一种知识态度而已，并不能从根本上为当代社会医治创伤。⑤后现代主义只是以与传统哲学相对立的形而上学代替了传统哲学中的形而上学，成了一种反形而上学的形而上学。

本章小结

所谓范式是用来观察和理解世界的概念框架，它不仅形塑了人们所看到的事物，而且也影响了人们对这些事物的理解。正如所选用的相框会影响人们对照片的看法一样，对范式的选择也会影响人们对研究问题的看法。人们从未跳出某种范式来看世界。人们在看待世界时，都不可避免地将世界装入自己的“框框”中。人们对世界的了解取决于人们看待世界的方式，而人们看待世界的方式又取决于人们所选择的范式。不同的范式为人们提供了看待世界的不同视角。社会研究范式的特点是：①存在着多重范式；②不同范式同时共存，互为补充；③没有范式的更替，只有范式之间的竞争；④范式之间往往表现为“双向忽略”；⑤范式没有对错之分，只有用处大小之分。

社会科学存在着许多相互竞争的范式，这些范式有不同的预设。社会科学的主要范式包括：实证主义、结构功能主义、冲突论、符号互动、交换论、批判理论、解释主义等。社会科学有许多相互竞争范式的原因是：情境差异和社会变迁。情境差异是从空间维度来讲的，自然的物质成分在世界上所有地方都是一样的，但社会现象则不然。社会科学概念和理论可能在特定的区域内是有效的，但是在时空转换以后，由于社会文化情境的差异，就会面临着水土不服的困境。社会变迁是从时间维度来讲的，自然现象可能在一定的时间内没有变化，或者只有人们觉察不到的微小变化，但是社会现象的变化却是非常明显的，因为社会历史具有不可复制性，各种因素不可能在不同的时期以相同的方式再次组合在一起。

思考题

1. 什么是范式？试述库恩对范式概念的解释。
2. 社会科学研究范式有哪些特点？请举例说明。
3. 社会科学研究主要有哪些范式？各自特点是什么？

讨论题

从近期学术期刊上找出一篇使用范式的论文。你认为作者使用了什么样的范式？作者是如何用范式来分析问题的？

参考文献

艾尔·巴比. 2005. 社会研究方法[M]. 邱泽奇,译. 10版. 北京:华夏出版社.

保罗·D. 利迪,珍妮·埃利斯·奥姆罗德. 2005. 实用研究方法论计划与设计[M]. 顾宝炎,等,译. 7版. 北京:清华大学出版社.

陈波,等. 1989. 社会科学方法论[M]. 北京:中国人民大学出版社.

陈俊. 2007. 库恩"范式"的本质及认识论意义[J]. 自然辩证法研究(11).

陈向明. 2000. 质的研究方法与社会科学研究[M]. 北京:教育科学出版社.

风笑天. 2005. 社会学研究方法[M]. 2版. 北京:中国人民大学出版社.

Frederick J Gravetter, Lori-Ann B. Forzano. 2005. 行为科学研究方法[M]. 邓铸,等,译. 陕西师范大学出版社.

格伦达·麦克诺顿,等. 2008. 早期教育研究方法:国际视野下的理论与实践[M]. 李宜敏,等,译. 北京:教育科学出版社.

侯钧生. 2001. 西方社会学理论教程[M]. 天津:南开大学出版社.

J. Amos Hatch. 2007. 如何做质的研究[M]. 朱光明,等,译. 北京:中国轻工业出版社.

江涛. 1997. 科学群体"范式"概念的文化价值蕴涵[J]. 自然辩证法研究(9).

劳伦斯·纽曼. 2007. 社会研究方法定性和定量的取向 5版. [M]. 郝大海,译. 北京:中国人民大学出版社.

林聚任,刘玉安. 2004. 社会科学研究方法[M]. 济南:山东人民出版社.

马丁·丹斯考姆. 2007. 做好社会研究的10个关键[M]. 杨子江,译. 北京:北京大学出版社:17-23.

马太·杜甘. 2006. 比较社会学[M]. 李洁,等,译. 北京:社会科学文献出版社.

梅雷迪斯·D. 高尔,沃尔特·R. 博格. 2002. 教育研究方法导论[M]. 许庆豫,等,译. 南京:江苏教育出版社.

彭金富. 2006. 库恩"范式"与科学发展[J]. 社会科学论坛(9).

苏国勋,刘小枫. 2005. 社会理论的诸理论[M]. 上海:华东师范大学出版社.

唐盛明. 2003. 社会科学研究方法新解[M]. 上海:上海社会科学院出版社.

陶保平. 2002. 研究设计指导[M]. 北京:教育科学出版社.

W. 菲利普斯·夏夫利. 2006. 政治科学研究方法[M]. 上海:上海人民出版社.

威廉·维尔斯曼. 1997. 教育研究方法导论[M]. 袁振国,译. 北京:教育科学出版社.

文军. 2006. 西方社会学理论:经典传统与当代转向[M]. 上海:上海人民出版社.

徐志明. 1995. 社会科学研究方法论[M]. 北京:当代中国出版社.

杨国枢,等. 2006. 社会及行为科学研究法(上册)[M]. 13版. 重庆:重庆大学出版社.

野家启一. 2002. 库恩范式[M]. 毕小辉,译. 石家庄:河北教育出版社:151.

袁方. 1997. 社会研究方法教程[M]. 北京:北京大学出版社.

赵国璋,等. 2005. 社会科学文献检索(增订本)[M]. 北京:北京大学出版社.

郑杭生,李霞. 2004. 关于库恩的"范式":一种科学哲学与社会学交叉的视角[J]. 广东社会科学(2).

MastermanM. 1970/1993. The nature of a paradigm, In I. Lakatos & A. Musgrave(eds.).

Criticism and the growth of knowledge[M]. Cambridge: Cambridge University Press.

8 社会科学研究工具

社会科学研究有不同的研究手段和工具。社会科学研究与自然科学研究之间的差异很大程度上是由研究工具的差异造成的。近年来社会科学与自然科学在学科上相互交融，在研究工具上相互借鉴，跨学科研究和超学科研究层出不穷，但是双方所使用的研究工具还是不尽相同。探讨两者的具体差异不是本书的任务，本章所关注的是社会科学研究一般工具的范围、性质及其优势与不足。

第一节　一般研究工具概述

使用劳动工具是人类不同于动物的本质特征。科学研究与普通劳动在本质上是相通的，它们都是人类劳动的一种形式，都需要消耗人的体力和脑力，都需要使用一定的工具来作用于劳动对象。但是科学研究所使用的劳动工具具有特殊性，不同于普通劳动所使用的锤子、锯子、剪刀等常用工具。研究人员通过一系列工具来收集资料，并使这些资料变得有意义。正是依靠这些工具，才使研究能实现预期的目标：从一大堆资料中探寻结论，发现不为人知的新事物。

科学研究需要专门的研究工具，才能进行有效的工作，而工具则因工作性质的不同而有所不同。工具选择适当，事情才能进行得顺利。要想把事情做好，选择适当的工具是必不可少的前提。离开锤子和锯子，木匠无法工作，没有手术刀和镊子，外科医生无法动手术。每个专业研究人员为了完成特殊的工作任务都需要有自己专门的工具。同样，研究人员为了实现计划和完成目标也需要有他们自己特有的研究工具。

不同学科的研究人员，其目标不同，所采用的研究工具也不同。自然科学家通常使用像显微镜、光谱仪这样的仪器设备来进行研究，而社会科学家则需要一定的文献资料和收集资料的工具，比如社会学家需要一大堆可获得的文献资料，其中包括相关政策和法规的资料，以及适当的调查工具如问卷等。离开了这些工具和资料，社会研究人员在其专业领域里就寸步难行。不过，这些研究工具都是专门学科或特定专业所适用的。为了能够从所收集的资料中提炼出有意义的结论,就需要进一步弄清社会科学研究所使用的一般研究工具。

在这里需要把研究工具与研究方法区分开来。所谓研究工具(research tool)是研究人员用来收集、处理和解释资料的一种专业性技术和手段,而研究方法(research method)则是研究人员进行研究的具体途径。总体而言,研究方法决定了对研究工具的选择,而研究工具应该与研究方法相匹配。有些人不清楚研究工具和研究方法的区别,把它们混同起来,提出像“图书馆研究”和“统计研究”这样似是而非的概念。其实图书馆仅仅是一个找到研究所需相关资料的地方。同样,统计也仅仅是对资料进行综合和分析的一些方法,以便使我们弄清资料的本质。

社会科学研究有许多一般研究工具,其中有相当部分是与自然科学研究相重合的。然而,与自然科学研究相比,社会科学研究工具有不同的侧重点,这是社会科学研究的特殊性所使然。以下是五种社会科学研究一般工具:①人类思维,②语言,③电脑,④测量技术,⑤图书馆。对这些研究工具的梳理和探讨,有利于加深对这些工具的了解,以便更有效地使用它们。

第二节　作为研究工具的人类思维

在研究过程中,最重要的工具是研究人员的大脑。人类思维的作用使任何其他精巧的工具都相形见绌。世界上没有任何东西可以与人类思维的理解能力、综合能力和预见能力相媲美。统计资料可以显示数据的中位数是多少,数据的分布是怎么样的,两个或更多的变量是怎样相关的,但统计并不能对这些数据作出解释,也不能从中得到一个有逻辑的、有意义的结论。这一点,只有研究人员的大脑才能做到。

在对未知世界的探索过程中,作为研究工具的人类思维有了很大的改进。人类思维分为动作思维、形象思维和抽象思维。抽象思维又称逻辑思维,是思维的一种高级形式。抽象思维既不同于以动作为支撑的动作思维,也不同于以表象为依托的形象思维,它已摆脱了对感性材料的依赖。抽象思维撇开了事物的具体形态和个别属性,形成了概念并运用概念进行判断和推理,揭示了事物的本质特征。抽象思维的基本形式是概念、判断、推理,主要方法有演绎、归纳和批判性思维等。

一、演绎

演绎(deductive)一词来自拉丁文 deductio(引申),指从一般到个别的推论,即以某些一般性、普遍性的知识为前提,由此推出个别性或特殊性结论。演绎思维就是从一般性知识推导出特殊性知识的思维,也是人们常说的“根据一般原则解决具体问题”的思维活动过程。

演绎是从一般性知识推演到个别性知识的,在这里,“一般”是指事物的共同性,在理论上则是指原则、原理等,而“个别”是指个别对象,在理论上则是指事物的特殊性。在演绎思维中,一般性原理或原则起着重要作用,它既为人们的思维推演提供依据,也为人们的行为提供规范。演绎思维中所依据的理论性知识,无论是概括了经验事实的经验定律,还是反映了事物间普遍性规律的理论原理,都概括了某一类事物的普遍性特征或普遍性规律,它涵盖了该类所有个体的共同性,因而适用于所有个体。正因为理论知识具有这种特征,人们才能从理论性知识出发,推断它所涉及的具体经验事实。理论的指导作用在科学研究活动中表现得最为明显。科学研究是一种探索自然奥秘或客观事物规律的创造性活动,它常常依据事实信息与已有理论,对未知现象或规律作出说明,从而提出新的理论。科学研究离不开观察、实验,但人们如何观察?怎样实验?在观察、实验中能获得什么?这些都离不开理论的指导。

演绎思维因其从某一类事物推论到该类的部分对象,结论受到前提的严格限制,结论所断定的范围绝不会超出前提所断定的范围。如果结论所断定的范围超越了前提的限定,那么结论就是不可靠的,思维就会出现错误,因为它违反了逻辑规则。正因为不越雷池,演绎思维才具有必然性,前提与结论之间具有必然性联系。也就是说,从“真前提”必然推出“真结论”,不可能前提真而结论假。当然,前提与结论之间这种必然性联系,或结论具有必然性,是就其逻辑形式而言的,不是指结论内容的真实性。逻辑形式的正确性,只能保证结论的导出具有必然性,但不能保证结论自身的真实性。结论的真实性,既依赖于逻辑形式的正确性,又依赖前提的真实性。从一般推导特殊的演绎思维,有多种具体的方法和形式,如直接推理法、三段论法、选言推理法、假言推理法等。

演绎思维是一种具有必然性的思维形式,它在科学思维活动中具有重要作用:①演绎思维对论证理论具有重要作用。演绎思维因具有必然性,可从理论命题的前提必然地推出结论,进而对某一个理论命题做出严密的逻辑证明。在科学研究中,演绎思维方法可以增进理论体系的逻辑严密性,也可对理论进行实践检验之前的评价,还可以运用实践结果来检验、修正和完善理论。②演绎思维对于解释或预见事实具有重要意义。解释是运用一般原理对已知对象作出说明,预见则是运用一般原理对未知对象作出推测。由于一般原理已得到实践或经验检验,由此作出的演绎推论就是有科学根据的。③演绎思维有利于深化认识领域。演绎思维因其从一般到特殊,它可依据客观事物联系的普遍性和层次性,作出层层递进、连锁推导,从而不断深化认识领域。

当然,演绎思维的层层推导是就其逻辑联系而言的,因为逻辑联系具有传递性。但是,逻辑上的传递性不能代替客观事物之间的相互联系性。因此,进行逐层演绎推导要注意分析客观事物之间关系的实际情形,以便确保演绎思维成果的有效性。

二、归纳

人类在科学认识活动中形成并运用了归纳思维方法,归纳思维在社会科学探索活动中发挥着重大作用,科学史表明,自然科学的经验定律和经验公式大都是应用归纳法总结出来的,以至于近代实验自然科学常常被称为归纳科学。归纳推理不是从事先设立好的事实或假设开始,而是从观察开始。广义上的归纳思维是指一切或然性思维,而狭义上的归纳思维是一种从若干个别性经验上升到一般性认识的思维过程。

“归纳”一词出自拉丁文 inductio(诱导),后来它泛指从个别到一般的思维方法,即以某些个别性、特殊性的知识为前提,推出一般性、普遍性的知识的结论。归纳思维就是人们常说的“根据具体事实概括出一般理论”的信息加工过程。

归纳思维具有若干显著特点,它从个别性认识概括出一般性认识,这种概括具有扩展性,但其结论不具有必然性。①归纳思维的概括性。归纳思维不仅能从经验中概括出科学定律,还可以逐步将低层原理升华到高层原理。如果大量的情况且($A_1, A_2, \cdots, A_n$)在各种各样条件下被观察到,而且如果所有这些被观察到的 A 都毫无例外地具有性质 B,那么,所有 A 都具有性质 B。这一原则在逻辑学上称为“归纳法原则”,它是人们进行归纳思维所依据的原理。②归纳思维的扩展性。在归纳思维中,从个别性知识得出一般性结论,除了极为有限的完全归纳概括外,一般的归纳思维过程都拓展了认识范围,也就是说,结论所断定的范围超出了前提所涉及的范围,即由部分扩展到了全体。正是由于归纳思维突破了前提所断定的范围,人们的思维才能够突破当前情境的局限而扩大认识领域,并获得新的认识。例如,当人们得知青霉素能够治疗某些人的炎症时,进而认识到青霉素也可以治疗其他一些人的炎症。当人们解剖一只麻雀,得知它具有“五脏六腑”,进而认为所有麻雀都如此。③归纳思维的或然性。归纳思维从部分推论至全体,扩大了认识范围,但是这种推论过程只是或然性的,不具有必然性。归纳思维即使其理由正确可靠,思维过程合乎逻辑规则,从真的前提也不能必然地得出真的结论。这是因为,从实际观察到有限事例跳到了涉及无穷对象的全称结论,或从过去、现在跳到了对未来的预测,这两者都没有逻辑的保证,因为适用于有限的不一定适用于无限的,过去和现在出现的并非将来也一定出现。

归纳思维方法的种类较多,有传统归纳法,如枚举归纳法与排除归纳法等,有现代归纳法,如概率统计归纳法与确证概率归纳法等。

(一)枚举归纳法

枚举归纳法是在经验认识基础上考察某类事物中的全部或者部分对象是否具有某种属性,从而推出该类对象的全部是否也具有这种属性的思维方法。按照结论中所考察对象与前提中所断定对象之间关系的不同,可以将枚举归纳法划分为完全归纳法、不完全归纳法和特称预测归纳法。

(1)完全归纳法是根据某类事物每个对象都具有或不具有某种属性,从而推断出该类所有对象都具有或不具有该属性的思维方法。例如,当我们知道,太平洋产石油、大西洋产石油、印度洋产石油、北冰洋产石油,并且我们知道太平洋、大西洋、印度洋、北冰洋是世界上的全部大洋之后,我们就会推出结论:世界上的所有大洋都产石油。可见,完全归纳法在前提中考察了某类事物的每一个对象,得出一个关于该类事物的全部对象的普遍性结论,结论所断定的范围并未超出前提所断定的范围,因此,完全归纳法的前提与结论之间的联系是必然性的。

(2)不完全归纳法是根据某类事物的部分对象具有或者不具有某种属性,推断出该类事物的所有对象都具有或者不具有该属性的思维方法。不完全归纳法在前提中只考察了某类事物的部分对象,得出一个关于该类事物全部对象的普遍性结论,结论所断定的范围超出了前提所断定的范围,因此,其前提与结论之间的联系不是必然性的。也就是说,即使前提中的每一个断定都是真的,也不能保证结论是真实的,只能说在一定程度上是真实的。然而,人们可以设法提高不完全归纳法结论的可靠性。譬如,尽可能增加被考察对象的数量,尽可能扩大被考察对象的范围,那么结论的可靠性就会提高。因为,如果每一个对象都具有某属性,那么就越能排除反面事例的存在。例如,"一切生物活动都有时间上的周期节律性"这一结论,随着考察对象的增多和考察范围的扩大,其可靠性不断提高。

(3)特称预测归纳法是枚举归纳法的一种特殊形式,它是根据某类事物部分对象具有或不具有某种属性,推断出该类另一部分未知对象也具有或不具有该属性的思维方法。例如,某单位仓库相当长一段时间无人看守,盗贼发现后多次入库行窃。该单位发现了被盗情况并报了警。警方根据盗贼多次入库盗窃的事实,推测盗贼近期还会继续作案。于是,警方采用蹲点守候的方法,终于抓住了盗贼。在这里,警方运用的就是特称预测归纳法。特称预测归纳法最显著的特征在于它的预测性,它是一种发现新知识的重要方法,即所谓"由此及彼"。例如,中长期天气预报、疑难杂症的诊断、悬疑案件的侦破等。当然,在特称预测归纳法中,结论所断定的范围不同于前提所断定的范围,因此,其前提与结论之间的联系并不是必然性的。也就是说,即使前提中的每一个断定都是真实的,也不能保证结论是真实的。

(二)排除归纳法

排除归纳法是指,在探究现象之间的关系时,依据部分事物的某现象与另一现象之间的密切联系,并排除其中不相干的现象,从而推出相关现象之间具有因果关系的归纳思维方法。例如,雨后天空会出现彩虹,当阳光照射到山间瀑布或公园喷水柱中也会出现彩虹,由此,人们认为阳光在水珠中折射与彩虹的产生有一定因果关系。

排除归纳法具有不同于枚举归纳法的显著特征,其中最关键的是,在寻找、比较并排除反面事例后,再根据正面事例而作出结论。西方最早系统地研究排除归纳法的英国哲学家培根认为,枚举归纳法的结论是不稳定的,易遭到反例的否定,而排除归纳法是最好的归纳法。培根在《新工具》一书中提出,排除法包括求同法、求异法和共变法等具体方法。后来英国逻辑学家穆勒提出更多的方法,包括求同法、求异法、求同求异并用法、共变法和剩余法。

(1)求同法是指,如果在被研究现象出现的若干不同场合中,仅有一个共同的情况,其他情况都不相同,那么这个唯一的共同情况就是被研究现象的原因或结果。例如,有一天,皮尔·居里的一位同事将装有镭试剂的小玻璃管放在内衣口袋里数小时。几天后,他发觉挨着内衣口袋的皮肤发红,其形状和装镭样品的玻璃管一样。又过了几天,皮肤开始破裂,形成溃疡。皮尔·居里也在自己身上做了一系列实验,用镭射线对着手上的皮肤数小时,几天后出现同样的结果,即发红、发炎。求同法是根据几个场合中所显示的关系来推论两现象之间的因果关系,而且是以相关场合中有一个共同情况为基础的,因此,其前提和结论之间的联系不具有必然性。应用求同法时,为了提高其结论可靠性程度,既要增加被考察的场合,又要注意分析先行情况中有无其他共同情况,以便真正确定共同情况的唯一性。此外,还要注意分析先行情况与被研究现象之间的相关联系,以便确定两者之间是否存在因果关系。

(2)求异法是指,如果在被研究现象出现和不出现的两个场合中,只有一个情况不同并且只出现在被研究现象出现的场合,那么这个唯一不同的情况是被研究现象的原因(或结果)或必不可少的部分原因。例如,洛文为了弄清候鸟迁徙之谜,曾将秋天捕捉的几只候鸟,在入冬后,一部分置于白昼一天短于一天的自然环境里,另外的置于日光灯照射下近似于白昼一天天延长的人工环境里。到了 12 月间,再将两种环境里的候鸟全都放飞,结果发现,日光灯照射的候鸟像春天的候鸟一样向北飞去,而未受日光灯照射的候鸟却留在原地。据此,洛文教授认为:候鸟迁徙的原因不是气温的升降,而是昼夜的长短。求异法是仅根据被研究现象出现和不出现的两种场合的情形来推论两现象之间的因果联系的,尚未考察其他场合,并以当前情境中唯有一个情况不同为基础,因此,其前提与结论之间不具有必然性联系。求异法在自然条件下极为罕见,一般要在人工控制条件下才能进行,是科学实验中广泛应用的方法。

(3)求同求异并用法是指,如果只有某一情况在被研究现象出现的若干场合中出现,而在被研究现象不出现的若干场合中不出现,那么这一情况是被研究现象的原因(或结果)或必不可少的部分原因。例如,户外植物的叶子一般是绿色。但把马铃薯、葱头、白薯、萝卜等放在地窖里,它们发芽长出的叶子都没有绿色。田里的韭菜、蒜都有绿叶,但在暗室里培养出来的韭菜、蒜都是黄色的。把一株在户外生长的有绿叶的植物移入暗室,它的绿色渐渐褪去;若把它移出户外,则绿色逐渐恢复。由此可见,阳光照射是植物叶子生成绿色的原因。求同求异并用法虽然考察了正事例组和负事例组,但是所考察的场合仍然是有限的,因此其前提和结论之间不具有必然性的联系。为了提高其结论可靠性程度,就要尽可能增加所考察的正、负事例组的事例数量,因为构成正、负事例组的场合越多,就越能够排除一些偶然因素的影响,增加结论的可靠性,同时还要尽可能选择并比较构成正、负事例组的相同情况,以便正、负事例组的差别是出于仅有一个情况出现与不出现。

(4)共变法是指,如果在被研究对象发生量变的若干场合中只有一个情况发生变化,那么这一唯一变化的情况是被研究现象的原因或结果。例如,可以通过对两个城市的社会整合与自杀率关系变化来说明两者之间是否存在着因果关系。如果我们发现 A 城的社会整合度高,自杀率较低,那么还不足以确定两者之间的关系,这要求再考察其他城市的社会整合和自杀率的情况。如果我们发现 B 城的社会整合较低,而自杀率较高,那么由此我们可以确定社会整合是自杀率变化的原因。共变法是根据部分场合中被研究现象与另一情况在数量或程度上的变化关系来推断现象之间的因果关系。应用共变法时,为了提高其结论可靠性程度,除了要尽可能增加被考察的场合之外,还要注意分析各场合中有无其他发生变化的情况,以便真正把握先行或后行情况中发生变化的情况是唯一的。如果不是唯一的,那么就会影响结论的可靠性。此外,还要注意两个现象有无其他共变关系,以便真正把握先行或后行情况中发生变化的情况是唯一的。在社会科学领域,由于社会现象过于复杂,往往难以获得比较所必需的所有考察对象,因而有实用价值的比较法只有共变法。因为共变法是在事物的内部证明事物的因果关系,无需很多的材料就可以进行选择并进行细致的研究。

(5)剩余法是指,如果已知某一复合的被研究现象中的部分是某种情况作用的结果,那么该复合现象的剩余部分就是其他情况作用的结果。例如,1885 年,德国矿物学家威斯巴克发现了一种新矿石。他首先请当时化学家李希特对矿石进行分析,发现其中含有银、硫和微量的汞等。后来,他又请文克勒做一次精确的定量分析,证明了李希特对矿物成分的分析是正确的,但是同时又发现,把各种化验出来的已知成分按百分比加起来,始终只得到 93% 的含量,还有 7% 的含量找不到下落。文克勒认为,既然已知成分之和只有 93%,那么剩余的 7% 必定是矿物中某种未知元素。于是,他对矿石进行分离和提纯,终于得到了新元素。剩余法的特点是“由余因求余果”,但是由于因果关系的复杂性,“余因”的情况也是比较复杂的,它可能是某种已知的复合原因的某一部分,也可能是复合原因中的未知部分。如果所推论的“余因”是未知情况,那么该推论仅是一种猜测。如果所推论的“余因”是已知情况,那么由于考察场合有限,而且该“余因”又是复合原因中的一部分,因此它就不一定是引起“余果”的单一原因。可见,剩余法的前提与结论之间并不具有必然性联系。

综上所述,归纳思维方法在科学发现和科学证明中发挥重要作用,但是归纳法的作用不能被无限夸大。与任何其他思维方法一样,归纳思维方法也有其局限性,因为归纳法很容易犯“以偏概全”的错误,也就是把部分对象所特有的某种属性,推广到其他对象上,而其他对象很可能不具有这种属性。尽管人类的认识是无限发展的,但就具体的认识主体和认识条件而言,人的认识又是有限的,要受到种种主客观条件的限制。在逻辑发展史上,英国 18 世纪哲学家大卫·休谟,对归纳是否有效的问题提出过质疑,他认为在归纳推理中从个别的经验前提不可能必然地推出普遍性结论。休谟提出的质疑被称之为“归纳问题”,即归纳法是否有效,是否合理的问题。因为归纳推理的前提来自于经验事实,归纳的结论要接受经验事实的检验,这就会出现观察到的事实与归纳的结论相矛盾的现象。例如,人们观察到很多地方的乌鸦是黑颜色,从而归纳出"天下乌鸦一般黑"。可是,后来人们又观察到阿尔卑斯山有白乌鸦,于是对"天下乌鸦一般黑"的归纳结论表示怀疑。

既然归纳法不能成为人类获得必然性结论的工具,那么归纳法还有什么用呢?尽管归纳法会导致错误,但是归纳法有时却能导致真理。如果什么结论都要保证绝无差误时才能做出,那么许多知识就会与人类失之交臂。尽管归纳思维法的结论具有或然性,但是不能由此认为归纳法所形成的结论都是随意的。总之,归纳思维法是人们不断总结事实经验的重要方法,是获得新知识的工具。尽管我们不能盲目相信其得出的结论,但是我们可以设法提高它的可靠性程度。例如,对于枚举归纳法,我们应尽可能纳入更多被研究对象,扩大被研究对象的范围,尽可能在不同的时间、地点、条件和场合下去考察同类被研究对象。对于排除归纳法,我们要充分认识因果关系的复杂性,应切实分析原因与结果的内在本质联系,挖掘隐藏着的原因或结果,以提高结论的可靠性。

三、批判性思维

"批判性(critical)"源自希腊文"kritikos",意思是辨别力、洞察力、判断力,引申义有敏锐、精明的意思。"kritikos"源自"kritinein",意指作出决断。将 critical 应用于思维,意味着利用恰当的评估标准确定某物的真实价值,以明确形成有充分根据的判断。一般来说,批判性思维意味着对信息或论点的准确性和价值作出评价(Beyer,1985)。批判性思维有多种形式:①言辞推理:对口头和书面语言中的劝说技巧作出解释和评价。②讨论分析:对支持结论的理由和不支持结论的理由加以鉴别。③决策:对多种选择加以判定,并找出最优的选择。④研究前的审慎分析:对数据资料、研究结果以及它们与结论之间的潜在联系加以讨论。这样的分析要考虑到以下一些问题:研究结果所采用的方法是否适当?信息和结果是否是从大量有关人、事物或事件中提炼出来的?有没有其他可能的解释或结论被忽略了?在一种情况下得到的结论是否有足够理由认为它适合于其他情况?(Halpern,1998)

批判性思维作为一个技能概念可追溯到杜威的"反省性思维":能动、持续和细致地思考任何信念或被假定的知识形式,洞悉支持它的理由以及指向的结论。20 世纪 40 年代,批判性思维被用于标识美国教育改革的一个主题;70 年代,批判性思维成为美国教育改革运动的焦点;80 年代成为教育改革的核心。美国批判性思维运动的开拓者恩尼斯(Ennis)在 1962 年就认真分析了"批判性思维"概念,新近的表述为:批判性思维是"为决定相信什么或做什么而进行的合理的、反省的思维"(Ennis,1991:6)。哈贝马斯将批判性思维等同于"解放性学习(emancipatory learning)",即学会从阻碍人们洞悉新趋势,支配自己的生活、社会和世界的那些个人的、制度的或环境的强制力中解放出来。20 世纪 90 年代,鉴于批判性思维定义上的严重分歧,美国哲学学会运用德尔菲(Delphi)法,将批判性思维界定为:批判性思维是有目的的、自我校准的判断,这种判断导致解释、分析、评估、推论以及对判断赖以存在的证据、概念、方法、标准或语境的说明。批判性思维没有学科边界,任何涉及智力或想象的主题都可从批判性思维的视角来审视。批判性思维既体现了思维技能水平,也凸显了现代人文精神,它是一种不可缺少的探究工具。

批判性思维在不同的学科领域有不同的表现形式。在历史研究中,它要求仔细地查阅各种历史档案以寻找线索,来确定事件是通过某种特定方式展开的,或者是只能按这种方式来展开。在心理学研究中,它要求审慎地评价对某种心理特征(如智商、个性)的测试结果。在人类学研究中,它强调对人的行为的长时间观察,并揭示这些行为所显示的社会变化。

对批判性思维有三个误解:①批判性思维是否定性的、找问题的。批判性思维进行质疑和批判是为了寻求理由或确保正当性,因而批判性思维也是建设性的。②批判性思维是一种控制手段,是有害的。一个自主的人是自我控制的,较少依赖他人和环境,因而较少受到他人的规定和影响。③批判性思维不鼓励创新。批判性思维导向就是试图打破规则,一个原创的洞察力恰恰需要知道如何在特定的情景中解释和应用规则(Rudinow,1999:6-9)。对研究者来讲,创造性思维和批判性思维的平衡发展是从事研究活动的基本要求。

如何培养研究者的批判性思维能力?首先,就要引导他们树立深思熟虑的思考态度,尤其是理智的怀疑和反思态度,这是培养批判性思维的开端。其次,帮助他们养成清晰性、相关性、一致性、正当性和预见性等好的思维品质,这是培养批判性思维的基础。再次,学习面对相信什么或者做什么而作出合理决定的一系列技术和方法,并结合大量的思维训练学会如何在日常思维和研究思维中运用这些技术和方法,这是培养批判性思维的核心。

批判性思维教育的直接目标是,培育好的批判性思维,即能够整合批判性思维的各种技能并加以有效运用,增强在日常生活和其他学科学习中运用这些有力工具的自信心、自觉性和判断力。批判性思维核心的技能包括:阐释(interpretation)、分析(analysis)、评估(evaluation)、推论(inference)、解释(explanation)和自我校准(self-regulation)。

(1)阐释。理解和表达变化多样的经验、情景、数据和事件的意义或重要性。它包括①范畴归类,如确定一个问题并无偏见地界定其性质。②解读意义,如解释用特殊工具所获得的数据。③澄清含义。通过限定、描述、类比或比喻等表达方式来解释或澄清概念、陈述、行为等含义,以消除混淆、模糊或歧义。

(2)分析。辨识陈述中的推论关系,辨识问题、概念、描述的表征形式。它包括①审查概念或陈述。②发现论证。确定陈述是否表达了理由以支持或反对某个论点。③分析论证。对支持或反对的理由的分析,比如对它的主要结论及其前提或理由的分析,对深层前提或理由的分析,以及对论证的整个结构或推理链的分析。

（3）评估。对陈述的可信性进行评价，评析不同陈述之间推论关系的逻辑性。①评估主张。比如确认与评估信息或意见源的可信度有关的因素，评估问题语境的相关性，评估可接受性等。②评估论证。比如判定一个论证前提的可接受性能够证明该论证所表达的结论可被当做真的接受，还是当做很可能真的接受，确定一个论证是否依赖虚假或可疑的假设或预设，然后确定它们如何显著地影响了论证的力度等。

（4）推论。辨别和把握得出合理结论所需要的因素，形成猜想和假说，考虑相关信息并从数据中引出逻辑推断。①寻求证据。尤其要了解我们所需要的支持性前提，并且谋求和整合可能提供这种支持性信息的策略。②推测选择。阐明解决问题的多种选择，假定关于某一个问题的一系列推测，设计关于事项的可选假设，提出实现目标的各种计划，对预见并设计理论或信念的可能后果进行排序。③得出结论。用合适的推论模式来决定一个人在特定的事务或问题上应采取什么立场或观点；用各种推理的形式来确定一些可能的结论得到证据最强有力的支持。

（5）解释。针对上述推论的结果，用该结果所基于的证据来证明推理的正当性，并以使人信服的论证形式呈现推理。①陈述结果。准确阐述推理活动结果。②证明程序的正当性。③呈示论证。给出接受某个主张的理由，就推论、分析或评估的恰当性所提出的异议进行回应。

（6）自我校准。自觉监控自己的认知活动，分析和评估自己的推论性判断。①自我审查。比如反省自己的推理并核查结果和应用等，反省对认知技能的运用。②自我校正。自我审查、揭露错误或不足。

第三节 作为研究工具的语言

与使用工具一样，语言也是人类区别于动物的本质特征。语言是人类所特有的东西，正是语言使人类有自己的思想，让人类更好地表达自己的思想，使人类可以思考和研究各种问题。语言是人类进行各种研究活动的载体和工具。人类的语言可分为日常语言和学术语言，但是作为研究工具的语言主要指的是学术语言而不是日常语言。

一、日常语言

日常语言是日常生活所使用的语言，又称为日常生活语言。日常语言的最大特点是“多维性”，即一个词能够同时表达许多不同的意思，体现了日常词语的丰富性。然而，在社会科学领域中，词语内涵的丰富性阻碍了理性思考，因为社会科学的任务是用简约的理论来解释复杂的社会现象。多维度词语在三个方面限制了社会科学研究：①不便于交流。因为读者不能确定作者想要表达的意思究竟是什么，所以多维度词语在一定程度上阻碍了思想的交流。②测量上的困难。如果研究者对多维度概念进行测量，就要重新界定概念使之成为单维概念，否则就不可能完成测量工作。例如,政治学对国际"互动量"的测量,实际上"互动"有很多维度:联盟、贸易量、旅游、邮件来往等。③不明确的联系。多维度词语的缺点在于,每个词语本身就是一种理论。多维度词语将不同的事物概括在一个词语下,这个词语本身就暗含着这些事物是相互关联的。如果要清楚地表述这一理论,就要清楚地界定多维度词语所包含的各个维度。

例如,"智慧(wise)"一词有四个含义:①实用知识广博,②洞明各种关系,③爱好沉思,④实践经验丰富。这就意味着一个人年纪越大,就越有经验,理解力就越强。如果在日常生活中使用"智慧"而不是"聪明(intelligent)",那么人们自然会读出潜台词。这样的多维度词语,会随日常用语的变化而变化,反映出不同的心境和经历。"智慧"一词可能带来不明确的厌恶,它在美国的含义往往是贬义的:"别跟我耍滑头(Don't get wise with me!)"和"狡猾的家伙(wise guy)"。有时,词语用法的变化反映了人们看待世界观点的变化。在20世纪50至60年代,"发展中国家"这个提法委婉地代替了"欠发达国家"的称呼,这一方面反映了第三世界地位的改变,另一方面也反映了人们对第三世界国家的期望。

二、学术语言

词语运用的变化会引起理论的变化。由于理论采用了多维度词语,所以变化的过程是反复无常的。如果研究者发现他们的理论是不明晰的和不严格的,他们就会感到不太自在。社会科学应该尽可能使用单维度概念,而不是多维度概念,其理由有三:①如果一个理论用多维度概念来表达,它的含义就会模糊不清,引发很多争议。②很难准确地测量用多维方式定义的概念。③如果一个理论包含了多维度概念,那么这个理论很容易与多维度概念所暗含的其他理论相混淆。

为了准确地表达思想观点,社会科学需要有一套自己的概念系统。如果社会科学不能在日常语言中找到所需要的单维度概念,社会科学就要发明或创造这样的概念。这可以部分解释为什么有时社会科学著作让人感到单调乏味了,其实这些冷僻难懂的专业术语就是社会科学工作者所发明或创造的单维度概念。

与社会科学一样,自然科学也要有他们自己的概念系统。物理学者可以用"质量""速度"和"加速度"这样的概念来描述物体运动,而不能说"穿越空间",读者会觉得很正常。但是如果一个政治学家把政治描述成许多组成部分如"系统输入""系统输出""反馈回路"等,读者就会觉得不妥。这是因为社会科学的研究对象是人,人是社会科学最关心的事情。当物理学家试图用单维度概念来概括粒子的复杂运动时,我们不会感到困惑。然而,当社会科学家简化现实中的社会、家庭或者冲突的复杂性时,我们就会感到难以接受。

虽然社会科学中需要用单维度概念去研究和思考问题,但是有时也会把几个单维度概念综合成一个多维度概念。比如,"权力(power)"概念有四个维度:参与决策、安排议事日程、设定人们的利益取向的能力、影响人们如何界定自己的身份。本来研究者可以不用"权力"这个概念而直接研究它所包含的各个维度,但是如果只研究其中的单维度概念,就很难识别"权力"的总体过程。相对于日常语言来说,这种多维度的组合有着更大的优势,因为它同时具有了“日常语言”和“单维度语言”的优点。这种表达会使研究结果更加有趣和完美,也增加了清晰度,因为如果同时研究很多维度而只用单维度表达会让人难以理解,同时这种表达也有益于理论的简洁性。

但是,这样设计出来的概念也保留了普通语言的很多缺点,当一个读者遇到一个分值很高的变量,而这个变量有 A,B,C 三个维度时,就很难分辨是 A,B 分值高、C 分值低,还是 B 分值高、A,C 分值低,还是其他可能的组合。虽然清晰的多维度概念比普通概念更加有用,但也不能随便地加以运用。

一般而言,研究者设计的术语比日常概念更加严格,但实际上也并不总是这样。有时一些学者为自己的研究发明了相互关联的单维度概念。当这些相互关联的概念同时出现时,会引起人们更大的困惑。比如,文化研究者对“文化”一词的定义就有近 200 种。

三、语言技能

语言技能使人们能够更好地进行日常沟通和交流,还使研究者能够更有效地思考问题。如果人们能够用单维度概念来表达自己的思想时,他们就能够更清晰、更有效地思考问题。

概念有助于研究者思考和理解问题,其积极作用包括:①减少世界的复杂性。将类似的事物或事件进行归类,用特定概念来概括并加以区分,从而使复杂的现象变得简单。②简化新情况下的归纳和推论。当我们学习一个新概念的时候,常常通过其特性来理解它。然后遇到了此概念的新例子,我们就会运用所掌握的知识,来对这个新例子作出假定和推论。③便于对情况的抽象概括。有关概念可以使我们依据经验来加以思考,而不必考虑所有的具体特征。④提高思考能力。当简单地考虑到某一概念,就可以很容易地同时想到其他,甚至想起一些以前从未想到过的一些相互联系来。

专业性概念还有助于解释和理解所观察到的情况。比如音拍、音质和完美的高低音,对音乐理论都是非常需要的词汇。再如中心商业区、褶皱山脉和到某地的距离对地理研究者都有特殊的含义。再如课程计划、数据库和特许学校向教育研究者传递着大量重要的信息。掌握研究领域的专业词汇,对指导研究、继承前人研究成果,以及与同行进行交流都是必不可少的。

因此,具有熟练的语言技能显得特别重要。目前许多重要的研究报告都是用英语写作的。为了使学术研究具有国际视野,对研究者来说,不仅中文要好,还要精通英语。由于研究和发现,人类的智慧和领悟力正以令人吃惊的速度在发展。例如,俄罗斯在物理学和太空科学上取得了巨大的成就。日本打破电子学和机器人学之间的界限,将两者融合起来。皮亚杰是儿童心理学方面最有影响的理论家,他的著作是用法语写的。相当数量的最新研究论文是研究者用自己的母语来写作的。具有熟练的语言技能就能使研究者在其专业研究中具有宽广的研究视野,与国际学术界保持不断的接触和交流。

第四节 作为研究工具的电脑

随着电脑技术、远程通信技术和信息存储技术的飞速发展,信息检索从手工检索过渡到了电脑检索。电脑检索的成功应用,为人们更加及时、准确、全面地继承、利用和发展人类的思想成果提供了先进的手段。在信息时代,电脑已经成为社会研究一个重要的研究工具。掌握电脑信息检索技术已成为社会研究者必备的基本技能。

一、电脑硬件

一个完整的电脑系统包括硬件和软件两部分。硬件是电脑的基础,不同的硬件需要安装与之对应的软件。软件是硬件的"灵魂",没有安装软件的硬件设备是不能工作的。因此硬件与软件相互依存,相互匹配,缺一不可。电脑硬件是指电脑系统中由电子、机械和光电元件等组成的各种物理装置的总称。这些物理装置为电脑软件运行提供了物质基础,它按照系统结构的要求形成了一个有机整体。简言之,电脑硬件的基本功能是接受电脑程序的控制来实现数据输入、处理、加工、运算、输出等一系列操作。

电脑硬件的发展主要体现在两个方面,一是研制新的电脑体系结构,提高并行计算和处理能力,二是推进大规模集成电路的研制和开发。

二、电脑软件

作为研究工具,个人电脑已经相当普及。在过去的三十年里,电脑软件不仅快速增长,而且变得越来越通俗易懂,快捷易学。现在社会科学研究基本上借助电脑分析软件来完成。各种电脑分析软件琳琅满目,不胜枚举。在众多电脑分析软件中,比较常见的统计分析软件是"SPSS(Statistical Package for Social Sciences)"和"SAS(Statistical Analysis System)",以及"Stata(Stata Statisctical Software)",统计分析软件大大提高了整理和分析定量数据的效率。随着定性研究迅速发展,各种定性数据分析软件也应运而生。目前常见定性分析软件包括:"Atlas. ti"、"Nvivo"、"QSRNUD. IST"、"Ethnograph"。这些定性分析软件可以代替大部分的手工操作,具有对定性数据的检索、分类、编码、注释、连接和显示等功能。

但是,像其他工具一样,无论电脑性能有多高,还是有它的局限性。尽管电脑能对资料更准确、更有效率地进行计算、比较、搜索、复原、分类和整理,但是与人类的智力和理解力相比较,电脑仍然有很多局限性。电脑不是能力无限的工作者,它还不能代替人脑来思考。目前,电脑实验方法可协作完成受控科学实验,已在经济学、社会学、人口学、历史学等社会科学领域得到广泛应用。

电脑实验方法对社会科学研究具有以下的功能。电脑实验方法在一定程度上实现了对社会现象的复制。在社会科学领域,人们通常无法用实物模型来复制复杂的社会现象和人的行为，但是，却可以用建模方法在电脑上实现对复杂社会过程和行为的复制或可行性论证。阿瑟和荷兰德通过在电脑中创建一个人工股市，来回答金融领域中的一些疑难问题。实际上，通过操纵交易人的策略、股市参数等办法来模拟真实的股市，这样的电子股市与真实的股市相同，不过人工股市中的预估群体不断地变化，很难形成一个对任何情况都适用的最佳预估。尽管如此，电脑实验大大减少了以前无法预测的风险，为建构和检验社会理论提供一定的实验基础。

如同在自然科学领域中一样，在电脑实验所运行的模型对社会现象和过程具有解释功能和预见功能。由于社会系统模型在一定条件下或从某一方面，以基于相似的方式反映了社会的真实情况及其规律，所以能够解释许多复杂的社会现象，并在评定和制定各项社会政策中发挥积极作用。例如，著名的宏观经济控制模型"美国密执安模型"，就是根据计量经济理论，使用反馈控制技术建立起来的大规模非线性随机模型。经济学家利用它来分析、评价美国政府过去的经济政策，更重要的是，它还能评定、修改和制定现在与将来的政策。

电脑实验方法可以拓展人们的思维，帮助人们去思考和研究更为复杂的社会问题。以往人们总是用自己的大脑去思考和分析复杂的社会现象和人的复杂行为模式，但这种方法有着内在的局限性。原因之一在于我们面对的是一个丰富多彩、演化发展的复杂世界，如果不借助外来的工具手段，单凭人脑的想象和推理还难以把握事物的复杂性。电脑实验方法的运用改变了这一情况。例如，美国密西根大学的罗伯特·爱克斯罗德(Robert Axelrod)在1984年发表的《合作进化》一书中指出，针锋相对策略能导致社会各个领域的合作，包括在最无指望的环境中进行合作。爱克斯罗德与史蒂芬尼亚·福莱斯特(Stephanie Forrest)共同将这种合作情形用电脑实验方法模拟了出来。问题是，共同演化的一个人群是否能通过基因算法来找到针锋相对的策略。答案是肯定的：在电脑运作之中，会出现针锋相对的策略，或与之相类似的策略，并很快在该人群中流行开来。这是一个很好的例子，说明了用电脑实验模拟人的行为来研究人类合作的可能性，同时也表明电脑实验方法能够拓展人们的思维，从而更加深入地研究社会问题。

电脑实验方法在人类社会的历史研究中能够发挥独特的作用。人类社会发展具有唯一性，没有人能够真实地复制历史。但是，借助电脑实验方法，可以根据已有的材料去修复、校正和检验某个特定历史过程的残缺数据或错误数据，进而更深刻、更具体、更准确地了解历史。例如，苏联历史学家对古希腊伯罗奔尼撒战争时期(公元前431—前404年)的社会过程进行模拟实验。他们把残缺不全的数字材料组成一个系统，编制这一历史过程的数学模型，在电脑上模拟被研究过程，实验所得出的数字校正了过去关于军事开支、居民所占有的奴隶数目等数据。

三、互联网

互联网是一种将世界范围内的电脑和网络互相连接在一起的网络。目前，联网电脑的数目在迅速增长，网络的数目和类别也在增加。互联网连接了许多国家数百万个电脑和数千个网络,并进一步扩展。许多大学和学校都加入了互联网,师生员工可以通过互联网取得网上服务。不同机构的研究者通过电脑网络来交流研究成果。互联网向研究人员提供的许多资源是前所未有的,这些资源包括万维网、远程登录服务、文件传送协议(FTP)、电子邮件、新闻、博客和上网等。

(1)万维网。如今最流行的互联网就是万维网,网站设置是互联网上成长最快的部分。对于许多人来说,这些网站已成了上网的唯一理由。这些网站包括一个或多个网页(web pages),可以像看书一样进行阅读。如果要寻找在线电子期刊,那么基本上都能在万维网上找到。

使用万维网需要特定的网页浏览器的软件,如"netscape"或"explorer"。这种软件可以让使用者浏览各种网页,并进行快速链接。使用者只需要挑选感兴趣的单词、图像,该软件就能实现快速链接。即使没有确切的网址,搜索功能也能帮助使用者找到网页。万维网的一个奇妙之处就是:它的多媒体来源,包括文章、图片、声音,甚至数字录像,都可以很容易地在万维网上得到。

(2)远程登录服务。远程登录服务就是在获准情况下通过互联网进入他人的电脑系统。例如,使用者可以进入所在学校图书馆目录系统,也可以通过远程登录服务进入公共图书馆目录系统。在此过程中,使用者的电脑就成了这个系统的一个终端。使用者可以像在现场一样浏览这些图书。同样地,如果使用者离家外出几天,也可以通过互联网远程登录服务来进入家中的电脑,就像直接在家操作那台电脑一样来做自己想要做的工作。

(3)文件传输协议。互联网一个重要功能是能够分享文件和数据库。也就是说,一个电脑系统中所储存的信息文件,其他人在其他地方也同样可以获取,即使相隔万里也无妨。当然,使用者要想获取信息文件,就必须知道文件名称、文件传输协议的地址以及口令。大量的文件不仅可以从远程电脑系统上获得,它们还可以被传输过去。例如,如果你希望远在东京的朋友能看到你的长篇手稿,你就可以通过文件传输协议使你的朋友拿到全部手稿,而等到他完成了修改和评论后,你又可以通过文件传输协议重新获得文件,或者他也可以通过文件传输协议寄还给你。

(4)电子邮件。电子邮件简称为电邮,它可以快速地传递信息。有时一份邮件可以在同一时间寄给许多人(像是成批邮寄)。与传统的邮寄服务不同,这种通过电子邮件的传递只需要几秒钟,而且不论对方在世界的任何地方。另外,这种邮寄的费用在任何情况下都是微不足道的。在很多情况下,人们会通过高校网或商业网提供的服务来大量传输邮件。

(5)新闻。互联网上的新闻就像是人们相互之间传递信息和发表评论的大型公告板。对于研究者来说,特别有价值的是专题通信服务器程序,也被称为清单服务器,它为通过电子化渠道来进行讨论的群体提供了一套有效办法。专题通信服务器程序电子论坛也是一个发函清单,任何电子邮件信息都会分发给要求列入清单的每一个人。专题通信服务器程序已按不同兴趣进行了组织和归类。例如,如果你喜欢音乐,就可向这种清单服务器预订你所感兴趣的音乐。清单服务器就像收到电子邮件那样收到了你发出的信息,于是一旦有你感兴趣的音乐你就会自动收到一份拷贝。现在有数以千计、包罗万象的各种清单服务器供免费使用。通过这种服务器,人们可以就共同感兴趣的课题十分方便地互相交流、联系。

(6)上网。上网有许多方法。在与互联网相连的教育机构,可以通过校园服务器很容易地进入互联网。同样地,许多的商业服务器也提供进入互联网的服务,但要按月或按使用量收费。许多商业公司为推动家庭上网,频频下调月租费。我国网络服务主要是由电信公司提供的。截至2011年6月底,我国网民人数已达4.85亿人,成为世界上网民最多的国家,几乎每3个人中就有1个网民。现在,上网已变得比较容易,即使是对电脑不太了解,学会简单地操作也不会有太大的困难。

那么研究者如何在互联网上得到所需要的资料和信息呢?目前,互联网有四种途径来获悉有关研究信息,下面分述之。

(1)查找初步资料和其他数据库。如果想要获取教育学研究方面的资料,可以通过互联网取得数千种初步资料和其他信息资料。可以查询叙拉古大学(Syracuse University)、奥伯恩大学(Auburn University)和萨斯克其万大学(The University of Saskatchewan)的CIJE与RIE数据库,也可以查询北卡罗来纳大学ERIC文摘的数据库,还可以查询其他各种数据库,如图书馆目录、电话号码簿(包括常用电话号码和电子邮件地址)、人口统计数据。由于在互联网上可以查询到数千种数据库,因此有必要提供电话地址服务以便能查询所需数据库。明尼苏达大学已开发了此种电话簿和电脑文件转接服务。只要在电脑上安装一种软件,就可以查询所需要的有关数据库并下载文件。

(2)电子邮件。通过互联网,可以将研究信息传送给任何一位有电子邮件地址并与互联网连接的研究者。那位研究者可在网络电脑上收到你的信息,并将回信发送到你在互联网上的电子邮件地址。可以通过互联网查找到已经上网的研究者的电子邮件地址。

(3)电子公告栏。研究者们可通过电脑网络,进行网上讨论,及时交流研究和其他有价值的信息。由于网络使“邮寄”各种信息非常方便,它们有时被称为“公告栏”。可以通过互联网免费查阅各种研究协会的公告栏,只需将电子邮件发至公告栏所公布的电邮信箱地址就可以了。互联网上公告栏都是由一个叫做LISTSERV的电脑软件程序控制。因此,它们有时被称为“LISTSERV公告栏”或“论坛”。目前,互联网上有1 500多个LISTSERV公告栏,有些是限制进入的,投寄到公告栏的信息不一定能在公告栏上登载,另外一些则没有限制,所有投寄到公告栏的信息都自动登载。

(4)文件转送。互联网的文件转送规程,允许使用者将电脑文件从一台电脑转送给世界上任何地方的另一台电脑,它涉及在电脑之间发送和接收信息。但是,转送的信息仅局限于各类电脑文件,譬如文本文件、软件程序和图表画像等。如果某电脑文件属于公共范畴,就可以通过互联网发消息到储存该文件的电脑系统,并使该文件传回到私人电脑上。目前可得到世界范围内 900 多个网站的文件电话簿。

使用互联网能得到有用的信息,方便了人们的思想交流和学术研究。使用互联网进行社会研究有以下一些优缺点。

(1)优点。①互联网快捷、价格低廉。互联网使用方便,在世界各地都可以上网,这种近乎免费的资源可以从当地图书馆、实验室,或其他电脑上快捷地获取所需要的研究资料,同时互联网不会关闭,一天 24 小时运行。与人工卡片搜寻相比,互联网上信息的搜寻更加简单快捷,而且内容丰富。研究者一旦找到信息,就可以在电脑中保存或将它打印出来。②互联网有"链接",提供了发现和连接更多信息来源的机会。很多站点、主页以及其他的互联网资源网页都有"热点链接",只要简单地点击一下就可以得到有关信息。③互联网是一个巨大的信息源。与传统白纸黑字的学术资料相比,互联网上的信息更易传递和获取。互联网上传递信息的形式多样,包括明亮的色彩、图形、图像、音频、视频等。

(2)缺点。①互联网上的信息没有质量控制。与标准的学术出版物不同,互联网上很少有严格的检查过程或者根本没有。这些信息的质量往往得不到保证,有时甚至出现完全虚构或欺骗的信息。互联网上有很多东西是"垃圾"。人们一旦找到了资料,就会把这些"垃圾"与有用的信息区分开来。②很多最新的期刊论文和数据等重要的研究材料不能在互联网上获得。大量的信息只有通过特殊的订阅服务才能获得,它们一般比较昂贵。通常,互联网上的免费信息是有限的,只有付费才能获得更多的信息。③互联网的资料可能很"不稳定",而且也很难用文献证明。当人们在互联网上进行研究并寻找包含有用信息的网页之后,记住这些网页所在的特定网址是十分重要的。如果电脑文件被移走了,那么以前那个网址上就不存在这个电脑文件,而且网页有可能很快被删除掉,这意味着有时很难回溯到最原始的材料。

第五节　作为研究工具的测量技术

社会科学研究需要用一定的专业学术工具对社会现象进行分析和研究。测量技术作为一个重要的研究工具,在社会科学研究中得到广泛的运用。在社会科学研究中,用来收集数据资料的测量技术包括:测量层次和尺度、量表和指数、信度和效度等。

一、测量技术

社会科学研究者都希望自己对社会现象的测量是客观的,尽可能避免受到他们自己认识、印象和偏见的影响。但是,与自然科学相比,社会科学很难做到公正客观的测量,这是因为:①社会科学测量受到人的价值观、情感和意志的影响。自然界没有人的参与,不存在价值观、情感和意志的影响,但社会世界始终有人的参与,这不可避免地对社会现象的测量产生一定的影响。②社会测量常常涉及研究者与受访者的互动,如果他们的互动内容和形式存在着差异,也会对测量的结果产生影响。而自然科学的测量基本上不存在这一问题,尽管自然界的物体之间也有相互作用,但这种相互作用在多数情况下是稳定的、可控制的。③社会现象本身极端复杂,重复性较低,因而量化的难度较大,而自然科学测量面对的是相对稳定的自然界,重复性较高,量化的难度相对较小。

什么是测量技术?所谓测量指的是像直尺、磅秤、量规、温度计这样的标准计量工具。测量技术制约着各种事物的数据,包括对这些数据的解释以及最终所认同的定性或定量标准之间的比较。测量技术制约数据表明,当对某些事物进行测量时,首先要界定数据的范围,只有对数据进行明确的界定才能防止可能出现的混乱。

测量技术包括了各种实体或非实体的事物。有时,所测量的事物是可以看得到的,这就是实体性测量:被测量事物在物质世界中有明显的存在。如工程师测量桥的跨度,化学家测量化合物在发生化学变化前后的成分变化,所有这些都是测量实实在在的事物。有时所测量的事物是无法看得到的,这属于非实体性测量,比如对概念、观点、意见、感觉等非实体事物的测量。学生在学习中的理解程度,甚至是人们锻炼身体带来了多少"益处"。测量这些非实体事物,不能用皮尺或磅秤,只能用道琼斯指数(Dow-Jones Index)、成就测试、智商量表等。

二、测量层次

测量有三个基本预设,分别是:①不是"a = b",就是"a ≠ b",两者不能兼得。第一个假定是归类时所必需的,因为它能使我们确定某一物体的特征是否与另一物体的特征相同或不同。在测量中,"相同"并非一定要求完全一致,它只要求"充分的相同足以归类为同一集合的成员"而已。例如,两个男人的性别是相同,虽然一人比另一人更富有男性魅力,而且两人的其他特征确实有显著的差异。②如果"a = b",且"b = c",那么"a = c"。第二个假定是"如果 a 等于 b,且 b 等于 c,那么 a 等于 c"。这就是说如果一个群体中的某一成员与另一成员相同,而且第二个成员又与第三个成员相同,那么第一个成员就与第三个成员相同。这个假定能使研究者在比较物体的同一种特征时,可以得知某一集合中各个成员的品质。③如果"a > b",且"b > c",那么"a > c"。这就是说,如果 a 大于 b,且 b 大于 c,那么 a 就大于 c,第三个假定又被称为"递移假定(transitivity postulate)"。对测量而言,第三个假定更为重要。大多数的心理与教育测量都依赖于这个假定,因为它能使我们明确地得出有关等级的陈述,如"在某一属性上,a 比 b 多,b 又比 c 多,所以 a 比 c 多"。

纷繁复杂的社会现象有不同的性质和特征,对它们的测量有着不同的层次和标准。史蒂文斯 1951 年创立了测量层次分类法。测量层次可被分为四种:即定类测量、定序测量、定距测量和定比测量。

（1）定类测量。定类测量（nominal measurement）是测量层次中最低的一种，又被称为称名测量、类别测量或定名测量。定类测量本质上是一种分类体系，即将研究对象的不同属性或特征加以区分，标以不同的名称或符号，并确定其类别。定类测量的数学特征主要是等于与不等于或者属于与不属于。在社会科学中，常见的定类测量包括性别、职业、婚姻状况、宗教信仰等。比如，性别可以分成男性与女性；婚姻可以分为未婚者、已婚者、离婚者等。由于定类测量是一种分类体系，因而所做的分类既要相互排斥，又要避免交叉重叠。

（2）定序测量。定序测量（ordinal measurement）又被称为顺序测量或等级测量。定序测量是按照对象的强度、程度或等级对对象进行排序。常见的定序测量有教育水平、社会水平、工作能力、城市规模、住房条件等。比如，可以将人们的教育程度分为文盲、半文盲、小学、初中、高中、大专、大学或以上等，将城市规模分为特大城市、大城市、中等城市、小城市等。定序测量不仅能够将事物分为不同的类别，而且还能反映事物在高低、大小、先后、强弱等序列上的差异。它的数学特征是大于或小于（ > 或者 < ），它比定类测量的数学特征高一个层次，所得到的信息也比定类测量更多。

（3）定距测量。定距测量（interval measurement）又被称为等距测量或区间测量。定距测量不仅将事物分为不同的类别和等级，而且还可以确定它们之间的间隔距离和数量差异。常见的定距测量有智商和温度等。比如，在测量智商时，张三智商为 125，而李四的智商为 110，那么张三的智商要比李四的智商高出 15。定距测量不仅指明了哪个等级较高，而且还指明了某个等级比其他等级高出多少单位。这也就是说，定距测量的结果可以进行加减运算。需要注意的是，对定距测量 0 值的解读，定距测量 0 值并不具备数学 0 值的含义。比如，如果气温为 0 摄氏度，却并不表示“没有温度”，0 只不过是一个特定的数字而已，是人们主观认定和选取的，因为在另一种温度量表（如华氏温度计）中，0 度则是冰点下 32 度。

（4）定比测量。定比测量（ratio measurement）又被称为等比测量或比例测量。定比测量除了具有上述三种测量的全部属性之外，还具有一个绝对的零点，即有实际意义的零点。常见的定比测量有收入、年龄和学习成绩等。定比测量所得到的数据既能进行加减运算，又能进行乘除运算。例如，测得张三的收入为 480 元，李四为 240 元，那么可以说，张三的收入是李四的收入的两倍，或者说李四的收入是张三的收入的一半。实际意义的零点（绝对零点）是区分定比测量与定距测量的唯一标准。

以上四种测量的层次由低到高，逐渐上升。一方面，高层次的测量具有低层次测量的所有功能，即它既可以测量低层次测量可以测量的内容，也可以测量低层次测量所无法测量的内容；另一方面，高层次的测量还可以作为低层次测量处理，比如定序测量具有定类测量的分类功能，也可作为定类测量使用，但反过来则不行。为了进一步清楚地说明这四种测量的差别,我们将它们各自的数学特性总结在表 8.1 中。

表 8.1 测量层次的比较

测量层次	特 征	视觉呈现	统计价值	例 子
定类	=、≠	1 2 3	众数、百分比、或 X^2	性别:1,2 代表男女
定序	>、<	1 2 3 4 5 6 7	中位数、百分等级和秩相关。	饮料:大杯、中杯和小杯
定距	+、-	1 2 3 4 5	平均值、标准差、积矩相关,大多数推论统计分析。	温度高低和海拔高度
定比	×、÷	1 2 3 4	等比中项、百分数变化,任何推论统计分析。	百分制学习成绩

(来源:修改自"表 11.3 测量尺度的比较",参见杨国枢等:《社会及行为科学研究法》(上)(第十三版),重庆大学出版社,2006 年版。)

三、量表与指数

社会现象非常复杂,当单一的指标无法实现对复杂社会现象的测量时,就要进行复合测量。复合测量主要有两种方式:量表和指数。量表(scale)是一种具有结构强度顺序的复合测量,量表的所有项目都是按一定的结构顺序来安排的。指数(index)是由多个不同的回答所构成的一个简单累加的分数。它是由一组有关事物的态度或看法的陈述构成,回答者分别对这些陈述发表同意或不同意的意见,然后按某种标准将回答者在全部陈述上的得分加起来,就得到了该回答者对这一事物态度的量化结果。在指数中,每一个具体的陈述(或项目)在对概念的测量中都具有同等的地位,占有同等的比重,彼此间也不存在特定的顺序结构。

量表和指数将多项指标概括为一个分数,可以有效地缩减数据数量,并有效地显示出人们在这些概念或态度上的差别程度。社会科学中常见的量表有李克特量表、鲍格达斯量表和语义分化量表等。

(一)李克特量表(Likert scales)

李克特量表是社会研究中用得最多的一种量表形式,1932 年由美国社会心理学家李克特(R. A. Likert)提出。该量表由一组对某事物的态度或看法的陈述(或项目)组成。回答者对这些陈述的回答不是被简单地分成"同意"和"不同意"两大类,而是被分成"非常同意、同意、不知道、不同意、非常不同意"五类,分别被赋予 5,4,3,2,1 分值,将其所得的分数累加起来就会得到一个总分,这个总分就反映出调查对象对某个议题的态度。李克特量表的优点是,备选答案的细致化,能反映出被调查对象的态度或看法细微差异,因此该量表得到比较广泛的应用。表 8.2 是李克特量表的一个例子。

表 8.2　李克特量表的例子

问　项	非常同意（5）	同意（4）	无所谓（3）	不同意（2）	很不同意（1）
看法 1	□	□	□	□	□
看法 2	□	□	□	□	□
看法 3	□	□	□	□	□
看法 4	□	□	□	□	□
看法 5	□	□	□	□	□
看法 6	□	□	□	□	□

（二）哥特曼量表（Guttman scales）

哥特曼量表独特之处在于,用单一维度或累积强度的多重指标来测量人们对某个事物或概念的态度,该量表可用来判断一组指标或测量问项之间是否存在着关联。该量表在社会科学界受到特别的关注和欢迎。

哥特曼量表各个问项之间的逻辑关系是有层级的,如果被调查者同意高级问项的陈述,一般也会同意低级问项的陈述,低级问项是高级问项的必要条件。所以如果一组问项有一种层级模式,那么这些就是可量化的问项,构成了哥特曼量表的基础。

选定一组项目作为量表的问项是因为判定者认为这些项目有逻辑关系存在。使用项目从 3 到 20 个,经常要求调查对象以简单的“是否”“有或没有”的方式回答。调查对象的答案模式分为两类:符合这种逻辑关系的和不符合这种逻辑关系的。如果问项的确存在层级关系,则大多数人的答案都是可以量表化的。问项可量表化程度可以通过计算复制系数的方法加以确定,这是利用调查对象是否可以依据某层级模式加以复制的统计方式。一般而言,这个复制系数达到 0.9 或 0.9 以上我们才能放心地使用根据这个量表收集到的资料。

例如,有下面几个对待女性参加战争态度的陈述:①如果我是女性,我会参加战争。②如果我有女儿,我会赞成她参加战争。③女性应该参加战争。由于这几个问项有一种程度趋强的态势,所以它就构成了哥特曼量表的基础。调查对象的回答如果符合陈述的逻辑关系,那么其回答模式就会是这样的:全部赞成、赞成①和②、赞成①和全部反对。如果这是个完美的哥特曼量表,所有调查对象的回答都可以归到上面几种回答模式的一种。哥特曼量表作为一种累加量表,易于设计和完成,而且同其他量表相比,能够辨析出每个调查对象在态度上的细微变化。在建构哥特曼量表时,要尽量选取比较多的陈述。在使用时,要注意适用对象和时间,对象不同、时间不同,量表可能都要作相应调整。

(三)瑟斯东量表(Turstone scales)

瑟斯东量表是心理学家瑟斯东(Turstone)根据比较判断法则(law of comparative judgement)而提出来的。此法则所涉及的问题是,当每个人都作出独立判断时,如何测量或比较其态度。换句话说,它是在每个人作出主观判断之后,确定某个人的态度相对于其他人的位置。该量表所采用的技巧,在于创造出变量指数间强度结构,并且是由一群裁判来决定不同指标的相对强度。该量表希望通过裁判对一些项目的判定找出经验上有关系的项目来。

由于瑟斯东量表(表8.3)同鲍格达斯量表一样,其不同项目具有不同的强度,所以我们同样可以知道受试者态度的分数所代表的其对某事物或现象能接受的程度。下表就是经选择判定后准备用来测量人们对待艾滋病患者态度的瑟斯东量表。

表8.3 瑟斯东量表的例子

题　号	问　项	同　意	不同意
1	因为艾滋病可以预防,所以我们应该注重预防而不是治疗(5)		
2	艾滋病患者是罪有应得(1)		
3	艾滋病会影响我们每一个人(10)		
4	对艾滋病患者应该像对其他正常人一样同等对待(11)		
5	艾滋病永远不会发生在我身上(3)		
6	艾滋病是容易传染的(5)		
7	每个人感染艾滋病的机会是一样的(9)		
8	艾滋病是一种如果不小心就会被感染上的疾病(9)		
9	如果你感染上艾滋病,你仍能过正常的生活(8)		
10	艾滋病是有益的,因为它有助于控制人口(2)		
11	只要我遵循一夫一妻制,我就不会感染艾滋病(4)		

注:如果你同意该问项,就请在“同意”栏内打“√”;如果不同意,就请在“不同意”栏内打“√”。

在这个量表中,每个问题后面的数字就是这个问题的量表值,它说明了指标指示的态度的积极程度。一般而言,如果调查对象同意量表值高的陈述,他/她就会同意其他量表值低的陈述。这同鲍格达斯社会距离量表是相似的,只是这些陈述的强度是裁判根据经验赋予的,而不是逻辑上的。应用该量表时,量表值可以不显示出来,以免受试者在表达“赞成”或“不赞成”意见时,受到量表值的暗示。同时,题目在量表的排列上不要按照问项的积极或消极方向进行顺序排列,要打乱顺序,以免产生测量误差。受试者填答后,计算其“赞成”的题目之量表值,并以这些题目量表值的中数作为受试者态度分数。

由于瑟斯东量表的设计成本高而且需要及时更新,因此该量表在社会科学研究中使用并不多。

(四)语义差异量表(semantic differential scales)

语义差异量表是美国心理学家奥斯古德(Osgood)等人开发出来的测量技术,该量表旨在用形容词来测量人们对某些事物或概念的态度和感觉。语义差异量表由处于两端的两组意义相反的形容词所构成,每一对反义形容词中间分为七个或更多等级。每一等级的分数从左至右分别为7,6,5,4,3,2,1。被测量的事物或概念置于量表的顶端,调查时要求受访者根据自己的感觉在形容词量尺中进行勾选。在社会调查研究中,我们经常用意义相反的陈述来了解受访者的态度,让受访者在两个极端之间进行选择。语义差异量表具有比其他量表更为严格的结构,主要用于文化的比较研究、个人及群体间差异的比较研究,以及人们对周围环境或事物的态度、看法的研究等。表8.4就是语义量表的一个例子。

表8.4 语义差异量表的例子

青年志愿者

热情的	□	□	□	□	□	□	□	冷漠的
主动的	□	□	□	□	□	□	□	被动的
大方的	□	□	□	□	□	□	□	拘谨的
强的	□	□	□	□	□	□	□	弱的
快的	□	□	□	□	□	□	□	慢的
善的	□	□	□	□	□	□	□	恶的

四、测量的信度与效度

在测量的过程中,如何才能判定测量的精确度呢?有两种评定标准,一种是测量的稳定性即信度(reliability),另一种是测量的真实性,即效度(validity)。

(一)测量的信度

信度是指测量结果的一致性或稳定性。一个测验的信度是指采取同样的方法对同一对象重复进行测量时,其所得结果的一致程度。简言之,信度是指测量工具能否稳定地测量所测的事物。比如,用同一台磅秤去称某一物体的重量,如果称了几次都得到相同的结果,那么可以说这台磅秤的信度很高。如果几次测量的结果各不相同,那么说明它的信度很低,或者说这一测量工具是不可信的。

测量的信度可从两个层面上加以分析:①当我们以相同的测量工具重复测量某物时,能否得到相同的结果?据此可以确定该测量工具的稳定性、可信性或可预测性。②测量工具能否有效地减少随机误差的影响,而提供某物个别差异程度的真实测量？由此可知测量结果的精确性或准确性。

大部分信度指标都以相关系数(r)表示，主要类型有再测信度、复本信度和折半信度三种。①用同一种测验，对同一群受试者前后测验两次，再根据受试者两次测验分数计算其相关系数，即得再测信度。此种信度能表示两次测验结果有无变动，又称为稳定系数。这是一种最常用的信度检查方法。②如果一套测验有两种以上的复本，则可交替使用，根据一群受试者接受两种复本测验的得分来计算相关系数，即得复本信度。用复本来检测信度，所使用的复本必须是真正的复本，在题数、形式、内容以及难度、鉴别度等方面都要完全一致。③在一种测量没有复本且只能实施一次的情况下，通常采用折半法来估计测量的信度。常用的折半法是将受试者的测量结果，按题目的单双数分成两半计分，再根据各人在这两半测验上的分数，计算其相关系数，即得折半信度。

(二)测量的效度

测量的效度又被称为测量的真实性或准确性，它是指用测量工具准确地测量事物属性的程度。换言之，效度是指测量指标准确地反映某一概念真正含义的程度。当测量指标测量了所希望测量的事物时，测量指标就是有效度的，就是一种有效的测量。反之，就称为无效的测量或者测量不具有效度。一个测量的效度愈高，测量结果越能代表所要测量的对象特征。

测量效度有两个条件，第一个条件是，测量指标确实是测量所要探究的概念，而非其他概念。例如，智商测试测量的是智力，而不是忠诚或信念等其他概念。第二个条件是，能够准确地测量出这个概念。例如，智商为 100 的人，用测量工具所测得的智商就是 100。第一个条件是效度的必要条件，但不是充分条件。显然，第一个条件比第二个条件来得更重要。

效度是科学测量工具最基本的必备条件，一个测量工具若无效度，则无论其他优点多么突出，都无法发挥真正的功能。因此，选用测量工具或自行编制测量工具，首先要评价测量工具的效度。在检验测量效度时，必须考虑到测量的目的和功能。一个测量所测得的结果，必须符合该测量的目的，才能成为正确而有效的测量工具。

效度可以分为内部效度(internal validity)与外部效度(external validity)。内部效度是指测量指标真正地测量想要测量的概念或变量的程度。而外部效度是指把测量结果进行推广的能力。内部效度又可以进一步分为内容效度(content validity)、效标效度(criterion-related validity)和结构效度(construct validity)三种类型，它们分别从不同的方面反映测量的准确程度(参见第十二章的相关内容)。

(三)信度与效度的关系

信度和效度是科学测验工具所必备的两项标准。信度是指测量结果是否一致的稳定程度，不涉及测量所得是否正确的问题，而效度则针对测量的目的，考查测验能否发挥其测量功能，而以其确实能测量出所要测量特质的准确程度表示。效度是测验的首要条件,而信度是效度不可缺少的辅助品。效度是信度的充分条件但不是必要条件,有效度必然有信度,但是无效度却未必无信度。信度是效度的必要条件,但不是充分条件,无信度必然是无效度,但有信度未必有效度。不稳定的测验,没有多大的用处,而测验结果不准确,则毫无价值。一个测量手段可能既缺乏稳定性也缺乏准确性,可能具有高度的稳定性但是缺乏准确性,也可能同时具有很高的稳定性与准确性,但是,一个具有很高准确性的量度手段一定同时也是一个稳定的量度手段。

第六节 作为研究工具的图书馆

图书馆是收藏图书和文献资料的地方。20 世纪下半叶,随着电脑信息技术的发展和不断膨胀的知识世界,图书馆的职能悄然发生了变化。在知识经济时代,图书馆作为研究工具或手段的功能日益突显出来。图书馆不仅要满足人们快速查找图书资料的需要,而且还要充当知识传播的媒介,发挥信息传递枢纽的功能。图书馆借助于信息技术突破了传统围墙的限制,实现向数字图书馆的转变。

一、过去的图书馆

图书馆(library)一词是从拉丁文 Librarium 演化而来,意思是放书的地方。人类自从有了储存信息的意识,就开始用某种介质来存储信息,便有了图书馆。图书馆最初的功能是保存人类的记录与文化,古埃及、古巴比伦、印度和中国是早期图书馆的发源地。古埃及图书馆最早收藏是写在纸草(papyrus)上的文件,古巴比伦图书馆收藏是刻在泥片(clay tablet)上的记录。我国殷商就有了图书馆,周朝时,图书馆已经非常普遍了。随着图书馆的不断发展,图书馆的功能也在扩大,不仅可以放书,而且也可以查找资料。我国在隋朝发明了雕版印刷术,从那以后,人们把资料印刷在纸张上,大大提高了文献资料的复制质量和传播速度,把图书馆提升到一个新水平,传统图书馆就是在这个时期形成的。

传统图书馆是一个实体,有宏大的建筑和丰富的藏书,是收集、整理、保存、传递文献信息的社会文化机构。它通过馆内藏书,为读者提供外借服务、阅览服务、参考咨询服务、文献检索服务和各种情报服务等。传统图书馆的本质是收集、整理、收藏各个历史时期的文献资料并供人们使用,这也是传统图书馆价值所在。传统图书馆有四个特点:①馆藏单一。传统图书馆大多是记录在纸质材料上的文字符号、图像等文献资料。图书馆所收藏的主要是图书、期刊、报纸、手册、专利文献、地图和乐谱等印刷类文献,可以通过卡片目录和检索刊物来查找资料。②“重藏轻用”。这是传统图书馆的服务特色。传统图书馆面向全体用户的信息需求,以印刷型文献为中心,围绕馆藏文献而开展各种服务。③服务受时空限制。传统图书馆无论怎样延长开放时间,也做不到每周 7 天、每天 24 小时不间断服务。无论怎样扩大图书馆的建筑面积，服务空间总是有限的。

传统图书馆的有限服务能力使人们寻找更便捷的服务手段，将图书馆的资料查找与电脑结合起来就是这种努力的成果之一。20 世纪 90 年代以前，大部分国家的图书馆仍然是传统型的。随着现代信息技术的快速发展，信息载体不断数字化、信息传播日益网络化，以书刊资料为主要收藏载体的传统图书馆面临着巨大的挑战，难以适应数字化时代的要求，这推动着传统图书馆向数字图书馆的转变。

二、现代的图书馆

现代的图书馆是以图书文献资料收藏、查阅、使用和复制的数字化为特征的。1991 年，美国率先研究数字图书馆。1992 年，美国提出了《信息基础建设与科技法案》，明确规定了数字图书馆的含义、功能和技术应用范围。欧洲、加拿大、日本、新加坡等紧随美国之后也相继建设数字图书馆。我国于 1994 年开始探讨数字图书馆，1995 年开始进行数字图书馆的研究和开发工作，目前基本实现了大中型图书馆的数字化。

关于数字图书馆（digital library）目前尚未形成一致的看法。数字图书馆的基本特征是：①资源数字化。资源数字化是数字化图书馆的首要特征。数字化图书馆的数据、文本、语音、图形图像和视频信息等信息资源都经过了电脑数字化处理，其传递突破时空限制，信息服务也更加快捷和方便。②流通网络化。传统图书馆向读者提供的是面对面的流通服务，而数字图书馆的查询、检索、预约、下载等服务是通过电脑网络来完成的。③管理自动化。馆藏信息资源库的常规管理，如数据库的更新、数据库访问量的统计、读者类型的统计分析、各种资源利用率的比较等都可以通过服务器而实现自动化操作。④资源共享化。本地或外地用户可以不受时空限制地访问有关信息资源库，获取所需要的信息。同样一个信息源（文章或视频）可以供给不同地点的不同用户同时使用，实现了真正意义上的资源共享。

数字图书馆又被称为电子图书馆。与传统图书馆不同，它收藏的不是纸质图书，而是数字化的电子图书。数字图书馆是存储和管理大量数字图书，并为读者提供检索和阅读服务的电脑网络系统。数字图书馆本质上是虚拟图书馆，它不需要规模庞大的建筑群和书架，只需要几台服务器和网络就可以了。虚拟图书馆能满足人们快速检索、快速获取巨量信息的需要。

三、信息来源

图书目录、索引、文摘是对一定范围内的文献进行整理和排序，揭示其外部特征和内容特征，并提供一定检索手段的检索工具。根据揭示文献特征的深度和记录文献特征的方式不同，可划分为三种类型。

(一)图书目录

图书馆藏书至今仍旧是图书馆信息和知识的核心部分。通过图书馆的目录来查找专业书籍依然是最简单的方法。许多图书馆已用电子书目来代替原有的卡片目录。现代书目有不同的划分方法。按收录文献的类型可分为图书目录、报刊目录、丛书目录。按文献涉及的学科可分为综合性书目和专科(专题)书目。按收录文献涉及的范围(主要是地域)可分为国家书目、地方文献书目和个人著述书目。按反映文献收藏的情况可分为联合目录、馆藏目录和私藏书目。按反映文献出版的时间和书目编制时间关系可分为回溯性书目、现行书目和预告书目。按书目的用途还可分出导读书目(推荐书目)和书目之书目等。

图书馆的目录可以分为书名目录、著者目录、主题目录和分类目录。①书名目录是按文献题名字顺组织起来的目录。其优点是便于检索者查找某一特定书名的文献以及同一著作的不同版本。②著者目录是按著者姓名或名称字顺组织起来的目录。其优点是便于检索者查找某一特定著者的全部著作。③主题目录是按照文献主题的字顺组织起来的目录。其优点是能够集中同一主题的文献,便于研究人员迅速查找特定课题的所有文献资料。④分类目录是根据图书内容的学科特点,按照图书分类法组织起来的目录。它能够揭示门类之间的亲疏关系,便于"按类求书"。

目前,我国图书馆采用较多的分类法有:《中国图书馆分类法》《中国科学院图书馆图书分类法》《中国人民大学图书分类法》《杜威十进制分类法》等。

- 《中国图书馆图书分类法》:它是根据我国实际,在科学分类的基础上,结合图书的特性所编制的大型综合性分类法。它采用汉语拼音字母与阿拉伯数字相结合的混合号码制,先后有四个版本,1999 年版《中图法》为 5 大部类,22 大类,53 811 个类目(包括专用和通用类目)。基本序列是:马列毛思想、哲学、社会科学、自然科学、综合性图书。《中图法》现已普遍运用于我国图书馆,包括主要书目、检索刊物、机读数据库,以及《中国国家标准书号》等。
- 《中国科学院图书馆图书分类法》:先后有三个版本,最新版本是第三版。它将知识门类分为 5 大部类、25 个基本大类。各级类目的分类号码采用单纯的阿拉伯数字制,不附加任何基本符号,单纯简洁,易写、易记。号码分为两部分,第一部分采用顺序制,从 00-99 分配 25 个大类及其主要类目。第二部分采用小数制,以容纳细分类目:在号码编制技术上采用双位法,借号法和交替类等方法,使号码组配灵活,伸缩性助记性强。
- 《杜威十进制分类法》:将人类知识分成 10 个基本领域,每个基本领域再分成 10 个分支领域,按这样的原则来对书籍编排目录和排入书架。杜威十进制分类法在许多公众图书馆和其他图书馆中被广泛采用,可能是世界上最普遍接受的分类法。

通过书目提供的文献信息和检索途径,读者可以迅速查到自己不知或所知不详的文献线索,进而追踪所需要的文献。通过书目也可以了解所著录图书的基本情况,除外部特征外,还可以从内容提要来了解其学术价值。书目是学术发展史的一个缩影,通过书目可以了解学科的源流及发展演化过程、学术发展的盛衰。通过书目可以了解某一学科或某一课题的研究水平和发展方向,了解前人已取得的研究成果和研究现状,避免重复研究,也便于进行新的探索。

(二)期刊索引

"索引"一词出自日语,也曾根据英语"Index"音译为"引得"。索引是将图书、报刊资料中具有检索意义的特征(如词语、人名、书名、刊名、篇名、主题等)分别摘录或加以注释,注明出处页码,按字顺或分类排列,附在书后或单独编辑成册,是检索文献内容或文献资料的一种工具。

西方出现最早的是《圣经》的索引,18 世纪起索引开始盛行。我国古代就有索引,有"备检""通检""韵编""串珠"等名称。宋晁公武《群斋读书杂志》载有《群书备检》一书,应是篇目索引或字句索引。明万历三年(1575)刊行的《洪武正韵玉键》就是严格意义上的索引了。20 世纪 20 年代以来,吸取国外近代索引编制的经验,相继编出了各类索引。

索引有综合性索引和专科(专题)索引之分。按索引所揭示的文献类型,可分为图书索引、期刊索引和报纸索引;按取材范围和编制方法可分为书刊篇目索引、专著主题索引、人名索引、字句索引等。按文献排检方式可分为字顺索引、分类索引、主题索引等。与社会科学研究有关的重要索引如下:

- 《全国报刊索引》,上海图书馆编辑,是查找解放后报刊资料的主要工具之一。
- 《报刊资料索引》,中国人民大学书报资料中心编辑,是很实用的专业文献检索工具。
- 《中国社会科学文献题录》,中国社会科学院文献刊物中心题录编辑部编辑。
- 《中文报刊教育论文索引》(季刊),中央教育科学研究所图书资料室编。
- 《台港澳报刊目录》,中国图书进出口总公司编。

索引能够提高文献检索的深度和检索效率。和书目相比,书目以文献整体作为记录和检索单元,而索引则以文章篇目或文献内容中的字词、句子、事项等作为检索单元。索引不仅能提供文献线索,而且还可供查找散见在书刊中的有关资料。索引可以节省时间和精力,以避免单凭记忆的不可靠和局限性。

(三)摘要

摘要是指文献摘要,是以简洁的形式对文献内容作扼要的介绍、摘录或评述。文献能比书目、索引提供更多的信息,读者可以在有限的时间内获得更多的文献信息。针对有关文献,研究者可通过阅读文摘了解该文献的概况和精华,了解该文献的价值,并决定是否需要阅读全文。

根据编写的目的和用途,文摘可分为指示性文摘和报道性文摘。指示性文摘仅把原文主题内容简略地介绍给读者,主要是提供线索,使读者了解该文献信息与所需信息的相关程度,从而决定是否要阅读全文。报道性文摘比指示性文摘要更详细些,一般会概述原文的主要内容,包括原文的主题范围,阐述观点、思想、方法、各种重要数据、推理过程、论证结果等。与社会科学研究有关的文摘主要有:

- 《新华文摘》,新华文摘社编,人民出版社出版,1979 年创刊,是一本大型的学术性和普及性兼有的综合性文摘杂志。
- 《全国高等学校文科学报文摘》,上海师范大学高校学报文摘社编辑出版,1983 年创刊。
- 《国际博士论文摘要》(*Dissertation Abstract International*),这是应用最普遍的英文摘要,分人文和科学两大类,刊载欧美 300 所大学的博士论文摘要。

另外,各个学科也有独立的摘要,都是教育研究者经常阅读的参考资料,例如:

- 《心理学摘要》(*Psychological Abstracts*)。
- 《社会学摘要》(*Sociological Abstracts*)。
- 《儿童发展摘要》(*Child Development Abstracts*)。

文摘的目的是让读者在较短的时间内获悉大量文献的主要内容,了解学术动态,选择自己所需要的文献,并根据条目注明的出处追踪原文。文献既起到了论文索引的作用,又进一步揭示出文献的重要内容,帮助读者更准确地选择文献。

(四)参考工具书

参考工具书是以特定的编排方式,从众多的书籍中收集、编辑有关内容并编写成条目,专门供读者查找各种语词、事实、数据、人物之用的文献。参考工具书大致可分为:字典、词典(辞典)、百科全书、统计资料、年鉴、手册、大事记、传记等。在研究中,当遇到把握不准的名词、术语、定义、概念、历史沿革、现实状况、统计数据及任务、事件等问题时,便可及时查询。国外有人估计,研究中约有一半的问题可以通过直接查询参考工具书予以解决。社会科学研究中常用的参考工具书包括:

(1)字典、词典。中文的字典和词典是两个不同的概念,字典是收集、解释字的形、音、义及其用法的工具书,例如,《康熙字典》《汉语大字典》等。词典则是收集、解释词语的概念、意义和用法的工具书,如《汉语大词典》等。辞书按其收录的内容,又分语文性辞书,如《汉语成语词典》;知识性辞书,如《辞海》是综合性词典,《心理学大词典》是专门性词典。

(2)百科全书。汇总全部学科或某一学科的知识,以条目的形式,加以系统阐述的大型工具书,有“工具书之王”之称,它的科学和权威的特点决定了它有很高的阅读和检索价值。百科全书有综合性的:如《中国大百科全书》《不列颠百科全书》;有专业性的:如《电脑科学技术百科全书》《法学百科全书》。中国明代的

《永乐大典》曾被英国《不列颠百科全书》称为“世界上最大的百科全书”。

（3）年鉴。全面汇集和反映一年内各个方面或某一方面重要的时事、发展状况、统计资料等的编年体工具书。年鉴可以按地域分，有国际性的：如《国际统计年鉴》；有国家性的：如《中国统计年鉴》；有地区性的：如《上海统计年鉴》。也可以按内容分，有综合性的：如《中国年鉴》；有专业性（或行业性）的：如《中国法律年鉴》。

（4）手册、指南。又可称为指南、大全、便览等。它是供人们随时查阅某一方面常用基本知识、公式数据、专业术语、操作方法、要点事项等的实用型工具书。手册种类繁多、一般分成两类，一是综合性的：如《青年必知新知识手册》《读报手册》《中国教育指南》等；二是专门性的：如《建筑施工手册》《混凝土常用数据手册》《产品认证工作指南》等。

（5）名录、图录。名录是收集介绍机构、人名、地名、产品名等基本情况以供检索者查阅的工具书，如《中国政府机构名录》《中国企事业单位名录》《全球研究生奖学金名录》《世界地名录》《中国地名录》等；图录又称图谱，是用直观图形、图像、照片等表现形式反映地理知识、人物、器物、事物状况等方面的工具书，包括地图、历史图谱、文物图谱、人物图谱，以及其他各种图谱和画册。

（6）综述。是一种具有报道学科研究和发展最新情报功能的工具书。一般由这个领域的权威专家对该学科进行客观性和评论性论述，所引用文献都逐一标明出处，该工具书非常有参考价值，值得关注，如《医学综述》和《国际刑法综述》。

另外，参考工具书中还有辑录古籍中的史实典故、诗赋文章、名物制度等原始资料类的书；有专门收集、论述古代典章制度及沿革的书；有用简练文字和准确数字以表格或编年形式揭示历史事实、事物发展、时间概念的表谱（年表、历表）等多种工具书。

（五）电子书刊

自20世纪90年代以来，随着信息技术的快速发展，数字技术在各种文献的书写、保存和传播上得到广泛应用。过去纸质出版的文献如今有了电子版本，其中以电子图书、电子期刊和电子报纸最引人注目。

（1）电子图书。电子图书是相对于传统的纸质图书而言的，又称为数字图书，指的是用信息技术进行加工处理，并以电脑可读写的存储介质发行的图书。发行介质通常包括CD-ROM、互联网和软盘等。电子图书保持了与印刷型图书相一致的版面风格，但也有一些新的特点：①阅读方式的变化，读者必须通过电脑等电子设备来进行阅读。②信息更为丰富，表现力更强，可以将图文声像同时展现给读者。③检索功能强大，检索效率高，一般能进行全文检索。④发行传播便捷，容易复制。⑤图书使用过程不存在折旧和纸张老化问题。

电子图书绝大多数是以光盘形式发售的，通常可分为三种形式：①纯文字电子图书。如青苹果数据中心制作，北京电子出版物出版中心出版的《全唐诗》《全宋词》《全元曲》光盘，采用美国 Adobe 公司推出的 PDF 制作技术及 Acrobat Reader 平台，主要特点是既保留纸质书刊的版式，又具备全文检索的功能，可对查询结果进行编辑、引用、打印、粘贴。②图文型电子图书。如《汉语大词典（光盘 1.0 版）》和《中国大百科全书（图文数据光盘）》。前者有黑白图片 520 幅，后者有彩图和黑白图片 5 万幅。③多媒体电子图书。如中共中央文献研究室 1998 年底出版的《改革开放二十年重要文献库（多媒体光盘）》，共 3 张。收录了 1978 年中共十一届三中全会至 1998 年 10 月十五届三中全会 20 年间党和国家的重要文献，领导人的重要著作，重大历史事件纪要，共计 1 400 多万字，1 000 余幅照片，60 多段影视镜头，以及邓小平等领导人的重要讲话录音。

（2）电子期刊。以电脑数据库形式出现的期刊。作者可将文章手稿以电脑文件格式传送给编辑审阅，录用的稿件将被复制编辑，再通过互联网与读者见面。电子期刊的出版形式主要有两种：①网络型。它主要指在互联网上出版的期刊，又叫网上杂志，读者必须上网才能进行阅读。网络型期刊在 20 世纪 90 年代逐渐成熟，并迅速显示出传统纸质期刊无法比拟的优点。首先，网络型期刊具有超文本链接功能。不仅期刊内部知识单元可以链接，还可以与互联网上其他信息资源相链接。读者只要用鼠标轻轻点击，即可获得其他相关信息，检索快捷。其次，交互性强。作者、编者、读者可以通过网络快速交流。最后，各种印刷型期刊的开本和页数是定量的，而网络型期刊的篇数不受限制，可多可少，十分灵活。我国的网络型期刊兴起于 20 世纪 90 年代中叶。中国教育和科研电脑网（CERNET）发行的《神州学人》是我国首家网上中文期刊。②光盘型。这种电子期刊制作成光盘出售，用户用装有光盘驱动器的电脑即可阅读。我国目前规模最大的光盘型期刊是《中国学术期刊（光盘版）》（CAJ-CD）。

（3）电子报纸。它是指各家报纸通过其网站公布的主要栏目的信息，一般是 html 网页格式，读者不需要专门的阅读器就能阅读。近年来，也有业内人士提出"全真电子版"报纸的概念，简单说就是"无纸化"的"新平面"报纸。"新平面"是指替代了纸张的"电子平面"，读者须利用电子阅读器来存储和阅读报纸，报纸的版面信息可以保留与纸质报纸一致。目前，绝大多数的电子报纸都是免费的，读者可以打开相应报纸门户网站来阅读其电子版。

本章小结

社会科学研究有不同的研究手段和工具。科学研究与普通劳动在本质上是相通的，它们都需要使用一定的工具来作用于劳动对象，但是科学研究所使用的劳动工具具有特殊性。自然科学家通常使用像显微镜、光谱仪等仪器设备来进行研究，而社会科学家则需要通过问卷以及文献资料来进行研究。所谓研究工具是研究人员用来收集、处理和解释资料的一种专业技能和手段。研究方法是研究者进行研究的一般途径。研究方法决定了对研究工具的选择，而研究工具应该与研究方法相匹配。

社会科学研究有许多一般研究工具。与自然科学研究相比,社会科学研究的工具有不同的侧重点,这是社会科学研究的特殊性使然。社会科学主要研究工具包括:①人类思维,②语言,③电脑,④测量技术,⑤图书馆。对这些研究工具的梳理和探讨,有利于加深对这些工具的了解,以便更有效地使用它们。

在探索未知世界的过程中,作为认识工具的人类思维有了很大的改进。人类思维可分为动作思维、形象思维和抽象思维。抽象思维又称为逻辑思维,是思维的一种高级形式。抽象思维撇开了事物的具体形态和个别属性,形成了概念并运用概念进行判断和推理,揭示了事物的本质特征。抽象思维的基本形式是概念、判断、推理,主要方法有演绎、归纳和批判性思维等。

演绎是指从一般到个别的推论,即以某些一般性、普遍性的知识为前提,由此推导出个别性或特殊性结论。演绎思维就是由一般性知识推导出特殊性知识的思维。演绎思维因其从某一类事物推论到该类的部分对象,结论受到前提的严格限制,结论所断定的范围决不会超出前提所断定的范围。归纳是指从个别到一般的思维方法,即以某些个别性或特殊性知识为前提,推出一般性或普遍性结论。归纳思维就是根据具体事实概括出一般理论的信息加工过程。归纳思维的概括具有扩展性,但其结论并不具有必然性。归纳思维方法的种类较多,有传统归纳法如枚举归纳法与排除归纳法等,有现代归纳法如概率统计归纳法与确证概率归纳法等。批判性思维是指利用恰当的评估标准确定某物的真实价值,以明确形成有充分根据的判断。批判性思维包括言辞推理、讨论分析、决策和审慎分析等形式。批判性思维体现了思维技能水平,是一种不可缺少的探究工具。

语言是人类从事各种研究活动的载体和工具。人类语言可分为日常语言和学术语言,但是作为研究工具的语言主要指的是学术语言。日常语言具有"多维性",同一个词语能够表达许多不同的含义。为了准确地表达思想观点,社会科学研究通常创造一套自己的概念系统,以避免日常语言的多维性。语言技能有助于人们进行有效的日常沟通和交流,还有助于研究者更有效地思考问题。如果用单维度概念或词组来表达思想,那么就能实现更清晰或更有效的思考。

电脑已经成为信息时代社会科学研究的一个重要研究工具。掌握电脑信息检索技术已成为社会研究者所必备的基本技能。电脑包括硬件和软件两部分。硬件是电脑的基础,不同的硬件需要安装相应的软件。社会科学研究通常要借助多种软件来完成,除了常见的"Word""WPS""Adobe"等处理文字软件外,数据分析软件也得到越来越多的使用。常见的统计分析软件包括:"SPSS""SAS"和"Stata"。统计分析软件大大提高了整理和分析定量数据的效率。常见的定性分析软件有:"Atlas. ti""Nvivo""QSRNUD. IST"和"Ethnograph"。这些定性分析软件可以代替大部分的手工操作,具有对定性数据的检索、分类、编码、注释、连接和显示等功能。互联网是一种连接全世界的电脑网络。目前研究者可以通过网络取得各种网上服务,得到有用的信息,交流研究成果。互联网提供了许多前所未有的资源,互联网有五种获取信息的途径,包括万维网、文件传送协议、电子邮件、博客、新闻、"微博"等。

测量技术作为重要的研究工具,在社会科学研究中得到广泛的运用。在社会科学研究中,测量技术主要用于收集数据资料,包括测量层次和尺度、测量量表和指标、测量信度和效度。所谓测量指的是像直尺、磅秤、量规、温度计等这样的标准计量工具。测量有四个层次:定类测量、定序测量、定距测量和定比测量。定类测量是一种分类体系,即将研究对象的不同属性或特征加以区分,标以不同的名称或符号,并确定其类别。定序测量是按照事物的强度、程度或等级对事物进行排序。定距测量不仅将事物分为不同的类别和等级,而且还可以确定它们之间的间隔距离和数量差异。定比测量除了具有上述三种测量的全部属性之外,还具有一个绝对的零点。

对复杂的社会现象要进行复合测量。量表和指数是复合测量的两种主要形式。量表是一种具有结构强度顺序的复合测量,量表的所有项目都是按一定的结构顺序来安排的。指数是由多个不同的回答所构成的一个简单累加的分数。社会科学中常见的量表有李克特量表、哥特曼量表、瑟斯东量表和语义差异量表等。李克特量表由一组对某事物的态度或看法的陈述所组成,这些陈述被分成"非常同意、同意、不知道、不同意、非常不同意"五类,分别赋予5,4,3,2,1分值,将分数累加会得到一个态度总分。哥特曼量表用单一维度或累积强度的多重指标来测量人们对某个事物或概念的态度,该量表可用来判断一组指标或测量问项之间是否存在着关联。瑟斯东量表根据比较判断法则而创立,它创造出变量指数间的强度结构,并由一群裁判来决定不同指标的相对强度。语义差异量表在用形容词来测量人们对某些事物或概念的态度和感觉,量表由两组意义相反的形容词所构成,要求受访者根据自己的感觉在形容词量尺中进行勾选。

在测量过程中,信度和效度是确定测量精确度的两种标准。信度是指测量结果的一致性或稳定性,信度是指用同样的方法对同一对象重复测量时,其所得结果的一致程度。效度是指测量指标准确地反映某一概念真正含义的程度。效度是测验的首要条件,而信度是效度不可缺少的辅助品。不稳定的测验,没有多大的用处,而测验结果不准确,则毫无价值。一个量度手段可能既缺乏稳定也缺乏准确性,可能具有高度的稳定性但是缺乏准确性,也可能同时具有很高的稳定性与准确性,但是,一个具有很高准确性的量度手段一定是一个稳定的量度手段。

在知识经济时代,图书馆作为研究工具或手段的功能日益突显出来。图书馆不仅能满足人们快捷查找图书资料的需要,而且能充当知识传播的媒介,发挥信息传递枢纽的功能。传统图书馆是收集、整理、保存、传递文献信息的社会文化机构,它通过馆内藏书,为读者提供外借服务、阅览服务、参考咨询服务、文献检索服务和各种情报服务等。现代图书馆是以图书文献资料收藏、查阅、使用和复制的数字化为特征的。数字图书馆的基本特征是:①资源数字化,②流通网络化,③管理自动化,④资源共享化。数字图书馆又叫电子图书馆,它收藏的不是纸质图书,而是数字化的电子图书。数字图书馆是存储和管理大量数字图书,并为读者提供检索和阅读服务的电脑网络系统。虚拟图书馆满足了人们快速检索、快速获取巨量信息的要求。随着信息技术的快速发展,过去用纸质出版的文献如今有了电子版本,其中以电子图书、电子期刊和电子报纸最引人注目。

思考题

1. 社会科学一般研究工具有哪些?
2. 什么是共变法?试举例说明如何在社会研究中应用共变法。
3. 什么是批判性思维?
4. 试述日常语言与学术语言的区别和联系。
5. 什么是量表?请自行设计一份李克特量表。
6. 什么是信度和效度?举例说明两者之间区别和联系。

讨论题

1. 结合实际,谈谈如何培养批判性思维能力?
2. 为什么说信度和效度对社会研究来说是至关重要的?

参考文献

艾尔·巴比.2005.社会研究方法[M].邱泽奇,译.10版.北京:华夏出版社.

包忠文.2007.文献信息检索概论及应用教程[M].北京:科学出版社.

保罗·D.利迪,珍妮·埃利斯·奥姆罗德.2005.实用研究方法论计划与设计[M].顾宝炎,等,译.7版.北京:清华大学出版社.

陈波,等.1989.社会科学方法论[M].北京:中国人民大学出版社.

陈向明.2000.质的研究方法与社会科学研究[M].北京:教育科学出版社.

风笑天.2005.社会学研究方法[M].2版.北京:中国人民大学出版社.

高润芝.2007.现代信息资源检索与利用[M].北京:经济管理出版社.

格雷维特尔.2005.行为科学研究方法[M].邓铸,等,译.西安:陕西师范大学出版社.

谷振诣,刘壮虎.2006.批判性思维教程[M].北京:北京大学出版社.

金学军,等.2008.学术语言与生活语言之辩证关系[J].社会科学家(3).

劳伦斯·纽曼.2007.社会研究方法定性和定量的取向[M].郝大海,译.5版.北京:中国人民大学出版社.

李淑文.2006.创新思维方法论[M].北京:中国传媒大学出版社.

林聚任,刘玉安.2004.社会科学研究方法[M].济南:山东人民出版社.

刘作奎,高春玲.2006.网络工具与社会科学研究:方法与悖论[J].欧洲研究(2).

马丁·丹斯考姆.2007.做好社会研究的10个关键[M].杨子江,译.北京:北京大学出版社:17-23.

梅雷迪斯·D.高尔,沃尔特·R.博格.2002.教育研究方法导论[M].许庆豫,等,译.南京:江苏教育出版社.

唐盛明.2003.社会科学研究方法新解[M].上海:上海社会科学院出版社.

陶保平.2002 研究设计指导[M].北京:教育科学出版社.

W.菲利普斯·夏夫利.2006.政治科学研究方法[M].上海:上海人民出版社.

王磊.2007.图书馆的历史与数字化发展[J].科技情报开发与经济(1).

王娅红.2008.传统图书馆与数字图书馆之比较[J].甘肃科技纵横(1).

威廉·维尔斯曼.1997.教育研究方法导论[M].袁振国,译.北京:教育科学出版社.

武宏志,刘春杰.2005.批判性思维:以论证逻辑为工具[M].西安:陕西人民出版社.

徐志明.1995.社会科学研究方法论[M].北京:当代中国出版社.

袁方.1997.社会研究方法教程[M].北京:北京大学出版社.

杨国枢,等.2006.社会及行为科学研究法(上)[M].13版.北京:重庆大学出版社.

张大松.2008.科学思维的艺术:科学思维方法论导论[M].北京:科学出版社.

赵国璋,等.2005.社会科学文献检索(增订本)[M].北京:北京大学出版社.

Beyer B K. 1985. Critical thinking: What is it? [J]. Social Education, 49: 270-276.

Halpern D F. 1998. Teaching critical thinking for transfer across domains: Dispositions, skills, structure training, and metacognitive monitoring [J]. American Psychologist, 53: 449-455.

Joel Rudinow. 1999. Invitation to critical thinking[M]. orlando: Vincent Ebarry Harcourt Brace College Publishers.

Robert Ennis. " critical Thinking: A Streamlined Conception" [J]. Teaching Philosoph, 14(1).

9 社会科学研究设计

研究设计在社会研究中扮演着重要的角色。为了顺利地实现研究目标,就要对整个研究工作进行精心地设计和谋划。与建筑工程动工前就要有严格、周密的设计一样,社会研究在确定了研究课题后,也需要对研究课题所确立的目标进行认真和周密的规划设计。本章有两个目的:第一,概述了几种常见的社会研究设计,有选择地讨论了几种最有代表性和最有实用价值的设计方案。第二,对每一种研究设计的主要优缺点及其应用进行了比较和评析。本章首先介绍了研究设计的基本含义,然后概述了研究设计的功能和基本问题,并在此基础上,对纵向设计、横向设计、个案设计和实验设计四种主要社会研究设计方案进行了探讨。

第一节　研究设计的概述

研究设计是社会研究过程中不可或缺的重要一环,是研究工作的总体规划方案,对整个研究工作起着引领和决定性的作用。研究设计是一个创造性过程,需要将研究想法转化为一系列具体的研究决策,并说明如何在实践中进行研究。

一、什么是研究设计

研究设计可以从三个层面上来理解。广义的研究设计涉及规划和实施研究计划的所有相关问题,即从问题界定到研究报告发表的整个过程。狭义的研究设计专指研究者对研究结果的解释以及所使用的具体方法。本章所理解的研究设计介于这两个层次之间,是一种把研究问题与实证数据结合起来的总体安排(Denzin et al.,1994)。

研究设计是对整个研究工作的规划。所谓研究设计是研究探索的一种逻辑结构,包括确定研究主题或取向、选择主要研究策略和路径,确定具体方法和操作步骤等。作为研究过程中最基本的规划,研究设计包括了研究策略、概念框架、研究对象、研究工具、程序步骤五个环节。然而,需要指出的是,研究设计涉及一般程序性问题而非执行性问题,研究设计不同于工作计划。工作计划需要详细说明所要完成的每一项工作任务,而工作计划是基于研究设计的基本程序而制定的。研究设计需要说明回答问题所需要的证据及其类型。研究设计也不同于具体研究方法。对所有学科来说,设计一个研究方案大体上是相似的,但是每个学科却有自己特有的收集和分析数据的具体方法。从原则上讲,任何一种研究设计都可以使用任何一种收集数据的方法。如果将研究设计等同于具体方法,就可能在实际研究中犯简单化错误,比如把个案研究混同于参与观察,或者将横向研究等同于问卷调查。在社会科学研究中,首先要确定数据性质或数据类型,才能进一步确定用于收集和分析数据的具体方法。然而,不少研究者在尚未弄清数据类型的情况下,就信手拟定问卷或访谈问题。研究文献表明,如果缺乏严谨的研究设计,哪怕收集上来的数据再充分,所得出的结论也是经不起推敲的。

研究设计在研究实践中发挥着极其重要作用,其主要功能有:①研究设计为研究者提供了工作蓝图或方案。在建筑工程上,如果没有设计蓝图,就不知道建筑的结构、建筑的类型和建筑的用途。同样,在社会研究上,如果不经研究设计就贸然展开研究,就会面临许多相似的问题。②研究设计划定了研究边界,使研究者能够专注于特定的问题。如果没有明确的研究边界和目标,研究活动可能完全是盲目的。有了明确的研究目标,研究者就可以逐步去实现这些目标,并对已完成的工作进行评估。③研究设计使研究者能够对可能出现的问题进行预测。研究设计可用于估算研究成本,预测可能出现的测量难题,对人财物等资源进行配置。

研究设计需要通盘考虑所有的研究选择,并从中选择最佳设计蓝图。它要求研究者对多种研究选择进行逻辑分析或排除,认真考虑以下三个基本问题:①研究需要使用何种研究策略?②研究需要在何种概念框架中进行?③研究需要收集何种数据?在这三个问题中,前两个问题有重叠之处。第二个问题所说的概念框架主要用于定量研究,但在定性研究中也发挥重要作用。

(1)研究需要使用何种研究策略?研究设计背后所遵循的逻辑就是研究策略。研究策略是研究设计的重点,研究策略因研究取向的不同而不同,即不同的研究取向有不同的研究策略。定量研究主要使用实验法、准实验法和非实验研究等研究策略。定性研究的研究策略涉及个案研究、民族志、扎根理论等。混合方法研究策略要视混合后所使用的具体策略而定。研究策略还与研究控制或干预有关。一般而言,定量研究有更多的研究控制或干预,而定性研究通常让事件自然发生,很少进行控制或干预。

(2)研究需要在何种概念框架中进行?概念框架决定了研究结构的明晰性和完整性。所谓概念框架是指研究中所使用的核心概念的组合、构成及其相互关系。在研究过程中,研究者需要对研究问题进行甄别、厘清和界定。界定研究问题也是探究、廓清和构建概念框架的过程,而概念框架有助于更好地理解研究问题。在定量研究中,研究设计与概念框架是相互结合的,研究设计通过对各种变量的调配来显示彼此的概念关系,而概念结构则显示了所要进行研究的结构。更重要的是,概念框架还是提出假设、变量和操作化定义的重要依据。对定性研究来说,概念框架是在收集和处理数据的过程中逐步形成的,具有很大的弹性和不确定性,需要不断地加以调整和完善。

(3)研究需要收集何种数据？这涉及对研究工具的规划和决策。为了避免对数据作出错误的因果推论,研究设计要用适当类型的数据来回答问题或验证理论。一般而言,数据类型决定了数据收集方式,定量研究是用数字形式来收集数据,而定性研究则是用文字或图片形式来收集数据。定量数据可以通过问卷调查、实验或准实验方法来获得,而定性数据则可以通过观察、访谈和文献法等方法来获得。有关数据收集方式的决策实际上就是对研究路径、方法和程序的选择。收集数据涉及研究工具的设计或选择,还涉及使用研究工具的程序和条件。

弄清研究设计的三个基本问题是实现研究情境与实证世界有机结合的关键。研究设计介于研究问题与数据之间,揭示了研究问题与实证数据相结合的方式,以及为解决这些问题所需使用的研究程序与工具。因此,研究设计应该针对特定的研究问题,进一步廓清回答问题所需要的各种研究程序和工具。

二、研究设计的类型

研究设计的主要目的是,为整个研究过程及其各研究阶段制定规划方案。研究设计是一份研究蓝图,它概述了研究工作流程和重点,有助于引导研究者完成研究任务。缜密的研究设计有助于提高研究的效度和信度。信度和效度体现了研究自身的价值。缺乏信度和效度的研究是没有任何实际价值的。高水平的研究工作不能有任何的随意性,很大程度上取决于研究结果的可信性和可靠性,因此缜密的研究设计能在一定程度上对研究工作起着保证作用。

研究设计通常有五个要素:①组数。组数是指研究设计中所使用的小组数量。不同的研究设计有不同的小组数量,如单个案设计没有比较组,而实验研究有多个比较组。②干预。所谓干预是指在介入性研究中,研究者对变量有系统的操控,又称为处理(treatment)。横向研究设计等一些基于已有变异的研究通常没有干预,而实验研究设计则需要一个干预或多种干预。这些干预可能是正面的,也可能是中性的。③前测。所谓前测(pretest)是指在接受干预之前对因变量的测量。横向研究设计通常没有前测,而对实验研究设计来说,前测数量变化很大,有时没有前测,有时需要一个或多个前测。④后测。所谓后测(posttest)是指在接受干预后对因变量的测量。所有设计至少都有一个测量因变量的后测,如横向研究只有一个后测,而有的设计为了分辨长期与短期结果差异却有多个后测。⑤分配。分配是指将被试分派到各个小组中。在多组设计中,分配被试的方式有随机分组、前测配对、事后配对等多种形式。

对上述五种要素进行不同组合就可以得到不同的研究设计,大致有四种类型的研究设计,即实验设计、纵向设计、横向设计和个案设计。

(一)实验设计

经典的实验设计的基本要素是:①对因变量进行前测;②将人们随机分成两组:一组有干预(实验组),另一组没有干预(控制组);③进行一次干预(测试/处理);④对因变量进行后测(图9.1)。对干预结果的分析将集中在实验组干预的前后变化上,并将这些变化与控制组变化进行比较。如果实验组变化大于控制组,研究者就可以断定这种变化是由自变量引起的。

分组方法	前　测	干预(X)	后　测
随机(实验组)	测量因变量(Y)	处理	测量因变量(Y)
随机(控制组)	测量因变量(Y)	无处理	测量因变量(Y)

图9.1　经典的实验设计

(二)纵向设计

纵向设计(longitudinal design)又称为纵断面设计,其基本要素是:①只有一个组;②对因变量进行一次前测;③对所有变量进行一次处理;④对因变量进行一次后测。这种设计与实验设计相似,但是差异在于,只有一个实验组,没有控制组(参见图9.2)。该设计对前测与后测进行比较,数值变化反映了X对Y的影响。但是,由于缺乏随机控制组,因此很难确定这种变化是由干预还是由其他因素引起的。

分组方法	前　测	干预(X)	后　测
随机(一组)	测量因变量(Y)	处理	测量因变量(Y)

图9.2　简单纵向设计

(三)横向设计

横向设计(cross-sectional design)又称为横断设计或截面设计,其基本要素是:①它是由自变量而非干预所引起的变化;②至少有一个自变量,该自变量至少有两个类别;③在同一个时间节点上收集资料;④无随机分组。横向设计类似于经典实验设计中的前测,唯一不同的是横向设计没有随机分组。该设计需要在某个时间节点上收集资料,并分析与组间差异有关的因变量变化,即因变量变化与自变量类别的相关程度。需要注意的是,该设计是通过统计控制而非随机分组来确定因果关系的,其中干预涉及自变量的不同类别。(图9.3)

分组方法	前　测	干预(X)	后测
非随机	无	处理	测量因变量(Y)
非随机	无	无处理	测量因变量(Y)

图 9.3　简单横向设计

(四)个案研究

个案设计是对个案的全面分析及其对个案的比较。个案研究的一个显著特点是,收集所有与个案有关的情境性信息,以此来探究因果过程。个案研究可以只使用一个案例,如社区研究和组织研究,也可以使用多个案例甚至一系列案例。当然,也应该看到,一个案例还不足以证明或反驳理论,不同条件下的一系列重复案例往往更为可信。如果在一系列个案研究中都获得了相似的结果,那么这样的研究结果往往有更大的可信性。

第二节　横向设计

横向设计是指在某个时间节点上收集研究资料,分析研究对象的描述性信息,探索诸变量间关系的一种设计类型。这里所说的“某个时间节点”,不是指一天或几个小时,而是指相对较短的一个时间段,比如一个星期、一个月、三个月等。横向设计是社会研究中最常见的一种研究设计,许多研究都是横向设计,比如全国人口普查等。横向设计流行的主要原因是:①研究者能够较快地获得研究结果;②该研究设计省去了后续阶段和干预变量等研究程序,节省了重复收集数据、追踪受访者和添加干预变量等步骤所需要的额外开支。

一、横向设计的特点

与其他研究设计相比,横向设计具有以下三个主要特点。

(1)无时间维度。标准的横向设计是在同一个时间节点上来收集数据的,这不同于在不同的时间节点上来收集数据的追踪调查设计和“前测-后测”实验设计。横向设计需要测量组间差异,而不是测量时间上的前后变化。测量组间差异不同于测量时间变化,因为追踪调查设计是根据因变量不同时间上的变化来进行组间比较的,而横向设计仅仅是根据因变量本身的差异来进行组间比较的。

(2)着眼于既有差异。横向设计是在同一个时间节点上收集数据,它着眼于在同一个时间节点上的既有差异。横向设计不同于追踪调查设计,决不允许出现历时性差异,它也不同于实验设计,无需使用干预变量。横向设计依赖于既有的差异,即在同一个时间节点上既有变量的差异。但是,也必须看到,横向设计与实验设计存在着相同点:它们都是通过考察因变量变化与自变量变化是否存在系统性关联来解释因变量的变化,只不过实验设计是积极地创造自变量的变化,而横向设计则依赖于既有的差异。

(3)根据既有差异来分组。横向设计是根据既有样本差异来分组的。由于横向设计依赖于既有差异,因此不能采用随机分配法来分组,而要根据人们碰巧所属的自变量类别来分组。各组除了在自变量类别上有差异外,在其他方面也可能有差异,这就很难确定结果差异究竟是源自变量还是其他组间差异,换言之,自变量的任何显著影响都可能是由其他未控制的组间差异引起的。此外,由于横向设计依赖于既有差异,缺乏时间维度,因此往往不易断定事件之间的时间顺序,更难确定事件之间的因果方向。

二、横向设计的类型

横向设计非常适合于对某个时间节点事物的分析,主要包括描述性分析和解释性分析。

(一)描述性分析

横向设计非常适合于描述性分析,被广泛运用于市场研究、人口普查和家庭消费调查等研究中。描述性分析通常关注事物的一般性特征及其语境,比如"有多少人""有什么样的人"等。在市场调查中,描述性分析主要用来分析"哪些人喜爱或使用某种产品""消费者有什么样的消费行为"等。人口普查是一种典型的描述性横向设计,旨在精确地描述在某个时间节点上的一个国家的人口。比如,该国的人口总数是多少?在性别、年龄、教育水平、居住地等人口统计学特征是什么?家庭消费调查也运用了描述性横向设计。这些调查详细地描述了不同类型家庭、不同收入人群,以及个体消费者的消费模式。

描述性分析主要涉及对"数量""详细程度""数据转换"和"要素结构"等基本方面的分析。(1)数量。计量是描述性分析的一个基本方面,目的是要了解有多少人具有某种特征、某个观点、某种行为等。市场调查可以发现有多少人喜欢某种产品,民意测验可以计算出有多少人中意于某位候选人,人口普查能算出全部人口的数量,家庭消费调查可以揭示出有多少人具有某种消费模式。除了简单的计量外,还可以概述分布特征,比如均值、中位数或者众数等集中趋势,以及极差、四分位差、方差和标准差等离散状态。还可以用偏态和峰度来描述分布的其他特征。(2)详细程度。在描述分布状态和特征时,还要考虑描述的详细程度。对年龄、收入和工作时间等连续变量,可以进行分组分析。比如年龄可以分为20以下、20—29、30—39、40—49、50—59、60—69、70—79和80岁以上等多个类别。收入可分成"少于1 000元""1 001—2 000元""2 001—3 000元""3 001—4 000元""4 001—5 000元""5 001以上"等多个类别。根据李凯尔特量表可将定序态度变量分成"非常同意""同意""没意见""不同意""非常不同意"五组。也可以根据需要只分为"同意""没意见"和"不同意"三组,如果只关注同意的情况,就只需要简单地分成"同意"和"其他"两大类即可。当然,究竟要达到何种详细程度，还要视样本量、类别人数、分析方法以及分析重点等其他因素而定。(3)数据转换。描述性分析需要有适当的数据分析形式，有时需要通过数据转换来实现数据标准化。变量标准化是指用变量的实际观察值减去典型值(平均数或中位数)，再用这个差除以变异值(用平均数会得到标准差，用中位数会得到四分位差或其他值)。数据标准化有助于描述个体观察值相对于分布中的其他值的情况，从而消除跨国家、跨时间以及跨测量单位的差异，如把苹果和橘子放在一块进行比较。比如，收入的标准化可以用个人收入与平均收入的差距，用高于或低于均值的标准差来表示。将一段时间内不同国家的男女收入标准化，我们就可以计算出任何国家或任何年份男女平均标准收入，可以比较不同国家男女的相对位置，而不用去担心通货膨胀以及货币间差异。(4)要素结构。描述性分析还要确定把哪些变量放在一起。要素分析(或称为因子分析和因素分析)常被用来确定人们态度、行为等抽象概念的结构或维度，即人们对问题的回答是否具有某种潜在结构。例如，在确定人们的工作期望结构时，涉及与工作有关的一些元素：①工资待遇，②主动性，③责任心，④成就感，⑤压力，⑥假期，⑦工作时间等。通过要素分析可以找出某些潜在结构或维度，比如有些人可能会关注主动性、责任心和成就感等本质特征，而另一些人则关注工资待遇、假期、压力和工作时间等外在特征。

(二)解释性分析

横向设计的解释性分析涉及组间比较或相关分析，包括统计控制原理、多元统计控制和多元变量分析等内容。

(1)统计控制原理。横向设计的统计控制原理就是比较基于既有差异(自变量)形成的组，然后，再比较这些组内的观察值(因变量)。实验设计通常通过随机分组来获得组间的可比性，而横向设计需要通过“匹配”来寻求可比性。但是，由于我们依赖于既有的差异，而且所有数据都在同一时间节点上收集，所以应当在数据收集后的数据分析阶段进行“匹配”。这种匹配通常有一定局限，而且缺乏足够的方法进行随机分配进而使组间具有可比性。我们只能依据既有信息对变量进行匹配。这意味着我们必须预测拟匹配组的变量是什么，而我们的预测常常都不够准确。例如，如果要分析性别对收入的影响，我们就需要比较每周工作时间相同的男女，而不应该把兼职女性与全职男性进行比较。如果在控制了工作时间后，男女收入差异依然存在，我们就可以确定收入差异不是由男女工作时间差异引起的。我们还可以控制职业变量，将从事专业工作的男性和从事专业工作的女性相比较，或将男公务员与女公务员相比较等。如果相同职业的男女存在着收入差异，我们就可以断定男女收入差异不是由工作类型的差异造成的。

(2)多元统计控制。当我们一次性控制多个变量，比较组的相似性会更大。例如，如果假想男女的收入差异是由工作时间、职业类型、工作经验和教育背景等多个因素决定的，那么就可以按这些因素把样本分成多个比较组，其中一组女性有中等学历、14 年工作经验、从事外贸工作、全职,也有在上述 4 方面与之类似的一组男性。这样就可以进行更多类似配对组的比较。如果其他条件相同,仍然存在男女收入差异,那么就可以推断,性别对收入差异有影响。如果在控制了一系列变量以后,没有发现收入的性别差异,那么就可以断定,最初的收入差异是由控制变量引起的,或者说,控制变量解释了最初的差异。当然,由于我们不可能控制每个可能的变量,所以总是存在着这样的可能性,即任何与性别有关的收入差异都可以归结为那些未控制变量的作用。

(3)多变量分析。多变量分析主要有详析分析、偏相关分析、多元回归、路径分析和对数线性分析等。多变量分析的主要特点是,它可以同时控制多个变量,提供令人信服的解释。比如,我们可以控制一组变量的混合影响,从中找出自变量的"净"影响。一次控制的变量越多,对不同组的比较就越有效,就越能断定自变量的影响源自某个变量而不是其他变量的混合影响。值得注意的是,多变量分析技术还可以通过同时控制一组变量,来检测一组自变量中每一个变量的单独影响。性别、教育水平和工作时间同时对收入有影响,多变量分析能够区分出性别、教育水平和工作时间等每个变量的单独影响,并确定每个变量在每组自变量中的相对重要性。此外,多变量分析技术还可以用来检测单个变量的影响,帮助确立因果过程,评估模型与数据的拟合程度。

第三节 纵向研究设计

纵向设计与横向设计相对应,是一种不太普遍但颇有价值的研究设计。纵向研究设计是指通过收集两个或更多时间节点的数据来研究事物跨时间变化的一种设计类型。与横向设计一样,纵向设计没有随机分配的控制组,但是与横向设计不同的是,纵向设计既有前测又有后测,而横向设计只有后测,没有前测。纵向设计的优点是,能够确定不同时间跨度下事物变化的顺序,便于确定事物的因果关系,其研究结果往往比较扎实、说服力较强。纵向设计的不足是,需要投入更多的时间和资金,也需要研究者有持久的注意力和耐心,而且在不同时间节点上收集数据会造成样本缺损或某些信息的丢失。

一、纵向设计的要素

纵向设计引入了时间维度,其基本要素包括以下几个方面:①场合。纵向设计可以运用于多个场合,包括受到严格控制的实验室、各种小群体(如学校班级),以及大范围的地区调查、全国调查,甚至全球调查。②时间范围。纵向设计的时间跨度变化很大,小到几十分钟,如看电影前后的态度测量,大到几年甚至几十年,比如跨越几十年的英国全国儿童成长调查。该调查从 1958 年开始,在 1965、1969、1974、1981、1991 和 2000 等几个时间节点上收集英国儿童成长的数据。③时间频度。纵向设计的时间频度是指要在多长的时间间隔内收集数据,或者在多少个时间节点上来收集信息,时间间隔从 1 年到 10 年或更长不等。比如,对儿童成长的长期追踪研究,可以从 7 岁开始,每隔 7 年或 10 年对孩子进行回访一次,以弄清他们的成长轨迹。④何时观察。纵向设计可以在不同的时间节点上来进行观察,可以在事先计划好的间隔点上进行观察,也可以在结果出来时进行观察。如果是在有计划的间隔点上进行观察,那么纵向设计就近似于经典实验设计,两者的差别在于纵向设计没有随机控制组。

二、纵向设计的类型

纵向设计是在两个或更多时间节点上来收集数据,但是根据场合和人群的不同,又进一步细分出不同的类型。首先,就收集数据的场合而言,纵向设计可分为前瞻性纵向设计(prospective longitudinal design)和回溯性纵向设计(retrospective longitudinal design)。前瞻性纵向设计在若干个不同的场合下收集数据,这种设计先对一群人进行访谈,然后在一段时间后,再在不同的场合对同一群人进行至少一次的追踪和回访,同期群研究(cohort studies)就是其中有代表性的例子。回溯性纵向设计则是在同一个场合下收集数据,通过收集受访者在过去和现在两个时间节点上的数据来分析受访者的变化。其次,就收集数据的人群而言,纵向设计又可分为趋势研究(trend studies)和同组研究(panel studies)。趋势研究是在不同的时间节点上收集不同人群的可比较数据以追踪人们态度和行为的跨时间变化,趋势研究实际上是一种重复的横向研究,该研究需要对新样本询问相同的问题,美国综合社会调查和英国社会态度调查是趋势研究的两个例子。同组研究又被称为追踪研究,是在不同的时间节点上对同一群人进行重复调查,需要追踪整个人群和每个人的跨时间变化。

(一)前瞻性纵向设计

前瞻性纵向设计(prospective longitudinal design)要在两个或多个时间节点上收集相同样本的数据,以观察不同时间节点上特定事件的影响。前瞻性纵向设计酷似经典实验设计,但是它不设随机"控制组",只用"实验组"来测量变化,因此不易确定变化是源自"干预"还是源自时间流逝或其他因素。前瞻性纵向设计要求样本有较大的差异,干预项有较大的多样性,以便日后分析时设置对照组。例如,我们想要知道孩子出生是否影响了家庭性别分工,我们就可以先观察无子女夫妇样本,包括男女双方各自承担的家务。之后继续追踪观察这些家庭,其中有些家庭有了孩子,有些家庭还没有孩子。将有子女夫妇分成一组,而无子女夫妇分为另外一组,再观察有子女夫妇是否有明确的性别分工。我们可能会发现,有子女夫妇有风格迥异的性别分工。但是这种方法的缺陷在于没有充分考虑两组的年龄、种族、工作参与度等差异,由于无法控制这些差异,因此就难以确定究竟是哪种因素引起了性别分工的最终差异。但是,如果所收集的样本很大而且异质性也很大,那么就可以在统计上控制两个组已有差异的影响,并排除其他的解释。

前瞻性纵向设计面临的最大问题是样本流失。收集数据的时间节点越多、研究时间越长,样本就越容易流失。如果样本流失得太多而最终导致样本量很小,甚至变得没有代表性,就会威胁外部效度。解决这个问题的一个办法是,用年龄、性别、种族和阶层等相仿的新样本来代替流失的样本,以此来保证样本的代表性。

(二)同期群设计

同期群研究(cohort studies)又被称为人口特征组研究,它是指对某一特殊人群随时间推移所发生变化的跟踪研究。同期群(cohort)原指古罗马军团10个师人马,现特指在某一时期内经历某个特殊事件的一群个体或一群相关个体。如果一群个体所经历的特殊事件是"出生",那么这群人就被称为"年龄同期群",其他类似的人群还有:1980—1985年结婚者的"婚姻同期群"、1985—1990年离婚者的"离婚同期群"、1990年大学毕业生的"教育同期群"等。同期群研究的目标是总体,但是在不同时间节点上所选取的样本却会有所变化,因此在概念上,总体是保持不变的,但是每一波样本都会有所改变。比如要研究某大学77级本科毕业生,调查时间则是他们毕业后的10年、20年和30年。

同期群设计试图弄清同期群效应,即因变量的变化是基于年龄差异还是基于同期群本身。例如,为了弄清大学生阅读新杂志的人数比例是否会随年级的升高而改变,研究者可以在第一个时间节点和第二个时间节点分别从大学生总体中抽取两个样本,每次调查不同的参与者,但是每个样本都代表了特定时间节点的同一组人。尽管研究者不能确定哪些人随着时间流逝而改变了阅读习惯,但是可以弄清,在第一个时间节点上入学的大学生,当他们成为大四学生时,其阅读习惯有怎样的变化。如果在第一个时间节点上有15%的新生阅读新杂志,而在第二个时间节点上有40%大四学生阅读新杂志,那么就可以推断,随着年龄的升高,大学生在一定程度上改变了阅读习惯。

同期群设计有着广泛的应用。伦茨、雷诺兹、斯托特(Rentz,Reynolds,Stout,1983)为了弄清软饮料消费量是否会随着年龄的增长而降低,曾对在1931—1940年、1941—1950年、1951—1960年、1961—1970年四个不同时期出生的消费者进行了同期群研究。他们用多元回归分析来区分三种可能引起变动的来源,结果显示了明显的同期群效应,软饮料的消费量并没有随同期群年龄的增长而降低。

同期群设计的优点是:①有较大的灵活性,便于追踪社会、经济、文化等变化所产生的影响;②同期群设计能比实验设计节约更多的成本。当然,同期群设计也有不足,其主要缺点是:①很难用统计分析来区分年龄效应、同期群效应和时间节点效应,因为现有的显著性检验方法还无法确定究竟有多少差异是由偶然性因素引起的;②随着年龄的增长,有些同期群成员可能难以追踪或死亡。如果研究持续较长的时间,或者难以获得某个特定的样本组,那么研究者就要解决同期群样本数据缺失的问题。当样本规模过小时,往往很难得出有意义的分析结果。

(三)回溯性纵向设计

回溯性纵向设计(retrospective longitudinal design)是用在某个时间节点上所收集的跨时间数据来追踪变化的一种研究设计。这种设计通过让人们回忆前一段时间所发生了的事情来重构变化的水平和事件的顺序,具体操作步骤是,先询问受访者当前的情况或态度,接着再让他们提供前一段时间类似的数据。当研究者需要探究难忘性事件时,这种回溯性追踪设计往往很有效。我们可以从现在开始向前追溯或者将注意力集中在“重要事件”上,并不断就这一事件进行提问:“你何时生第一个孩子?”“你当时工作吗?”“你在孩子出生前多久停止了工作?”“孩子出生后就去工作了吗?”“多久之后?”例如,研究者想要弄清家庭生活对妇女工作的影响,就可以让妇女们去回忆家庭生活中一些“重要事件”的时间:结婚时间、生第一个孩子时间和离婚时间等。当然也可以询问工作投入程度的变化,如何时参加工作,是否不工作了,何时不工作了,工作性质的变化(兼职、全职、偶尔)或者工作时间的变化(周末、晚上)等。研究者还可通过描述家庭生活所处的阶段以及工作参与程度的变化来确定事件的顺序。研究者可以让妇女们去回忆她们工作参与程度,为什么会在某个特定时间节点上发生变化。根据上述这些数据,研究者就可以合理地重构时间顺序,描绘出妇女工作参与和家庭生活历程的详细图景,为妇女不同家庭生活阶段与工作参与程度的因果联系提供更透彻的解释。

回溯性追踪设计的优点是:①设计简单,花费较少;②可以收集关于事件顺序的可靠信息,重构“生涯”,提出某种因果解释。但是,这种设计的缺点也是明显的:①人们可能无法准确地回忆其感觉经历,在回忆时会有意或无意地产生扭曲;②人们往往会根据后续事件来解释经历,因此数据内容难以做到客观无误。

(四)趋势研究

趋势研究(trend studies)是一种最常见的纵向研究设计,它是在若干不同的时间节点上从可能有变动的总体中抽取出不同的样本来重复检验同一选题的研究设计。趋势研究取样的总体成员在研究期间可能会发生变化,而同期群设计取样的总体则相对不变。趋势研究的目的是通过对不同时期可变动样本的态度、行为和状况的比较来揭示社会现象的变动或发展趋势。为了进行这种比较,不同时间节点上的测量指标和提问方式必须相同或一致,否则就会导致数据的不可比性。

例如,研究者想要知道高中校长对弹性课程的态度。研究者可以每年从全国现任高中校长名单中选取样本进行调查,虽然这些总体可能不断有变化,而且每年选出的校长也不尽相同,但是只要是以随机方法选取样本,那么每年被选出的受访者就可被视为代表了高中校长的总体。还有,为了了解社会工作项目中学生工作态度的变化,我们可以每年从社会工作学生中随机选择一组学生,虽然有些学生可能不止一次地参加了不同阶段的数据收集工作,但是每年学生的总体是不同的。这样,我们就可以考察社会工作学生工作态度变化的总体趋势。

趋势研究的优点在于:①在节省时间、开支和人力的情况下,研究者能够了解总体的长期变化趋势。比如经济学家通过建立趋势性指标来揭示社会经济运行的健康状况;传播学者通过绘制波动图,来揭示广播电视的收视水平。②趋势研究数据能够被用来与其他数据进行比较。尽管趋势研究数据是基于其他目的而收集的,但是这些数据可被用于与其他数据的比较分析,即二次数据分析,而信息技术使得二次数据分析变得更加便捷。趋势研究的缺点是,在不同时间节点上所收集的数据必须是可靠的,如果测量指标和所收集的数据是不可靠的,那么就会导致错误的趋势分析结果。

(五)同组研究

同组研究(panel studies)又被称为跟踪研究,是在不同的时间节点上对同一组样本成员进行测量的纵向研究设计。同组研究主要用来探讨人们行为、态度或意向变化的模式和过程,确认影响这种变化的各种因素。同组研究与同期群研究相似,两者的差别在于,同组研究必须使用完全相同的样本,而同期群设计却可以使用相似样本或相关样本。同组研究还与趋势研究等其他纵向研究设计相似,都能用邮寄问卷、电话访谈和网络交流等方式来获取数据,但是与趋势研究不同的是,同组研究可以同时揭示因变量的净变动和总变动。同组研究依据研究目的的不同,可分为连续性时间同组和间隔性时间同组。连续性时间同组需要样本成员按照一定的时间规律定期地报告其态度和行为,而间隔性时间同组只需要样本成员在必要时提供有关数据。同组数据可用于复杂的高级统计分析,确定因果关系。

比如辛格等人(Singer et al.,1988)使用了同组设计来研究家庭交流模式、亲子沟通方式和收视习惯等对儿童世界观和攻击性行为的影响。他们在研究第一阶段访谈了 91 位 1—2 年级小学生,时隔一年之后又对其中的 66 位小学生进行回访。尽管其中有 25 位小学生流失,但是对两个样本数据的比较分析表明,部分被试流失并未引起两组结果的显著性差异。他们发现,在第一研究阶段,家庭交流模式对儿童认知有很大影响,但是与情感和行为关系不大。对那些看电视过多而极少与父母沟通的儿童来说,收看电视对暴力倾向的影响最大。

同组研究的优点在于:①有助于确定样本成员行为变化的机制和原因;②由于多次接触增进了互信,因此后续研究往往能获取更多的信息;③由于兼顾多种影响因素,因此能解决个案研究无法解决的问题。当然,同组研究也有不足:①时间跨度较大,周期较长,成本较高;②样本成员的退出会导致样本数据的缺失;③重复调查会使样本成员对测量工具变得很敏感,从而影响样本数据的代表性;④样本成员在管理测量工具时会产生"反应误差"。

三、小结

总之,纵向研究设计是通过收集若干个时间节点的数据来确定跨时间变化的一种分析技术。纵向设计的跨时间变化是在整体和个体两个层次上展开的。如果个体层次的变化是“毛变化”或微观变化，那么整体层次的变化就是“净变化”或宏观变化。在许多情况下，个体层次的变化并不表现为整体层次的变化，这是因为个体层次的变化会相互抵消，即一个方向上的个体变化会被相反方向上的个体变化所抵消，因此最后在整体层次上并没有显示出任何变化。比如在家政劳务市场中，有 20% 的全职保姆转变为兼职保姆，而同时又有 20% 的兼职保姆转变为全职保姆，尽管许多保姆改变了自己的工作模式，但是整个劳务市场并没有表现出任何变化。可见，区分整体变化和个体变化非常重要，如果只看到整体不变而罔顾个体变化，就会得出不同的结论。

在实际研究中，究竟采用哪一种纵向研究设计，取决于研究者关注的是整体变化还是个体变化。如果研究者关注整体层次的变化，就可以使用重复横向设计，因为这种设计测量了群体层次的变化，便于进行跨时间的比较。但是，如果研究者关注个体层次的变化，就可以采用跟踪调查设计，因为每个研究阶段使用了相同的样本成员。同样，调查数据分析也取决于研究者关注的是整体变化还是个体变化。如果研究者要测量整体层次的变化，就要进行整体测量。例如，在测量整体变化时，就要比较随时间变化的组均值、组间方差的变化、在不同时间节点上各种类别的百分比（如失业比例、享受福利的比例等）。当使用整体变化分析策略时，就要比较不同的小组，探寻不同小组间整体变化的程度和方向。但是，目前尚无适当的分析工具来确定个体的方向性变化（流入或流出）、变化次数和变化程度。

第四节　个案设计

个案研究作为一种教学手段在法律、医学和工商领域已得到广泛运用，但是，个案研究作为一种研究设计在社会科学中也发挥着重要作用。林德夫妇的《中镇》（Lynad，1929）和怀特的《街角社会》（Whyte，1943）都是个案研究的杰出代表。长期以来，个案研究在研究设计领域并没有得到足够重视，不少研究方法教科书甚至忽视了个案研究。究其原因，主要有两个方面：其一，人们对个案研究心存偏见，很多人把个案研究与民族志和参与观察等定性研究方法混为一谈，不少研究者认为，个案研究充其量不过是一种初级研究方法，只适用于探索性研究而不适用于描述分析或验证研究；其二，个案研究设计尚未定型，缺乏严谨性，还未形成系统化的研究程序和完善的设计方案（殷，2004）。自 20 世纪 90 年代以来，个案设计在心理学、社会学、政治学、社会救济、健康服务、经济学、社区规划、项目评估等领域得到广泛应用和深入探讨，其学术价值进一步得到确认。

一、什么是个案设计

不同学者对个案研究设计有不同的理解。有的学者把个案定义为“有边界的系统”（Smith,1978）或者“综合系统”（Stake,1995:2）。著名个案研究专家殷（Yin,1994:13）提出：“个案研究是一种实证性研究，它是在真实生活环境下对当前正在发生现象的研究，特别适用于被研究现象与所处环境背景之间的界限并不十分明显的情况。”可见，个案研究设计是在真实的情境下，使用多种数据来源，对单个实体、现象或社会单位进行深入和系统研究的一种技术设计。个案研究通常从一个个案和多个个案中收集资料。个案可以是个人，也可以是一个家庭、一个团体、一个社区或其他任何可以预先界定（有边界）的系统或实体。在个案研究中，研究者要有很强的感受力，能够观察和诠释各种不同的语言或非语言的交流方式，因此个案研究既包括对特定问题的访谈，又包括对研究对象的观察。

与实验设计等其他研究设计不同，个案研究十分关注从整体上、在实际生活环境中（现象与所处环境之间的界限比较模糊）对现象进行描述和解释，而实验研究把研究现象从实际生活的环境中剥离出来，调查研究则把研究现象限定在尽可能窄的范围内。还有，个案研究设计并没有明确规定要使用哪一种数据收集和分析技术，任何一种收集数据的方法，不管是测量还是访谈，都可以用于个案研究，而实验设计或调查研究只能使用某种特定的研究方法。

个案设计最关注的一个问题是“询问什么问题”，个案研究首先要询问“为什么”和“如何”的问题。个案研究设计还关注“分析什么”的问题，即什么构成了一个“个案”？个案是研究对象，也是收集数据单位和分析单位。个案是一个整体，可以是一个人，如学生、教师、医生，也可以是一个项目、群体或组织，如班级、学校、公司、社区，也可以是一个事件，如“911 事件”，还可以是一项政策或决策，如我国的“改革开放”政策等，还可以是一个时期，如 20 世纪 60 年代或 80 年代。

个案研究通常有两个目的：①对所研究现象的综合理解，②对社会结构和过程的理论性概括（Becker,1968:233）。个案研究有三个方面的特点：①针对性。个案研究总是针对特定的事物、行为、时期和项目来进行研究，是在自然情境中研究当下实际问题的有效工具。②详细性。个案研究的最终成果是对特定的现象进行详细的、深入的和充分的描述和解释。③启示性。个案研究的目标是提出新思想、新观点或新解释，以更好地认识所要研究的现象。正因为个案研究具有上述这些特点，所以个案研究设计最适合于研究以下三类问题：①难以把握或知之不多的问题。个案设计经常用于探究一些不那么明确、难以把握或知之不多的现象，这些现象与所处环境之间的界限比较模糊，或者深藏于背景之中，事先难以加以确定。②当下发生难以掌控的事件。个案研究通常涉及某些正在发生的难以掌控事件，如走私、吸毒、卖淫、同性恋、白领犯罪等非法行为或不合社会规范的行为。就这些行为而言，问卷调查等传统研究设计通常无法获取有代表性的样本。③过程或实施问题。个案设计特别适用于对事情过程的“深描”，即密集的、整体性的描述和解释。它不仅要详尽地描述事情过程及其背景，而且还要揭示事情或实施的进展程度，并提出相应的因果解释。

个案设计的优点是：①个案研究能够获得大量有关研究问题深入细致的信息。比如个案研究可以深入考察通常用定量方法无法研究的事物，特别是个人的主观感受和经历。②个案研究设计可用来揭示事情发生的原因。个案研究成果可以与现有理论结合起来,实现对现象深层次的认识。③个案研究能够使用多种数据来源。访谈、直接观察、实物、文献等多种数据都可以融合到个案研究中。个案研究数据来源越丰富,其效度就越能得到保证。

个案设计的缺陷是:①个案研究结论的普适性不高。由于个案研究仅仅考察有限的研究对象,代表性往往受到影响,因此研究结论很难推广到样本以外的其他人群,其外部效度往往很低。②个案研究设计非常费时,研究成本较高。个案研究有时会产生大量难以归纳的数据,为了很好地处理这些数据并得到理想的结果,有时甚至要用几年的时间。③个案设计缺乏严密的操作程序。个案研究经常会出现模棱两可的现象,由于个案设计尚无统一的、程式化的操作步骤来处理这些现象,因此会导致整个数据分析缺乏缜密的逻辑性,甚至会影响到最终的研究结果和结论。

二、个案设计类型

与其他类型的研究设计不同,个案研究设计迄今还没有一个固定化的程序。尽管如此,根据个案的数量和结构,个案研究可分为四种设计类型:①单个案设计(single-case design),②多个案设计(multiple-case design),③整体性个案设计(holistic-case design)和④嵌入性个案设计(embedded-case design)。

(一)单个案设计

单个案设计是基于单个个案数据的研究设计。作为最常用的研究设计之一,单个案设计的目的在于,把理论置于现实生活情境中进行检验,以判定理论是否与现实生活状况相吻合,或者是否存在比这个理论更适当的理论。如果吻合,那么理论就得到了支持。如果不吻合,就必须对个案进行仔细地分析,查找预测结果没有出现的原因。是因为理论完全错了吗?理论是否还需要改进?还是理论仅适用于某些特殊的情境?当然,在检验理论的过程中,所选择的个案(实际生活情境)必须符合理论中产生预期结果的特殊条件。为了寻找适合于理论检验的个案,个案是否要有"典型性"?实际上,无需去寻找"典型"个案,因为单个案研究不涉及对多个个案的列举式归纳,所以寻找典型个案作为研究对象意义不大。

尽管理论检验不需要典型个案,但是为了深化对同类事物的理解,单个案设计有时需要选择有代表性的典型个案进行分析,这些个案可以是最具代表性的方案、最常见的工厂、典型的都市社区、最具代表性的学校等。通过对典型个案的剖析,进一步加深对个案产生的条件和环境的认识。

单个案设计还适用于观察和分析从未研究过的现象。列堡(E1liot Liebow)的《泰利的街角》就是典型的例子①。列堡在1967年对美国华盛顿贫民社区的失

① 本书中译本由重庆大学出版社出版(详见万卷方法——质性研究个案阅读的书)。

业者进行了研究,他以社区失业汉为个案,对其生活方式、谋生手段及其失业挫折感进行了系统观察和剖析。虽然失业在当时是十分普遍的现象,但此前一直没有人进行深入的观察与研究。《泰利的街角》向人们展示了单个案研究的魅力,并启迪人们进行更多有关失业者的个案研究。

值得注意的是,单个案设计所选择的个案可能与研究者最初的设计大相径庭。为避免出现上述情况,研究者在设计单个案研究时,要充分考虑各种可能性,从一开始就对个案特征有所了解,看个案是否符合特定的要求,以免选错个案。研究者在没有充分弄清研究对象之前,不要轻易动手进行单个案研究。

(二)多个案设计

多个案设计是基于多个个案数据的研究设计,又被称为跨个案研究、综合个案研究、多场景研究和比较个案研究。在多个案研究中,研究者首先要从整体上对每个相关个案进行深入研究,这就是个案内分析(within-case analysis)。在一系列个案内分析的基础上,研究者再对所有个案的分析结果进行整理、归纳和总结,从中概括出一般性的研究结论,这个分析过程就是跨个案分析(cross-case analysis)。例如,莱特福特(Lightfoot)对美国6所高中学校进行了多个案研究,他首先深入描述了6个高中学校,然后在跨个案分析中概括了一所好的高中学校所应具有的基本要素。这里需要指出的是,研究者必须像单个案研究那样尽可能做好每个个案的剖析,从而实现对每个个案的完整说明。在对不同个案进行横向比较时,需要考虑每个单一个案的统一性和可比性。

在多个案设计中,并不存在所谓正确的个案数量,个案数量往往取决于研究者的判断(Yin,1989:57)。就理论检验目的而言,理论检验的严格程度往往决定了个案数量。从理论上讲,可以在各种不同的情境下来检验理论,个案数量越多且个案间的差别越大,就越有解释力,但是,囿于时间、财力和个案可获得性,检验理论命题的决定性因素并不是个案越多越好,而是对个案的策略性选择。策略性选择个案是指选择有显著性特征的个案,比如教育质量较好的学校和教育质量较差的学校。此外,个案数量还取决于影响结论的外部因素。如果影响结论的外部条件很少,那么所需要的个案就少。如果影响结论的外部条件不确定,那么就需要有更多差异性个案。例如,研究者不确定学校制度和教学质量之间的关系是否存在于不同的地区(市内、城郊、乡村和偏远地区),或者是否存在于不同层次的学校(小学、中学和大学),存在于不同类型的学校(民办、公办)。在面临如此多的不确定性时,就需要更多有差异性的个案研究,以检验预测的结果是否在不同的条件下重复出现。

多个案研究遵循的是"复制逻辑(replication logic)"而不是"抽样逻辑(sampling logic)"。个案研究不能使用"抽样逻辑"是因为:①个案研究并不是研究事物频数的最佳方法;②个案研究对现象及其背景的考察涉及大量变量,过多的变量会导致研究方案过于复杂而难以执行;③无法对个案的许多重要问题进行实证调查。多个案研究的"复制逻辑"类似于多元实验的"复制逻辑"。"复制逻辑”适用于无法进行统计推论的非概率抽样样本，其基本原理如下：如果个案研究在同样条件下重复进行，就可以保证有相同结果反复出现，从而确认个案研究的结论是成立的。如果个案研究结果对不同条件下的不同个案都同样成立，就会提高对个案研究结果进行推广的信心。比如，在首个个案研究结果出来后，研究者可用第二个、第三个或更多的相同个案来进行重复验证。其中有些个案完全复制了首个个案，而另一些个案则有意改变了某些条件，由此来考察这些个案能否得到同样的结果。这种复制性个案分析能有效地验证原有结果的真实性。例如，可用个案来验证这样的理论假设：只有在教学和管理中同时使用电脑技术，才会增加学校的电脑使用量，而单独在教学或管理中使用电脑技术，并不会增加学校的电脑使用量。首先，挑选 3～4 所同时在教学和管理中使用电脑技术的学校，来察看在一段时间以后电脑是否会增加（这是逐项复制）。其次，挑选 3～4 所仅在行政管理中使用电脑的学校，假定这几所学校的电脑不会增加（这是差别复制）。最后，挑选另外 3～4 所在教学中使用电脑的学校，同样假定这几所学校的电脑也不会增加（这又是一个差别复制）。如果这三组个案研究的结果都与先前的理论假设相吻合，那么这 9—12 个个案合在一起就共同证明了这个理论假设。

近年来，多个案设计出现的频率越来越高。在人类学和政治学等学科领域，多个案研究一直被视为一种完全不同于单一个案研究的方法，而且各自有明确的适用范围。随着全球化背景下社会发展复杂性和不确定性增强，人们越来越认识到多个案研究作为描述、剖析和解释复杂社会现象有用工具的实际价值。多个案研究正在引起越来越多的研究者重视，并得到更多的运用。多个案研究设计不仅能够更有效地检验理论，而且还有助于明确说明理论在不同条件下是否有效。此外，如果是归纳式个案研究，那么多个案设计更是不可或缺的。例如，关于教育改革试点的研究（基础教育课程、学生减负、教学方法、考试评价制度、教育质量评估等）可能要涉及许多学校，每所学校都参与了一项或多项教学改革。在这种情况下，每所学校都是一个单独的研究案例，归纳式多个案设计可以涵盖多所学校教育改革的研究。

与单个案设计相比，多个案设计既有其长处，又有其不足。从多个案例中引出的结论往往更有说服力，更有见地，更能经得起推敲。多个案设计能够更好、更全面地反映个案及其背景的不同方面，尤其是在多个案例同时针对同一结论的时候，多个案研究往往更有效。多个案研究的不足是，收集和分析数据需要占用更多的研究资源和时间，而寻找适当的个案并获准进入往往需要大量的努力和很大的耐心。

（三）整体性个案设计

整体性个案设计是，为揭示个案的整体性质和特征而把个案作为一个整体来研究的一种技术设计。把个案置于整体情境中进行考察，可以对个案各种因果关系进行更充分、更全面的描述和解释。比如，整体性个案设计可用于对某一组织或公共政策的整体性质进行研究。

整体性个案设计强调对整体情境、特别是背景的研究,因为行为总是在特定的背景下发生的,而且对行为的解释也涉及背景。同样的行为在不同的背景中可能具有截然不同的意义。此外,在对行为的原因和意义进行解读时,必须考虑到行为对行动者本身也同样具有含义。简单地去考察一个行为所具有的含义,而不去思考该行为对于行动者的意义,就会产生对该行为的误读。例如,为了真正理解青少年吸毒成瘾现象,就要了解它所发生的社会背景。青少年吸毒是源自医院缓解疼痛的药物治疗(治疗型毒瘾),还是源自关系破裂后的情感低潮(逃避性毒瘾),还是源自对其他同伴的效仿(从众型毒瘾),还是源自一个极端反毒型社会环境(反叛型毒瘾)? 各种不同情境对理解青少年毒瘾是至关重要的。如果正确地理解青少年毒瘾的社会情境,就可以找出毒瘾产生的源头,从而采取有效的措施来防治毒瘾。

对个案的整体性解释远比对个案的部分解释来得复杂。整体性个案研究设计的目的在于,对个案及其背景作出全面、充分和清晰的解释,以提升其内部效度。这种解释是基于对个案发生顺序、产生背景、当事人赋予行为的意义和情境含义等个案整体因素的理解,以及由此所形成的因果性解释。

整体性个案设计的优点是,研究者不必在个案的细枝末节上耗费太多的时间和精力。但是,整体性个案设计的不足也不容忽视,主要表现为,在研究者毫无察觉的情况下,个案研究的性质会随着研究的深入而发生某种程度的漂移或变化。整体性个案设计最初是针对某个特定问题的,但是随着研究的推进,新的问题出现了,观察到的证据指向另一个方向。尽管这种灵活性可视为个案研究的长处,但实际上却引起人们对个案研究应变能力的质疑。为了避免出现预料之外的漂移或变化,就要重新提出一个新的研究设计,并说明新的研究设计与原有设计的关系。

(四)嵌入性个案设计

嵌入性个案设计是对一组多个层次嵌入性个案进行研究的一种技术设计。嵌入性个案通常包含一个或多个分析单位以及一个或多个层次的个案,而一个次级分析单位同时并存有多个分析单位。例如,一所学校可能同时包含了教学人员、管理人员、教辅人员、学生、家长和社区成员等多种次级分析单位。在对学校进行考察时,可以将学校视为一个整体。学校具有诸如规模、类型、地理方位、文化、规范、结构、管理、价值观、优缺点等整体性特征,但学校同时包含了各个嵌入性次级分析单位的信息。婚姻是另一个例子,婚姻在整体层面上包含了长短、阶段、类型、冲突、亲密、平等、互动等多个次级分析单位,但是婚姻同时也包含了丈夫、妻子或孩子等多个嵌入性次级分析单位,婚姻的全景图涵盖了丈夫和妻子的经验和观点等所有有关婚姻的信息。

嵌入性个案设计不能只限于考察部分构成要素,而要通过广泛收集每个次级分析单位的信息来描绘个案全景图。与各个组成要素所能提供的信息相比,整个个案研究最终会提供更多的新信息。就上述学校例子而言，从学生、教师、家长、管理人员和社区成员等多个构成要素所提供的数据中可以获得有关学校全景的一种新的、更丰富的整体性认识，而从学生或教师等部分构成要素所提供的数据中却无法获得这种整体性理解。

嵌入性个案设计需要对每一个研究细部都进行调查。例如，研究者要对某市 9 个社区卫生服务中心的医疗服务情况进行个案研究，那么每个社区卫生服务中心都可能成为个案研究的对象。根据研究框架，可以选择 9 个服务中心作为个案研究对象，其中 3 个是逐项复制，另外 6 个是差别复制。由于需要收集每个卫生服务中心病人的病历资料，让他们回答某些问题，所以这是一个涉及 9 个案的嵌入性个案研究设计。值得注意的是，每次统计分析的结果只能用于各自的卫生服务中心，而不能将每个卫生服务中心的统计结果综合在一起进行分析。也就是说，对每个中心所做的统计只能用于本个案研究。这些有关患者态度或行为的定量数据，可以与卫生服务中心的档案资料一起，共同说明了每个卫生服务中心的业务开展情况。然而，如果把每个中心的调查数据综合在一起进行分析，那么这种方法就不是嵌入性多个案设计，而是统计调查。

嵌入性个案设计的优点是，能够同时兼顾主要分析单位和次级分析单位，获得有关现象的全景性认识，因为多个次级分析单位有助于拓展研究范围，深化对个案的理解。但是，也应该看到，如果研究者过于关注次级分析单位，就可能引起研究性质和方向的改变。嵌入性个案设计的不足是，研究者可能过于重视次级分析单位而忽视主要分析单位。例如，公共政策涵盖了多个实施项目，每个项目都是一个次级分析单位。在对公共政策进行评估时，本来要对公共政策进行嵌入性个案分析，却演变成对不同实施项目的多个案分析。同样，在有关组织氛围的研究中，每个组织成员都是一个次级分析单位。但是，如果该研究过于关注个人，那么就变成了对组织成员的研究，而不再是对组织机构的研究。在上述两个例子中，公共政策或组织氛围等原先要研究的对象，在研究过程中发生了漂移，不再是研究目标，而变成了研究背景。

由此可见，在设计和实施嵌入性个案研究中，必须重视对主要分析单位和次级分析单位的界定。在研究伊始，就要有明确的个案分析框架，厘清主要分析单位和次级分析单位的内涵和外延，广泛听取各方意见和建议，以确保所选择的个案与所要研究的问题相匹配。比如，利普塞特（Lipset）、楚尔（Trow）、科尔曼（Coleman）有关“国际印刷工人工会”（ITU）的嵌入性个案研究，涵盖了多个分析单位，厘清了三个层次的个案：整个工会是主要分析单位，每个员工是最小的分析单位，还有几个中层分析单位。在对多层次个案的分析中，作者使用了历史研究和调查分析等多种方法来描述和解释各个个案。

第五节　实验设计

作为一种最古老的研究设计，实验设计在自然科学中得到了广泛运用，并提供了大量有价值的经验数据。1879 年德国心理学家冯特将实验法引入社会科学,在随后约一百年时间里,实验法逐步趋于成熟和严谨。但是,随着后现代主义的兴起,实验法在社会科学研究中的适当性日益受到质疑。目前,除了在心理学、教育学等少数学科中有所使用外,实验设计并不是很常见。不常见的主要原因在于,社会现象极端复杂,很难做到真正意义上的实验控制。当然,这并不意味着实验设计在社会研究中无所作为,许多需要确定因果关系的社会研究都要以某种方式用到实验设计。

一、实验设计的含义

作为一种重要的定量研究方法,实验研究设计是通过人为控制来确定事物之间关系的一种研究结构。所谓实验研究设计是在人为控制的条件下,确定两个或更多社会现象之间因果关系的研究设计。实验设计的目的是确定事物之间是否存在着因果关系。与其他研究设计相比,实验设计最能体现实证主义的理念,在检验因果关系上最有效,因为实验设计能充分满足因果关系的三个条件(时间顺序、相关性、无其他替代性解释)。

实验设计的最大特点是对各种内外影响因素的高度控制。实验设计首先要控制外在环境,对各种可能对实验结果产生影响的环境因素或外来因素进行恒定的、有效的控制。其次,实验设计还要控制实验的内部构成,通过随机分配或匹配的方法来确保它们的一致性。再次,实验设计还要控制实验刺激,对实验刺激进行有效的物理控制,使之只作用于实验组而不作用于控制组。

在一个实验研究中,研究者需要检验至少一个自变量与一个或多个因变量之间的关系,这种检验是通过引入或控制自变量来实现的。在实验过程中,研究者需要先后对因变量进行两次测量。第一次测量在施加实验刺激之前,称为前测(pretest);第二次则在施加实验刺激之后,称为后测(posttest)。接受实验刺激的那一组被试称为实验组(experimental group),而不接受实验刺激的另外一组则被试称为控制组(control group)。实验中的自变量又可称为实验变量(experiment variable)、处理变量(treatment variable)、实验处理(experiment treatment)或干预(intervention)。因变量又可称为效标变量(criterion variable)或结果变量(outcome variable)。例如,为了检验新的阅读计划(自变量)对学生阅读能力(因变量)的影响,可做这样的实验设计:让一组学生(实验组)在日常学习中采用新的阅读计划(实验刺激),而另外一组学生(控制组)依然实施老的阅读计划。在这个例子中,前测是在采用新的阅读计划之前对学生阅读表现的测量,后测是在采用新的阅读计划之后对学生阅读表现的测量。

实验设计最适合于研究范围较窄的问题,而不适合于了解范围较广、背景复杂的问题。研究者能够在较短的时间内整合各种条件进行实验,有些精心设计的实验只需要 50 ~60 位被试在 1 ~2 月内完成。实验设计还特别适合于研究微观层面的问题,而不太适合于研究宏观层面的问题。实验设计很少考虑整个社会范围或几十年时间跨度的大问题,而倾向于探究个体或小团体等一些微观层面的社会现象。因此实验设计鼓励去研究一个变量或少量变量影响的问题，而不鼓励研究者一次研究很多变量影响的问题。很多单个实验专注于一个或两个变量，在一定程度上增进了对问题的理解，促进了知识的积累和进步。

好的实验设计有四个方面的标准：①充分的实验控制。对各种实验条件进行充分控制，高度控制的实验不仅会降低外来因素引起误差的机会，而且还会使研究发现更加合理可信。②被试的随机分配。为了获得具有代表性的实验结果，用随机方式将被试编入实验组或控制组，每个被试都有同样入选的概率。③较小的误差。实验设计易受技术性误差和方法性误差的影响，缜密的实验设计能有效地防范可能出现的各种误差，使实验结果更具有代表性。④简约原则。好的实验研究往往是简单的设计而非较复杂的设计，简约设计往往更容易完成，解释起来更方便。

实验设计的优点是：①善于识别因果关系。在社会科学研究中，实验是确定因果关系最好的方法。研究者通过控制变量出现的先后次序，就能确保原因变量出现在结果变量之前。②高度控制。研究者能够对实验中的环境、变量和被试进行有效的控制。研究者可以用各种方式来设置实验环境，甄选被试，控制变量的数量和类型，选择控制变量的适当方式。③成本较低。与其他研究方法相比，实验研究的成本要少得多，问卷调查往往需要几百个被试，而实验研究只要几十个被试就可以了。④可复制性强。实验研究特别适合于复制，只要严格遵守实验条件，就可以多次对实验进行复制。

实验方法主要缺点是：①人为因素的影响。实验设计是人为控制的环境，实验中的许多行为是在受控条件下出现的，这些行为一旦脱离受控环境就会发生变化。②研究者偏见。实验可能受到研究者偏见的影响。罗森塔尔等人(Rosenthal et al.,1966)发现，如果研究者被告知预期的实验结果，那么同未被告知预期结果的研究者相比，他们的研究结果往往更容易与预期结果相一致。③受限的研究。由于实验研究的对象是人自身，实验控制和操纵往往受到社会伦理和法律的限制。比如，为了考察大学教育对收入的影响，研究者不能随机指派一部分人上大学而另外一些人不上大学，以便发现日后谁挣钱更多。

二、实验设计的基本类型

研究者用不同方式把随机分配、变量、前测、后测、实验组、控制组等实验要素进行组合，就构成不同类型的实验设计。有时研究设计包含了所有的实验要素，这种设计就是经典实验设计。然而，在实际研究中，由于条件限制，许多实验设计包含了不同的实验要素，比如有的设计可能没有前测，有的研究可能没有控制组，还有的设计可能使用了多个实验组。根据上述实验要素的不同组合大致可以把实验设计分成：前测—后测控制组设计、仅有后测控制组设计、所罗门四组设计和多因素研究设计等四种基本类型。

(一)前测—后测控制组设计(pretest-posttest control group design)

在实验研究中，前测—后测控制组设计是使用最多的一种设计。该设计也称为经典实验设计或传统实验设计。经典设计使用了的目的是为了排除其他变量的影响,弄清干预的效果。该设计涉及下列一些步骤:①将被试随机分配到实验组和控制组;②对两组被试同时进行前测;③对实验组但不对控制组施加实验处理;④对两个组进行后测。这里值得注意的是,应该尽可能平等地对待实验组和控制组,必须对两个组施加同样的前测和后测,并在同一个时间里对它们进行检测。

如图9.4所示,研究者将被试随机分配(R)到实验组(第一组)和控制组(第二组),对每个实验组进行观察或测量(O_1),再对第一组进行实验处理(X),随后对被试进行第二次观察或者测量(O_2)。最后将第一组前测(O_1)和后测(O_2)之间差异与第二组前测(O_1)和后测(O_2)之间差异进行对比。如果二者之间存在着统计上的显著差异,那么就可以判定,实验处理(X)是导致这种差异的主要原因。

组1	R	O_1	X	O_2
组2	R	O_1	—	O_2

图9.4　前测—后测控制组设计

例如,前测—后测控制组设计可用来检验餐厅服务员的优质服务对小费数量的影响。研究者对40位新入职的服务员进行完全相同的两小时培训,让他们不要自我介绍名字,也不要在客人用餐时再回来询问确认。然后将服务员随机分为两组,每组20人,分别在两家餐馆工作。研究者记录下一个月内所有被试收到的小费数(前测值),然后再对第1家餐馆的被试(实验组)进行再培训,让他们先介绍自己的名字,并在饭菜上桌8~10分钟后询问顾客"一切都满意吗?"(处理)。研究者对第二家餐馆被试(控制组)进行再培训,继续教导他们不要介绍自己的名字,也不要在客人用餐时询问确认。研究者记录下两个月内两个组收到的小费数(后测值)。

这种实验设计的优点是:①在排除外部因素(如被试熟练度、测试方式)影响的同时,可以有效地确定自变量的影响。②可以排除前测所造成的干扰性影响。被试经过一次前测,后测成绩通常会高于前测,但是由于两个组都同样受到这个因素的影响,因而不会影响实验的内部效度。实验设计的不足是,前测可能会造成被试对后测的敏感,这会降低实验的内部效度。

(二)仅有后测控制组设计(posttest-only control group design)

如果研究者想要避免前测可能会造成被试对后测的敏感,就可以使用仅有后测控制组设计。该设计与前测—后测控制组设计基本相似,唯一不同的是,没有对实验组和控制组进行前测。该设计涉及以下步骤:①将被试随机分配到实验组和控制组;②对实验组进行实验处理,而对控制组不施加实验处理;③对两个组进行后测;④将两组后测的结果进行比较,以确定结果是否有统计上的显著差异。(图9.5)

组 1	R	X	O_2
组 2	R	—	O_2

图 9.5　仅有后测控制组设计

仅有后测控制组设计有着广泛的应用。在研究者无法找到合适的前测时，或者当前测可能对实验处理有影响时，它是一种最佳的实验设计。例如，为了弄清敏感性训练课程能否提高教师的士气，研究者可以从该校随机选择 100 位教师，并将他们随机分配，编成两组，对其中一组进行实验处理（参加敏感性培训工作坊），而另外一组则没有施加实验处理。在工作坊结束后，再用问卷调查来测量两组教师的士气高低。

仅有后测控制组设计的主要优点是：①实验组和控制组都是随机分配的，因此被试的特征、成熟和统计回归都受到较好的控制。②每位被试只接受一次后测，因此测试本身不会对内部效度产生影响。该实验设计的主要缺点是：①被试的流失问题。两组被试由随机分配而成，两组被试的性质相似，但是两组被试的流失率并不相同，因为实验组的流失率可能高于控制组。②由于缺少前测，无法确定两个组的自变量从一开始就是相等的。

（三）所罗门四组设计（Solomon four-group design）

如果将前测—后测控制组设计与仅有后测控制组设计简单相加，就是所罗门四组设计。这种设计是由心理学家所罗门（Solomon，1949）在 20 世纪 40 年代提出来的。该设计共分四组，其中有两个实验组和两个控制组，对两个实验组要施加相同的实验处理。该设计的主要步骤如下：①将被试随机分配到四个组中；②其中有一个实验组（第一组）和一个控制组（第二组）接受前测，另一个实验组（第三组）和控制组（第四组）则没有前测；③第一、三组要接受实验处理，而第二、四组则没有实验处理；④四组要同时接受后测。（图 9.6）

组 1	R	O_1	X	O_2
组 2	R	O_3	—	O_4
组 3	R	—	X	O_5
组 4	R	—	—	O_6

图 9.6　所罗门四组设计

不妨举个例子来说明，为了弄清报纸阅读对大学生时事知识的影响，研究者使用了所罗门四组设计。实验被试是 80 名大学高年级学生，这些大学生被随机分为 4 组，每组有 20 名学生。对第一组和第二组中的 40 名学生同时进行时事知识测试（前测 O_1 和 O_3），随后第一、三组（实验组）的 40 名学生开始阅读报纸（实验处理 X）。三个月后再对所有实验组和控制组的 80 学生进行时事知识测试（后测 O_2、O_4、O_5、O_6）。如果报纸阅读有效果的话，第一组后测成绩（O_2）应当与第一组前测成绩（O_1）和第二组后测成绩（O_4）均有统计上的显著差异。此外，第一组后测成绩

(O_2)应当与第二组前测成绩(O_3)和第四组后测成绩(O_6)也有显著差异。如果这些显著差异确实存在,那么就可以断定,大学生阅读报纸确实对他们的时事知识有影响。值得注意的是,该设计还能用于一系列有价值的比较。比如,要评估前测影响,可以将 O_4 和 O_6 进行比较;要考察随机分配的影响,可以将 O_1 和 O_3 进行比较;通过对比 O_2 和 O_5,可以了解前测与实验处理之间的交互作用。

当然,也应该看到,设计实验或多或少存在着工具性反应。只要使用了前测和后测,哪怕没有施加任何干预,也会引起测量对象的一些变化。所罗门四组设计有助于弄清这种变化究竟出自工具性反应还是源于实验干预。如果没有工具性反应,两个实验组的后测结果就应该是一致的,两个控制组也是如此。两个实验组或者控制组在后测结果上的任何差异都可以归结为工具性反应的影响。

所罗门四组设计的最大优点是,具有较高的内部效度,能够精准测量干扰因素和交互作用的影响。不过它的缺点也不容忽视:①该设计共有四个组,需要耗费更多的人力、时间、物力和财力;②该设计可以进行拓展包含更多的实验干预,但是每增加一次干预,就要另外增加两个组;③该设计本来是一种单变量实验,但是所得结果必须进行复杂的统计分析。单变量实验结果的统计分析相对简单,两组比较时采用 t 检验,三组比较时采用 F 检验,而四组比较时,就要使用更复杂的方差要素分析法(2 ×2 factorial analysis of variance),这使得本来简单的问题复杂化了。

(四)多因素实验设计(factorial design)

上述三种实验设计各有特色,但都有一个共同点:只处理一个自变量。然而,在实际研究中经常要评定多个自变量的影响。对此,有两种解决办法,其一,为每一个自变量分别设计一种实验来找出影响最大的自变量。但是,逐一进行实验,既不经济也不现实。更重要的是,逐一实验无法弄清多个自变量是如何交互作用而产生影响的。其二,采用多因素实验设计。这种方法不仅节约成本,而且有助于弄清多个自变量(因素)之间的交互作用。

所谓多因素实验设计就是同时考察多个自变量对因变量影响的一种研究设计。该设计的目的在于,同时考察多个自变量的直接影响,以及这些变量是如何相互作用而共同产生一个独特影响的。该设计的最简化形式是 2 × 2 因素设计,它以两个自变量为基础,每个自变量有两个取值水平。这种 2 × 2 设计形式可以直接套用到多个变量或变量有多个取值水平的情境。从理论上讲,可以有任意数量的自变量,每个自变量可以有任意数量的取值水平。3 × 3 因素实验设计意味着有三个自变量,每个自变量有三个取值水平。而 2 × 3 × 3 因素实验设计则意味着有三个自变量,第一个自变量有两个取值水平,后两个自变量有三个取值水平。

下面举例来进行说明。为了弄清哪一种广告手段对电影推介最有效,研究者采用 2 ×3 因子实验设计,比较广播广告、彩色报纸广告和黑白报纸广告三者的相对效果。研究者将被试随机分配到 2 ×3 因素设计的每个分组中(图 9.7)。该设计有两个变量:广播广告和报纸广告。其中广播广告有两个取值水平:广播广告和无广播广告;报纸广告有三个取值水平:彩色报纸广告、黑白报纸广告和无报纸广告。

这样该研究就有六个实验分组:①阅读彩色报纸并收听广播,②阅读彩色报纸但不收听广播,③阅读黑白报纸并收听广播,④阅读黑白报纸但不收听广播,⑤收听广播但不阅读报纸,⑥既不读报也不听广播。第六组是实验的对比组。在六个实验分组分别接受实验处理后,研究者向每位被试进行问卷调查。研究者对问卷数据进行分析,就可以知道哪一种媒体(或媒体组合)的广告效果最佳。

	广播	无广播
彩色报纸广告	Ⅰ	Ⅱ
黑白报纸广告	Ⅲ	Ⅳ
无报纸	Ⅴ	Ⅵ

图9.7　2×3因素实验设计

与简单设计相比,多因素实验设计的优点是:①无需对每个变量进行实验设计,只需做一次实验设计,经济又方便。②不仅可以评估自变量的单独影响,而且还可以揭示各个变量之间的交互关系和交互作用。实验中的交互作用是自变量之间的交互影响,一个自变量的变化会对另一个自变量的水平产生影响,例如,不同能力水平的学生会从不同教学内容中获益不同,这里的能力水平和教学内容是自变量。多因素实验设计的不足是:①随着自变量和变量取值水平的增加,实验设计成本会成倍增加,数据分析的难度也会加大。②考虑到前测的敏感影响,多因素设计通常采用无前测设计。由于缺少前测,无法确定各个自变量从一开始就是相等的。

三、实验设计的实施方式

实验设计可以有不同的实施方式,主要有实验室法、田野实验和自然实验三种实施方式。

(1)实验室法(laboratory experiment)。所谓实验室法就是在实验室里进行实验的一种研究设计。该设计的主要目的是,实现最大限度的环境控制,以确保实验组和控制组有完全相同的实验条件。最大限度的环境控制是为了确保实验干预是造成群体差异的唯一原因。例如,研究者用实验室法来检验有关酒后驾车肇事的电影对酒后驾车看法的影响。研究者将被试随机分配到实验组或者控制组,并询问被试对酒后驾驶处罚的看法。研究者让实验组观看醉酒驾车肇事的电影。在观看电影一段时间后,再次询问两组被试对酒后驾驶处罚的看法。如果实验组的观点比控制组的观点变化大,就可以断定看电影是导致观点变化的原因。研究者可以在实验室环境中控制所有条件,两组唯一差别在于是否观看电影。

(2)现场实验(field experiment)。现场实验是在真实情境中进行实验的一种研究设计。在现场实验中,研究者将被试随机分别分配到实验组和控制组,并施加实验干预,真实的现场环境相当于实验室。例如,对政策提案的评估就可以使用现场实验。为了弄清职工最低收入保障是否对工作努力程度和婚姻稳定性产生影响,"西雅图/丹佛收入维持实验"(Seattle/Denver Income Maintenance

Experiment)(Hakim,1986)对美国5 000个低社会经济地位家庭进行了研究。研究者将低收入家庭随机分配到无收入维持家庭、短期收入维持家庭、长期有收入保障家庭三种类型中。在实验开始,研究者对工作努力、婚姻稳定性等变量进行了测量,然后在不同时间节点上再对这些变量进行测量。这些家庭在参与实验过程中,继续正常生活,而在此期间所发生的所有社会政治变化都会对这些家庭产生影响。现场实验会出现控制不足问题,而未控制因素会像实验干预一样对观察产生影响。

(3)自然实验(natural experiment)。自然实验是把自然事件用作实验干预的一种实验设计。如果研究者预见某个事件将要发生,就可以在事件发生前后收集它的相关信息,并设立一个不受事件影响的对照组。例如,研究者可以用自然实验来研究无过错离婚政策对离婚率的影响。研究者可以考察某个国家实施无过错离婚政策前后的离婚率,再与另外一个国家尚未实施无过错离婚政策的离婚率进行比较,以确定无过错离婚政策是否对离婚率产生影响。此外,研究者还可以通过在自然干预发生后设立实验组和控制组的办法来实施自然实验。例如,为了研究妇女再就业是否影响了家庭分工,研究者可以收集失业妻子家庭劳动分工的信息,几年后再回到同一个样本,把已就业妻子作为实验组,而把继续失业妻子作为控制组。通过比较两个小组家务分配状况的变化,就可以确定妻子再就业对家庭分工的影响。这里需要注意的是,小组是自发形成的,而不是随机挑选的。这意味着,这两个小组也许本来就有很大的差异,这些固有的差异可能会掩盖导致小组间差异的真正原因。

本章小结

研究设计是研究过程一个极其重要的环节,对整个研究工作起着引领和决定性的作用。研究设计是一个把抽象的研究理念转化为一系列现实可行的研究程序的过程。它包括一系列的决策,这些决策把想象的理想研究带入到复杂的现实研究之中,研究者必须面对现实的人群、环境和资源的制约。研究设计是一个在多种可能性中作出选择的过程,它要求研究者对多种选择进行逻辑分析和排除。这些决策彼此之间存在着相互依赖的关系,而且有很大的弹性空间。研究设计是一个先于研究路径、研究方法和研究程序的思考过程。在实际研究中,研究者可以根据选定的研究路径、研究方法和研究程序,进行一次小规模的"预设计"或尝试。这样可以使研究者确立信心,使其相信他们针对某个研究问题所作的选择和决策是最适合、最切实可行的。不过,可行性、实践性和研究伦理是最终决定研究设计能否顺利实施的关键。

研究设计是研究工作的一个总体性规划方案。所谓研究设计是研究探索的一种逻辑结构,包括确定研究主题或取向、选择主要研究策略和路径,确定具体方法和操作步骤等。研究设计包括研究策略、概念框架、研究对象、研究工具、程序步骤等环节。研究设计是一份研究蓝图,它概述了研究工作的流程和重点,有助于引导研究者完成研究任务。

研究设计通常有组数、干预、前测、后测和分配等基本要素,它们的不同组合可以得到实验研究、纵向研究、截面研究和个案研究等设计类型。横向研究设计是指在某个时间节点上收集研究资料,分析研究对象的描述性信息,探索诸变量间关系的一种设计类型。横向设计主要包括描述性分析和解释性分析。

纵向研究设计是通过收集两个或更多时间节点上的数据来研究事物跨时间变化的一种设计类型。纵向设计的优点是能够确定事物的因果关系，其研究成果比较扎实。就收集数据的场合而言，纵向设计可分为前瞻性纵向设计和回溯性纵向设计；就收集数据的人群而言，纵向设计又可分为趋势研究和同组研究。个案研究设计是指在真实的情境下，使用多种数据来源，对单个实体、现象或社会单位进行深入和系统研究的一种技术设计。根据个案的数量和结构，个案研究可分为单个案设计、多个案设计、整体性个案设计和嵌入性个案设计等设计类型。

实验研究设计作为一种最古老的研究设计，是在人为控制的条件下，确定两个或更多社会现象之间因果关系的设计技术。实验设计的目的是确定事物之间的因果关系，其最大特点是对各种影响因素的高度控制。根据随机分配、变量、前测、后测、实验组、控制组等实验要素的不同组合，可以把实验设计分成前测－后测控制组设计、仅有后测控制组设计、所罗门四组设计和多因素实验设计等类型。

思考题

1. 什么是研究设计？试举例说明之。
2. 试述横向设计的主要特点。
3. 举例说明纵向设计的主要类型以及它们的主要区别。
4. 什么是复制逻辑？如何在多个案研究中运用复制逻辑？
5. 实验设计有哪些主要类型？各自的优势和不足是什么？

讨论题

1. 试述研究设计的过程，列出在设计研究方案时可能需要考虑的因素。

2. 试述单个案设计和多个案设计的适用环境。从你所熟知的个案研究实例中，各举出一个单个案设计和多个案设计的例子，并说明各自的长处。

参考文献

Bonnie L. Yegidis, Robert W. Weinbach. 2004. 社会工作研究方法[M]. 黄晨熹，唐咏，译. 上海：华东理工大学出版社.

伯威兹·加瑞，谢尔·格朗霍格. 2007. 经营研究方法实践指南[M]. 熊剑，江伟，等，译. 大连：东北财经大学出版社.

戴维·德沃斯. 2008. 社会研究中的研究设计[M]. 郝大海，等，译. 北京：中国人民出版社.

风笑天. 2005. 社会学研究方法[M]. 2 版. 北京：中国人民大学出版社.

格伦达·麦克诺顿，等. 2008. 早期教育研究方法：国际视野下的理论与实践[M]. 李宜敏，等，译. 北京：教育科学出版社.

简春安，邵平仪. 2004. 研究方法系列：社会工作研究法[M]. 台北：台北巨流图书公司印行.

基斯·F. 庞奇. 2005. 社会科学研究法：量化与质化取向[M]. 林世华，等，译. 台北：台北心理出版社.

林聚任，刘玉安. 2004. 社会科学研究方法[M]. 济南：山东人民出版社.

刘红云，孟庆茂. 2003. 纵向数据分析方法[J]. 心理科学进展(5).

罗伯特·K. 殷. 2004. 案例研究设计与方法[M]. 周海涛，译. 重庆：重庆大学出版.

罗杰·D. 维曼，约瑟夫·R. 多米尼克. 2005. 大众媒介研究导论[M]. 金兼斌，等，译. 7 版. 北京：清华大学出版社.

莎兰·B. 麦瑞尔姆. 2008. 质化方法在教育研究中的应用：个案研究的扩展[M]. 于泽元，译. 重庆：重庆大学出版社.

杨国枢，等. 2006. 社会及行为科学研究法（上册）[M]. 13 版. 重庆：重庆大学出版社.

Becker H. 1968, Social observation and social case

studies' [J]. in International Encyclopedia of the Social Sciences, Vol. 11, NY: Crowell: 232-238.

Denzin N K, Lincoln Y S. 1994. Introduction: Entering the field of qualitative research[M]//In N. K. Denzin and Y. S. Lincoln (ed.), Handbook of qualitative research, Thousand Oaks, CA: Sage: 1-18.

Lawrence-Lightfoot S. 1983. The good high school: Portraits of character and culture [M]. NY: Basic Books, Inc.

Leibow E. 1967. Tally's corner [M]. Boston: Little, Brown.

Lynd R S, Lynd H M. 1929. Middletown: A study in contemporary American culture [M]. NY: Harcourt, Brace, and Company.

Merriam B B. 1988. Case study research in education [M]. San Francesco: Jossey-Bass.

Rentz JO, Reynolds F, Stout R. 1983. Analyzing changing consumption patterns with cohort analysis[J]. Journal of Marketing Research, 20: 12-20.

Rosenthal R, Jacobson L. 1966. Teachers' expectancies: Determinates of pupils' IQ gains [J]. Psychological Reports, 19: 115-118.

Singer J L, Singer D G, Desmond R, Hirsch B, Nicol A. 1988. Family mediation and children's cognition, aggression and comprehension of television[J]. Journal of applied developmental psychology, 9(3): 329-347.

Smith G. 1978. The Meaning of 'Success' in Social Policy: A Case Study [J]. Public Administration, 56 (3): 263-182.

Solomon R L. 1949. An extension of control-group design [J]. Psychological bulletin, 46: 137-150.

Stake R. 1995. The art of case research [M]. Thousand Oaks, CA: Sage Publications.

Whyte W F. 1943. Street corner society [M]. Chicago: University of Chicago Press.

Yin R. 1994. Case study research: Design and methods (2nd ed.) [M]. Beverly Hills, CA: Sage Publishing.

Yin R. 1989. Case study research: Design and methods (Rev. ed.) [M]. Beverly Hills, CA: Sage Publishing.

10 社会科学研究过程

如前所述,社会研究是一个解谜的活动。但是这种解谜的活动不是一下子就完成的,而是在一段时间内逐步展开的。之所以把研究看成是一个过程,是因为人们的认知是逐步获得的,随着时间的推移不断得到深化和完善,还因为研究需要人们花时间来思考,需要用大量的时间来收集和处理数据。本章首先概述了社会科学研究一般过程,然后阐述了选择研究问题、综述相关文献、设计研究方案、收集数据、分析数据以及解释和报告结果等具体步骤,最后对本章内容进行了小结。

第一节　社会科学研究过程概述

研究过程需要有一系列明确的研究路径和操作步骤。不同的研究路径意味着不同的研究流程。有的研究是线性的、逻辑式的研究路径,逐步开展研究,这就是定量研究方法论。该方法论基于实证主义范式,采用定量研究方法来收集数据。定量研究路径从既有理论和研究出发提出假设,设计研究方案,通过收集和分析数据来检验假设。还有的研究是非直线的、直觉性的研究路径,这就是定性研究方法论。该方法论基于阐释主义和后现代主义范式,采用定性研究方法来收集数据。定性研究路径会避免对研究结果提出过多的假设,收集数据和分析数据同时进行,逐步从数据中归纳出主题、命题或理论,从而实现对研究对象的深入理解。尽管这两种研究路径有不同的研究逻辑,但并不意味着它们是格格不入的,许多研究者将两种方法结合起来使用,形成了混合研究路径,以实现对研究对象更完整的认识。

然而,不管采用哪一种研究路径,大部分研究过程都包含了以下六个主要步骤:①选择研究问题,②综述相关文献,③设计研究方案,④收集数据,⑤分析数据,⑥解释和报告结果。图 10.1 描述了这六大步骤,不过这个研究流程及其研究步骤的划分只是一种理想模式。它不是某个特殊研究类型如定量研究、定性研究或混合研究的工作流程，而是涵盖了所有研究类型的一般研究流程。在实际研究中，研究步骤并不是严格固定的，各种研究很难丝毫不差地按上述步骤进行，也不会像图中所描绘的那样是有序和连续的。在很多情况下，不同研究方法的具体流程或步骤可能会略有不同，甚至是迂回反复和相互重叠的。首先，研究很少是标准化的行进路径，即完成了第一个步骤以后再进行第二个步骤，完成第二个步骤以后再进行第三个步骤，以此类推。研究是各个步骤协调包容的活动，后一个步骤可能会影响到前一个步骤，甚至会出现两个或更多步骤同时并存的格局。例如，在定性研究中，初步的分析已经开始了，但是收集数据仍在进行。在民族志研究中，形成假设可能贯穿于从收集数据开始的全过程。其次，研究过程很少是直线式发展的，在抵达终点之前，有多个不同的行进方向。比如，不同的步骤之间会发生反馈，在参与观察中，也许发生了意外需要回到更早的阶段，修正所研究的问题，引出新的问题。最后，研究是一个持续不断的过程。研究不会到了第六个步骤就戛然而止，一个研究流程的完成往往会刺激新的思考，引出新的研究问题。

这六个步骤是为一个研究项目而设的，研究者在对某个特定问题的研究中会采用这六个步骤的研究流程。研究过程始于研究者选择了一个研究主题（topic）或研究领域，如离婚、犯罪、无家可归者等。由于研究主题过于宽泛，就要把主题缩小成在研究中能够处理的特定研究问题（第一个步骤），比如，“早婚者更容易离婚吗？”当研究者确定了研究问题后，就要回顾过去对这个问题所做过的研究，称为文献综述（第二个步骤）。研究者也可能根据理论或既有文献对研究问题的答案提出猜想，称为研究假设。明确研究问题以后，研究者会对如何进行此项研究进行规划和设计，提出研究设计方案（第三个步骤），对许多研究细节作出决策，比如是采用观察法还是实地调查，选用多少受访者，询问哪些问题等。研究者下一步就要在实地中收集数据（第四个步骤）。一旦研究者收集好数据，就要处理和分析这些数据（第五个步骤），从中归纳出某些命题或模式。模式有助于研究者对数据进行解释或赋予数据以意义，如“都市早婚者离婚率较高，但乡村无此现象。”最后，研究者会撰写一份研究报告（第六个步骤），描述研究的背景、研究方法和过程以及研究发现。

初学者可能会从收集数据的工作开始插入研究，有时研究者会根据所收集的数据提出假设，并试图从假设中抽出问题。这种肢解整个研究连续性的做法会导致混乱和低效。还有，有的初学者认为第一个步骤做得差不多了，就迫不及待地进入第二个步骤，结果发现由于第一个步骤基础不够牢靠，后续工作难以为继，不得不又重新回到第一步骤。有时由于研究期限快到了，无法回到上个步骤加以补救，最后只好得过且过，研究质量大打折扣。虽然研究过程是灵活的，需要根据具体情况进行调整，但是坚持图 10.1 所表示的程序化研究过程可以提高研究效率和研究质量。

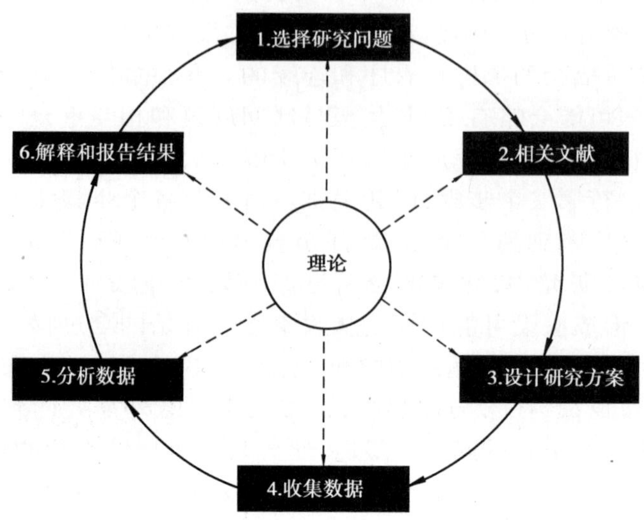

图 10.1　研究过程的步骤

（来源：[美]劳伦斯・纽曼：社会研究方法定性和定量的取向．中国人民大学出版社，2007，P.19。本文在引用时做了修改）

第二节　研究问题的选择

选择研究问题是研究过程中最重要的步骤之一。人们常说："好的选题是成功的一半"，这说明了选题对研究的重要意义。对初学者而言，在研究伊始就提出合适的研究问题并对研究对象有明确的认识可能并不容易，因为这需要研究者有丰富的研究经验以及对问题的深刻洞见。然而，明确的研究问题是研究过程展开的必要条件，后续的研究工作都是在研究问题的基础上延伸出来的。

一、选择研究问题的途径

一般来说，适当的研究课题不会从天上掉下来，研究者必须通过多种途径来寻求自己感兴趣的研究问题。选择研究问题通常有四个主要途径：

（1）跟从导师做分支方面的研究问题。初学者为了完成学位论文，往往喜欢结合导师的研究课题或研究方向，确定一个与之相关的问题或分支方面的问题。这样的研究选题可以照顾师生的彼此利益，取得皆大欢喜的结果。应该看到，尽管学生做导师的分支课题可以省去学生选题上的麻烦，但是学生却失去了一次独立选题的实践。如果学生过多地依赖于导师的学术决策，就很难养成学术发展所应具有的学术判断力和决断力。

（2）从大量地阅读中寻找研究问题。大量地阅读各种文献是获得研究问题另一个重要途径。通过大量阅读各种学术文献可以了解现有研究选题、研究方法和研究成果的最新动态，了解什么是已知的，什么是知之不多的或未知的，寻找最能吸引了自己的研究，从尚未解答的问题或研究缝隙中找到适当的研究问题。另一方面，可以从大众传媒和报纸杂志上了解社会所关注的各种议题，从新闻传媒的报道中获得学术研究灵感，从而获得适当的研究刺激，而最终形成自己的感兴趣的研究问题。

(3)从自己所熟悉的经历中寻找灵感。如果从现有各种文献资料中还无法想出研究问题，就可以尝试从自己的社会生活经历中去获得灵感。研究者可以从自己所经历过的生命历程或社会事件中去发掘有研究价值的问题。尽管个人的生活经历是独特的，但是个人经历往往与其他人的经历息息相关和彼此互映，因此从自己独特的社会生活经历中时常能发现有价值的研究问题。

(4)参加学术研讨会。许多研究者通过参加各种学术研讨会而获得新的研究课题。研究者通过参加专题讨论，能够了解特定研究领域的热点问题。更为重要的是，初学者通过参加研讨会可以见到许多资深专家，向他们讨教。与某个资深专家对可能存在的问题进行探讨都有助于确定一个值得研究的问题。绝大多数资深研究者是很乐于与初学者进行学术交谈的。他们通常很乐于知道自己的研究成果为别人所应用或在某个方面得到拓展。

二、将感兴趣的题目变成研究问题

在大多数情况下，一个研究只能聚焦于某个领域很小的方面，研究者无法在单个研究中解决某个领域的所有问题。尽管如此，有些研究者还是会选择一些过于宽泛的题目，比如“电视对儿童的影响”和“社会保障对市民的影响”等问题。为了避免出现这样的情况，研究者就要将感兴趣的题目进一步缩小成为初步的研究问题。

提出单一的、明确的研究设想很像是一个除草过程。研究者经常会在阅读中提出一系列合理的研究设想，但是研究者不可能在一项研究中解决许多问题，所以必须放弃大部分想法。研究目标是找到一个可研究的问题以及与此直接有关的背景资料，其他研究设想和背景材料也许对其他研究是合适的。过多的想法和资料会让研究者在繁芜复杂的研究文献中迷失方向或将研究复杂化。因此要善于放弃无关的想法及其资料，将主要精力聚焦于某个初步的研究问题上。

社会科学中并不是所有问题都可以进行研究。有不少令人感兴趣的问题在性质上属于哲学问题，只能用哲学方法而不能用实证方法来完成。有些问题在现有科技条件下可能无法回答。例如，“没有看电视者是如何对日常人际交往作出反应的?”这个问题面临的困境是，在电视机市场已经饱和的情况下，很难找到家里没有电视机的人，尽管可能会在某些地方找到这样的人，但是这个研究问题基本上是难以回答的。研究者必须对最初的研究设想进行调整，以便与实际情况相一致。经过调整后的研究问题可以探讨这样的现象：“人们在关掉电视机后，可以做些什么?” 研究者可以说服研究对象停看一周电视，并记下他们使用其他媒介的情况，以及他们与亲朋好友进行交流的情况。

那么，怎样把感兴趣的题变成实际的研究问题呢？研究者可以通过界定研究领域以及缩小研究范围来实现这个目标。在初步提出的研究问题中，研究者可以发现不同概念之间的联系，并大胆对这些联系作出假设。研究者还可以通过已有的问题进一步延伸出新的问题。提出一系列问题后，研究者可以按照这些问题在研究过程中的主次轻重将它们列在一个单子上。如果回答其中的某个问题，同时也需要回答另一个问题，研究者可以画一张图来标明这些问题之间的关系。例如，关于互联网聊天的问题，研究者可以假设所有人都可以上网，在网上聊天，而且还假设这些人能解释他们为何在网上聊天。如果研究者对这些蕴含的假设了然于胸中，就可以提出更具体的初步研究问题。

三、初学者选题中的常见错误

初学者在选择研究问题时经常会犯一些错误，这些错误归纳起来有以下四个方面：

(1)问题并非自己兴趣所在。初学者在选择研究问题时，经常会随手选择一个自己并不感兴趣的研究问题。好的研究问题需要花费大量时间来寻找，很难一下子呈现在研究者的大脑中。当研究期限紧迫时，初学者往往会随便选择一个自己并不感兴趣的课题。如果选题并非出于兴趣，研究者就会在随后的研究工作中觉得非常痛苦，研究也会因失去动力而最终搁浅。

(2)问题范围太大。初学者选题经常犯的另外一个错误是，选题范围太大。初学者经常不知不觉地选择了一个范围太大的题目，这样的题目往往是一个研究领域，而不是一个短时间内能够完成的研究课题。尽管选题是从一个宽泛的研究领域开始的，但是在研究过程中需要将问题进一步聚焦而形成一个更具体的问题。研究者的时间和精力有限，不可能在一项研究中解决某个领域的所有问题，选题的最终目标是获得一个非常明确的研究设想，而不是一个研究领域。

(3)问题太难。初学者往往会选择了一个很难的课题。由于初学者研究经验有限，很难在选题时预见到后续研究的复杂情况。如果得不到及时有效的技术指导，往往会选择一个很难完成的研究问题。如果初学者发觉所涉及的大部分研究文献超出自己的研究能力，就要考虑尽快调整或放弃这个研究问题，切不能做自己力所不逮的事情。

(4)固守最初的研究设想。初学者还会犯固守最初的研究设想的错误。初学者在研究伊始可能会萌发一个很有意义的研究设想，但是随着研究的逐步深入，可能会出现更多的研究设想，这些研究设想会比最初的研究设想更简洁、更有意义。在这种情况下，初学者绝不能为坚守自己的最初设想而抛弃更有价值的设想，而要给新的研究设想留点机会。

第三节 相关文献综述

研究过程的第二个重要步骤是，对研究问题所涉及的各种文献资料进行文献综述(literature review)。所谓文献综述是在特定研究问题所涉及的领域内查找、阅读和评述著作、论文、报告等各种相关研究文献的过程。尽管文献综述十分重要，但是在实际研究中，研究者往往忽略了文献综述。其主要原因是，研究者放在文献综述上的时间太少。一个好的文献综述往往需要3~6个月甚至更长的时间，但是有的研究者往往只用几个星期就草草完成了。文献综述基于两个预设(assumptions)：①知识是积累起来的。今天的研究是建立在昨天研究基础之上的，科学研究是无数研究者前赴后继不断追求知识的结果。②新的研究总是以前人已有的研究成果为基础的。研究不可能在虚无中产生，必须有扎实的知识基础，而这个知识基础是前人通过无数次的科学探究而奠定的。

一、文献综述的目的

文献综述有许多目的，其主要目的主要有以下四个方面：

(1)避免进行重复研究。无论选择什么题目，可能都已有人做过相关研究了。通过仔细地评述现有的研究文献，可以弄清在研究问题的范围内，已有哪些相关的理论，已有哪些研究发现，哪些研究已经完成，哪些研究尚无定论或者无人探究。这样就可以熟悉研究领域，避开前人已经做过的研究，确定自己独特的研究问题，避免盲目研究和重复研究。如果有选题重复的话，那么按照原先预定计划去做研究就是浪费时间。

(2)发现最新的前沿研究问题。通过文献综述可以发现研究空白，将自己的研究置于前人研究的情境中，并为自己的研究开拓空间。所谓研究空白就是现有研究文献中所缺失的研究或尚未进行的研究，这些研究空白往往是最新的前沿研究问题。在实际文献查阅中，研究者可以重点关注研究文献最后部分关于需要进一步探讨的问题和研究建议，应该认真地思考这些问题和建议，因为它们往往是研究者对某个特定问题进行了大量研究后才获得的见解。许多博士生通过阅读这些研究问题和建议而确定其博士论文选题。

(3)发现可行的研究思路。通过查阅文献，可以发现其他研究者是如何对其研究问题形成有效研究思路的。研究总是从某个比较宽泛的问题开始，通过不断地缩小问题范围，而最终形成特定的研究问题。通过对既有文献的深入探究，可以发现这些研究思路是如何形成的，又是如何取得进展的，据此研究者就可以形成自己的研究思路并界定自己的研究问题。

(4)获得有效的研究方法。在查阅研究文献时，不仅要关注研究文献的结论，还要留意研究所使用的方法。别人多次重复使用的研究方法往往是有效的研究方法,这些信息往往有助于进行新的研究设计。同样,在文献查阅中,还要注意已被多个研究证明为无效的调查思路。如果许多文献所使用的同一个研究方法都未产生预期的研究成果,那么就要避免使用这种研究方法或调查思路。

二、文献综述的主要步骤

那么,如何才能找到自己研究所需要的文献资料?查找文献是一项有一定技术含量的学术活动,有的研究者只要花很少的时间就能事半功倍,而有的研究者用了很多时间却事倍功半。查找文献一定要按照科学程序来进行,主要涉及四个方面的步骤:

(1)查阅初步资料。所谓初步资料就是与研究问题相关的著作、专业论文、文章以及其他出版物。相关文献的主题索引是文献查找的一个重要工具,通过查看某个特定研究问题的主题索引,就能在图书馆中找到与该主题有关的所有种类的出版物。

(2)利用间接资料。在查阅初步资料时,会发现其他研究者已经写过与查找问题相关的文献评述。这些评述就是间接资料的例子。间接资料是其他研究者就某个相关问题所写的文献。研究者可以利用初步资料来帮助确定是否可以获得相关的间接资料。

(3)阅读原始资料。一般而言,间接资料评论了许多研究,但是并不详细。因此就需要获得并研究与研究问题有关的重要研究项目的最初报告。这些最初报告就被称为原始资料。原始资料是由那些真正做过研究的研究者所撰写的资料,如期刊论文。

(4)评述文献。在查阅了所有相关的间接资料和原始资料后,就需要分析和评论所了解的内容以便撰写文献综述。写文献综述的目的是告诉读者,预计调查的问题哪些是已知的,哪些是未知的。此外,研究者还要弄清预计的研究问题是如何与现有文献相联系并以它们为基础的。

当然,上述四个查阅文献的步骤并不是严格按顺序进行的。如果在查阅文献时需要重新修改陈述,那么就要循着新的方向进行文献查阅。还有,如果研究者发现初步资料所确认的原始资料和间接资料与研究问题陈述仅仅间接相关。在这种情况下,研究者就要回到第一步骤,去寻找更相关的初步资料。

三、怎样才算是好的文献综述

好的文献综述能够向读者讲明其目的。不好的文献综述仅仅简单地罗列一些研究报告和研究发现,并没有按照一定的逻辑和框架将它们有机地组织起来。这种文献综述的写法并未说清写作这篇文献综述的目的,相反,却很像是在罗列笔记。研究者在撰写文献综述过程中可能会忽略对文献本身的梳理和加工。好的文献综述应该有系统地将相似的研究发现串联和组织起来,先提出最重要的观点,然后再以合乎逻辑的方式将这些发现与观点论述结合起来,并指出整个研究领域的不足或缺失之处。

下面是一篇较差的文献综述例子：

性骚扰有许多不同的结果。亚当斯、寇特科和帕济特发现有些女学生说她们之所以避免选修某些教授的课，或避免和某些教授做研究，是因为选修那些课会使她们承受被性骚扰的风险。她们也发现男学生与女学生的反应相当不同。他们的研究调查了1 000名男性与女性的大学生与研究生。本森与汤姆森在《社会问题》一书中的研究列举了许多性骚扰所造成的问题。哲届与威纳在其著作《好色的教授》一书中，条列出一长串受害人所遭遇的困难。

研究者从各种不同的角度来探讨这个主题。亨特与麦克兰对一个规模较小的人文艺术学院的大学生进行调查研究。他们得到一组300名学生所构成的样本，让这些学生观看各种各样经过特殊处理的照片，相片上显示着受害人的反应与受害情境。杰屈克与佛列兹放映给中东部一所大学的90位女学生看一部录像带，带中录的是一名助教性骚扰的典型例子。在该行为被贴上性骚扰标签之前，很少有女同学会指称这个行为是性骚扰。当被问到是否认为该行为是性骚扰时，有98%的同学说是。韦伯-柏丁与罗西重做了前人的一项性骚扰研究，只不过他们用的是麻省大学的学生。他们让59位学生评定40个假设状况。瑞里、卡本特、杜尔和巴特列特则对加州大学圣巴巴拉分校250位女同学与150位男同学进行研究。他们同时也有一个由52位教职员组成的样本。要求两组样本填答一份问卷，问卷内容是评定照片中情境的性骚扰程度。渡波维奇等多位学者联合制作了一份有9个项目的性骚扰量表。他们对一所中等规模的大学的209位学生以15到25人为一组的方式进行研究。结果发现学生看法相当不一致。

下面是一篇较好的文献综述例子：

性骚扰的受害者承受着各种不同的结果，从自尊心减低、自信心丧失，到拒绝参与社会互动、改变职业目标和自暴自弃。举例来说，亚当斯、寇特科与帕济特指出，13%的女同学说，为了避免承受性骚扰的风险，她们会避免选修某些教授的课，或避免跟那些教授做研究。

关于校园性骚扰的研究有各种不同的研究取向。除了调查研究之外，许多研究者使用经过特殊处理的照片与特别设计的假想剧情进行实验。受害者口头上的反应与情境因素显然会影响到观察者是否会把某项行为贴上性骚扰的标签。举例来说，杰屈克与佛列兹(1991)发现，在看过这部典型的助教进行性骚扰录像带的女学生中，只有3%一开始就指出是性骚扰。相反的，她们称录像带中的行为是带有“性别歧视”“粗俗无礼”“不够专业”和“下贱无耻”。当她们被问到那是不是性骚扰时，则有98%同意那是性骚扰的举动。罗斯寇等人也指出，在标签性骚扰行为时也遇到相同困难。

第四节　设计研究方案

在确定了研究问题和完成了文献综述以后，接下来的工作就是设计研究方案。研究设计是对研究工作的总体规划，是将研究问题转化为一系列研究决策的决定性环节。所谓研究设计是确立主要研究策略、研究取向、具体方法和操作步骤的过程。研究设计应该是一个合理的行动计划，在研究实施过程中，研究者将始终遵循这个行动计划。尽管一个好的研究设计通常需要花费很多的时间，但是好的研究设计将保证研究的数据来源，帮助研究者达成研究的目标。

一、研究设计的主要任务

在设计研究方案时要充分考虑研究问题所需要的数据类型、收集数据的可行性以及数据的可解释性。许多初学者往往为研究问题的魅力所吸引，而忽视了“数据是否存在”“能否收集”“能否解释”等一系列实际问题。例如，天才儿童和普通儿童的脑电波比较研究就是一项引人注目的研究课题，但是必须考虑以下一些关键因素：

- 能否找到一定数量的自愿者来做这项研究试验？
- 从哪里得到脑电图记录仪？
- 如果上述设备不成问题，那么能否使用这台仪器？
- 是否有足够的知识去解读所获得的数据？
- 如果有的话，那么能否准确地解读数据并从中得出结论？

除非研究者能解决每一个问题，否则就应放弃这个项目，而转向其他能更好驾驭的研究项目。总之，研究设计应该是切实可行的，要有明确的构思和可行的设计框架。

一般来说，研究设计的主要任务是决定如何开展研究，包括采取何种研究策略或研究取向，需要何种数据，如何收集数据，需要何种参与者和多少参与者等。在设计方案中，研究方法取决于研究问题的性质及其所需要的数据类型。定量研究设计方案采用演绎式研究策略，结构化和标准化程度较高，需要确定问题陈述、抽样、变量、假设、操作定义、测量、信度和效度等一系列核心因素。定量研究策略一旦确定下来就不能轻易改变，因为这种研究设计是为某个特定问题而量身定做的，有预期的研究结果，并排除对该研究结果的其他可能解释。中途改变计划就意味着要改变研究控制条件，使整个研究面临失效的风险。例如，研究者想要知道不同课程对幼儿同伴关系的影响。研究者设计了研究方案，决定采用演绎式研究取向或定量研究方法，在四所幼儿园选取同等数量的幼儿，通过参与观察来探究他们之间的同伴关系，研究者还决定用摄像来收集数据。研究者根据理论或文献综述，提出了研究假设，即 A 课程比 B 课程更有利于幼儿形成积极的同伴关系。在研究者所在的地区恰好有两所幼儿园使用 A 课程，另外两所幼儿园使用 B 课程。于是研究者按照这种研究设计去两所幼儿园进行观察，如果一切顺利的话，研究假设就能得到确证。但是，研究者在收集了两所幼儿园的部分摄像资料后，突然感到摄像太浪费时间，于是匆匆决定改变研究设计，用速记方法来代替摄像或者让其他老师用“同伴互动观察量表”来打分，这样研究者就省去了繁芜的图像数据转录工作。尽管研究者用高效的研究工作最终证明了 A 幼儿园有更积极的同伴关系，但是这样的研究结果受到质疑，因为研究者在研究过程中改变了收集和处理数据的方法，而不同的研究方法会导致不同的研究结果。

与定量研究设计相比。定性研究设计的结构化和标准化程度较低，灵活性较大。由于定性研究在自然状态下研究社会现象，不用对研究情境进行操控或干预，因此定性研究的设计方案是一种有很大灵活性和调整余地的“工作设计”或“发展设计”。“工作设计”是为了更好地开展研究而拟定的一个最初计划。尽管“工作设计”灵活性大，但其主要内容是可以事先确定的，如研究方向、研究对象、数据来源、数据收集时间和程序、可能的变量等因素。定性研究设计采用归纳式研究策略，在研究伊始并没有明确的理论预设和研究假设，可能有粗略的“预见问题”。在随后的数据收集和分析过程中，可能会产生许多新的信息，并用这些新的信息与“预见问题”进行比较，这些新的信息可能支持、推翻、修改或扩展“预见问题”。随着研究不断深入，“预见问题”或研究假设得到了更精确的表述。在这个过程中，数据收集的范围越来越集中，研究的重点越来越突出，最终达成对现象的精确描述和解释。下面举澳洲无子女妇女研究的例子来说明定性研究设计的性质和特点。研究者想要弄清 28 ~ 42 岁有生育能力妇女是如何决定不要孩子的。研究者采用了半结构访谈研究设计，在文献综述的基础上，把 40 岁左右妇女确定为访谈对象，并初步拟定了访谈提纲、访谈内容、访谈问题的措辞及其顺序。然而，通过阅读和整理几次访谈数据，研究者获得了新的信息和问题。研究者认识到这个年龄的妇女已经作出了决定，她们已经经历了重重困难，有的妇女可能已经找到解决问题的办法。这时研究者决定改变研究设计方案，转而访谈 30 岁左右妇女。研究者重新修改了访谈提纲，有意省去访谈提纲中原有的一些问题，调整了其他一些问题，以便用更多的时间向 30 岁左右妇女询问刚刚生成的假设。

二、好的研究设计特征

研究设计是否有某种评价标准？多年来，人们经常用高级和低级这两个词来描述不同类型的研究设计。但是，研究设计是以知识类型和知识总量为基础的，反映了科学方法的具体运用，本身并没有优劣之分。每一种研究设计都各有长短，一种研究设计类型不会比其他研究设计类型好到哪里去。所有研究设计都是增进人类知识的一种方法论工具。近年来，研究设计出现了综合化的发展趋势，在单一研究设计无法满足研究需要的情况下，研究者力图把不同单一研究设计结合起来以实现研究方法论的创新。比如，单一的横向研究设计有时会加上一个或多个纵向研究分析，单一的定量研究设计会加上一个定性研究分析，等等。这种把两种不同研究设计结合起来的做法，实现了不同研究方法的优势互补和相辅相成，每一种方法都可作为验证另一种方法所得研究结果的手段。只要研究设计中不同方法之间保持一致，那么综合研究设计就是可以接受的。

尽管研究设计并无优劣之分，但是在实际研究过程中，由于研究者能力和理解的不同，研究者所设计的研究方案确实表现出差异。研究者在有限的研究条件下，会尽力寻求与特定研究问题相匹配的最佳研究设计方案。例如，不少研究者喜欢使用横向设计，主要是因为横向设计能够有效地控制各种影响因素，确保研究的内在效度。只要采用单一测量值，就可以消除诸如历史性、个体敏感性和样本缺损等负面因素的影响。一般而言，好的研究设计方案具有以下一些特征：

(1)以文献综述为基础。好的研究设计会对各种研究文献进行分析，通过批判性阅读、理解和分析别人的研究设计，从中汲取成功经验和失败教训。研究文献通常在“未来研究建议”部分提出一些合理化建议，研究者通过研读这些建议，可以获得对某种研究设计的洞见。研究者可以直接套用既有文献中多次使用过的研究设计，因为多次重复使用的研究设计往往是行之有效的。当然，在实际文献检索中，也要注意被多项研究证明是无效的调查思路。

(2)简约性原则。好的研究设计遵从了简约原则或“奥康剃刀(Occam's razor)”原则。14 世纪哲学家奥康提出，“如无必要，勿增实体”。如果研究设计的其他特征相同，那么应该采用较简单的设计而不是更复杂的设计。研究者应该经常问一问自己，“这是解决问题的最简单的设计吗?”在大多数情况下，所谓困难其实是研究者自己把事情弄得太复杂了。对于研究设计中遇到的问题，要学会用最简单的方法去解决。当然，研究设计方案为了实现研究目标需要尽可能的复杂，但是复杂本身并不是研究所追求的。简单的设计通常更容易完成，解释起来也更便捷。

(3)所有内容相一致。研究设计内容应该具有一致性，而不能出现不一致的内容。不同的研究设计在内容上具有不同的特征，当研究者决定采用某项研究设计时，就要努力使该项研究设计具有这样的特征，而不能把其他设计特征移植到该研究设计中。例如，假如一项研究设计的内容是实验性的，也准备把研究结论从研究对象推广到其他人群，那么就应该小心地抽取实验小组参与者样本，使之具有代表性，但是，如果挑选小组参与者的仔细程度还比不上定性研究设计，那么就会导致该实验设计内容上的内部不一致性。同样，实验研究设计在内容上要严格控制中介变量并进行假设检验，如果某个横向问卷调查也把控制中介变量作为研究设计的主要关注点，那么这个横向研究设计在内容上就不具有内部一致性。

(4)具有可行性。可行性是好的研究设计的一个重要特征，可行性意味着可以取得充分的资源来进行研究。有些设计需要大量的时间和资金，而有的则不需要这么多。好的研究设计可能不是最理想的设计，但肯定是具有可行性的研究设计。为了增强可行性,研究设计常常准备一个备选方案,以应对可能出现的未预期事件或现实社会问题。例如,关于青少年吸毒的深度访谈研究设计,在正常条件下可以顺利实施。但是,如果合作关系突然恶化,原定的吸毒者拒绝接受访谈,那么研究者就要通过其他来源来收集数据。可行的备选方案就是用与吸毒者有过接触的社区居民或警方人士来代替吸毒者。尽管这些二手数据不算最好,但是也是一个相当合理的替代解决办法。

第五节 收集数据

一旦设计出研究方案,研究者就可以收集和分析数据。研究问题的性质和相应的研究设计决定了收集数据的途径。一般而言,社会科学研究有两个收集数据的途径:一种是直接收集途径,另外一种是间接收集途径。直接收集途径是研究者通过与研究对象直接接触来收集反映研究对象特征的数据,包括实验、调查问卷、观察、访谈等。间接收集途径则是从现有文献入手,从各种档案、文件、出版物、普查、日记、信函、备忘录等资料中收集数据。由于社会科学研究大部分与直接性数据有关,因此本节所讨论的收集和分析数据主要涉及直接性数据。收集数据主要有以下两个方面的内容。

一、抽样的策略

抽样是收集数据所要作出的首个决策。抽样是一种选择研究对象的程序和方法。由于总体范围太大而难以研究等多种原因,研究者往往无法对研究对象的总体进行研究,而只能从研究对象的总体中挑选一部分来进行研究。这种从总体中选出一部分的过程就是抽样,总体的一部分被称为样本。抽样策略可以分为两大类:概率抽样和非概率抽样。在概率抽样中,每个抽样单元通过随机的方式,都有机会被选作样本,从而进行统计推断。而非概率抽样不是通过随机方式,而是根据特定目的来选取样本,因此样本不具有代表性,也不能对总体进行有效地推断。

概率抽样的逻辑基础是,所选择的样本具有代表性,每个样本个体都是对等的数据源,可以依据样本的结果对总体特征进行统计推断,从而回答研究问题或实现研究目标。在定量研究中,研究者感兴趣的是总体,而不是偶尔抽取到的样本。随机抽取样本一定要有足够的数量,以减少样本与总体之间的偏差或抽样误差。例如,某市大约有 30 000 万位中小学教师,平均年龄为 37.5 岁。研究者从这个总体中随机抽取 20 位教师作为样本,其平均年龄为 34.2 岁。研究者又随机抽取了 1 000 位教师的样本,其平均年龄为 36.8 岁。可见,第二个样本得到的平均年龄更接近于总体,换言之,第二个样本的抽样误差小于第一个样本的抽样误差。

那么,统计分析的样本究竟要多大才合适?显然,统计分析的样本并不是越大越好，而是只要大到能代表总体即可。亨利（Henry，1990）曾经建议，在总体规模小于50的情况下，就不要使用概率抽样，而应收集所有个案数据，因为总体中的极值对随后统计分析的影响要明显大于较大规模样本中的极值。《经济学家》杂志在1997年建议，统计分析的最低样本量为30，如果总体规模为30，那么就应该收集所有个案数据。研究者通常使用95%的置信度，这就是说，如果从总体中抽取100次样本，其中至少有95次抽取的样本能够代表总体特征。边际误差代表对总体估计的精确度。表10.1描述了在95%的置信度下，不同大小的总体所需最小样本量。研究者通常用3% ~5%的边际误差来估计总体特征值的范围（有时会使用更精确的2%），也就是说，如果样本中有45%属于某个类别，那么，总体中该类别的比例应该为45%加减边际误差3%，即总体有42%或48%的比例属于这个类别。

表10.1　95%置信度下不同总体的样本量（假设收集样本所有个案数据）

	边际误差			
总　体	5%	3%	2%	1%
50	44	48	49	50
100	79	91	96	99
150	108	132	141	148
200	132	168	185	196
250	151	203	226	244
300	168	234	267	291
400	196	291	434	384
500	217	340	414	475
750	254	440	571	696
1000	278	516	706	906
2000	322	696	1091	1655
5000	357	879	1622	3288
10000	370	964	1936	4899
100000	383	1056	2345	8762
1000000	384	1066	2395	9513
10000000	384	1067	2400	9595

（来源：[英] 马克·桑德斯等：《研究方法教程：管理学专业学生用书》（第3版），杨晓燕等译，中国对外经济贸易出版社，2005年版，第149页。）

从表10.1中可以看到，样本规模越小，样本占总体的比例就越小，边际误差就越大。随着样本规模的扩大，样本规模对边际误差的影响就会减少。deVaus（2002）认为，基于这个原因，很多市场调查公司把样本规模限制在2 000左右。

为了保证样本的代表性，定量研究主要采取以下三种抽样策略：

(1)简单随机抽样。这种抽样策略是最常用的一种概率抽样，它是指总体中所有个体都有同等的、单独的机会被选为样本成员。所谓单独是指把某个个体选进样本不会对其他个体的入选产生影响。例如，为了从某个大学3 000名大一新生总体中随机抽取300名学生，研究者可以先获取该大学所有3 000名学生的名册，并为每个学生编号，然后再用随机数字表从名册中抽取一个300名学生的样本。

(2)分层随机抽样。所谓分层随机抽样就是以同样的抽样比率从各层总体中抽取样本个体的方法。这种抽样策略特别适用于由多个异质的子总体所构成的总体。每个子总体称为一层，从每一层中随机抽样，而不是直接从母总体中随机抽样。如果用分层随机抽样方法从某个大学9个学院3 000名新生中抽取300名学生，就可以将每个学院视为一层，采用1/10抽样比率，从9个学院中分别随机抽取各学院学生样本。

(3)整群抽样(cluster sampling)。整群抽样就是以个体群为单元进行抽样，被抽选个体群的所有成员都包含在样本中。这里的抽样单元是自然形成的个体群，其异质性较大，通常包含了两个以上的个体。如果研究者对选中个体群的所有单元进行调查，这个程序被称为一级整群抽样。如果样本单元是从所选子集中随机抽取的，则被称为二级整群抽样。在总体情况未明或者总体随机抽样花费太大的情况下，往往会采用整群抽样法。例如，在社会调查中，经常把城市社区视为一个群单元，把一个班级视为一个整群。

与定量研究相比，定性研究的样本规模一般很小，有时甚至只有一个案例。定性研究一般采用目的性抽样技术。目的性抽样的逻辑基础是，样本个体掌握着丰富的研究信息，但这些信息在数量上是不对等的，被选中的样本个体能够提供丰富的信息。可见，选取少量案例的目的在于深入挖掘样本个体所掌握的研究信息。目的性抽样不在于选择一个有代表性的样本，而在于挑选与特定研究目的相一致的个案并据此获得丰富的研究信息。例如，研究者想要了解大学教师是如何进行新课教学的，就可以设计一个定性研究，深入观察各种教师是如何实施新课教学的。研究者分别选取新教师和老教师的样本。假如某个大学恰好有25位这样的教师。研究者与第一位教师接触后发现，他既紧张又不善于交流，于是决定不再花时间说服他参加。第二位教师比较外向，欣然接受了访谈，并超额完成了任务，因此这位老师就被确定为新教师样本。研究者可以用同样的办法来确定其余新老教师样本。

当然，目的性抽样并非随意抽样。样本单元的选择是以事先确认的准则或标准为依据的。研究者需要对变异性和极端情况等样本单元特征有比较深入的了解。目的性抽样的常用策略包括：

(1)极端个案抽样。这种抽样策略涉及选取不同寻常或特殊的个案，其逻辑前提是，从极端个案中获得的研究信息可以用来更好地了解和解释其他更典型的个案。例如，对示范学校的研究经常使用极端个案抽样，选择这些学校主要是因为按照特殊标准它们是成功的。极端个案抽样可能出现的问题是,研究者可能会因为是极端个案而不认可其结论。

(2)最大差异抽样。该抽样策略是指选择那些能揭示被研究现象最大差异特征的个案。研究者可以通过取样前的深入研究,来确保样本特征差异的最大化。例如,对某市几所中学的民族志研究,就可以选择在学校地点(城市和郊区)、学校性质(公办和民办)、学生来源(本地和外来)上具有不同统计特征的学校作为样本。

(3)典型个案抽样。与极端个案抽样和最大差异抽样相比,典型个案抽样走的是中间路线,所选取个案是所研究现象的典型。例如,对中学的民族志研究,所选取的学校既不是最好也不是最差,而是典型学校;所访谈的学生既不是尖子生也不是特差生,而是一般的普通学生。典型个案抽样特别适用于对新方案的评估,因为这种抽样设计使新方案能够有效地应用于绝大多数个案从而具有很大的成本效益。

(4)"滚雪球"抽样。该抽样策略涉及最初被选定的个案推荐更多新个案的抽样过程。随着这个过程的展开,合适的人选会越来越多,个案数量也会逐步增多,直到再没有新的个案出现或者样本数量达到饱和。有时,少数个体的名字会在不同的推荐人那里反复出现,如果真的出现这种不谋而合的现象,这些反复出现的个体可以组成一个极为可信的样本。"滚雪球"抽样一般用于难以确定样本总体的情形,如对申请失业救济者的研究等。

二、收集数据的方法

在确定了抽样策略以后,就可以对研究对象进行调查了。在社会研究中,直接用来收集数据的方法有问卷法、实验法、访谈法和观察法等。研究者要在实际调查中将抽样策略与收集数据的方法结合起来,寻求最佳的收集数据实施方案。

收集数据的方法是由研究问题性质和研究设计决定的。问卷法和实验法主要用来收集定量研究数据,而访谈法和观察法主要用于收集定性研究数据。这些方法具有不同特点,分别适合于不同条件下的数据收集过程。在选择特定数据收集方法时,需要综合考虑调查成本、样本代表性、调查周期、调查内容、问卷回收率等多种因素。

(1)问卷法。问卷调查是一种最常用的数据收集方法,它是指研究者以问卷的形式系统地收集受访者信息的方法。调查问卷一般由受访者亲自填写或在网上填写。调查可以面对面进行或通过电话、邮寄或电子邮件等方式来实施。问卷调查的优点是:①在较大范围内进行调查的费用较低,②收集数据所花费的时间较少。不过,调查问卷的主要缺点是:①无法深入了解受访者的真实观点和情感,②收集数据缺乏弹性,回答率较低。

(2)实验法。实验法是在人为控制的条件下,确定两个或更多社会现象之间因果关系的方法。实验法可以分为标准实验法和准实验法,标准实验法是指在实验控制条件下,随机地挑选和安排被试来进行实验处理,而准实验法则是指将实验运用于原始群体,而不是随机安排被试进行实验处理。在社会研究领域,许多被试是自然而完整形成的群体,如学校的班级和居民小区,准实验法可以为研究这些群体作出有价值的贡献。实验法的优点是:①在检验因果关系上最具效力;②与其他方法相比,所需费用较低;③只要严格遵守实验条件,就可以多次重复。实验法的主要缺点是:①实验有严格的环境控制,人为因素影响较大;②实验控制受到社会伦理和法律的限制。

(3)访谈法。访谈法是研究者通过当面交谈和直接观察来获取受访者信息的方法。访谈法可以分为个别访谈和专题小组(focus group)。个别访谈是指研究者在面对面的情境中以交谈方式而进行的调查。专题小组又称为焦点团体,是指研究者以一种非结构的形式与 5 ~ 12 位受访者进行交谈,以获取对某一问题深入了解的一种方法。研究者作为主持人应尽量使讨论不要跑题(偏离焦点)。受访者不足 5 人会使主题小组失效,因为参与者太少就无法形成有效的互动氛围而变成了个别访谈。访谈法的主要优点是:①收集数据的弹性最大,便于深入细致地探讨问题;②回答率较高,拒绝回答者较少;③在倾听受访者回答的同时,可以观察受访者的动作和表情等。访谈法的主要缺点是:①访谈的成本较高,对访员的招募、培训和管理花费较大;②访谈需要较多的互动,所需时间较长。

(4)观察法。观察是人们获取外部信息的基本途径。所谓观察法是研究者借助视觉和听觉等感官来系统地获取研究对象信息的方法。观察法可以分为参与观察和非参与观察,结构性观察(structured observation)和非结构性观察。在参与观察中,观察者是环境或事件的自然组成部分,而在非参与观察中,虽然观察者也在观察研究对象,但是研究者并不是其中的一部分。结构性观察通常有事先拟定的观察项目和记录表格,而非结构性观察虽然有观察的目标,但并没有观察的细目和系统的记录表格。观察法的主要优点是:①可以在自然状态下收集一手数据,对研究对象的干扰较小;②可以更准确地理解和解释所观察的行为、态度和情形,捕捉到其他方法无法反映的社会行为的动态变化。观察法的重要缺点是:①由于观察在自然状态下进行,有时会观察不到预期出现的现象;②系统观察要比其他方法花费更多的时间;③观察数据比较零散和复杂,加工整理的难度较大。

第六节 分析数据

数据是信息的载体,如果想要从数据中获取信息,就要对数据进行分析。收集数据的目的在于分析和解释数据。一旦完成了数据收集工作,就进入了数据处理和分析阶段。收集数据方法往往决定了分析数据的方法和程序。分析数据的方法主要有定量数据分析和定性数据分析等两种方法。

一、定量数据分析

定量研究方法涉及大量数字，对此要进行仔细地核对和整理，然后才能用统计程序来进行分析。在电脑普及之前，对数据的整理和分析是用手工来完成的，但现在基本上借助于电脑分析软件来完成。目前社会研究领域最常使用的统计分析软件是"SPSS 19.0"(Statistical Package for Social Sciences)、"SAS 17.0"(Statistical Analysis System)和"Stata 10.0"(Stata Statisctical Software)。统计分析软件大大提高了整理和分析数据的效率。

分析数据的目的是为了从数据中获取意义，其实在此之前的所有研究过程都是为了寻求这些意义。定量数据分析的最初步骤是编码和编辑。所谓编码就是将问卷的原始信息转换成电脑可读取的格式，比如把男性编码为1，把女性编码为2。编码的目的在于确定类别或进行分类，以便将答案分配到特定的类别中。就类别而言，没有绝对正确的类别编号，相反，类别编号取决于研究问题和具体数据。一般而言，封闭性问题编码比较简单，因为这种编码是确定的，而开放性问题编码则比较复杂，因为答案往往不止一个，而且答案因人而异。编辑的主要目的是为了使数据达到一定的质量要求，编辑包括对调查数据的检查和更正，检查能甄别出相互冲突的信息，仔细校阅会找出一些明显的错误，比如，受访者在答题时全部选择了李凯尔特量表中1或5极端答案，这说明受访者没有认真地填写问卷。

(一)描述性统计分析

统计分析包括描述性统计分析和推论统计分析，前者主要涉及对数据分布和变量间关系的描述，而后者需要从样本数据去推断总体特征。描述性统计分析主要回答"是什么"问题，比如"某个大学有多少教师采用研讨式教学法""某社区青年志愿者活动的频数是多少"等。描述性统计通常要对数据的集中量和差异量以及变量间关系进行描述，集中量是描述数据的一个主要指标，最常用的集中量指标包括平均数、中数、众数。平均数是指算术平均数，即分数总和除以分数个数的值，如母亲的平均年龄是29岁。中数是分布中较大一半与较小一半中间的那个数。众数是指出现频率最多的分数，一般用得不多。集中量是指量度上的一点即点值，而差异量则涉及一段间距，代表了数值在某个集中点附近的离散程度，全距、方差和标准差是三个最常用的差异量。全距是最简单的差异量，代表最高值与最低值之间的差额，但所能提供的信息量有限。标准差和方差是两个最常用的差异量指标，是指量度上的一段间距或间距平方，代表了分布的离散程度，如母亲年龄的标准差是4.1，这就意味着母亲年龄是围绕29岁这个平均数在4岁左右的范围内波动。

(二)推论性统计分析

推论统计分析是用样本数据来推论总体特征或表现的程序。研究者通过描述性统计分析,会得到样本平均数和标准差等统计值。总体也有类似的描述值,被称为参数。由于无法直接从总体数据去算出参数,因此只能通过样本统计值和抽样分布的信息来推论总体数据。例如,研究者可以用样本的平均年龄(统计值)来估计总体的平均年龄(参数)。值得注意的是,推论统计分析需要满足统计的三个预设(assumptions):①在概率论基础上确定统计检验的显著性标准;②总体和样本呈正态分布,其数据形状类似"钟形",中部有一个峰值,两边呈对称分布;③样本是随机抽取的,即按随机方式将被试分配到自变量的各个类别中。如果不能满足上述三个预设,那么统计结果就只能停留在描述性层次,无法推论到更大的总体。

推论统计分析主要包括假设检验和参数估计等方法。所谓参数估计是用随机样本的统计值来估计总体的参数。假设检验首先对总体情况作出预测,提出对某个参数的假设或猜想,然后抽选随机样本,用样本的统计值来检验原先的假设或猜想是否正确。如果一致,就要保留假设,否则就要放弃假设。例如,为了了解某大学新生英语阅读水平,研究者随机抽取了300名新生样本,得到英语阅读水平测验的平均分为75分,研究者大胆预测总体平均分为76分。结果研究者有关总体平均分为76分的假设得到了确证,因为样本平均分75分正好落在抽样波动的范围内。

假设检验的方法有很多,主要分为参数检验和非参数检验两大类。参数检验(比如 t 检验或方差分析)对样本所属的总体作出了预设:样本是随机抽样的,平均值的抽样分布是正态的,组内方差齐性,数据属于等距变量等。如果数据严重违背了参数检验的预设,比如数据属于定名变量或定序变量,那么就要使用非参数检验(比如卡方检验或曼·惠特尼 U 检验)。非参数检验通常比参数检验更容易计算,但是局限性较大。

二、定性数据分析

定性研究和定量研究有着不同的数据分析程序。定量数据分析遵循的是演绎逻辑:在研究开始之前提出研究假设,然后再收集数据来验证研究假设是否成立。与此相反,定性数据分析使用的是归纳逻辑:先收集数据,然后再对数据进行编码、分类和提炼,从中归纳出一般理论性解释。与定量研究先收集数据再分析数据不同,定性研究在收集数据的同时就要分析数据,这一过程一直要持续到研究结束为止。

定性数据主要涉及实地观察记录、访谈记录、相关文献、日记、杂志等文字资料。这些文字资料通常比较多,几万字、十几万字甚至更多资料并不是太难得,其中可能有许多不相关的数据,甚至有冗余的数据。数据分析的目的是从所收集的数据中获得认知和理解。定性数据分析是"对所收集的大量数据进行排序、结构化并赋予意义的过程。"(Marshall et al., 1995:111)定性分析的主要特点是将复杂的数据分解成组成部分,再通过编码、删减、分类和重构等程序来获得对数据更深入的理解、对问题更明确的认知,对假设进行反复检验。

在定性研究过程中,研究者就是研究工具。为了准确地理解数据,研究者就要尽量摒弃已有偏见、观点和假设对数据收集和分析可能带来的干扰。因此研究者要对自己的偏见、观点和假设进行“悬置(epoche)”,通过“悬置”来摆脱个人看法的影响,从而实现对数据的客观分析。定性数据有不同的分析手段,比如,可以使用看板或其他可视化数据展现方式。为了减轻数据分析的负担,可以采用复印、剪辑、索引卡片、流程图以及在页边空白处加批注等方式对数据进行加工处理,这种办法又称为“分析墙报”,可以同时把数据呈现给大家。定性数据也可以用电脑软件来处理。目前已有多款定性数据分析软件,主要有“Atlas.ti 7.0”“Nvivo 9.0”“QSRNUD. IST”和“Ethnograph 5.0”,这些软件可以代替大部分的手工操作,具有对数据的检索、分类、编码、注释、连接和显示等功能。编码是定性数据分析的第一步。定性数据编码不同于定量数据编码,在处理定量数据时,编码通常是一种处理数据的方法,而在定性数据分析中,编码是深化认知和形成理论性解释的起始步骤,也是数据分析的整合过程。这一过程受到研究问题引导,并启发新的问题。所谓定性数据编码是一种将意义单元赋予数据的标签,是研究者从繁芜复杂数据中寻找意义单元并在概念和主题上进行相互关联的程序。编码是研究者将数据单元化的一种努力,通常是逐字逐行进行的,意义单元可以是一个词、几个词、一个句子、几个句子或一整段话等。定性数据编码是一项极为烦琐和辛苦的工作,许多研究者面对堆积如山的资料,却有百思不得其解的困境。对研究新手来说,编码可能是研究过程中最困难的环节。编码有许多方法,施特劳斯和科宾(Strauss et al.,1990)在著名的扎根理论中提出了三种编码:把数据分解成单元的“开放性编码”,甄别不同类别之间关系的“主轴编码”,把类别整合成理论的“选择性编码”。

(一)持续比较策略

在完成了对数据的初步编码后,就要进一步挖掘数据的深层结构。在这个过程中,研究者使用了多种分析策略。其中最常见的分析策略是:持续比较和分析性归纳。持续比较策略是由格拉泽和施特劳斯(Glaser et al.,1967)首先提出的,后来由林肯和古巴(Lincoln et al.,1985)进行了完善。持续比较策略主要有以下四个步骤:

(1)根据比较对事物进行分类。这个步骤的重点是,对不同个体进行比较,发现它们的共同点,把它们归入同一个类别组。研究者在通读全部数据的基础上,按照数据初始编码的属性进行分类,标注出每个数据可能隶属的类别,并将每个个体放入到一个临时类别组中。在分配新个体时,要将新个体与先前放入的其他个体进行比较,再决定是否放入新个体。如果有的个体无法放入任何一个类别组,那么就要创建新的类别组。例如,研究者想要弄清人们购买“网上服务”的原因,研究者收集了几位受访者的访谈数据,并把数据转录在一张张卡片上。研究者发现第一张和第二张卡片都提到了“网上服务”上传的新闻快捷,研究者就把这两张卡片放在同一个类别组,取名为“新闻”。随后的卡片又提到了电子邮件,无法放在"新闻"组,只能单立出来。接下来的卡片上又提到了在线聊天,研究者认为在线聊天与电子邮件相似,于是就设立一个新的类别组,取名为"人际交流"。分类过程需要对所有数据进行归类,不断对类别进行调整和修正。

(2)对分类进行压缩和重组。在不断完善类别组的过程中,研究者要利用矩阵、图表、图形和网络对分类进行重组,厘清每个类别所解释的命题,不断完善命题,探究逐步显露出来的理论维度。这些命题有助于引导进一步收集数据,厘清研究者的概念性关联和概念性构想,并最终确定研究结果。例如,当研究者看完了包括"人际交流"类别在内的全部卡片后,可能会得出这样的命题:"人们购买网上服务是为了扩大朋友圈子",对其他类别组也可以得出类似的说明或命题。

(3)确定各类别主题及其相互关系。第三个阶段是确定各类别组之间关系及其共同模式,这一阶段的目标是进一步对类别组进行重组和整合。研究者要对各类别组命题进行比较,寻求其中有意义的关联。有些命题可能非常强势而自成一类,而有些命题可能只限于某些方面的关联。再举网上服务的例子,研究者可能形成了多个扩展意向的命题。人们订购网上服务是为了增加购物机会、扩大挑选余地、拓展新闻来源。研究者据此可以将人们订购网上服务的根本原因归纳为:拓展个人的信息空间。

(4)将数据归纳成统一的理论框架。本步骤的目的是获得对事物的充分理解。持续比较过程的最后阶段需要完成研究总结报告。先前分析所获得的结果都被整合为对现象的连贯和系统的解释。研究者力图对研究中所获得的想法提出简明扼要的阐释。

(二)分析性归纳策略

与持续比较策略不同,分析性归纳策略整合了分析数据和构建假设这两个过程,主要包括以下步骤:

(1)确定一个感兴趣的选题并提出假设。

(2)研究某个案例来验证假设,如果假设不成立,就要提出新的假设。

(3)通过研究其他案例,使假设更加精确。

(4)用反面案例来进一步完善假设。

(5)不断重复第(4)步骤,直到充分验证了假设(Stainback et al., 1988)。

分析性归纳策略要求在研究之初就提出假设,所有对现象的解释都是以假设的面貌出现的。这个过程与持续性比较策略有很大的不同,后者对现象的解释源自最终研究结果。例如,研究者想要弄清人们收看家庭购物节目的原因。研究者被告知,人们想要买东西才去看这个节目。研究者无法肯定这种解释的准确性,就把这种解释当成一种假设,并用一些实例来进行验证。研究者首先对某位购物节目观众进行了访谈,他发现,尽管这位观众通过节目购买了几件商品,但是收看节目的真正原因是了解新产品。根据这个信息,研究者修正了最初提出的研究假设:人们收看家庭购物频道是为了买东西和了解新产品。研究者接着对另一位收看购物节目的观众进行了访谈,他的回答大致与研究假设相一致,但是还提供了其他原因:他收看节目主要是为了了解商品价格,把这个价格与商店里的价格进行比较。研究者于是再一次修改了研究假设:人们收看购物频道的原因主要与消费实践有关:为了购买产品、了解产品以及比较价格。在接下来的研究中,研究者继续寻找与新的假设有出入的案例。研究者发觉,他迄今访谈的对象都是高收入人士,低收入者收看购物频道或许有别的原因。研究者又对某位低收入者进行了访谈,发现该低收入者收看节目是出于"觉得观看别人卖东西非常有趣"。像前几次一样,这个回答也被吸纳到新的研究假设中。随后,研究者继续访谈不同背景的观众来检测新假设的效度,一旦有了新的解释就对研究假设进行修正,直到再也没有新的解释案例出现为止。

第七节　解释结果和报告成果

一旦数据分析完成后,就要对研究结果进行解释并最终报告研究结果。解释和报告研究结果是研究程序的最后一步,通常以撰写研究报告的形式出现。本书第二章在谈到默顿的共有性规范时,曾强调研究者有义务公开他们的研究设计和研究发现。社会研究的目的在于探索知识、阐述理解和寻求真理,研究成果只有传播给他人并使之受益,才能实现共有性的社会价值。本节首先关注研究结果的解释,然后聚焦研究报告的内容和结构,最后考察研究报告的原则和要领。

一、对研究结果进行解释

在研究结果的解释上,定量研究和定性研究有着不同的程序和步骤。就定性研究而言,对研究结果的解释工作上其实早在数据分析阶段就开始了,因为定性研究的分析归纳是建立在解释程序之上的归纳法。定性研究在收集数据和分析数据过程中,就交织着对数据不同程度的解读和解释。正因为这种交互性,研究者在收集和分析数据的同时,就可以将意义赋予数据,甄别其中显露出的主题、关系和命题,并形成对所探索现象的一个初步解释。然后,通过对有目的地选择的案例研究,对这个初步的解释进行检验。由于初始的解释不够严谨,因而需要重新界定或者需要进一步界定主题、关系和命题。研究者可以通过对所收集数据的再分类和再解释,探索现有数据是否存在着这样的主题、关系和命题,同时也可以根据修改后的"预见问题"去收集新的数据,并在分析新的数据中去发现新出现的主题、关系和命题。如果新获得的解释不那么恰当,就需要再一次进行修正,用新的数据对它进行检验。这个过程要不断进行,直到产生一个有效的解释。

相形之下,定量研究对研究结果的解释发生在数据分析之后。在这个阶段,研究者需要指出所使用的统计分析方法的局限性,并解释可能带来的后果。研究者首先要针对研究的重点来检查结果。研究结果是否提供了研究问题的答案?这些结果是否验证了早先提出的研究假设?如果"是"的话,有什么意义?如果"否"的话,是什么原因导致了这样的结果?研究者应该如何用统计分析结果更好地了解研究问题,或者用这些结果提出一些消除误差的预防性有效方法?这些研究结果的理论含义和实践意义是什么?等等。对定量数据的统计分析可以得出不同的研究结果。研究者经常使用不同的方式来解释这些结果,因此必须弄清每一种统计分析结果的特殊含义,这就涉及研究者自身的实际工作经验。研究者往往要回到既有的研究文献中来解释自己的研究结果,把自己的研究结果与既有文献所述的研究结果进行比较,看看是否验证或反驳了既有的结论。研究者还需说明自己研究结果对理论发展的贡献。最后,还有必要指出自己研究结果的不足,以及将自己的研究结果推广到更大范围所受到的限制。

当然,研究者也可以考虑将自己的研究结果告知研究对象,让他们来协助解释研究结果。研究对象往往因熟悉研究环境而拥有一个独特的视角,他们常常会从自身经验、感受和实践出发提出不同的解释方法,而这些方法可能是研究者完全无法想到的。他们也有助于提出一些行之有效的举措,利用这些研究结果来解决当地亟待解决的问题。更为重要的是,让研究对象来分享和解释研究结果,还有助于增强业已存在的合作伙伴关系,进一步提高研究对象参与研究的积极性。

二、报告的内容和结构

研究者从事学术研究的主要原因是增进知识。为了实现这一目的,研究者就要对研究结果进行解释,向有兴趣的利益相关者展示或交流研究结果。只要研究设计的操作正确无误,由此得出的研究结果对其他人来说都是有价值的,即使研究结果不支持原先的假设,该结果也能有助于其他研究者获得借鉴,并避免重蹈覆辙。

分享研究结果有许多不同的方式和形式,研究报告形式可以是学术期刊论文(学科杂志、跨学科杂志和专题杂志)、学术性研究报告(研究机构发布的报告)、专题文章、研究专著、研究生论文和学位论文等。学术期刊论文是最主要的报告研究结果的形式,也是最理想和最有声誉的报告成果渠道。学术期刊论文非常具有效率,体现了快捷性和简洁性特点,有同行专家评审程序,其质量水平、适宜性和贡献性得到一定程度保证,但是期刊论文受到版面的限制,无法对研究结果进行详细报告。与此相反,研究生学位论文在完整性和长度方面更胜一筹。研究生学位论文是研究生为取得学位资格而提交的研究报告,分为硕士学位论文(thesis)和博士学位论文(dissertation),通常比规定的篇幅要长,字数更多,更多体现了完整性而不是效率。学术性研究报告、专题文章和专题报告处于完整性与效率这两个极端之间。在许多情况下,它们可以详细地报告研究结果,而不受版面限制,但不能像研究生学位论文那样提供太多的细节和更多的解释。

尽管研究报告的形式多样,但是一个完整的研究报告需要遵守约定俗成的学术规范,阐述整个研究过程,尤其要详细描述所使用的方法,好让其他研究者能够复制这一研究。一份标准的研究报告通常包括导论、文献综述、研究方法、研究结果、讨论和结论五个核心部分。虽然定性研究报告和定量研究报告稍有不同,但是它们都遵循同样的一般格式。

(1)导论(Introduction)。导论的结构是从一般到具体(或者从宽变窄)的“倒三角形结构”(图 10.2)。在导论的开始部分,通常是从广阔的背景和视角引导到特定研究领域和相关研究成果,直至正在探讨的问题。研究者首先要围绕研究主题,说明研究的历史背景和学术背景。接着正式提出研究问题,阐述研究的目的、理由和重要性。最后简要描述研究策略,确立研究问题与方法之间的联系,提出研究假设或者预期结果。

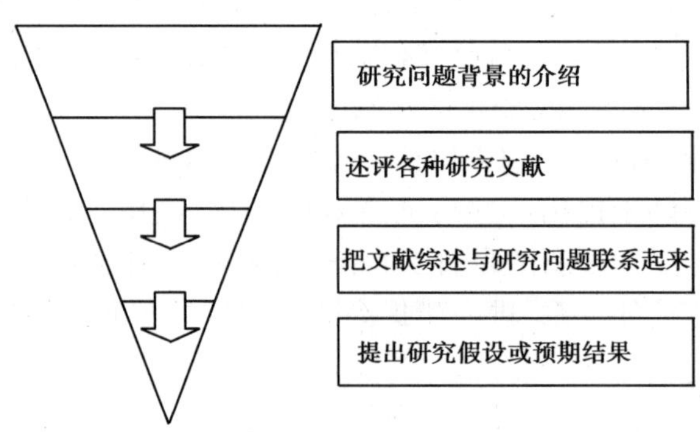

图 10.2 从一般到具体的“倒三角形结构”

(来源:引自博登斯等人:《研究设计与方法》(第 6 版),上海人民出版社,2008 年版,第 419 页)

(2)文献综述(Literature review)。文献综述是研究者收集和研读既有文献的总结。文献综述的目的在于,将这个研究置于研究历史和理论发展的脉络中,为这个研究寻找研究空白点和生长点。这个部分应该对各种相关研究文献进行评述和综合,分别对与当前研究相一致和不相一致的研究成果进行解释和总结,弄清本研究问题在哪些方面是已知的,哪些是未知的,本研究应该如何利用已有知识,如何拓展已有知识。

(3)研究方法论(Methodoloy)。详细说明研究设计,包括选择研究对象的方法,选择这些方法的理论基础。阐明主要变量的测量方法,包括对收集数据工具的选择或制作过程的探讨。这个部分要详细报告研究什么?研究谁?以及用什么方法研究?交代所使用的具体研究方法,包括抽样、测量、数据收集方法和统计分析方法等。这个部分还要报告信度和效度,以便其他研究者能够复制这个研究。如果是定性方法,还需要解释如何运用不同概念,模型的出处,以及通过这种分析可以得到哪种结果?

(4)研究结果(Results)。传统上,研究结果是按照研究问题和研究假设的顺序进行呈现的。在这个部分,在对研究结果进行报告后,还要对统计分析的结果进行解释。研究结果通常采用图表或其他概述分析结果的方法,以便读者对研究结果有一定的直观性认识。科学传统还要求研究者报告所有的研究发现,包括那些未预期的反面研究发现。在定性研究中,这个部分可能涉及个案简介、逐字引用受访者原话,或者引用受访者其他资料。

(5)讨论、结论和建议(Discussion, conclusions, and recommendations)。根据研究问题或假设来解释研究结果,把研究结果与文献综述或理论联系起来,最终引出研究结论。这部分结构正好与导论结构相反,不是从一般到具体(或从宽到窄),而是从具体研究发现到一般启示(或从窄到宽)的"正三角形结构"(图 10.3)。这个部分先要复述一下假设,说明所收集数据是否与研究结果相一致,是否支持了假设。接着要根据文献综述来讨论研究结果,把研究发现与既有研究和理论联系起来,讨论研究发现如何与既有研究相一致或不一致。在定性研究中,这个部分还应该包括阐述理论或假设,好让其他研究者能用定量方法对它们进行检验。最后阐明研究结果的学术贡献、缺陷和意义,并对未来研究提出具体建议。

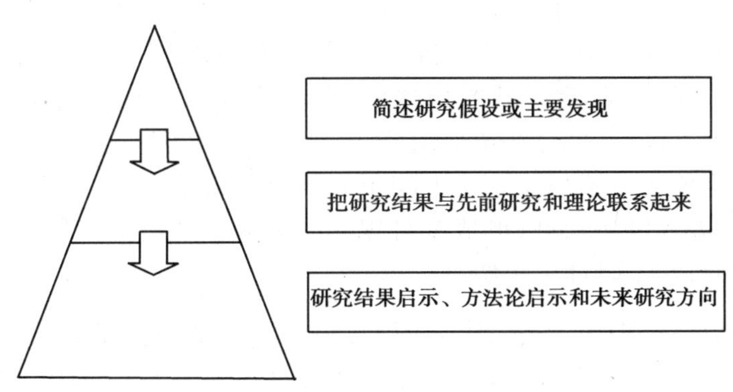

图 10.3 从具体到一般的"三角形结构"

(来源:博登斯等:《研究设计与方法》(第 6 版),上海人民出版社,2008 年版,第 425 页)

三、报告写作的要领

研究者在撰写研究报告时就要考虑阅读对象。由于阅读对象的不同,研究报告的关注点、内容和篇幅、使用的术语和表达风格、数据和结果呈现方式都会有所不同。研究者要根据读者的兴趣、背景和专业能力来确定研究报告的写作风格、具体内容和复杂程度:①当对象是学术同行时,研究报告应该侧重于概念和程序,突出理论探讨、方法论取向和争鸣观点,突显研究发现对知识基础的贡献和价值。②当对象是实务工作者时,研究报告的基调是简洁高效,突出研究的最终结果,用最直接和简洁的方式来概述研究发现及其价值,提供有助于了解社会实践的理论框架,并提出改善社会实践和决策的实际建议。③当对象为政府决策者和管理者时,研究报告的基调是简明实用,侧重于结果应用,把重点放在研究发现的实际价值、对改革体制机制的建议,并尽可能用非专业术语来表达。④当对象是普通大众时,研究报告应该侧重于研究结果的日常生活意义,提供对研究发现的通俗描述,提供从机构获取更好服务的技能,尽可能用通俗的笔法来叙述。

一份好的研究报告不能有半点马虎,要花费很多的时间和精力。一篇专业研究报告不可能在几天内完成,可能需要几个月甚至是 1 ~2 年时间。以下是写作研究报告应该注意的几个要领。

(1)尽早开始写作。思路是由写作点燃的。写作有助于厘清思想和廓清思路,绝不要等到最后一分钟才动手写作,也不要等到弄清所有问题时才开始写作。尽早写作不仅可以减少紧张情绪,而且还可以留出更多的时间来进行修改。一篇学位论文通常在答辩前要有 4 ~5 次或更多次的修改,尽早写作可以给自己预留下更多修改和机动的时间。研究者在整理文献笔记、拟定研究大纲、引述参考文献、列出想法概念时就可以动笔写作,每天写作 1 000 ~2 000 字,并尝试对内容的连贯性和行文语调进行修改。在实际操作中,研究者可以为自己初稿写作设定一个截止日期,而这个日期要比真正的最后截止日期提早一个月或更多的时间。

(2)将写作分解成小单元。不要指望一口气就写完研究报告,可以考虑将写作任务分解成若干个容易处理的小单元,每天完成一定的写作量,每个单元在一周左右的时间内完成。这些小单元可取名为:"方法部分修改""第一个问题的数据分析""对未来研究的建议"等。研究报告写作不一定从头开始,可以考虑从其中最容易的单元入手,日后再把这些单元组装起来。当然也可以考虑从中间单元,如数据整理和分析等单元开始写作。从中间单元下笔往往容易打开思路,一旦启动写作,就比较容易进入思考领域,形成某种思路。如果从头开始入手,往往会被各种条条框框所束缚,而难以理出头绪来。

(3)简洁地表述观点。研究报告应该尽量以最少的词句表达最多的思想。好的文章没有多余的字,每个字、每个标点和每句话都有其特殊功用,多一个字或少一个字都会使文章黯然失色。尽管研究报告不可能做到百分之百的精确表达,但是简明和朴实的文风却是值得提倡的。行文要简洁和清晰,而不要拖沓和啰唆。埃利奥特(Elliot,1980:19)曾谈到如何写出简单明了的句子:"考虑你要说的话,把句子写下来。然后去掉所有的副词和形容词。把句子简化至基本框架,只留下动词和名词。如果这个基本框架的句子不能正确地表达你的意思,那你肯定用错了动词或名词。寻找一个合适的词吧。"影响简洁表达的主要障碍是,滥用深奥术语以及用词啰唆。深奥术语是指艰深的专业技术词汇,由于并不是所有读者都知道这些术语的含义,因此最好尽量避免使用。即使有时不得不使用,也要提供适当的定义和解释。啰唆是指想要清晰地表达观点却使用了不必要的多余词语。比如,"考察了参与者过去的历史",该句中的"过去"就是赘词。

(4)段落的统一性和条理性。段落主要由主题句、支持句、限制句和过渡句四种句子组成。主题句通常是段落的第一句,向读者传达该段落的主题。支持句紧随主题句之后,对主题进行支持和阐发。限制句划定了主题句所表达可能范围。

过渡句用来在段落里从一个思想平滑转换到另一个思想。这四种句子有机结合在一起,使段落形成了一个统一整体。在段落写作中,主题句要成为最概括的句子,其他句子都是围绕主题句而展开的。如果在段落开始处没有陈述主题,就会破坏整个段落的统一性。还有,强行把与主题无关或关系不大的句子拉入段落中,会切断前后句子之间固有的逻辑联系,破坏整个段落的条理性。此外,过长的段落(比如段落长约一页纸)会让读者犯糊涂,解决的办法是把长段落切割成短段落。当然,也要避免过短的段落,研究报告中过分使用只有一两句话的段落会阻断思想的流畅性,使作品变得断断续续,难以卒读。

(5)避免抄袭和偷懒写作。抄袭和偷懒写作是一种不良的写作习惯。抄袭涉及把别人的作品当成自己的作品发表,或者引用别人的文章和思想却没有注明出处。而偷懒写作是指从别人文章中原封不动地大段引用而拼凑成一篇论文。抄袭与偷懒写作的区别在于抄袭没有注明出处,而偷懒写作注明了出处。如果研究者在研究报告写作过程中,引用和参考了别人的话语或思想,却没有注明出处,就违反了不抄袭的学术操守。避免抄袭的一个办法是,对任何影响过自己思维的研究成果或者不属于自己的文字和思想提供引注,这不仅包括对别人文句和段落的直接引用,而且还包括对别人的思想和观点的间接引述。

本章小结

社会研究是一个解谜的活动,有一系列明确的研究路径和操作步骤。不同的研究路径意味着不同的研究流程。研究路径主要有演绎式研究方法论、归纳式的研究方法论以及将两者结合起来的混合研究方法论。社会研究方法主要包含了选择研究问题、相关文献综述、设计研究方案、收集数据、分析数据和解释和报告结果六大研究步骤。

选择研究问题是研究过程中最重要的步骤之一。研究者有多种途径来寻求自己感兴趣的研究问题:①跟从导师做分支方面的研究问题,②从大量地阅读中寻找研究问题,③从自己所熟悉的经历中寻找灵感,④参加学术研讨会。初学者在选择研究问题时常犯"选择非感兴趣问题""问题范围太大""问题太难"和"固守最初研究设想"等错误。

文献综述是研究过程的第二个重要步骤。所谓文献综述是指在特定问题所涉及的领域内查找、阅读和评述各种相关研究文献的过程。文献综述的主要目的是发现研究的空白。查找文献的主要步骤包括:查阅初步资料、利用间接资料、阅读原始资料、评述文献等。

研究设计是将研究问题转化为一系列研究决策的关键环节。所谓研究设计是确立研究策略、研究取向、具体方法和操作步骤的过程。好的研究设计方案的特征是:①以文献综述为基础,②简约性原则,③所有内容相一致,④具有可行性。

社会研究收集数据的两个途径是:直接收集和间接收集。在实际调查中,要将抽样策略与收集数据方法结合起来,寻求最佳的收集数据实施方案。定量研究的抽样策略包括:简单随机抽样、分层随机抽样、整群抽样等。定性研究是目的性抽样,其主要抽样策略有:极端个案抽样、最大差异抽样、典型个案抽样和"滚雪球"抽样。在社会研究中,直接收集数据的方法有:问卷法、实验法、访谈法和观察法等。

分析数据的方法有:定量数据分析方法和定性数据分析方法。定量统计分析包括描述性统计分析和推论统计分析,前者涉及对数据分布和变量间关系的描述,后者涉及从样本数据去推断总体特征。定性分析的策略有:持续比较和分析性归纳。持续比较策略的主要步骤是:①根据比较对事物进行分类,②对分类进行压缩和重组,③确定各类别主题及其相互关系,④将数据归纳成统一的理论框架。分析性归纳策略的主要步骤是:①确定一个感兴趣的选题并提出假设,②研究某个案例来验证假设,如果假设不成立,就要提出新的假设,③通过研究其他案例,使假设更加精确,④用反面案例来进一步完善假设,⑤不断重复第4步,直到充分验证了假设。

解释和报告结果是研究过程的最后步骤。在对研究结果的解释上,定量研究和定性研究有着不同的程序和步骤。定量研究通常在数据分析之后才对研究结果进行解释,而定性研究对研究结果的解释在数据分析阶段就开始了。尽管定性研究报告和定量研究报告存在差异,但是它们都遵循同样的一般格式。研究报告的五个组成部分是:导论、文献综述、研究方法、研究结果、讨论和结论等。研究报告的写作要领是:①尽早开始写作,②将写作分解成小单元,③简洁地表述观点,④段落的统一性和条理性,⑤避免抄袭和偷懒写作。

思考题

1. 如何理解在实际研究中研究步骤并不是严格固定的?
2. 你认为研究过程中哪个步骤最重要? 为什么?
3. 你认为研究问题的主要来源是什么?
4. 试述文献综述的主要目的。
5. 好的研究设计方案有什么特征?
6. 试举例说明定性研究的持续比较策略。
7. 请你谈谈如何撰写研究报告的"讨论与结论"部分。

讨论题

1. 根据你所感兴趣的问题撰写一份文献综述,请对你自己撰写的文献综述进行评价? 你认为它好在哪里,还有哪些地方需要改进?

2. 从近期学术期刊上找出一篇使用定性研究方法的论文,你认为该研究使用了哪些数据来源? 数据是如何分析的? 结果是如何报告的?

参考文献

保罗·D.利迪,珍妮·埃利斯·奥姆罗德. 2005. 实用研究方法论计划与设计[M]. 顾宝炎,等,译. 7版. 北京:清华大学出版社:82-93.

伯威兹·加瑞,谢尔·格朗霍格. 2007. 经营研究方法实践指南[M]. 熊剑,江伟,等,译. 大连:东北财经大学出版社.

陈波,等. 1989. 社会科学方法论[M]. 北京:中国人民大学出版社:65-67.

风笑天. 2005. 社会学研究方法[M]. 2版. 北京:中国人民大学出版社 326-350.

格雷维特尔. 2005. 行为科学研究方法[M]. 邓铸,等,译. 西安:陕西师范大学出版社:24-25.

格伦达·麦克诺顿,等. 2008. 早期教育研究方法:国际视野下的理论与实践[M]. 李宜敏,等,译. 北京:教育科学出版社.

郝大海. 2005. 社会调查研究方法[M]. 北京:中国人民大学出版社:144-160.

Jack R Fraenkel, Norman E. Wallen. 2004. 教育研究方法:规划与评鉴[M]. 卯静儒,等,译. 台北:台湾广文文化事业股份有限公司.

克里斯蒂娜·休斯,马尔科姆·泰特. 2005. 怎样做研究[M]. 戴建平,蒋海燕,译. 2版. 北京:中国人民大学出版社:90-98.

肯尼斯·S. 博登斯,等. 2008. 研究设计与方法[M]. 袁军,等,译.6 版.上海:上海人民出版社:425.

劳伦斯·纽曼.2007.社会研究方法定性和定量的取向[M].郝大海,译.5 版.北京:中国人民大学出版社:125-138.

李方.2004.现代教育研究方法[M].广州:广东高等教育出版社:316-347.

林聚任,刘玉安.2004.社会科学研究方法[M].济南:山东人民出版社:306-337.

刘明.2008.护理质性研究[M].北京:人民卫生出版社.

罗杰·D.维曼,约瑟夫·R.多米尼克.2005.大众媒介研究导论[M].金兼斌,等,译.7 版.北京:清华大学出版社.

马丁·丹斯考姆.2007.做好社会研究的 10 个关键[M].杨子江,译.北京:北京大学出版社.

马克·桑德斯,等.2005.研究方法教程:管理学专业学生用书[M].杨晓燕,等,译.3 版.北京:中国对外经济贸易出版社.

琼恩·基顿,邓建国,张国良.2009.传播研究方法[M].上海:复旦大学出版社:192-228.

唐·埃思里奇.2007.应用经济学研究方法论[M].朱钢,译.北京:经济科学出版社.

W.菲利普斯·夏夫利.2006.政治科学研究方法[M].上海:上海人民出版社.

威廉·威尔斯曼.1998.教育研究方法导论[M].袁振国,译.北京:教育科学出版社.

吴明清.1991.教育研究:基本观念与方法之分析[M].台北:五南图书出版有限公司.

希拉里·阿克塞和彼德·奈特.2007.社会科学访谈研究[M].骆四铭,等,译.青岛:中国海洋大学出版社:184-204.

Yegidis,Weinbach.2004.社会工作研究方法[M].黄晨熹,唐咏,译.上海:华东理工大学出版社:80-91.

袁方.1997.社会研究方法教程[M].北京:北京大学出版社:199-200.

周德民,廖益光,曾岗.2006.社会调查原理与方法[M].长沙:中南大学出版社:41-46.

de Vaus D A. 2002. Survey in social science (5th edn)[M]. London, Routledge.

Elliot J. 1980. How hard it is to write easily[J]. View Point: the Ogilvy & Mathew Magazine, 2: 18-19.

Glaser B, Strauss A. 1967. The discovery of grounded theory[M]. Chicago: Aldine.

Henry G T. 1990. Practical sampling[M]. Newbury Park, CA, Sage.

Lincoln Y, Guba E. 1985. Naturalistic inquiry [M]. Beverly Hills, CA: Sage.

Marshall C, Rossman G B. 1995. Designing qualitative research, 2nd edn[M]. London: Sage.

Stainback S, Stainback W. 1988. Understanding and conducting qualitative research [M]. Dubuque, IA: Kendall/Hunt.

Strauss A, Corbin J. 1990. Basics of qualitative research: Grounded theory procedures and techniques [M]. Newbury Park. CA: Sage.

11 理论检验的研究:定量方法论

定量研究方法源于自然科学,是社会研究中历史最悠久、影响最大的一个方法论类别。定量研究方法论本质上是一种理论检验的研究,因为它从理论出发,用经验证据对理论进行检验或证伪。本章首先探讨了定量研究方法的含义和特点,对定量研究方法的由来和发展进行了梳理,概述了问卷调查方法、实验法和准实验法等定量研究的具体方法,对定量研究的信度和效度进行了剖析,最后,对定量研究方法的批评意见进行了评述。

第一节　作为理论检验的定量研究

定量研究方法是英文"quantitative research method"的汉译,又可译为"量的研究方法""量化研究方法""量性研究方法"等。定量研究方法是一种理论检验的研究,在社会研究中具有相当大的影响力。

一、理论检验的研究

所谓定量研究是用数字而不是用文字来描述的研究。研究者在经验观测的基础上,用数量、频率、程度、数值以及强度等工具来描述社会现象,再通过统计分析方法将各种量化结果进行比较,运用常见的量化手段和统计技术对研究对象进行精确的描述或解释。

定量研究方法基于实证主义范式,主张用"假设—演绎"模式来检验理论(Kerlinger, 1964),用数理统计工具来分析可量化的经验观察,以确定事物之间的因果关系。定量研究方法在本质上是一种理论检验的研究,主要包括问卷调查法、实验法、准实验法等具体方法。

在本体论上,定量研究方法是实证主义世界观。实证主义世界观是研究普遍规律的科学,它以经验事实为基础,通过对事实的概括而得出一般性理论,然而再用一般性理论来解释自然世界和社会世界中的行为或关系。实证主义世界观最早可以追溯到牛顿和孔德。该世界观认为,现实世界不是杂乱无章,而是有规律可循的。社会现象像自然现象一样也受到普遍规律的支配,因而人类行为也是可以预测的。如果确定了不同社会现象之间的因果联系,就可以用因果关系来解释人的行为,并对人的行为进行引导和控制。

在认识论上,定量研究假定研究者(或主体)与研究对象(或客体)之间的关系是客观的或价值中立的,研究者不会影响研究结果或发现。为了确保对研究结果的客观解释或价值中立解释,整个定量研究过程有着严格的程序。正因为有着严格的程序,其他研究者能够重复进行研究,并获得相同的研究结果。

定量方法论特别强调研究过程的"可控性"、结构化和可重复性程序,这是确保每次实验获得相同结果的重要前提。在定量方法论学者看来,研究程序是客观和价值中立的,这是因为这种方法论强调严格遵守特定的研究程序,同时与研究对象或客体保持彼此独立的立场。

定量研究主要使用的是演绎方法。定量研究以社会理论作为自己的出发点,这种理论是通过对经验事实的演绎推理而获得的。演绎过程涉及对理论的检验。研究者从某个社会理论出发,提出一系列研究假设,再用调查问卷来收集相关数据,通过统计分析来验证或反驳这些假设,从而最终检验这些假设所依据的理论是否正确。换句话说,理论是通过演绎得到的,并在经验分析中加以检验。演绎方法强调用理论来指导研究设计,并对结果进行解释,根据研究结果对理论进行验证、反驳、拓展或修正。(Neuman, 2000:61)

定量研究是理论检验的研究。定量研究始于某个关于社会现象的理论或假设,然后用问卷和实验等测量工具来收集经验数据,再运用统计分析技术对数据进行分析,以确定假设是否成立。如果假设成立,该假设就会成为解释某个社会现象的理论。定量研究方法并不满足于对社会现象做简单化的描述,而是把收集上来的信息变成统计数据,因此整个研究过程是客观的,研究结果对研究总体具有代表性。

定量研究遵循的是演绎逻辑。研究者先从理论出发,提出相应的研究问题,然后从一般理论演绎到特殊结论。研究者通常希望既有的理论得到经验事实的支持或确证。如果经验数据不支持既有的理论,那么研究者就要寻找其他的解释。经验数据不支持理论,可能是因为既有理论存在不足或不完善,也可能是因为研究方法使用不当。如果是方法问题,研究者就要考虑改进研究方法,重新进行一次研究活动。

图 11.1 显示了理论检验研究的过程、步骤和领域。理论建构研究始于①某个特定的理论;②为了检验这个理论,就需要提出相应的假设;③这些假设的内容涉及"什么用作证据""如何收集证据"等一系列研究决定;④完成数据收集的任务,对数据进行整理和分析;⑤最终确定数据分析结果是否支持理论。

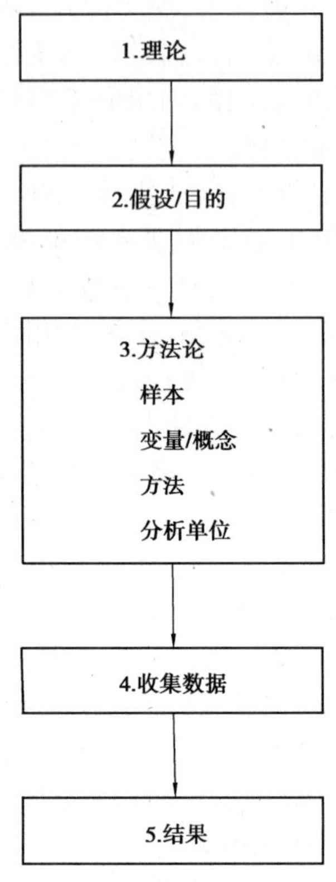

图 11.1　理论检验研究的过程和步骤

（来源：Rose，G.（1982）Deciphering sociological research. London：Macmillan）

二、定量研究的特点

对定量研究方法的认识，必须把它与定性研究方法等其他方法进行比较，从而找出该方法有别于其他研究方法的特点。定量研究方法基于实证主义范式和假设—演绎模式，它具有以下六个方面的基本特征：

（1）在哲学基础上，定量研究秉承实证主义观点，在本体论上承认客观世界的因果性，认为客观世界独立存在于人的感知之外。在认识论上，定量研究坚持客观主义认识论立场，认为研究者与研究对象之间的关系是客观的，研究者在研究客观对象时，要采取价值中立的立场。

（2）在研究目的上，定量研究旨在找出相关关系和因果关系，确定各研究对象之间的关系、相互影响以及因果关系，更多地关注单个变量或因素以及彼此之间的相互关系，而不关心整体的作用。

（3）在研究路径上，定量研究通常从既有理论出发，提出一系列假设，然后通过问卷和实验等测量工具来收集经验证据，通过统计分析来验证预想的模型、假设或理论，这是从一般到特殊的演绎过程，突出了对既有理论的验证或推广。

(4)在表现形式上,定量研究强调标准化的研究程序和设计,追求客观的、结构化的、可重复的研究过程。定量研究借助测量和统计等量化手段来理解事物或现象,强调用数字而不用文字来描述研究对象,采用数理统计工具来进行数据分析,对研究结果的描述以统计表格和图表为基础。

(5)在主观性成分上,定量研究将研究者视为局外人(etic),力求将人从研究环境里剥离开来,强调研究过程的价值中立,采取随机抽样方法,以中性证据为依据,尽量做到客观。但是,在假设的形成、对事实的选取,以及对结果的解释和推论上,定量研究无法做到完全客观。

(6)在研究结果上,定量研究追求准确测量和精确预测。不同的研究者只要使用相同的研究设计和研究方法就可以得出相同的结论。在研究结果推广上,所得出的研究结论可以作为一般结论应用到更广泛的研究总体中。在研究成果报告上,以第三人称和被动语态来撰写研究报告。

第二节 定量研究的预设和历史

定量研究是一种理论检验的研究,具有不同于定性研究的特点,这些都是与定量研究的基本预设分不开的。定量研究秉承自然科学研究传统,是在数学和数理统计学的推动下产生和发展起来的,经历一个从产生到成熟、再到衰落的历史发展过程。我国的定量研究方法经过一个不同于西方发展轨迹的历程。

一、定量研究的预设

定量研究采取了科学研究方法的预设,即客观性、信度、简化论和普遍性(Burns,2000:4)。为了用客观方法来研究问题,研究者先要对与问题有关的其他解释进行评述。在此基础上再对概念进行界定或操作化,使其简化为一系列变量或测量指标,并保证这些变量具有可靠的预测性。用经验数据对研究结果进行检验,以确保研究结果能够推广到更大的总体。定量研究设计有以下四个核心预设。

(1)客观性。为了具有客观性,研究者就要洞悉事物的真相是什么。如果有关某个事物的假设获得支持,那么研究者就会检验有关这个事物的另一个假设。研究者面临的主要挑战是:必须通过对现象施加可能影响来预先关注其他解释。解决这个问题的办法是,在研究设计中引入“控制量”。可以通过以下三种方式来引入“控制量”:①控制条件。研究者可以控制或操控研究条件,把研究对象随机分配到不同的条件下,以消除或限制可能对研究结果产生的影响。这是实验研究所采取的方法。②控制变量。当研究者无法随机分配研究对象时,可采用准实验研究或非实验研究,通过特定的组别来消除或控制因研究对象差异而产生的影响,同时受控变量对特定自变量的影响保持不变。③统计控制。研究者针对样本人群业已存在的差异,可以在研究设计中加入一系列相关变量。最初的数据分析可用于评估这些相关变量之间的关系。在最后的统计分析阶段,研究者可以通过统计分析进行系统控制,以确定相关变量的影响结果。

(2)简化论。在定量研究中,研究者要将感兴趣的现象简化为一系列可观察的变量,也就是说,研究者为了操作研究问题,需要把概念结构简化为可测量的变量。所谓操作化定义就是通过详细说明某个操作来给概念或变量下定义(Kerlinger,1986:28)。研究者通过对某个概念结构的操作化定义,能够弄清这个概念结构的各个次级概念。然后再确定每一个次级概念的测量指标,并做相应的量化处理。一般而言,由操作化定义发展到测量工具是没有什么问题的。在定量研究设计上,最困难的是将抽象概念转换成操作化定义,而不失其准确性。

(3)信度。信度与研究问题关系不大,但是与研究过程中的测量手段密切相关,也与这些测量手段是否严格和规范关系密切。这意味着,测量工具所提供的数据必须准确、一致并有预测性,测量工具本身也必须具有内部效度,即测量工具应该测量了所想要测量的东西。确定影响信度的必要条件是复杂的,但是有一点是明确的,测量工具的信度就是要确定出现测量误差的程度。显然,研究者应当尽可能避免出现误差,确保这一点的最好办法是使用前人已使用过的、被反复验证具有较高信度的测量工具。

(4)普遍性。普遍性是指研究具有外部效度,也就是说,研究者能够把有关发现的解释、说明和意义推广到一个更广泛的总体或更大的人群。为了让研究结果具有普遍意义,研究者必须在更大的范围内选取有代表性的样本。同时还要考虑在抽样、研究步骤或程序管理上可能出现的误差,尽量避免这些可能误差对研究结果带来的影响。

二、定量研究的历史

在方法论历史上,定量研究曾是社会学、心理学、教育学等社会科学学科的主导性范式。定量推理广泛存在于社会研究中,在定量建模、测量、抽样、电脑化、数据分析、假设检验、数据储存和检索等领域发挥重要的作用。定量研究在西方和我国经历不同的历史发展过程。

(一)定量研究在西方的发展

定量研究在西方经历了漫长的发展过程,大致可以分为“形成和初步发展阶段”“成熟和鼎盛阶段”“衰落阶段”三个历史发展时期。

(1)形成和初步发展阶段。社会学定量研究手段主要源自数学和统计学等自然科学。定量分析技术最早可以追溯到古埃及和中国古代。古希腊已有统计技术的萌芽。文艺复兴以后,培根倡导在自然科学中使用观察实验方法。霍布斯(Hobbes)继承了伽利略的传统,提出把自然科学方法应用于研究人类现象。17世纪中叶,英国威廉·配第创立了统计学,他用分组法和图表法等统计技术来分析英国的经济状况,计算了一系列总量指标、相对指标和平均指标。19世纪初叶,孔德首次提出用自然科学方法对社会现象进行分析,使社会学成为一门实证科学。在19世纪中叶,法国阿道夫·凯特勒(Quetelet)率先将概率论思想引入社会研究,被称为经验社会学之父。他用数理统计学来分析法国的犯罪现象,提出了“平均人”概念、人口特性的正态分布律,以及对“道德素质”概念的操作化指标。1879年,冯特(Wundt)建立世界上第一个心理学实验室,提出了用实验法和观察法来分析心理现象,促进了实验法在社会心理学领域的应用。涂尔干(Durkheim)支持定量社会研究,主张社会科学应该以自然科学为基础,用实证的方法以及确凿数据来表达社会事实。然而,韦伯反对实证主义,主张通过非量化的“理解(verstehen)”方法来研究人的行为。韦伯和涂尔干都看到了方法和理论的重要性,因为他们两人都撰写了有关方法的著作。(韦伯,1999;迪尔凯姆,1995)

进入20世纪以后,定量方法逐步取代了思辨研究,在社会科学领域得到了广泛的应用。在20世纪20年代,描述性统计分析日益成熟。在20世纪30年代,推论统计学得到飞速的发展。伦德伯格(Lundberg)不遗余力地推进社会研究的定量化,积极倡导社会学的操作主义。在他看来,人们不会先处理一个概念,然后再去测量它,因为人们把测量当成界定概念的一种办法。他举例说,某个概念的含义不是给这个概念下定义,而是这个概念的量表所测量的东西。他认为,量化概念存在于日常思想中,也存在于口头社会研究中。社会学中到处充满着定量概念,无需由外部人为植入,也无需经过特殊的符号化处理。例如,许多、少许、几个等词就包含有定量的意思。

(2)成熟和鼎盛阶段。在20世纪40—70年代初,定量研究主导了社会科学研究,研究者们用“假设—演绎”模式来研究社会现象。拉扎斯菲尔德(Lazarsfeld)和斯托佛(Stouffer)继伦德伯格之后为定量社会学奠定了基础。拉扎斯费尔德进一步发展了测量技术,对人的行为和态度做了卓有成效的测量和研究,率先在社会学研究中使用了问卷法、同组分析(panel analysis)、多元分析和潜在结构分析,开创了定量调查分析法,进一步规范了社会学经验研究。在他的努力下,社会研究的定量化和程序化变得有效易行,他的理论和方法被学界称为哥伦比亚学派。斯托佛四卷本《美国士兵》是其代表性研究成果,他所提出的研究设计、抽样方法、问卷设计以及分析逻辑已成为今天广泛使用的统计研究模式。

在20世纪五六十年代,随着抽样理论和统计检验的引入,社会测量法的推广,定量社会学得到了进一步的发展。至20世纪60年代和70年代初,定量社会学研究达到鼎盛时期,大量的定量社会学论著问世。它们包括:布莱洛克(Blalock,1960)的《社会统计学》[①],凯默尼和斯奈尔(Kemeny,Snell,1962)的《社会科学的数学模型》,怀特(White,1963)的《亲属关系剖析》,科尔曼(Coleman,1964)的《数学社会学概论》和《社会理论基础》,邓肯(Duncan,1966)的《路径分析:一些社会学的实例》,兰德(Land,1969)的《路径分析原则》,布雷拉克(Blalock,1969)的《理论建构:从字面到数学公式》,怀特(White,1970)的《机会之链》,艾贝尔(Abell,1971)的《社

① 本书中文版已由重庆大学出版社引进出版。

会学模型建构》，布雷拉克(Blalock，1971)的《社会科学中的因果模型》，费拉罗(Fararo，1973)的《数学社会学》，贝利(Bailey，1974)的《集群分析》等。但是，也应该看到，自20世纪60年代以后，波普尔(Poper)的“证伪主义”、库恩(Kuhn)的“科学范式”、拉卡托斯(Lakatos)的“精致的证伪主义”和费耶阿本德(Feyerabend)的“知识无政府主义”等理论观点纷纷对实证主义提出质疑，动摇了实证主义在社会研究中的霸主地位。

(3)衰落阶段。20世纪70年代末以来，随着定性研究的崛起，实证主义在形式上已有所改变，出现所谓的新实证主义或后实证主义。华莱士(Wallace)、特纳(Turner)和亚历山大(Alexander)是其代表人物。华莱士提出，科学社会学主要目标是作出可靠预测，社会学应该关注规律性东西，构建共同的标准，追求可能性知识及其真实性。特纳在理论层面上坚持实证主义观点，提出重建“社会物理学”口号。亚历山大强调，要提升实证主义的解释力，就要更新实证主义的内容。这个时期的主要著作包括：费拉罗(Fararo，1989)的《普通理论社会学的含义》，布雷拉克(Blalock，1982)的《社会科学的概念化和测量》等。

(二)定量研究在中国的发展

我国古代就有以课税和征兵为目的的人口统计调查，尽管如此，现代意义上的社会调查在我国出现得比较晚。19世纪末和20世纪初，我国的社会调查基本上是由西方学者把持的。直到20世纪20年代，我国才有中国人独立主持的社会调查工作。陈达对北平城府村居民和清华校工所做的生活费调查是我国最早的社会调查。此后，比较著名的社会调查有：毛泽东的《中国社会各阶级的分析》(1926)、《湖南农民运动考察报告》和《长冈乡调查》(1933)。李景汉的《北京郊外乡村家庭》(1929)和《定县社会概况调查》(1933)。李景汉将实地调查与问卷调查结合起来，使用了随机抽样和分层抽样，设计了314个统计表格，初步建立了我国农村调查的统计指标系统。严景耀对我国犯罪问题进行调查并作了统计分析(1927—1933)。陈瀚笙对无锡、广东和保定三地区农村进行了社会经济调查(1929—1930)，这些都直接促进了20世纪30年代广泛的社会问题调查。在20世纪30年代后期和40年代，比较著名的社会调查有：毛泽东的《关于农村调查》、陈达的《南洋华侨与闽粤社会》(1938)、费孝通的《江村经济》(1939)、史国衡的《昆厂劳工》(1943)，以及费孝通的《乡土中国》(1946)等。

新中国建立以后，由于种种原因，学术性的调查研究没有取得很大进展。改革开放以后，随着社会学学科的恢复和发展，学术性社会调查有了新的发展。针对改革开放以来的社会变迁和社会发展，我国社会学者已经在各个方面作了大量的调查研究，取得了丰硕的成果。

第三节　定量研究方法

定量研究是理论检验的研究，遵循“假设—演绎”逻辑，从一般到具体进行演绎推理。但是,定量研究并不是抽象的,它包括了许多具体的研究方法,即问卷调查法、实验方法、准实验方法三种方法,下面分别进行论述。

一、问卷调查法

问卷调查在社会研究中占有特别重要的地位,许多社会研究是用问卷调查法来完成的。然而,人们常常把调查法(survey)与问卷调查法(questionnaire)混同起来,实际上这两种方法是有细微差别的。一般而言,调查法是一种通过口头或书面提问方式收集数据的方法。口头提问方式被称为访谈法,而书面提问方式则是问卷调查法。(Sarantakos, 1998: 223)

所谓问卷调查是研究者通过书面问卷向受访者收集数据的方法。问卷调查所遵循的基本原理是,根据某种理论提出一个假设或多个假设。假设是从理论中演绎出来的未被证实的猜想,通常对两个变量或多个变量之间的关系进行了预测。由于问卷调查是通过问题来测量研究现象的,因此把假设具体化为可操作的测量指标是至关重要的。这意味着需要把测量指标转化为受访者能够理解和回答的问卷问题,然后再把答案进行分类和数字化。在收集和分析问卷数据以后,就可以确定数据分析结果是否证实了假设。如果假设得到数据支持,那么理论也得到数据的支持。相反,如果假设不能成立,那么就要对理论进行证伪。理论证实或证伪的程序十分复杂,也有很大争议,已经超出了本书范围。

根据问卷调查实地管理的路径,可以将问卷调查分为自填式问卷调查、访员协助调查、邮寄调查、电话调查、电子问卷调查、网上调查等。随着信息技术的发展,网上调查、CAPI(电脑辅助的个人访谈)和CATI(电脑辅助的电话访谈)得到广泛应用。CATI是传统的电话访谈一种新的发展形式,而CAPI则是传统的面对面访谈的新发展,具有很大的发展潜力,它能通过问题将复杂路径变得非常简单,同时还避免了数据输入电脑时可能产生的错误。网上问卷是传统自填式问卷一种新的扩展,非常便捷和快速,特别适用于对分散居住人群的调查。

一般来说,问卷调查涉及六种类型的数据:①当前行为,②过去行为,③对承担较大责任议题的态度,④对承担义务较低议题的态度,⑤未来的行为,⑥未来的态度。这六种类型的问题又可以归纳为行为与态度两种。许多问卷调查还包含了受访者人口统计特征方面的信息,比如年龄、民族、性别、婚姻状况、教育水平、职业和收入。行为和人口统计学信息是客观问题,而态度涉及主观状态的问题。问题越敏感,问题的效度就越低。过去的行为由于涉及已经发生的事情,一般效度较高,而未来的态度或行为由于涉及许多不确定性因素,通常效度较低。

与其他定量研究方法相比,问卷调查既有优点,也存在着不足。问卷调查的优点是:①问卷调查通常比访谈法和实验法花费的成本较低,而且通过网上问卷调查、电话问卷调查,研究者还可以更有效地节省和控制开支。②可以迅速地从不同人群中收集和处理大量有用的信息或数据。问卷调查可以同时考察多个变量并使用多种统计分析方法来分析数据。③问卷调查的内容是相同的,可以提出相同的问题,提供相同的回答选项。④问卷调查不受地理条件的限制,几乎可以在任何地方进行。

问卷调查的不足是:①问卷调查的自变量无法做到像在实验室环境下那样严格操控。由于许多未控制的干扰性变量和外部变量的影响,问卷调查一般很难确定自变量与因变量之间的因果关系。②问卷调查难以获得深层次的调查数据,因为无法通过调查问卷来进一步弄清问题背后所隐藏的深层原因以及具体发生过程。③调查问卷中的某个不当措辞可能会导致调查结果的偏差。研究者要想收集准确的数据,就要准确地表述问题和合理地安排问题。

二、实验方法

实验方法是一种古老的研究方法,最早源自物理学研究,现在广泛应用于社会学、教育学、心理学和管理学等社会研究领域。实验方法的目的在于确定事物之间的因果关系。

所谓实验方法是在实验室等人为控制环境下对事物进行研究的一种方法。之所以在实验室进行研究,是因为要将研究对象在物理上同日常生活的其他因素分隔开来。研究者通过这种分隔,可以做到最大程度地操控研究对象,使研究对象避免受到其他因素的影响,从而排除与研究无关的其他因素的影响。(Kerlinger, 1986)实验方法只适合于能够对研究对象施加控制的研究问题。实验方法适合于研究个体的心理活动和行为特征,并不适合于研究群体特征以及时间跨度较长的问题。

实验方法需要将样本随机分配到实验小组中并对变量进行有效控制。研究者首先要提出一个假设,确定一个变量是另外一个变量的原因。通过实验研究,研究者可以对研究假设进行检验,从而对为什么问题或怎么样问题作出回答。实验方法还可以用于确定某些现象产生的条件。在实验研究中,研究者可以控制这些条件,从而确定哪些条件在发挥作用。

研究者在使用实验方法时,需要满足一些条件。①必须考虑变量的先后顺序,变量之间的因果关系必定有时间上的先后。②必须把受观察变量与其他变量分隔开来,以便对它们之间的互动进行控制。③必须要有 2 个实验组或更多实验组之间的比较。④实验通常有时间限制,不超过 1 个小时,研究者在此期间内完成对所有互动的操控和观察。⑤必须保证这种控制能重复进行。

根据实验场所的不同,可以将实验方法分为实验室实验和现场实验或实地实验(field experiment)。实验室实验通常是在研究者自己设计的环境中进行的,有更多的或比较完备的物质性控制装置,对实验的条件和控制有着极其严格的规定。被试必须来到实验室,研究者对被试行为有着严格的监控,被试也明显地感到周围环境不同于自己的日常生活环境。现场实验通常是在地铁列车上、酒店里或人行道上等自然环境中进行,现场实验没有像实验室那样多的物质性控制装置,如研究者让人假装在地铁列车上突发心脏病,以观察周围人士对这个突发事件的反应。研究者必须置身于被试的环境中,研究者并没有太多地介入被试的生活,被试主要扮演他们自己在社会生活中的角色,被试的工作和活动环境并没有什么太大的变化。总的来说,这两种方法的主要区别在于环境控制的程度。

实验方法的优点是:①善于识别因果关系。在社会科学研究中,实验是确定因果关系最好的方法。②高度控制。研究者能够对实验中的环境、变量和被试进行有效的控制。③成本较低。与其他研究方法相比,实验研究的成本要少得多。④可复制性强。只要严格遵守实验条件,就可以多次对实验进行复制。

实验方法的缺点是:①人为因素的影响。实验中的许多行为是在受控条件下出现的,这些行为一旦脱离受控环境就会发生改变。②研究者偏见。实验可能受到研究者偏见的影响。③受限的研究。由于实验研究的对象是人,对人施加的实验控制和操纵往往受到社会伦理和法律的限制。

三、准实验方法

在社会研究中,由于受到许多条件的限制,无法做到将实验者随机分派到实验组和控制组中去,在这样情况下,研究者通常会利用自变量的自然变化,而不是人为地对它进行控制。坎贝尔和斯坦利(Campbell et al., 1963)将这种非随机分配的实验称为准实验。所谓准实验方法就是被试不是随机地被分配到实验组和控制组中的实验方法。由于准实验利用了自变量存在的自然变化,因此又称为自然实验研究。

准实验研究同样是获取信息的主要来源,也会产生有用的知识。但是对数据进行解释和处理时,应该知道,被试非随机性分配会产生一些特殊问题。由于自变量的变化不是在研究者的控制下发生的,因此可能掺杂着其他因素的干扰,而这些其他因素可能与因变量无关。为此,研究者在利用自然变量对被试进行分组时,必须仔细考虑分组的具体方法,尽可能让各组情况大致相当。例如,现在电脑已经成为大学生的日常工具,研究者试图对电脑为中介的讨论对传统课堂讨论的补充作用进行实验研究,但是研究者无法将学生随机分配到三种实验环境中:①没有用电脑讨论过的学生;②用过但现在不再用的学生,或偶尔发帖的学生;③经常发帖的学生。研究者经过初步了解发现,学生被试中包含了上述三种类型,而且数量基本相等。这样研究者就可以根据学生的自然情况,将他们分配到不同的实验组或控制组中进行研究。

还有一种准实验方法,被称为模拟实验方法。(Simon, 1969)在模拟实验中,研究者创造一种与真实环境酷似的环境,让自变量发生变化,同时观察被试行为的变化。模拟实验方法要求研究者尽可能仿真实验环境,只有这样,才能确认模拟研究所获得的结果是与真实情境下的研究结果是一致的。例如,研究者可以模拟法庭互动情境,让被试在仿真环境中不受干扰、自然地进行相互交流。

准实验方法的优点是,研究者可以确定在自然发生的条件下自变量自然变化所产生的影响。研究者可以简单地通过一个自然发生的事件实现对自变量的操控,以确定不同变量之间因果关系。准实验方法的不足是:①无法在变量影响行为时进行操控;②当研究者所利用的自然发生事件即将发生时,研究者无法进行控制。准实验方法的不足显然是与内部效度有关,因为研究者尚未完全控制准自变量和其他变量,混杂变量(confounding variable)可能会干扰从数据中得出的因果推论。解决这个问题的办法之一是改进准实验设计,通过引入控制组来提高准实验的内部效度(Campbell et al., 1963)。

第四节　定量研究的信度和效度

任何研究方法都要确保调查数据的可信性和有效性,定量研究方法以严格的信度和效度而著称。信度(reliability)是指测量数据的可靠性和稳定性,而效度(validity)则涉及测量数据的真实性和准确性。信度和效度在定量研究中占有十分重要的地位,定量研究的质量主要取决于所收集数据的信度和效度,而定量研究缺乏信度和效度无异于缘木求鱼。

一、信度

任何实得的测量分数都可以分成真实分数与误差分数两个部分。以测量体重为例,人站上体重秤上,可以得出一个观测值。任何测量都不可能是绝对精确的,必然存在着误差。误差越小表示测量越精确,误差越大表示测量越不精确。根据多个观察值所获得的平均数就是真实分数,这个真实分数是人们孜孜以求的测量结果。这种想法就形成了信度概念。观察值是由真实分数与误差构成的。误差越小,观察值与真实分数就越接近。误差大小可以让我们了解信度概念,误差愈大,则信度愈低。观察分数与真实分数愈接近,就表示信度愈高。

在定量研究中,信度是指采取相同方法对同一对象进行重复测量时,所得结果的一致程度。信度意味着由调查问卷所提供的信息不会因为测量指标、测量工具或测量设计本身的特性而发生变化。如果研究者使用可信赖的测量指标,就会在每次测量相同事物时获得相同的结果。这表明,在完全相同或类似的条件下,相同结果可以不断被重复生产出来或重复出现。反之,如果缺乏信度,测量就会产生反复无常、不稳定或不一致的结果。还是以测量体重为例,一个缺乏信度的体重秤每次都会显示不同的体重,即使人体"真正"的体重并没有发生任何变化。

在定量数据的收集过程中,如果研究者使用相同的方法和步骤,那么受访者对此作出相似的反应,这说明该研究达到了信度的要求。信度还意味着,其他研究者在不同的研究中对相似被试使用相同的观测手段也能获得相似的研究结果。信度大小通常用克隆巴赫系数(Cronbach,1951)表示,一般而言,信度系数即 alpha(α)系数达到 0.70 以上就可以接受了。但是,这只是一般可以接受水平,不能绝对化。如果测量对象很容易被测量,比如社会经济地位,那么信度系数可能要达到 0.80 以上。如果测量对象很难被测量,比如社会资本,那么较低的信度系数也是可以接受的。

定量研究有不同形式的信度,它们是:稳定性信度、代表性信度和等值信度。

(1)稳定性信度(stability reliability)。稳定性信度涉及跨时间信度,它涉及的问题是:“用相同指标在不同的时间里进行测量会获得相同的结果吗?”上面有关体重秤的例子就是这种形式的信度。研究者可以用两次测量的方法来检验测量指标是否具有稳定性信度。这就说,用相同的测量指标对相同人群再做一次检测。如果所测量的事物是稳定的,测量指标也具有稳定性信度,那么每次检测都会得到相同的结果。

(2)代表性信度(representative reliability)。代表性信度涉及跨群体的信度。它涉及的问题是:“用相同测量工具或指标对不同人群进行测量会获得相同的结果吗?”如果用相同指标来测量不同阶层、民族、性别或年龄的人群时,都会得到相同的结果,这说明该指标具有较高的代表性信度。例如,一个关于年龄的问题,如果20岁年轻人给出超过其真实年龄的答案,而50岁中年人给出低于其真实年龄的答案,那么这个问题只有很低的代表性信度。如果这个问题要具有较高的代表性信度,那么该测量工具就要测量出每个年龄段人群的真实信息。

(3)等值信度(equivalence reliability)。等值信度涉及多个测量指标,也就是说,在对某个概念结构进行操作化时,使用多重测量指标。具体而言,就是问卷中要有若干个测量同一个概念结构的问题。它涉及的问题是:“不同的多重测量指标会得出一致的结果吗?”这就是说,如果用不同的多重指标来测量相同的概念结构,只要这些指标具有较高的等值信度,就一定会得出相同的结果。研究者通常使用折半法(split-half method)来检验多重指标的等值信度。这涉及到测量相同概念结构的多重指标随机分成两组,然后再根据这两组测验分数,来判断这两组多重指标是否会得出相同的结果。例如,用来测量社会资本概念的30个问题具有较高的等值信度,把它们随机分为各有15个问题的两张问卷,会得到相同的测试分数。

获得具有完美信度的测量指标几乎是不可能,但是,研究者可以通过各种办法来提高测量工具的信度,这些办法包括:

(1)清楚地界定概念结构。如果对某个单独概念结构进行测量,那么就会提高信度。这意味着研究者应当清晰地界定理论概念及其结构,以消除其他概念结构可能带来的干扰。每种测量只能预测单个唯一概念,否则就无法确定被预测的究竟是哪一个概念。例如,研究者想要测量教师士气概念,就必须把士气与心情、人格、精神、工作态度等一系列其他相关的概念区分开来。如果做不到这一点,就可能无法弄清所测量的究竟是什么概念。如果士气指标同时也显示人格,就说明人格结构干扰了士气结构,这个士气指标的信度不高。糟糕的测量通常是用同一份问卷的项目或问题同时代表士气与人格这两个完全不同的概念结构。

(2)增加测量取值类别。与测量类别不多或测量不太精确的指标相比,测量类别较多或测量比较精确的指标通常具有更高的信度,这是因为前者所获得的信息不如前者那么详细。如果所要测量的信息比较具体,那么就不太可能测量这个结构以外的其他事物。一般的原则是,尽可能用最精确的测量等级来测量概念结构,但是,用较高的测量等级进行测量并不太容易。例如,有测量教师士气的两个量表,其中一个量表只有“高-低”两个取值,而另一个量表则有从“非常低”到“非常高”共 10 个类别取值,在这种情况下,选择 10 个取值类别来进行测量,会有更高的信度。

(3)使用多重指标(multiple indicators)。使用多重指标是提高信度的一种有效办法,因为对同一概念结构进行测量,使用两个或多个指标要好于只用一个指标。多重指标可以对某个概念结构的不同维度进行测量,每个维度都有相应的指标,从而实现对这个概念结构更广泛的测量。单个指标或单个问卷问题可能并不完美,但是多个测量指标就会避免犯类似的错误。多重指标测量工具会比单个项目测量工具更加稳定。例如,教师士气概念有三个测量指标:学校态度、缺勤次数、教师抱怨次数。这三个测量指标要好于将这三个指标合并成一个整体测量工具。

(4)使用预调查(pilot study)。对测量工具进行预调查是提高信度另一种有效方法。采用未经预调查的测量工具是粗糙的,任何新设计的测量工具至少要做一次预调查以确保其信度。在正式调查之前,通过预调查来检验测量工具的具体信度,并以此为依据对测量工具进行修改。尽管这个程序可能耗时费神,但是有助于提高测量工具的信度。例如,对教师士气测量指标的预调查,可以及时发现某些问题是否表述清楚,是否会产生歧义等,以便进一步修改测量指标,提高其信度。

二、效度

定量研究除了要具有信度外,还要具有效度。所谓效度是指用测量工具准确地测量事物属性的程度。换言之,效度是指测量指标如实地反映某一概念真正含义的程度。当测量指标测量了所要测量的事物时,测量指标就是有效度的,即是一种有效的测量。反之,则被称为无效的测量或者测量不具有效度。

测量效度包含两个条件,第一个条件是,测量指标确实是测量所要探究的概念,而非其他概念。例如,智商测试测量的是智力,而不是忠诚或信念等其他概念。第二个条件是,测量指标能够准确地测量出这个概念。例如,智商为 100 的人,用测量工具所测得的智商就是 100。第一个条件是效度的必要条件,但不是充分条件。显然,第一个条件比第二个条件来得更重要。例如,研究者想要测量小明的智力,就用智商测验这个测量工具来进行测试,得出智商分数为 90 分,但是小明的实际智商是 100。可见这个测量工具并不准确或不准,但是它所测量的智力概念却是正确的。研究者可以修订这个智商测验,使之变得更有效。如果研究者改用其他测量工具来测量小明的智商,得到另一个分数 100,显然这个测量工具是有问题的,因为这个测量工具根本不是在测量智力,而是在测量其他的概念,或者根本没有测量任何概念。

在定量研究中,测量指标越能揭示概念的真实性,就越有效度。这就是说,一个测量的效度愈高,测量结果越能代表所要测量的对象特征。效度是科学测量工具最重要的必要条件,一个测量若无效度,则无论其他优点多么突出,都无法发挥真正的功能。因此,选用测量工具或自行编制测量工具,首先要评价测量工具的效度。在检验测量效度时,必须考虑测量的目的和功能。一个测量所测得的结果,必须符合该测量的目的,才能成为准确而有效的测量工具。

定量研究中有许多变量不能被直接观察到,只能通过可观测的外在行为进行推测,这就涉及潜在变量(latent variable),因而在概念结构与测量指标之间存在着一定程度的推论,结构效度就与这个推论有关。结构效度所涉及的问题是:从指标到概念之间的推论究竟有多合理?结构效度的重点不在于测量工具本身,而在于从观察到结果所做的推论是否合理。

值得一提的是,效度并非非此即彼的东西,在大多数情况下,它是一种程度。一个测量指标很少完全有效或无效,更多的情况是处于这两者之间的中间状况。测量效度可以分为内部效度(internal validity)与外部效度(external validity)。内部效度是指测量指标真正地测量想要测量的概念或变量的程度。而外部效度是指把测量结果向外进行推广的能力。内部效度又可以进一步分为内容效度(content validity)、效标效度(criterion validity)和结构效度(construct validity)三种类型,它们分别从不同的方面反映测量的准确程度。

(1)内容效度。内容效度旨在检验测量内容的适当性,即检验测量项目对有关内容或行为范围取舍的适当性。成就测量和熟练测量特别注重这种效度。例如,在成就测试中,测试题目是根据教学大纲和教材内容适当选取的,内容效度就是判定测试问题是否符合所要测试的目标。由于这种检测效度的方法必须针对课程的目标和内容,以系统的逻辑方法详细分析问题的性能,故又称为课程效度或逻辑效度。一个有较高内容效度的测验必须满足两个条件:其一,要确定好内容范围并使测验的全部项目均在此范围内。所谓内容范围可以是具体知识或技能,也可以是复杂行为。其二,测验项目应该是已界定内容范围的代表性项目。换句话说,就是测试项目包含了所测的内容范围的主要方面,并且使各部分项目所占比例适当。需要注意的是,在实际应用中,要避免把表面效度(face validity)与内容效度混淆起来。表面效度是指人们对测量是否真正地测量想要测量东西的判断。表面效度不是效度的客观指标,表面效度不能真正反映测量的有效程度,但是表面效度能影响被试的动机,从而影响测验的效果。所以在编制测验时,表面效度是一个必须考虑的问题。

(2)效标效度。效标效度又称为准则效度、实用效度或经验效度,是用测量分数和效度标准之间的相关系数来表示测量工具的效度。它指的是用一种不同以往的测量方式或指标对同一事物或变量进行测量时,将原有的测量方式或指标作为准则,用新的方式或指标所得到的测量结果与原有准则的测量结果作比较,看二者的相关程度,并用这种特定的相关系数,即效度系数来反映测量工具或手段的效度。如果新的测量工具与原有作为准则的测量方式或指标具有相同的效果,那么,其效度系数就高,新的测量方式或指标就具有准则效度。例如,研究者想要测量大学生对自己过去一年在校表现的看法,就可以先询问大学生过去一年的学习成绩,然后再将学生所说成绩与学校记录进行比较,从而求得效标效度。

(3)结构效度。结构效度是最复杂的内部效度,又被称为“构念效度”,它是指测量工具能够测量理论的概念或特质的程度,或者简单地说,即概念结构与测量指标之间的拟合程度。结构又称为概念,它有三个特点:第一,它是一个抽象的概念,结构通常是由若干个更简单的“亚概念”或次级概念构成。第二,结构因其抽象性而无法被直接观察到。第三,结构通常是为某些特殊的研究目的而设计,研究者基于研究的需要经常会“发明”一些结构。例如,组织规模是一个结构,包含了职工人数、部门总数、生产线总数、资本额、营业额等次级概念或维度,这些次级概念是相当具体的,易于测量。结构也有不同的抽象程度,组织规模是抽象程度较低的结构,而工作兴趣则是抽象程度较高的结构,是一种“假设性结构(hypothetical construct)”,因为这个概念所包含的次级概念或测量指标尚未找到,因此只好假设其存在,以待有更多的验证。

在理想情况下,研究者能够指出被测量的概念结构与其他变量之间的关系,如果这些关系被证明确实存在,那么就存在着结构效度。换句话说,如果研究者发现理论所预测的概念结构与其他变量之间的关系确实存在,而理论没有预测的关系也确实不存在,这就表明测量具有结构效度。例如,有这样的理论观点:社会阶层与偏见呈反比,即社会阶层愈高,偏见程度愈低。研究者为了检验这个理论,构建了两套不同的指标。研究者用第一套指标对受访者进行调查,验证了这个理论。然后再用第二套指标来检验这个理论,也得到了证实。据此研究者可以说,新的测量工具即第二套指标具有较高的结构效度。

在检验结构效度中,经常用要素分析(factor analysis)来确定测量指标是否与概念结构相符。研究者必须先从某个理论结构出发,然后再进行测量和分析,以验证其结果是否符合原有的理论结构。结构效度包含复杂的内容,包含两个或以上的概念,以及两个或以上的操作化定义,并探讨了结构之间及定义之间的相互关系。值得注意的是,研究者在讨论理论结构时,必须考虑到周延性及排他性。周延性要求对原有理论结构有充分的了解,而排他性则要求将无关的理论结构排除在外。

第五节　对定量研究的批评

多年以来,定量研究一直是社会科学研究占优势地位的研究方法,尽管20世纪80年代以来,随着定性研究方法和混合方法研究的崛起,其优势地位有所削弱,但它依然是社会研究一个重要的研究方法。定量研究的主要优势在于,首先,定量研究秉承自然科学假设—演绎的研究传统,使用数理统计技术,尽量做到客观。其次,定量研究具有标准化程序和结构化研究过程,可以把研究发现在较大范围内作比较,推广到更广泛的总体,只要研究具有客观性和普遍性,就可以在更大的范围内进行推广应用。再次,定量研究能够揭示研究对象之间的因果关系,实现对理论的验证或证伪。定量研究方法这些优势是其他研究方法很难望其项背的,这也许是定量研究方法多年来历经风雨而不倒的一个原因。

当然,优势与不足常常相伴而生。定量研究的主要局限包括:首先,定量研究有关简化论和信度的预设其实就预示了它的局限性。定量研究通过操作化定义把复杂的概念结构简化为一系列测量活动,研究结果只不过是在操作化定义所规定的有限范围内做出的,因而只具有有限的普遍价值。其次,定量研究专注于社会现象的微观方面,在一定时间内测量一定的变量,很难涵盖整个社会过程,无法完整地反映社会现象的复杂性。再次,测量工具的信度和效度决定了研究发现的优势和应用性。定量研究无法超越测量内容和手段进行普遍性推广。最后,定量研究的普遍性和显著性都依赖于统计分析。统计分析是一把双刃剑,所有统计分析都要考虑误差问题,正是因为误差,显著性检验表现出非常复杂的情况。

实际上,人们早就意识到定量研究的局限性,对定量研究的批评和质疑一直没有停止过。早在19世纪末,狄尔泰(Dilthy)就对定量研究方法的世界观基础"实证主义"提出异议。他认为,社会科学和自然科学是两个截然不同的研究领域,实证主义以自然科学为蓝本,无法成为社会科学的研究方法。在他看来,社会是有意识的人参与其中的,研究者不能无视活生生的人,而只能透过人的释义历程,从整体上来把握社会现实。狄尔泰的观点反映了新康德主义和现代阐释学对实证主义的批判立场。当然,对实证主义根基的真正动摇还是从实证主义内部开始的。20世纪中后期,波普尔的"证伪主义"、库恩(Kuhn)的"科学范式"、拉卡托斯(Lakatos)的"精致证伪主义"和费耶阿本德(Feyerabend)的"知识无政府主义"等理论观点在一定程度上动摇了实证主义的根基,挑战了实证主义的权威地位。它提醒人们,定量研究方法还不足以充分解释复杂的社会现象,还要借助其他研究方法来对社会现象进行研究。甚至在20世纪60年代定量研究的全盛时期,一些研究者从方法论立场、研究策略和研究方法上质疑定量研究的适当性。1965年皮亚杰对"心理测验"提出了批评,认为只从数量上进行研究而不从性质上去把握是毫无意义的。

自20世纪70年代以后,研究者们逐步意识到定量研究方法的局限性,开始对定量研究的局限性进行反思,并重新审视定性研究方法本身。尽管定量研究方法仍在社会研究中占据统治地位,但是定性研究已不再被视为一种"修饰的花边"。到了20世纪80年代,实证主义范式独霸天下的局面已成为过去,不断发展的阐释主义观点或现象学观点纷纷出现。以实证主义为基础的定量研究方法不再一枝独秀,定性研究方法逐步成熟并发展起来。20世纪80年代,围绕定量研究和定性研究孰优孰劣,展开了大量的对话和讨论,也产生了激烈的争论,出现了所谓的"范式战"。自20世纪90年代中期以后,随着混合方法研究的进一步发展,定量研究方法又面临定量方法、定性方法和混合方法这三种方法三足鼎立的格局。随着定性研究方法和混合方法研究崛起和发展,对定量研究方法的批评声音也越来越多。

多年以来,定性研究阵营对定量研究提出了很多批评。当反思和总结这些批评时,很难辨别这些批评的具体出处和来源。尽管如此,还是可以对它们进行分类,它们主要包括三个方面内容:对定量研究一般研究策略的批评,对定量研究本体论和认识论基础的批评,对定量研究所涉及的具体方法和研究设计的批评。下面分别讨论这些批评。

(1)定量研究未将人和社会组织与自然世界区分开。这里的"自然世界"一词出自舒尔茨(Schuts, 1962)。舒尔茨等现象学家指责社会研究者使用自然科学模型,把社会世界当成与自然秩序毫无差别的东西。针对“科学方法可以应用于所有现象”这个实证主义的核心原则,他们指出,这个研究策略或方法无视社会世界与自然世界之间的根本差别,因为人类具有自我反思的能力,能够解释他们自己身边的世界,但是分子、原子和电子等自然科学的对象并不具有这种自我反思的能力。

(2)测量过程的精确性和准确性是人为和虚假的。定量研究者所提出的测量指标与这些指标所反映的概念之间的关系是假想关系,并非真实关系。西库列尔(Cicourel,1964)因而提出了“命令下的测量”概念。他提出,测量效度也无助于彻底解决这个问题,因为正是测试本身造成了“命令下的测量”。西库列尔(Cicourel,1964:108)认为,测量过程是漏洞百出的。例如,它假设当受访者回答问卷问题(即概念的一个测量指标)时,他们会对问卷中的核心概念有相同的理解或解释。然而,受访者并没有对这些核心概念作出相同的解释。于是定量研究者用固定选项问题代替原有的问题,但是,这种方法也只是治标不治本,并未真正解决含义本身的问题。

(3)对工具和程序的依赖隔断了研究与日常生活之间的联系。这个问题与生态效度有关。在定量研究中,许多方法都依赖于工具和程序,例如,结构化访谈和自填式问卷过于依赖对被试研究工具的管理,实验研究要通过控制环境来确定其影响。然而,正如西库列尔(Cicourel, 1982)所说,研究者如何知道受访者是否具有答题所必备的知识?研究者如何知道受访者是否把这些问题看得像日常生活一样重要?如果让受访者回答一组有关种族偏见的问题,研究者能否确定受访者对“什么是种族偏见”“什么是其表现形式”具有相同的意识,能否确定受访者在日常生活中也有同样的关注?研究者可以进一步探究受访者的回答如何关系到他们的日常生活。受访者可以回答有关种族偏见的问题,但是受访者的实际行为可能与其回答并不相一致。

(4)对变量之间关系的分析,把社会生活静态化。定量研究秉承客观主义本体论立场,把社会世界非人化或物化了。布鲁姆(Blumer,1956:685)批评说,定量研究旨在揭示变量之间的关系,“但忽略了人们的界定和解释的过程”。例如,人们并不知道研究者所提出的两个变量或多个变量之间的表面关系。定量研究忽略了事件对个人的意义,人们并不知道这些研究发现究竟与日常生活有什么关系。于是,定量研究创造了一个静态的社会世界,而生活其中的人们却与这个静态社会世界毫不相干。

从上述批评可以看出,定性研究者从阐释主义本体论和认识论立场出发,把社会世界看成是人的产物,强调个人看法的意义,突显了定性研究策略的价值。这些批评意见有一定的合理性,但是未必全部正确。正因为这样,定量研究者也对定性研究提出一系列反批评,这就是两大阵营“范式战”的主要内容。随着批评与反批评的不断交锋,一部分学者从中汲取力量,提出了混合方法研究,从另一个侧面推进了定量研究。在定量研究的发展趋势中,混合方法研究是其中的一个重要取向。

信息技术的迅速发展使定量数据分析软件更加简便易行,定量研究从电脑分析软件发展中获得源源不断的动力来源。定量研究者正在努力使定量研究不仅更加先进,而且为普遍大众所理解。

本章小结

作为一种理论检验的研究,定量研究遵循演绎逻辑,始于关于社会现象的理论或假设,然后用问卷和实验等测量工具来收集经验数据,再运用统计分析工具对数据进行分析,以确定假设是否成立。如果假设成立,该假设就会成为解释社会现象的理论。定量研究的具体流程是:①从理论出发,②提出相应的假设,③确定数据性质和收集数据方法,④收集和分析数据,⑤确定统计分析结果是否支持理论。

定量研究基本特征是:第一,认为客观世界独立存在于人的感知之外,坚持客观认识论立场,认为研究者与研究对象之间的关系是客观的。第二,定量研究旨在找出相关关系和因果关系,更多地关注单个变量及其相互关系,而不关心整体的作用。第三,从理论出发,遵循一般到特殊的演绎过程,突出了对既有理论的验证或推广。第四,用数字或测量而不用文字来描述研究对象,对研究结果的描述以统计表格和图表为基础。第五,将研究者视为局外人(etic),强调研究过程的价值中立,以中性证据为依据力求客观。第六,追求准确测量和精确预测,强调把一般结论应用到更广泛的研究总体中。

定量研究采取了科学研究方法的预设,即客观性、信度、简化论和普遍性。定量研究在西方经历了漫长的发展过程,大致可以分为"形成和初步发展阶段""成熟和鼎盛阶段"以及"衰落阶段"三个发展阶段。尽管中国古代就有人口统计调查,但是,直到20世纪20年代,才有中国人独立主持的社会调查工作。改革开放以后,已经做了大量的调查研究,取得了丰硕的成果。

定量研究具体方法包括:问卷调查法、实验方法、准实验方法三种方法。问卷调查是研究者通过书面问卷向受访者收集数据的方法。问卷调查的优点是:有统一的内容,不受地理条件的限制,可以迅速地收集大量有用的数据,通常成本较低。问卷调查的不足是:无法严格操控变量,难以获得深层次数据,措辞不当会导致结果偏差。

实验方法是在实验室人为控制环境下对事物进行研究的一种方法。实验方法的优点是:善于识别因果关系,高度控制,成本低廉,可复制性强。实验方法的缺点是:人为因素的影响,研究者偏见,受限的研究。

准实验方法是指被试不是随机地被分配到实验组和控制组中的实验方法。准实验方法的优点是,研究者可以确定在自然条件下自变量自然变化所产生的影响。准实验方法的不足是:无法在变量影响行为时进行控制;当研究者所利用自然发生事件即将发生时,研究者无法进行控制。

定量研究方法以严格的信度和信度而著称。所谓信度是指采取相同方法对同一对象进行重复测量时,所得结果的一致程度。信度大小通常用克隆巴赫系数表示,信度系数达到0.70以上就可以接受了。提高信度的方法有:①清楚地界定概念结构,②增加测量取值类别,③使用多重指标,④使用预调查。信度主要形式是:稳定性信度、代表性信度和等值信度。稳定性信度涉及跨时间信度,代表性信度涉及跨群体的信度,等值信度涉及多个测量指标。

效度与真实性有关,所谓效度是指用测量工具准确地测量事物属性的程度。效度可以分为内部效度与外部效度。内部效度是指测量指标真正地测量想要测量的概念或变量的程度。而外部效度是指把测量结果向外进行推广的能力。内部效度又可以进一步分为内容效度、效标效度和结构效度三种类型。内容效度是指检验测量项目对有关内容或行为范围取样的适当性。效标效度是用测量分数和效度标准之间的相关系数来表示测量工具的效度。结构效度是指概念结构与测量指标之间的拟合程度。

定量研究基本上一直是占优势地位的社会研究方法。定量研究的主要优势在于:使用数理和统计技术,研究尽量做到客观;可以把研究发现推广到更广泛的总体;能够揭示研究对象之间的因果关系或相关关系。定量研究局限性是:研究结果是在操作化定义所规定的范围内做出的,只有有限的普遍价值;很难涵盖整个社会过程,无法完整地反映社会现象的复杂性;无法超越测量内容和手段进行普遍性的推广;显著性检验因为误差表现出非常复杂的情况。对定量研究的批评包括:①定量研究未能将自然世界与人及社会组织区分开。②测量过程的精确性和准确性是人为和虚假的。③对工具和程序的依赖隔断了研究与日常生活之间的联系。④对变量之间关系的分析,把社会生活静态化。

思考题

1. 什么是定量研究?
2. 试述定量研究的主要过程和步骤。
3. 试述问卷调查方法的优点和不足。
4. 请举例说明如何提高测量工具的信度。
5. 什么是结构效度? 如何确定测量的结构效度?
6. 对定量研究的批评意见有哪些?

讨论题

1. 为什么说定量研究是理论检验的研究? 试举例说明之。
2. 如何看待定量研究的不足? 谈谈如何弥补定量研究的不足。

参考文献

大卫·马什,格里·斯托克. 2006. 政治科学的理论与方法[M]. 景跃进,等,译. 2 版. 北京:中国人民大学出版社:223-238.

迪尔凯姆. 1995. 社会学方法的准则[M]. 狄玉明,译. 北京:商务印书馆.

迪姆·梅. 2009. 社会研究:问题、方法与过程[M]. 李祖德,译. 北京:北京大学出版社:83-110.

风笑天. 2005. 社会学研究方法[M]. 2 版. 北京:中国人民大学出版社:130-135.

盖尔·詹宁斯. 2007. 旅游研究方法[M]. 谢彦君,陈丽,译. 北京:旅游教育出版社:33-60.

格伦达·麦克诺顿,等. 2008. 早期教育研究方法:国际视野下的理论与实践[M]. 李宜敏,等,译. 北京:教育科学出版社:97-120.

基斯·F. 庞奇. 2005. 社会科学研究法:量化与质化取向[M]. 林世华,等,译. 台北:台北心理出版社:58-164.

肯尼斯·S. 博登斯,等. 2008. 研究设计与方法[M]. 袁军,等,译. 6 版. 上海:上海人民出版社:102-116.

劳伦斯·纽曼. 2007. 社会研究方法:定性和定量的取向[M]. 郝大海,译. 5 版. 北京:中国人民大学出版社:228-235.

林聚任,刘玉安. 2004. 社会科学研究方法[M]. 济南:山东人民出版社:22-34.

罗杰·D. 维曼,约瑟夫·R. 多米尼克. 2005. 大众媒介研究导论[M]. 金兼斌,等,译. 7 版. 北京:清华大学出版社:46-69,240-263,299-303.

马克斯·韦伯. 1999. 社会科学方法论[M]. 韩水法,莫茜,译. 北京:中央编译出版社.

琼恩·基顿,邓建国,张国良. 2009. 传播研究方法[M]. 上海:复旦大学出版社:39-61,101-123,156-161.

荣泰生. 2010. AMOS 与研究方法[M]. 2 版. 重庆:重庆大学出版社:68-91.

威廉·维尔斯曼.1997.教育研究方法导论[M].袁振国,译.北京:教育科学出版社:4-21,164-165.

袁方.1997.社会研究方法教程[M].北京:北京大学出版社:29-57.

Abell P. 1971. *Model building in sociology* [M]. NY: Schocken Books.

Bailey K D. 1974. Cluster analysis, In D. Heise (ed.), *Sociological methodology* [M]. San Francisco: Jossey-Bass.

Blalock H M. 1960. *Social statistics* [M]. NY: McGraw-Hill

Blalock H M. J. 1971. *Causal models in the social sciences* [M]. Chicago: Aldine-Atherton.

Blalock H M. 1982. *Conceptualization and measurement in the social sciences*[M]. Beverly Hills, CA: Sage.

Bryman A. 2008. Social research methods (3rd ed.) [M]. Oxford University Press:159-160.

Blumer H. 1956. Sociological analysis and the "variable" [J]. American Sociological Review, 21: 683-690.

Burns R B. 2000. Introduction to research methods (4th edn) [M]. Addison Wesley Longman, Melbourne:4.

Campbell D T, Stanley I C. 1963. Experimental and quasi-experimental designs and research [M]. Skokie, IL: Rand McNally.

Cicourel A V. 1964. Method and measurement in Sociology [M]. New York: Free Press.

Cicourel AV. 1982. Interviews, surveys, and ecological validity[J]. The American Sociologist, 17: 11-20.

Coleman J S. 1964. *Introduction to mathematical sociology* [M]. NY: Free Press.

Coleman J S. 1990. *Foundations of social theory* [M]. Cambridge MA: Belknap Press of Harvard University Press.

Cronbach L J. 1951. Coefficient alpha and the internal structure of tests[J]. *Psychometrika*, 16: 297-334.

Cronbach L J. 1951. Coefficient alpha and the internal structure of tests[J]. Psychometrika, 16: 297-334.

Duncan O D. 1966. Path analysis: Sociological examples [J]. *American Journal of Sociology*, 72: 1-16.

Fararo T J. 1973. *Mathematical Sociology* [M]. New York: John Wiley.

Fararo T J. 1989. *The meaning of general theoretical sociology: Tradition and formalization* [M]. Cambridge University Press, New York.

Hubert M B, J. 1969. *Theory Construction: from verbal to mathematical formulations* [M] Englewood Cliffs: Prentice-Hall.

Kemeny J G. , Snell J L. 1962. *Mathematical models in the social sciences*[M]. MIT Press.

Kerlinger F N. 1964. Foundations of behavioral research: Educational and psychological inquiry[M]. New York: John Wiley.

Kerlinger F N. 1986. Foundations of behavioral research (3rd ed.) [M]. Holt, Rinehart & Winston, New York:28.

Land K C. 1969. Principles of path analysis, In E. F. Borgatta and G. W. Bornstedt (eds.) *Sociological methodology*[M]. San Francisco: Jossey-Bass.

Neuman W L. 2000. Social research methods: Qualitative and quantitative approaches (4th ed.) [M]. Boston: Allyn and Bacon:61.

Rose G. 1982. Deciphering sociological research [M]. London: Macmillan.

Sarantakos S. 1998. Social research (2nd ed.) h [M]. Melbourne: Macmillan: 223.

Simon H A. 1969. The sciences of the artificial h[M]. MIT Press.

Schuts A. 1962. Collected papers I: The problem of social reality h[M]. The Hague: Martinus Nijhof.

White H C. 1963. *An anatomy of kinship: Mathematical models for structures of cumulated roles*[M]. Englewood Cliffs NJ: Prentice-Hall.

White H C. 1970. *Chains of opportunity: System models of mobility in organizations* [M]. Cambridge: Harvard University Press.

12 理论建构的研究:定性方法论

作为一种认识社会现象的方法论工具,定性研究在社会研究中发挥着重要作用。与定量方法论强调客观和价值中立的立场不同,定性方法论更多地强调理解和情境的重要性。本章试图从定性研究的本体论、认识论和方法论基础出发,阐述定性研究的含义及其特点,梳理定性研究的历史发展,厘清定性研究的具体方法,探究定性研究的评价标准。

第一节 作为理论建构的定性研究

定性研究方法是英文"qualitative research method"的汉译,又可译为"质性研究方法""质的研究方法""定质研究方法"或"质化研究方法"等。作为一种与定量研究齐名的社会科学方法论,定性研究是一种理论建构的研究,遵循的是归纳逻辑。

一、理论建构的研究

所谓定性研究是用文字而不是用数字来描述社会现象的研究。定性研究并不强调在研究伊始对研究问题就有一个理论基础。一个理论可以在研究过程中逐步形成,但是随着研究的推进,理论又会被改变、放弃或进一步提炼。如果理论是基于数据而形成的,就是实在性理论,即理论是基于数据而不是基于已有的观点和主张。如果没有产生理论,就是非理论性研究,但仍然具有描述性价值。

定性研究方法是以阐释社会学范式或建构主义范式为基础的。阐释社会学范式源于韦伯(Weber, 1978:5)所提出的"理解"或"移情式理解"概念,强调研究者通过移情式参与,充分把握发生的情感背景以达成理解或移情的准确性。阐释社会学范式又称为建构主义范式,它假设一种相对主义本体论、主观主义认识论、自然主义方法论,其主要观点包括:①对社会现象说明存在着多种解释或事实,而不是只有一种因果关系或理论;②研究过程应该是主观的而不是客观的;③从局内人的视角而不是从局外人的视角来收集数据;④在真实的社会环境或自然情境下而不是在实验条件下收集数据。

在本体论上,定性研究认为世界是由多重事实构成的。为了获得对研究对象的解释,定性研究采用归纳方法,在经验领域收集数据,通过对事实的归纳来建构和提炼理论。在认识论上,定性研究假定研究者(或主体)与研究对象(或客体)之间的关系是主观的或价值关联的,研究者会对研究结果或发现产生重大影响。为了实现研究者对研究对象的理解,研究者必须在自然情境下进行研究,尽可能融入或参与所研究的社会情景,并成为社会群体的一分子,只有这样,才能建构受访者的行为。整个阐释过程要始终从研究对象的立场出发,不要在研究对象中扮演角色而与研究对象保持距离,尽量做一名客观的观察者。(Blumer, 1962:188)

与定量研究不同,定性方法论不是从局外人的视角来理解现象,而是从局内人视角来理解现象。局内人视角,即"主位视角(emic)",认为存在着对多重事实的识别(Fetterman, 1989:31),因为所有社会参与者的观点都被考虑在内并得到同样程度的重视,因此并没有舍弃特例,而是把它纳入考察的范围。

定性研究是一种理论建构的研究,所遵循的是归纳逻辑:从对社会现象的观察开始,通过广泛地收集数据,逐步归纳出对社会现象的解释性观点,最终构建有关社会现象的理论化解释或理论。具体地说,就是从经验事实出发,建立事实之间的联系,朝着更抽象的观念或理论前进。首先从实地收集事实数据,在数据分类的基础上,对数据不断进行比较和挖掘,从中归纳出不同概念之间的逻辑关系,起初可能只有一个主题和若干个模糊概念,随着对数据的不断加工,逐步提炼出核心概念,归纳出经验性概括,最终形成更抽象的关系或理论,这是一个从具体经验事实到抽象理论的归纳过程。

不同的研究逻辑有不同的理论定位、专业术语、研究方法和研究策略。定量研究方法以演绎逻辑为主,运用标准化的测量工具将社会现象简化为数字及其关系,用统计分析方法来进行分析。定性研究方法以归纳逻辑为主,重视在自然情境下通过人际互动来诠释研究现象的意义。图 12.1 显示了理论建构研究的过程、步骤和领域。有趣的是,这个过程的结果恰恰是理论建构过程的开头。理论建构研究始于:①某个特定的研究方法论,对"什么用作证据""如何收集证据"等问题作出决定;②根据这种方法论,从实地收集事实数据;③对数据不断进行比较,从中归纳出不同概念之间的逻辑关系,得出初步研究结果;④对数据进行进一步深度挖掘,逐步提炼出核心概念,归纳出经验性概括;⑤最终形成更抽象的关系或理论。

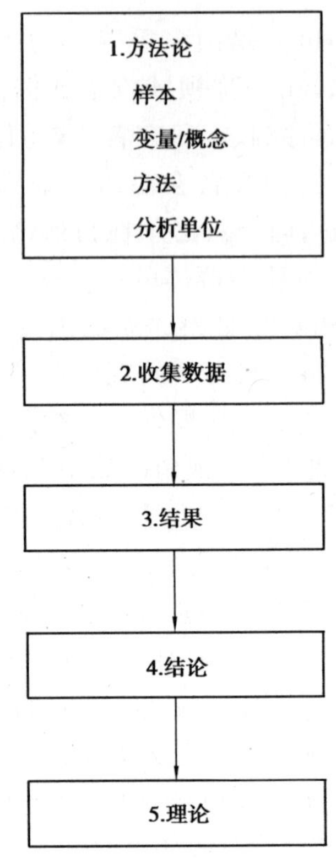

图 12.1 理论建构研究的过程和步骤

（来源：Rose，G.（1982）. *Deciphering* sociological research. London：Macmillan.）

二、定性研究的定义

自 20 世纪 90 年代以来，西方出版了大量“定性研究方法”方面的著述，国内也陆续有这方面的专著问世。然而，什么是定性研究方法，研究者却有不同的理解。由于定性研究方法受到多种思潮、理论和方法的影响，因此定性研究方法出现了非常复杂的情况，有关定性研究的定义也是众说纷纭。比如有些学者从所获得的数据性质来界定定性研究，还有的学者从研究策略上来阐释定性研究的含义，而另一些学者则从定性研究所具有的动态与意义的特质来进行解释。

从数据性质来看，定性研究所收集的数据是文字资料、词语句子或象征符号等“软性”资料，不同于定量研究以数字形式出现的“硬性”资料。比如，纽曼（Neuman，2003：438）指出：定性研究是用文本、书面文字、词句或象征符号等来描述或呈现社会生活中人的行为、态度和事件的资料。他实际上是把定性研究看成是不同于定量研究数据形式的另外一种研究方法。

从研究策略层次来看，定性研究是一种研究者进入到自然情景中通过各种方法（如深度访谈、参与式观察）来收集资料并对研究结果进行深入诠释的活动。斯特劳斯（Strauss，1977：19-20）对定性研究的过程与策略，进行了相当完整的说明，他说:“定性研究的目的不在验证或推论,而是在探索深奥、抽象的经验世界之意义,所以研究过程非常重视被研究者的参与及观点之融入;同时,定性研究对于研究结果不重视数学与统计的分析程序,而是强调借由各种资料收集方式,完整且全面性的收集相关资料,并对研究结果作深入的诠释。”邓肯和林肯(Denzin & Lincoln,1994)把定性研究看成是一种在自然情境下,对个人的生活世界以及社会组织的日常运作进行观察、交流、体验与解释的过程。马克斯韦尔(Maxwell,1996)将定性研究定义为一个对多重现实的探究和建构的过程,研究者在此过程中将自己投身到实际发生的事件中来探究局内人的生活经历和意义。

台湾学者陈伯璋(1989:26)提出,定性研究是“一种着眼于研究者和被研究者在日常生活世界中对意义的描述及诠释。在日常生活世界中,无论是客观的描述或主观的诠释,都牵涉语言的问题,因此日常语言分析及语意诠释,提供了了解客观世界或主观价值体系的媒介。同时在研究过程中,研究者与被研究者之间的互动关系以及意义的分析与理解,本身就是一种复杂的符号互动过程。”国内学者陈向明(2002)认为:“质的研究是以研究者本人作为研究工具,在自然情境下采用多种资料收集方法对社会现象进行整体性探究,使用归纳法分析资料和形成理论,通过与被研究者的互动对其行为和意义建构获得解释性理解的一种活动。”

从定性研究所具有动态与意义的特质来看,定性研究含有意义、概念、定义、特质、隐喻、象征和对事物的描述等意义。(潘淑满,2003)伯格(Berg,1989)指出,所谓“质”是指一件事物是什么、如何、何时和何地等意义,其本质是非常含糊的。邓津(Denzin)和林肯(Lincoln)也认为“质”的概念,隐含着“过程”与“意义”双重意义。

综合上述有关文献,可以对定性研究做以下界定:定性研究是指用文字而非数字来呈现和描述数据,在自然情境下对社会现象进行整体探究和深度诠释的过程。这就要求研究者首先要明确定性研究所处理的对象是文字性数据,而不是定量研究所涉及的数字数据。其次,在研究过程中,研究者要融入被研究对象的经验世界中,深入体会他们的感受与看法,并从被研究者的立场来诠释这些经验和现象的意义。最后,由于人类社会高度的异质性和动态性,社会现象往往因为不同的时空、文化与社会背景而具有不同的意义,因此,研究者在进行定性研究的过程中,必须充分理解社会现象的不确定,对研究对象要有高度的敏感性,通过与被研究者的密切互动,对社会现象或行为进行全面、深入的理解。

三、定性研究的特点

对定性研究方法的认识,必须把它与其他方法进行比较,从而找出该方法有别于其他研究方法的特点。国外学者波格丹和比克伦(Bogdan et al.,1982)认为定性研究有六个方面的特点:①在自然情境下收集资料,即在不受外力控制或干扰的情境下来进行资料的收集工作。②研究者不借助外来的研究工具,研究者本身就是最主要的研究工具。研究者在进入研究现场时必须放空自己,才能对研究对象有较高的敏感性与察觉能力。③重视对研究现象的描述。研究的结果通过叙事手法来再现有关社会事实或经验。④从社会情境观点来分析研究现象、行为与行为之间的关系，而不强调研究的结果是否能验证理论假设。⑤用归纳法对经验资料进行加工，通过由繁化简，逐步归纳的步骤，从散乱的资料中概括和提炼出核心概念。⑥研究者特别关注行为对被研究者的意义。波格丹和比克伦提出，研究情境、研究者角色或素质、收集资料的方式、理论的形成方式（归纳法）、理解的视角这五方面构成了定性研究区别于其他研究方法的特性。概括起来，定性研究有以下六个方面的特点：

（1）以理解作为认识论的原则。定性研究的目的在于对被研究者的个人经验和意义进行解释性理解。这种以理解作为理论建构的研究，就是要理解被研究者的观点、社会情境，以及与社会情境相关的社会规范。研究者只有理解了被研究者的思想、感情、价值观，才能理解他们对自己行为和情境的解释，进而才能理解他们的外显行为。对如何把这种以理解作为认识论的原则加以贯彻运用，不同的研究理论取向有不同的主张。比如，常人方法论强调微观的人际互动过程，强调对行动者主观意图的理解，这种理论取向研究的主要实践方式是对话分析。

（2）强调整体主义（holism）和情境主义（contextualism）。定性研究在了解社会现象时，倾向把现象放在发生的具体场景或社会网络中去考察，并试图对事件的来龙去脉进行整体的理解。整体主义和情境主义的目的是借助对现象整个背景的了解去解释现象。定性研究者相信，所收集的资料只有在社会及历史的语境中才有意义，才能加以理解。在定性研究过程中，保持所研究现象的原有情境非常重要，因此，研究者应该尽量有意识地不去扰乱或改变研究情境，并使其改变控制在最低程度。

（3）重视参与者的个别经验。定性研究特别重视参与者个别经验的特殊性。这不仅因为每个参与者都有特殊性，研究的结果无法被复制或被进一步推论到相似情境的对象，而且因为对社会现实的了解，必须以生活其中的个人的特殊经验及感受为基础。虽然研究者可以对社会现实作出解释，但是只有基本掌握了参与者的个人解释，才能真正弄清楚参与者行为的动机。如果研究者无法确定认知事件对参与者的意义，那么他所描述的社会现实就是一个与参与者无关而强加于参与者的虚构世界。当然，研究者还需要以参与者本人的解释及动机为依据，建构参与者对社会现实的理解。这样的建构必须忠实于参与者本人的世界观和价值观。

（4）动态发展的过程。定性研究者认为社会生活是动态发展的，是一系列相互关联的活动。因此定性研究是一个动态发展的过程，不可能一次定终身。在实际研究过程中，研究者应该采取“即时性策略”，而不是按照一个事先设计好的固定方案行事。研究者要善于根据自己的研究目的来选择适当的操作手段，根据当时当地的实际情况来“即兴创造”合适的研究路径。研究者除了关注即时即地纷繁复杂的社会生活之外，还要重视社会生活的变化及其背后的过程转换。

（5）以文本形式呈现资料。研究者所收集到的资料，无论是田野观察日志、录像带、访谈录音、图片或影像资料等，最后都要以文本形式加以呈现，研究者要经过资料转录的过程,才能进入数据分析阶段。在资料整理和分析的过程中,研究者必须放空自我,让自己与资料不断进行对话,让数据与理论进行对话,再从参与者的立场观点来解读资料语境的意义。数据分析的目的是在庞杂的数据中,通过运用对照、比较和归纳的方法,提取主题或通则,最后建构理论。可以说,在田野资料基础上形成的文本数据是重建与诠释参与者观点的根基所在。

(6)具有反思性。在定性研究中,对社会现象的研究这一行为本身会影响现象的变化。研究者是他们所研究的世界一部分,研究者与被研究对象是密不可分的。汉莫斯里和阿特金森(Hammersley et al., 1983)指出:"这不是方法论承诺的问题,而是一个存在的事实。要研究社会世界,我们就无法回避它;幸运的是,回避也是不必要的。"研究者事实上是无法做到所谓的"客观性"和"中立性",应该清楚地认识到研究者自身可能对研究过程的产生影响。这就要求研究者必须具有反思性,不仅清楚地认识整个研究过程,而且还要把握好与被研究者的关系。反思性对提升定性研究的品质是必不可少的。

第二节 定性研究的由来和发展

定性研究起源于不同的理论传统和学科领域。关于定性研究的起源,主要有三种不同的观点:①定性研究起源于人类学的民族志方法。根据斯密斯(A. Smith)观点,定性研究的历史可以追溯到古希腊。定性研究的主要方法"ethnography(民族志)"一词的词根"ethno"就来自希腊文的"ethnos",意指"一个民族""一群人"或"一个文化群体"。"Ethno"作为前缀与"graphic"组合成"ethnography"以后,便成为人类学的主要分支"民族志"。(陈向明,2002)虽然一些早期的人类学家的兴趣在于猎取原始的、落后的、野蛮的部落或民族的资料,但是民族志的方法开创了长时间进行实地调查的先河,成为定性研究最主要的来源之一。

定性研究起源于社会工作方法。19 世纪末,英国工业化和城市化的发展改变了人们的生活,加深了城乡差异和不同社会阶层之间的冲突,对于这些问题的思考和解决,出现了社会工作实务和研究领域,产生了"个案工作""团体工作"和"社区组织"等社会工作方法。定性研究是"脱胎于企图对社会中受到不平等待遇的各种弱势群体,以改善其境遇所产生的一种探讨方式。"(谢卧龙,2004:18)在这样的探讨方式中,研究者身份的转变构成最大的特点。传统定量研究方法要求研究者用"中立""客观""科学"的方法"自上而下"地去解释社会,而定性研究却强调研究者的主体性,要求"自下而上"地去理解社会,从而提出改善现状的方法。

定性研究起源于 20 世纪 60 年代对实证主义和定量研究程序的反抗。定量研究是用演绎逻辑来对社会现象进行思考的一种方法,定量研究有一套"标准化"的研究方法:建立假设、操作化具体变量、收集实证数据和验证假设,其重点在于"验证假设",但这一标准化方法受到定性研究者的质疑。他们认为,社会现象是动态的和多元的,定量研究者却按照一定程序把它转化为具体的、可测量的指标,这无疑忽视了文化的独特性和多元性。定性研究并不是要提出了一个反对、对抗甚至取代定量研究的范式,而是要针对定量研究的方法论"霸权"进行深刻和批判性的反思。

总之,在认识论上,定性研究打破了传统的二元论,认识到了社会现象是根植于特定的社会文化中,只有基于特定的社会文化,才能将社会现象予以更多的"呈现"。在方法论上,定性研究是对"定量研究所导致的创意萎缩、分析面向和范围日益缩小所做的补充之尝试。"(谢卧龙,2004:25)因此,定性研究对人文社会科学就有重要意义。定性研究试图引起人们对多元研究方法的重视,好让人们在探讨社会现实时有更多的选择。

一、定性研究在西方的发展

定性研究在西方不同的时期和不同的国家,表现出不同的研究兴趣和特点。早期的民族志研究发源于西方学者对世界上其他地区残存"原始"文化的兴趣。他们认为"落后"民族是人类进化链中的一个环节,希望通过对异族文化的了解反观自己的文化发展历程。德裔美国人类学家博厄斯(Boas)首创实地调查方法,从1886年开始在美国西北海岸的印第安部落做实地调查。波裔英国人类学家马林洛夫斯基(Malinowski)率先进行长时期实地调查,他在1914—1915年和1917—1918年间在新几内亚和特罗比恩(Trobriand)岛上进行了长期艰苦的实地工作。通过亲身经历"在这里""到过这里"和"回到这里"三个阶段,他发现研究者只有离开自己的文化群体,参与到当地人的日常生活之中,才能对他们的制度、风俗、行为规范以及思维方式有所了解。博厄斯和马林洛夫斯基的实地调查方法对后来的西方人类学家产生了很大的影响,这些人类学家包括本尼狄克特(Benedict)、M. 米德(Mead)、莱德克里夫·布朗(Redcliff-Brown)、罗威(Lowie)、克罗伯(Krober)、普利查德(Evans-Pritchard)、弗斯(Firth)、保德玫克(Powdermaker)、列维-斯特劳斯(Levi-Strauss)等。他们分别在非洲、太平洋岛国、美国本土以及其他地区进行了长期的实地研究,为实地调查方法的发展和传播发挥了重要的作用。

19世纪末和20世纪初西方社会改革运动也在一定程度上推动了质性实地调查方法的发展。美国杜·波依斯(Du Bois)在研究费城黑人社区时,除了大规模的统计调查外,还对5 000受访者进行了访谈,以该项调查为基础而写成的《费城的黑人》(1899/1967)一书被认为是早期城市民族志研究的一个典范。马克思主义创始人之一的恩格斯长期深入英国工厂和工人居住区,其著作《英国工人阶级的状况》(*The Condit on of the Working Class in England*)(1845/1969)被视为实地研究的佳作。布思(C. Booth)《伦敦人民的生活和劳动》(1927)用统计分析、访谈和观察等方法,将伦敦划分为50个区,根据不同标准(如贫穷率、出生率、死亡率、早婚率等)对这些地区进行了排序比较。芝加哥学派的代表人物帕克(R. Park)等人对城市少数民族群体、亚文化群体(特别是贫困人群)进行了研究,在其著名的《城市》(1916)一文中明确用人类学方法来研究城市社会学问题。林德(Lynd)夫妇对美国中部城镇居民生活进行研究,其著作《中镇——美国现代文化研究》(1929/1956)和《过渡中的中镇——文化冲突研究》(1937)从谋职、成家、生儿育女、闲暇、宗教、社会活动等六个方面,对居民的道德观念和精神状况进行了考察。这个时期的研究不太重视研究者的个人作用,侧重从资料中去挖掘当事人的观点和态度,从而发现所谓的"客观现实"。即使研究涉及研究者的主观世界,这个主观世界也被认为是"客观存在的"。(梅拉尼·莫特纳,2007:总序 1-2)

从 1930 年到 1960 年的 30 年时间里,随着殖民主义的衰落以及非亚国家的兴起,人类学开始受到独立国家人民的排斥。人类学家逐渐进行自我反省,意识到他们的文化进化观过于褊狭,在研究中保持"客观中立"几乎是不可能的。他们逐渐将注意力放到对历史文献、语言学以及本土文化的研究上。在这里人类学与社会学有了学科上的融合,两者在民族志方法上找到了共同点:与被研究的城市居民群体一起长期生活,了解他们的真切关注和日常困扰。此时的研究者越来越多地反思和分享自己的主观性,将自己的"浅见"公布于众,探讨研究者自己对研究过程和结果的影响。美国社会学家怀特(Whyte)在《街角社会》(*Street Corner Society*)(1943)中便直接与多克等知情人士互动,参与到对方的各种活动之中。

20 世纪 60 年代以后,定性研究受到现象学和阐释学的进一步影响,研究者越来越意识到,自己与被研究者之间是一种"主体间性"的关系。研究者的自我意识不仅可以包容被研究的对象世界,而且可以创造一个社会世界。研究不仅仅是一种意义的表现,而且是一种意义的创造。研究不再只是对一个固定不变的"客观事实"的了解,而是一个研究双方彼此互动、相互构成、共同理解的过程。这种理解不仅仅要求研究者在认知层面上了解对方,而且还需要研究者通过自己的亲身体验去"理解"对方,并通过"语言"这一具有人类共同性的中介,将研究结果"诠释"出来。只有当研究者进入对方所关注的问题领域时,"意义"才可能向研究者呈现。

进入 20 世纪 90 年代以后,世界范围的国家意识和民族意识进一步高涨,世界政治和文化格局在不断"去中心化"和"边缘与中心互换"。在"文化多元"思潮的影响下,定性研究加入到价值观和理论范式的论战中。在后现代的语境下,定性研究者意识到,不存在"客观的"和"中立的"研究,研究其实就是在"写文化"。这个时期的定性研究已经从对自我和他人关系的反思,转到对语言、政治、历史以及社会科学家职业的反省(布迪厄,华康德,1998)。他们不仅对不同文化的人观(personhood)、自我和情感的界定和经验进行探究,了解传统小型地方性社区与世界全球化之间的关系,而且将社会科学研究本身作为一种文化批评。在方法上,研究者不再像前人那样讲究研究的客观性、真实性和确定性,而是采取一种"视情况而定"的态度,在关系中对"效度""信度"等问题进行深入的思考。

二、定性研究的历史分期

定性研究在西方国家演变的历史复杂,对定性研究的历史分期尚未达成共识。邓津和林肯(Denzin & Lincoln,1994)将北美的定性研究的演变历史分成七个时期:传统阶段、现代主义阶段、类型模糊阶段、表达危机阶段、最近发展阶段、现阶段和未来可能发展阶段。①传统阶段:从20世纪初叶到第二次世界大战。以马林诺夫斯基(Malinowski, 1916)民族志研究和芝加哥学派社会学研究为主要代表。这一时期的定性研究专注于异文化、外国或奇风异俗等题材,在叙述与诠释方面还或多或少地带有追求客观性的倾向。民族志研究题材多半聚焦于异国文化,而社会学的研究对象则专注于当地社会的外来者或边缘人。②现代主义阶段:此阶段从第二次世界大战结束一直持续到20世纪70年代,其显著特点是试图将定性研究形式化或正规化。为此,美国出版了较多的相关教科书。目前美国学术界仍然可以看到与格拉泽和斯特劳斯(Glaser et al.,1967)信念相似的观点。③领域模糊阶段:从20世纪70年代到80年代中期。这一时期以格尔茨(Geertz)的模糊类型(blurred genres)为其代表。各种理论模式和研究方法同时并存或混合拼用。符号互动论、常人方法论、现象学、符号学或女性主义等影响加大,文本分析、语义分析、内容分析、符号学、结构主义等方法开始进入定性研究的范畴。这个时期常用的定性方法包括扎根理论、个案研究、历史研究、传记研究、民族志行动研究和临床研究等。④表达危机阶段:在20世纪80年代中期定性研究出现了表达的危机。民族志的发展从整体上给定性研究带来了极大的冲击。定性研究者认为,研究和写作本身就是权力、社会阶层、种族和性别的反映。在这个时期,表达被看成是研究发现或研究结果一部分的观点,引起了相当大的关注。按照此观点,定性研究就变成了建构许多真实版本的持续过程。比如研究者所呈现的有关某一事件访谈的版本,并不一定符合实际所发生的真实情形。不同的研究者或不同的提问情境,访谈的对象所提供的版本可能不一定相互呼应。更为重要的是,当研究者试图对访谈结果进行诠释,将研究发现进一步整理成可发表的成果时,研究者实际上生产了一个新的版本。不同读者对于图书、文章或报告中研究者所生产的版本,可能会有不同的诠释。这样一来,各种新版本也就层出不穷。在这其中,每一次阅读所内含的特殊旨趣就扮演了非常重要的角色。在此语境下,对研究与发现的评估就变成了对研究方法论的探讨,这又进一步涉及定性研究评价标准的有效性问题。⑤最近发展阶段:邓津和林肯将定性研究的最近发展确定为第五个阶段。主要的特点是:多样而分歧的叙事已经取代了普遍而统一的理论,或者说理论被解读为叙事。这意味着大叙事的时代已经终结。叙事的论调转变为小叙事或小理论,更贴近特定的、局部的、区域性的和历史的非普遍性情境和问题。⑥现阶段:现阶段也就是邓津和林肯所确定的第六个阶段,其主要的特点是,后现代时期的新形态书写。与此同时,定性研究议题也开始与民主政策产生关联。⑦未来可能发展阶段:定性研究的未来可能发展被确定为第七阶段。由于这个阶段尚未发生,有待于进一步观察和探索。

弗利克(Flick,2007:11-14)将德国定性研究的历史发展分为三个阶段:①进口阶段,这一时期从20世纪60年代到70年代初期。这个阶段的主要特点是德国将许多美国定性研究的论著翻译成德语。例如,民族志和符号互动理论等。②原创阶段,这一时期主要从20世纪70年代中后期到80年代初期。在这一时期,德国产生了两个原创性定性研究方法,即舒茨(Schtüze)的"叙事访谈法(narrative interview)"和奥威尔曼(Oevermann)等人的"客观诠释论(objective hermeutics)",这两种方法得到了广泛运用,促进了德国定性研究的发展。③定性研究方法的落实和程序性问题。这一时期从20世纪80年代中后期到现在。在这一时期,有关定性研究成果的有效性和类推的可能性、研究成果的呈现和透明度等问题引起了相当广泛的关注和讨论。同时,电脑技术运用于对这些大量而非结构化的定性研究数据的处理。

三、定性研究在中国的发展

我国最早的定性研究是20世纪前后由一批外籍传教士、学者和教授发起并完成的。美国传教士史密斯(Smith)于1878—1905年对山东农民进行了广泛调查,出版了《中国农村生活》(1989)一书。1917年,美籍教授狄特莫(Ditlmer)指导清华学生对北京西郊居民的生活进行了调查。美籍教授古尔普带领学生到广东潮州凤凰村进行调查,著有《华南乡村生活》(1925)一书。美籍传教士甘博古(Gamble)和燕京大学教授步济时(Burgess)在国外用英文发表了《北京—— 一个时代的调查》(1921)。

20世纪20—30年代是中国社会调查发展最迅速的时期。当时有两个著名的社会调查机构:北京"中华教育文化基金董事会社会调查部"、南京"国立中央研究院社会科学研究所社会学组"。这个时期的代表性调查成果包括:李景汉的《北京郊外乡村家庭》(1929)和《定县社会概况调查》(1933),严景耀通过参与观察对犯罪问题所做的调查(1927—1930),陈翰笙对无锡、广东和保定三个地区农村社会经济问题的大规模调查(1929—1930),王同惠和费孝通关于"花篮瑶社会组织的调查"(1934)。20世纪30年代后期和40年代比较著名的研究成果有:费孝通的《江村经济》(1939),史国衡的《昆厂劳工》(1943),费孝通和张之毅的《乡土中国》(1946),陈达的《上海工人》等。作为中国革命领导人的毛泽东也是社会调查的身体力行者,他的《中国社会各阶级的分析》(1926)、《湖南农民运动考察报告》(1927)、《寻乌调查》(1930)、《长冈山调查》(1930)等使用了深入细致的实地调查方法。20世纪40年代初张闻天等人对陕北地区进行了社会调查研究,完成了《绥德、米脂土地问题初步研究》和《米脂县杨家沟调查》等调查报告。20世纪50年代后,由于种种历史的原因,我国调查研究基本处于停滞状态。但仍有少数学者到实地进行追踪调查,如费孝通1957年和1980年分别重访了1935年调查过的"江村"。

改革开放以后,我国社会科学研究日益受到重视,调查方法也越来越规范。20世纪90年代以来定性研究方法在不同的社会科学研究领域得到越来越多的运用,如项飚的《跨越边界的社区:北京"浙江村"的生活史》(2000),李书磊的《村落中的"国家"——文化变迁中的乡村学校》(1999),陶庆的《福街的现代"商人部落”:走出转型期社会重建的合法化危机》(2007)等。一些有海外学习工作背景的中国学者也纷纷使用定性研究方法进行实地调查研究,如王铭铭的《村落视野中的文化与权力:闽台三村五论》(1997)、吴飞的《麦芒上的圣言——一个乡村天主教群体中的信仰和生活》(2001)。有的海外中国学者用英文写作,然后翻译成中文在国内发表,如阎云翔的《礼物的流动:一个中国村庄里的互惠原则与社会网络》(2000)和《私人生活的变革:一个中国村庄里的爱情、家庭和亲密关系——1949—1999)(2006)。也有海外学者到中国做田野调查,如丹麦的曹诗第(Thoegersen)的《文化县:从山东邹平的乡村学校看二十世纪的中国》(2005)。20 世纪末以来,很多港澳台学者也发表了不少用定性研究方法获得的研究成果。

此外,不少中国学者从方法论的高度对定性研究方法进行了探讨。早在 1934 年,林惠祥的《文化人类学》就对人类学和文化人类学的定义、对象、分科、发展和流派等进行了系统的和通俗的介绍。改革开放以后,又有朱红文的《人文精神与人文科学——人文科学方法论导论》(1994)、黄淑娉和龚佩华的《文化人类学理论方法研究》(1996)、水延凯的《社会调查教程(修订本)》(1996)、李德洙的《都市人类学与边疆城市理论研究》(1996)、夏建中的《文化人类学理论学派——文化研究的历史》(1997)、袁方主编的《社会研究方法教程》、钟敬文的《民俗学概论》(1998)、陈向明的《质的研究方法与社会科学研究》(2000)以及陈向明等人的《社会科学研究:方法评论》(2006)、杨念群的《中层理论——东西方思想会通下的中国史研究》(2001)、台湾学者胡幼慧主编的《定性研究》(1996)等。在历史学领域,我国学者在对定性资料的鉴别、考据和分析技术方面,积累了大量的经验,也可看成是定性研究方法的一个重要进展。

目前,定性研究方法在国内一些高校成为社会科学的必修课。20 世纪 90 年代之前,定性研究基本上与定量研究一起教授,学生实地操作和使用的机会比较少。90 年代以后,北京大学和南京大学等高校开始独立开设定性研究课程,要求学生在学习过程中独立完成一项小型的实地调查。一些大学的研究生还自发编撰论文集,将学做定性研究的艰辛、喜悦和顿悟记录下来,如杨钋和林小英主编的《聆听与倾诉——质的研究方法应用论文集》(2001)。近年来,在福特基金会资助的方法高级研讨班上,我国社会科学界也对定性研究方法的有关问题展开了讨论和实际操作训练。(莫特纳 等,2007:3-4)

第三节 定性研究方法

从理论上讲,有多少种定量研究方法,就有多少种定性研究方法。然而现实中这两种研究方法并不是一一对应的。由于不同研究者采用了不同的划分标准,因此定性研究方法有不同的划分类型。定性研究方法本身就是错综复杂和变化多端的,这更增添了划分工作的难度。有的按研究策略把定性研究方法分成三类:即内容分析、个案研究、民族志(Best et al., 1998:248-253)。有的按研究者立场分为六类:个案研究、扎根理论、现象学、符号互动、民族志、行动研究(Patton, 1990)。有的按研究问题分成五类:意义类问题、描述性问题、过程类问题、对话类问题、行为类问题(Morse, 1994),还有的根据研究路径分成民族志和分析研究两类。下面列举几种常见的定性研究方法。

(1)参与观察。在参与观察中,研究者通常带着特有的兴趣点(如校长与教师之间关系的性质是什么)或者具体问题(如这些学生是如何理解阅读指导的)进入研究现场。参与观察也需要在研究现场呆上相当长的时间,但由于焦点明确,研究者可以就自己感兴趣以及觉得重要的问题进行田野调查,所花费时间应该要少于民族志的研究。参与观察方法应用比较广泛,这方面的例子有:对小学日常生活中隐性课程的研究,对不同社区中学前教育准备的社会建构研究,对高辍学率城市公立中学的政策与实践的研究,对小学生制作录像行为的研究等。

(2)访谈法。访谈可以成为定性研究资料收集的首要方法。访谈研究的目的是要收集人们的行为、态度、感受和信念等方面的详细资料。研究者试图发现人们遭遇某种现象或经历的方式,了解它们的意义和实质。在实际访谈过程中,研究者尽量不改变或以任何方式去影响受访者以保证研究的客观性。定性研究者所使用的访谈法与定量研究者所使用的方法不太一样,定量访谈基本上采用封闭式问题,而定性访谈则形成了一种特殊的谈话,所问的问题是开放式问题,鼓励受访者对自己的观点进行解释,并认真细致地倾听,以找到特殊的话语或其他线索,来揭示受访者用来理解世界的意义结构。访谈者带着问题进入访谈现场,力求相互之间建立一种信任的关系,回应受访者的问题,并引出新的问题。访谈研究的例子有:有关教师对停薪留职看法的研究,对少数民族教师成功人士的研究,对女性行政人员的叙事研究等。

(3)民族志。民族志是一种试图从局内人的视角来描述文化的定性研究方法。民族志是定性研究的一种经典形式,是从人类学田野调查方法那里发展而来的,田野调查通常包括参与式观察、访谈以及实物收集等,目的在于了解当地族群的日常生活经历及其文化。当代民族志研究是主流文化中的亚文化,这些亚文化以其共同的种族、文化、阶级、宗教或其他特征而有别于主流文化。当代民族志的目的是理解在一定情境下所产生的信念、态度、价值观、角色、社会结构以及行为规范等,这些情境与研究者自身的情境截然不同。民族志研究往往通过不同参与程度的观察、不同结构程度的访谈、轶事记录,以及生活史、族谱、民间传说等静态资料的收集来获得研究资料。

(4)专题小组(焦点小组)。在专题小组访谈法中,一群具有相似特征或具有共同经历的人组成一个小组,在主持人的协调下讨论某个问题。专题指的是将要讨论的题目,所得到的最终数据资料是小组成员发言的记录。专题小组讨论与个别访谈的不同之处在于,专题小组使用小组互动方法来获取数据和观点。专题小组特别适用于了解受访者一些难以启齿的经历,专题小组可以作为情感支持的来源。同时专题小组也能够刺激和帮助受访者回忆起一些可能淡忘的情境或细节。更为重要的是，专题小组可以是高效率的，在不太长的时间内收集到大量有关受访者的数据资料。专题小组的缺陷是，受访者的发言可能会受到小组中其他受访者的影响，因此难以确定受访者是否如实地讲述他们自己的经历和看法，是否按其他组员的期望方式来进行讲述。专题小组访谈法的例子有：研究高中学生对性教育的看法，了解家长和专家对全纳教育（inclusive education）和早期干预教育的意见，调查学前教师对儿童游戏的态度，等等。

（5）扎根理论。扎根理论是重要的定性研究方法之一。扎根理论的目的在于理解人们赋予自己生活事件的含义，试图从经验数据中来建构理论，因此需要富有技巧的访谈和深入的内容分析。扎根理论的理论根据是符号互动论，即人们为自己构建了事件的意义，而这又是以与别人的互动为基础的。在扎根理论研究中，取样、资料收集和资料分析是同步进行的，对先前资料的分析可以用来指导以后样本的选择和资料收集的重点，研究者可利用初步的理论框架来确定下一步的资料收集。随着收集到的资料越来越丰富，研究者就要把资料概念化并进行归纳和分类，形成核心概念以及概括概念之间关系的命题，最后提出理论作为研究成果。扎根理论是一种后实证主义的方法，亨利对沃尔多夫学校与一所大学预科学校仪式的研究，是教育领域应用扎根理论的一个范例。

（6）叙事研究。叙事研究用来解读人们所叙述的生活故事，其目的在于通过故事来理解人们的生活。叙事研究包括对生活史、生活故事、传记、个人经历、口述史、叙事等研究。布鲁纳区分了范式性认知方式和叙事性认知方式。范式性知识的特征是逻辑—科学模式，而叙事性知识则是故事性知识。布鲁纳指出，叙事性知识从本质上讲并不比范式性知识更低级，虽然它在西方文化中被赋予的价值要低一些。叙事研究试图获得故事性知识。克兰迪宁和康纳利所归纳的叙事研究方法有：口述史、记录与编年史、家庭故事、照片、记忆盒及其他个人/家庭实物、研究访谈、日记、自传性文字材料、书信、谈话录、实地笔记以及其他类型的故事。叙事研究基于建构主义与批判理论和女权主义这两种范式。这类研究所强调的是个体从故事中引申出来的意义，建构主义研究者和参与者一起共同建构了所讲述的故事。柯亨的《教一辈子书：五位高中老教师肖像》以及凯西的《我以生命作答：为社会改革而工作的女性教师生活史》分别是建构主义与批判理论和女性主义的研究范例。

（7）个案研究。个案研究是一种特殊的定性研究方法，它把行为观察和态度观察以及研究对象的感受结合在一起。个案研究只从一个或少数几个案例中收集资料，通常数量不超过5个。个案可以是一个城市、一项制度、一个社区、一个团体、一个家庭、一个项目、一次事件、一个人、一个程序等有明确边界的系统或实体。在个案研究设计中，界定边界或明确分析单元是关键所在。资料收集与分析程序都与其他定性研究方法相差无几，非常依赖于研究者的访谈技巧和建立信任关系的能力。个案研究的优点是可以深入考察用定量方法无法做到的事情，如人们对社会现象的具体感受和经历。个案研究的最大缺点是所获得的知识确定性较差。适合于个案研究的主题有性变态、白领犯罪等反社会行为,典型范例有莱特富特对6所高中的描述性研究以及沙姆亚对女性校长的研究。

以上所列举的几种主要的定性研究方法并没有涵盖所有类型的定性研究方法,但它们反映了定性研究方法的基本类型。在实际的定性田野调查中,很少只使用单一的研究方法,通常会将访谈、参与观察和内容分析等多种定性研究方法结合起来使用,或者将某种单一的定性研究方法(如访谈)与某种单一的定量研究方法(如问卷调查)结合起来使用。

第四节 对定性数据的分析

与定量数据分析的确定性相比,定性数据分析更富有弹性。对定性数据的分析是确定主题的过程。这一过程往往在收集第一批数据时就开始了,这意味着定性数据的分析与数据收集是同步进行的。在收集资料过程中,通常会以刚刚收集到的数据为基础,来决定下一步所要收集的数据内容或访谈对象。这种弹性使得研究者无法事先确定数据分析模式,因为研究者无法预知最终数据究竟是什么样子的。

大多数研究者在分析数据时会浏览一下所有的田野数据或调查笔记,获得对所有数据的大致总体印象和认识,并梳理出大致主题。研究者通常会将所有数据通读几遍,把握所有的内容和细节。每读一遍,都会有新的感受和新的发现。在确定大致主题后,可以再次通读数据或调查笔记,以确定各个主题之间的关系,或者还可以通过文献综述来协助分析定性数据,这些文献中会出现某些主题,然后再分析已收集的数据,确认这些主题在数据中是否存在。通常分析数据所花费的时间大致等于收集数据所花费的时间。多通读几遍数据,可以使对数据的分析不仅仅局限于简单的描述层面上,而上升到理解或理论的层次。

对定性数据的分析,始于对定性数据的冲突或矛盾之处的关注,这往往会引出诸多发现和思考,并从中提炼出主题或理论。在分析定性数据的过程中,研究者需要不断地询问自己,这个数据意味着什么?在字词之间、概念与概念之间、行动和语言之间、行为的条件与结果之间,研究者会以各种方式来寻求它们之间的联系、类型和模式。研究者要始终谨慎从事,不能过早妄下结论,即使有了初步的判断,也要以假设形式来进行。

对数据进行非常仔细、谨慎和深思熟虑的检查,被称为数据编码。每一位定性研究者的编码方式会有所不同。对判定所收集的数据或笔记是否与其他数据或笔记存在着逻辑联系,研究者的洞察力、理论直觉和支援意识是至关重要的。在多数情况下,这些联系不会立即呈现出来,有时可能要花上几个星期甚至几年的时间,才能找出所有的联系来。有时研究者会在研究报告发表后,再返回到原有的数据或笔记中,来探寻第一次数据分析尚未发现的联系。这种思想创造过程是无法用统计分析方式来处理和完成的。

大多数定性研究是在特定研究问题的指引下进行的,如某一特定观察是否能够推及到一个更广泛的概念或类别,或者与之相关联。例如,在酗酒者研究中,“喝酒的冲动”这个宽泛概念就包括了这样的一些观察:每天的压力、社交场合、与配偶生气、电台播放的一首特别的歌曲、啤酒广告等。

研究者在收集数据时,会尽可能地对数据进行整理和组织比如对访谈记录注明日期和做出标记。越来越多的研究者抛开纸张、铅笔、小刀和胶水,把数据输入到电脑程序。定性分析软件程序可以对数据进行数字化排列,在编码内再编码,用各种编码类型打印资料。使用这一程序,文件能够以不同方式进行处理(例如,关于某个单一概念的所有评论可以集中在一起)。

提高定性数据分析能力的最好方法之一,是研读其他定性研究者的文章,研究他们是如何进行数据编码并揭示数据中各种关系的。另外一种方法是利用现有的编码系统,分析它们是否有助于找出数据中的关系。例如,斯特劳斯(Strauss, 1987)建议使用一种由条件、行为者间的互动、策略和计划以及结果组成的编码范例。波格丹和比克伦(Bogdan et al.,1982)提出的编码方案包括环境/背景、情况界定、视角、思考方式、过程、活动、事件、策略、关系和社会结构以及方法。无论使用或扩展哪一种编码方案,都要针对特定的行为事例,展示它们与较为广泛的概念之间是如何相关的。

根据上述分析,可以把定性资料分析的特点归纳如下:

(1)运用归纳法。定性研究不太关注数字数据,而重视对文本数据的归纳加工。研究者通常在研究初期针对特定事物或现象,提出初步定义和解释,然后再将这些初步发展的定义和解释运用到数据分析过程中。当数据不能容纳或不能完全适合初步发展的定义时,就需要对定义和解释进行调整或修改。在数据分析过程中,研究者还需要不断地寻找反例,并对反例进行分析和解释,直到形成能统领所有数据的普遍原则为止。

(2)收集数据与分析数据同步进行。与定量研究不同,定性研究的数据收集并不是一种机械性的记录过程,它往往同时要对数据进行分析和解释。研究者一旦把数据收集上来,就要对数据进行分析,提出对数据的初步解释。研究者要根据非线性原则,对数据进行反复分析,不断比较数据的异同,不断对数据进行抽象和归纳,确定数据之间的矛盾,找出其中共有的结构和模式。研究者还要根据数据是否达到饱和,来判定是否有必要进一步收集更多的数据。

(3)强调经验证据与抽象概念的相互融合。与哲学研究单纯的概念推演不同,定性研究需要把抽象概念与实证数据紧密结合起来,根据实地收集的定性数据来构建概念、命题以及模式。对定性研究而言,理论解释要实现抽象概念与经验世界的有效的结合,因为理论来源于经验世界,理论解释的效力在于对实际社会现象的真实展示。因此研究者必须对研究现象具有高度的敏感性和感受力,才能实现现象与理论之间的关联。

(4)数据分析在于理论的建构。定性研究者是从参与者的观点来观察日常生活世界的,再透过开放性编码过程对数据进行归纳,并形成对理论概念的构建。不管用何种方法来分析数据,最后都必须回到现有知识的基础,看一看研究发现是否与现有的研究文献相一致? 是否能拓展已有知识,或推翻公认的理论? 虽然局内人的内在体验和观点很重要,但研究结果最终还是取决于局外人的观点,用研究者的观点来阐释研究发现。

第五节 好的定性研究的标准

对"什么是好的定性研究"还没有形成各方都认可的评价标准。有些定性研究者主张,用传统定量研究信度和效度的标准来评价定性研究。信度是指研究结果的稳定性。效度指的是研究结果是否反映了研究对象的真实情况。在定量研究中,"效度"指的是准确性程度或真实性程度,即一项测试在何种程度上测试了它所要想测试的东西。这包括两个方面的意思:一是测查了什么特性;二是测查到何种程度。效度越高,即表示测量的结果越能显示其所要测量对象的真实性。(陈向明, 2002:398)

但是,也有些定性研究者认为,定量研究的评价标准并不一定适用于定性研究,这些标准至少要经过某种程度的调整才能应用于定性研究。"好的科学"标准固然有其价值,但是这些标准需要重新定义才能契合定性研究的实际情况和复杂的社会现象。比如,有学者指出,用信度标准对某一定性研究进行评估面临着困难,因为定性研究的不可重复性使得信度评价并不适合于这类定性研究。还有学者指出,定性研究的目的在于将事实或真实予以最接近的呈现,而不是要去再生产实在或真实。弗利克等学者也认为,每一个定性研究都是基于特殊的理论背景而做的具体性研究,一个好的定性研究就应该是最接近、最科学地去呈现这一特定的事实,因此评估定性研究品质的标准不能简单地化约为其是否符合某种固化了的标准,而是要考察整个研究过程是否适当。

基于以上论述,可以把每一个特殊的定性研究都视为一个整体过程,研究者只有采取适当的研究方法并在研究过程的每一阶段严格地进行操作,才能真正提高定性研究的质量。梅里克(Meyrick)将定性研究看成是一个整体过程,更加强调对过程的评估,而不是拘泥于某些特定的标准。他提出,"透明性"和"系统性"这两个基本原则应该贯穿于整个定性研究过程中,而且应该较好地体现在每一个具体研究阶段中。他认为,这样的过程评估使研究者能够使用多元方法。因为没有任何一个标准能够广泛地应用于所有的定性研究,所以只有根据研究需要来选择适当的方法,并在"透明性"和"系统性"这两个原则的指导下,对定性研究的每一阶段都严格地进行控制和操作。事实上,弗利克等许多研究者认为,定性研究过程的评估使研究者面对多元的社会现象,只有选择适当的定性研究方法,才能有助于提高定性研究的质量。

因此,探索好的定性研究标准的最好切入点是将定性研究分为以下三个阶段:①研究准备阶段。在此阶段,研究者要选择适当的方法,同时要明确自己的研究立场。②资料的收集和分析阶段。这一阶段包括对样本资料的收集以及对资料的分析。这一阶段通过考察定性研究过程各个阶段的具体特征,以判定彼此是否相互契合。简言之,对定性研究方法好坏的判断要特别考察其他阶段的研究程序与当前的研究议题是否能够达到琴瑟和鸣的程度,而不是去按照某些特定的标准去评定个别方法的优劣。③研究成果撰写阶段。研究者在撰写研究报告时需要详细说明从开始收集资料到最终形成理论的全部过程,同时强调在研究成果发表之前得到被研究者的确认。

一、研究准备阶段

一个好的定性研究首先要保证研究者持有明确的理论立场,即研究者对其所进行的研究保持客观性和反思性。所谓客观性是指研究者要与所进行的研究"保持一定的距离",也就是说,研究者要尽量避免把个人情感的主观状态带入研究过程中,从而影响整个研究过程和研究结果的客观性和科学性。所谓反思性是指研究者对研究对象本身进行反思,以达到对"事实或真实予以最接近的呈现"。其次,可以通过不同的研究策略来对同一社会现象进行阐释,针对某一特定的研究,研究者要明确研究的具体目标以及所要探讨的研究问题,并选择一种合适的研究方法。思考有关定性研究方法适用的问题,也就是要针对具体的研究议题、研究问题、研究对象,逐一检视各项适用指标问题反映出来的适切程度,从而决定采用哪一种研究方法和取向。这是确保提升定性研究质量的首要步骤。对于一个好的定性研究来说,选择一个合适的研究方法是至关重要的。所以,研究者应该谨慎思考所列问题并制订周密的研究计划,这不仅有助于定性研究者清醒地审视自己的理论立场,而且也可以检视自己研究方法是否适合于当前的研究议题。在某种程度上,一个合适研究方法的选择与运用是考察一个好的定性研究的首要标准。

二、资料收集和分析阶段

资料的收集和分析是定性研究最关键的步骤,直接关系到定性研究的质量。对于定性研究而言,首先要保证作为其研究开端或基础的资料抽样和收集工作的科学性。具体来讲,有关样本的选取工作要保证其抽样技术的适当性和合理性,同时也是抽样工作的意图所在,即保证所选取的样本的代表性,也就是说要去考虑所要选取的样本是否能够与研究过程达到琴瑟合鸣的程度,所选取的样本是否能够恰当地反映研究主题。一个好的定性研究应该对自然情境下收集和分析数据的每一个细节有充分的描述。

对资料分析来说,首先要建立一个明确而适当的分析框架以保证资料分析工作的系统性,同时提供大量的信息并进行系统的描述以便从资料分析导向最后的结论。据此,可以验证整个分析路径的操作过程是否符合"公平""合理"和"有序"的要求。(Meyrick,2006:799-808)此外,还要避免只依据几个样本就得出结论的冲动,因为只有在对所收集的全部资料进行了全面和深入分析的基础上,才能从所做的具体分析中引出有针对性的结论。同时,对于不符合研究结论的样本,应该去深入地探究其偏离研究结果的特殊性或原因,这种分析工作在很大程度上可以巩固所得出的既有结论。有时这些样本的存在迫使研究者不得不重新思考所得研究结论的正确性。资料分析工作与整个研究的目的是最接近的,因为通过分析所得出的就是整个研究的结论。对有关研究结论的考察,通常从内外部效度开始,以评估研究结果接近"真实"或"事实"的程度。所谓"内部效度",就是要对研究数据进行审查,对由研究资料通向研究结论的具体路径予以审核。对"外部效度"的考察一般采用多重编码的方式来进行,考查这一研究结论可类推到其他研究现象的程度,即这一研究结论是否在某些条件下具有普遍性的意义。

三、研究成果的撰写阶段

研究成果能否科学而真实地加以呈现是评估一个好的定性研究又一个重要的标准。首先,要保证研究结论的科学性和可验证性,就要把研究结论的某些可告知的方面(有些时候可能无法做到将研究结果彻底告知)交给被研究者去重新验证。只有得到他们的认可和同意,研究结论才可以说是科学的。在将研究成果予以呈现时,可以用一种例证的方式去加以描述,即借用大量丰富的资料和真实的案例去说明所得到的研究成果。这样做的目的,一方面有助于全面呈现研究成果,另一方面也有助于读者从各个方面对该研究结论进行评价和验证。适用性是评价一个研究成果的标准,但对于定性研究而言,这一标准可能不是必要的。因为,定性研究可能是基于某一特定的理论背景而做出的具体研究,其结论未必具有普遍性,也没有推广的价值。对这类定性研究或者大多数定性研究来说,研究的目的是为了在最大程度上去接近并呈现一种客观事实或真实,这或许就是其最大的意义所在。

总之,对定性研究质量的评估,应该不同于定量研究。由于大多定性研究是基于特定的理论背景而做的具体研究,所以可能无法用定量研究的信度和效度等标准来进行考察。定性研究不存在一个统一的评价标准。"一个好的定性研究标准"应该是一种特殊的具体标准,对其所做的考察也应该是基于这种特殊性而对整个研究过程的每个具体步骤所做的考察和分析,包括研究方法的选择、资料的收集和分析、研究结果的呈现,等等。此外,在对这一具体研究的考察中,要注意把"透明性"和"系统性"贯彻到每一个步骤中去。只有这样,才能保证整个研究过程的客观性和科学性,也只有这样,才能达到研究的真正目的,即最接近于"事实"或"真实"的呈现。

本章小结

作为与定量研究齐名的社会科学方法论，定性研究是一种理论建构的研究，遵循的是归纳逻辑。定量研究方法是以解释社会学范式或建构主义范式为基础的。在本体论上，定性研究认为世界是由多重事实构成的。在认识论上，定性研究假定研究者（或主体）与研究对象（或客体）之间的关系是主观的或价值关联的，研究者会对研究结果或发现产生重大影响。为了实现研究者对研究对象的理解，研究者必须在自然情境中展开研究，尽可能融入或参与所研究的社会情境中、并成为社会群体的一分子，只有这样，才能建构受访者的行为。与定量研究不同，定性方法论不是从局外人的视角来理解现象，而是从局内人视角来理解现象。

定性研究是一种理论建构的研究，所遵循的是归纳逻辑：从经验事实出发，建立事实之间的联系，朝着更抽象的观念或理论前进。首先从实地收集事实数据，在数据分类的基础上，对数据不断进行比较和挖掘，从中归纳出不同概念之间的逻辑关系，起初可能只有一个主题和若干个模糊概念，随着对数据的不断加工，逐步提炼出核心概念，归纳出经验性概括，最终形成更抽象的关系或理论，这是一个从具体经验事实到抽象理论的归纳过程。

理论建构研究的具体步骤是：始于①某个特定的研究方法论，对"什么用作证据""如何收集证据"等问题作出决定；②根据这种方法论，从实地收集事实数据；③对数据不断进行比较，从中归纳出不同概念之间的逻辑关系，得出初步研究结果；④对数据进行进一步深度挖掘，逐步提炼出核心概念，归纳出经验性概括；⑤最终形成更抽象的关系或理论。

定性研究是指用文字而非用数字来呈现和描述数据、在自然情境下对社会现象进行整体探究和深度诠释的过程。基于上述定义，研究者要在研究过程中融入研究对象的经验世界中，深入体会他们的感受与看法，从研究对象的立场来诠释经验和现象的意义。由于社会现象具有异质性和不确定，因此研究者要保持对研究对象的高度敏感性，通过与研究对象的密切互动，来实现对社会现象全面和深入的理解。

定性研究具有六个方面的特点：①以理解作为认识论的原则，②强调整体主义和情境主义，③重视参与者的个别经验，④动态发展的过程，⑤以文本形式呈现资料，⑥具有定性研究在西方经历了七个发展阶段：传统阶段、现代主义阶段、类型模糊阶段、再现危机阶段、最近发展阶段、现阶段、未来可能发展阶段。定性研究在我国经历了曲折的发展过程。改革开放以后，特别是20世纪90年代以后，定性研究方法在不同社会科学研究领域得到越来越多的运用。

研究者常用的定性研究方法包括：观察法、访谈法、民族志、专题小组（焦点小组）、扎根理论、叙事研究、个案研究等。定性资料分析的特点是：①运用归纳法，②数据收集与数据分析同步进行，③强调经验证据与抽象概念相互融合。

定性研究的评价标准不同于定量研究，定量研究的评价标准要经过修正和重新定义才能用于定性研究。探索好的定性研究标准的最好切入点是将定性研究分为以下三个阶段：①研究准备阶段。在此阶段，研究者要选择适当的方法，同时要明确自己的研究立场。②资料的收集和分析阶段。在这一阶段，研究者要特别考察其他阶段的研究程序与当前的研究议题是否能够达到琴瑟共鸣，而不是去按照某些特定的标准去评定个别方法的优劣。③研究成果撰写阶段。研究者在撰写研究报告时需要详细说明，从开始收集资料到最终形成理论的全部过程，同时强调在研究成果发表之前得到被研究者的确认。

思考题

1. 什么是定性研究?
2. 你认为定性研究的主要特点是什么?
3. 举例说明定性研究在我国社会科学研究中的地位和作用。
4. 有人说"定性数据是迷人的麻烦",请你谈谈对这句话的理解。
5. 如何评价定性研究?

讨论题

1. 针对"参与观察""访谈法"和"专题小组"等定性研究方法,提出一个适当的研究问题,使得该研究问题能使用这种研究方法来进行研究。

参考文献

陈伯璋. 1989. 教育研究方法的新取向:质的研究方法[M]. 台北:南宏图书有限公司.

陈向明. 1998. "质的研究"中研究者的个人倾向问题[J]. 教育研究(1).

陈向明. 2002. 质的研究方法与社会科学研究[M]. 北京:教育科学出版社.

大卫·费特曼. 2007. 民族志:步步深入[M]. 龚建华,译. 重庆:重庆大学出版社.

胡幼慧. 1996. 定性研究理论、方法及本土女性研究实例[M]. 台北:台北巨流图书公司.

李炳德. 2001. 教育科学研究方法[M]. 北京:人民出版社.

李晓凤,佘双好. 2006. 定性研究方法[M]. 武汉:武汉大学出版社.

刘明. 2008. 护理定性研究[M]. 北京:人民卫生出版社.

马歇尔,罗斯曼. 2006. 定性研究:设计与计划撰写[M]. 李政贤,译. 台北:台北五南图书出版股份有限公司.

迈克尔·辛格尔特里. 2000. 大众传媒研究:现代方法与应用[M]. 刘燕南,等,译. 北京:华夏出版社.

梅拉尼·莫特纳,玛克辛·伯奇. 2007. 定性研究的伦理[M]. 丁三东,王岫庐,译. 重庆:重庆大学出版社.

诺曼·K. 邓津,伊冯娜·S. 林肯. 2007. 定性研究:方法论基础[M]. 风笑天,等,译. 重庆:重庆大学出版社.

诺曼·K. 邓津,伊冯娜·S. 林肯. 2007. 定性研究:经验资料收集与分析方法[M]. 风笑天,等,译. 重庆:重庆大学出版社.

诺曼·K. 邓津,伊冯娜·S. 林肯. 2007. 定性研究:评估、解释与描述的艺术和定性研究[M]. 风笑天,等,译. 重庆:重庆大学出版社.

Uwe Flick. 2007. 定性研究导论[M]. 李政贤,廖志恒,林静如,译. 台北:五南图书出版公司.

潘淑满. 2003. 定性研究:理论与应用[M]. 台北:台北心理出版社.

皮埃尔·布迪厄,华康德. 实践与反思:反思. 社会学引导[M]. 李猛,等,译. 北京:中央编译局出版社,1998.

琼恩·基顿,邓建国,等. 2009. 传播研究方法[M]. 上海:复旦大学出版社.

Strauss ,Corbin. 1997. 定性研究概论[M]. 徐宗国,译. 台北:台北巨流图书公司.

谢卧龙. 2004. 定性研究[M]. 台北:台北心理出版社.

余玉眉,田圣芳,蒋欣欣. 1991. 定性研究:田野研究法於护理学之应用[M]. 台北:台北巨流图书公司.

约瑟夫·A. 马克斯威尔. 2007. 质的研究设计:一种互动的取向[M]. 朱光明,译. 重庆:重庆大学出版社.

Berg B L. 1989. Qualitative research methods for the social sciences[M]. Boston:Allyn & Bacon.

Best J W, Kahn J V. 1998. Research in Education (8th ed.)[M]. Needham Height, MA:Allyn & Bacon.

Berg B L. 1989. *Qualitative research methods for the social sciences*[M]. Boston: Allyn & Bacon.

Best J W, Kahn J V. 1998. *Research in Education* (8th ed.)[M]. Needham Height, MA: Allyn & Bacon.

Blumer H. 1962. Society as symbolic interaction. In A. Rose (ed.) Human Behavior and Social Processes [M]. Boston: Houghton Miflin:188.

Bryman A. 2006. Integrating quantitative and qualitative

research: how is it done? [J]. Qualitative Research, 6: 97-105.

Bogdan R C, Biklen S K. 1982. Qualitative research for education: An introduction to theory and methods[M]. Boston: Allyn and Bacon:11.

Carter S M, Little M. 2007. Justifying knowledge, justifying method, taking action: epistemologies, methodologies, and methods in qualitative research[J]. Qualitative Health Research , 17:1326-1328.

Denzin N K, Lincoln Y S. 1994. Handbook of qualitative research[M]. Thousand Oaks, CA: Sage Publications.

Dickson-Swift V, James E L, Kippen S, Liamputtong P. 2007. Doing sensitive research: What challenges do qualitative researchers face? [J]. Qualitative Research., 7:327-355.

Ellis C et al. 2008. Talking and Thinking About Qualitative Research [J]. Qualitative Inquiry, 14: 254-284.

Fetterman D M. 1989. Ethnography: Step by step[M]. Newbury Park: Sage:31.

Glaser B, Strauss A. 1967. The discovery of grounded theory[M]. Chicago: Aldine.

Hammersley M, Atkinson P. 1983. Ethnography: Principles and practices[M]. London: Tavistock.

Jane Meyrick. 2006. What is good qualitative research ? A first step towards a comprehensive approach to judging rigor/quality[J]. Journal of Health Psychology, 11:799-808.

Malinowski B. 1916. Baloma: Spirits of the Dead in the Trobriand Islands [M]// In Magic, Science, and Religion and Other Essays, pp. 149-274. Glencoe: Free Press.

Maxwell J A. 1996. Qualitative research design: An interactive approach[M]. Thousand Oaks, CA: Sage Publications.

Meyrick J. 2006. What is good qualitative research? A first step towards a comprehensive approach to judging rigor/quality[J]. Journal of Health Psychology, 11:799-808.

Morse J M. 1994. Designing funded qualitative research [M]//In N. K. Denzin & Y. S. Lincoln (Eds.), Handbook of qualitative research. Thousand Oaks, CA: Sage Publications.

Neuman W L. 2003. Social research methods: Qualitative and quantitative approaches [M]. Boston: Allyn and Bacon.

Patton M Q. 1990. Qualitative evaluation and research methods (2nd ed.) [M]. Newbury Park, CA: Sage

Shaw I F. 2003. Ethics in Qualitative Research and Evaluation[J]. Journal of Social Work, 3:9-29.

Strauss, A L. 1987. Qualitative Analysis for Social Scientists [M]. Cambridge: Cambridge University Press.

Weber, Max. 1978. Economy and Society: An Outline of Interpretive Sociology, 2 volumes[M]// edited by G. Roth and C. Wittich, translated by H. H. Gerth, C. Wright Mills, et. al. Berkeley: University of California Press.

定量与定性相结合的混合方法论 13

20 世纪末，在定量和定性的争论中，产生了将定量和定性方法结合起来使用的混合方法研究(mixed methods research)。混合方法研究被看成是继定量和定性方法之后的"第三次方法论运动"，成为社会科学研究新的方法论取向。本章首先概述了混合方法研究的目的和含义，然后探讨了混合方法的由来与发展，接着考察了混合方法的四种主要类型，最后对混合方法研究的未来发展进行了展望。

第一节 混合方法研究的目的和含义

在 20 世纪的大部分时间里，定量方法主宰了社会科学研究，实证主义立场备受推崇，基础研究成为主要的价值导向。研究者信奉价值中立，用"客观的"实证方法来研究人类行为和社会互动。20 世纪最后 20 年发生了所谓"定性革命"，定性方法登上历史舞台，应用研究受到重视，作为其理论基础的解释主义和建构主义也备受关注。定性研究被看成是对当时占统治地位的定量方法的一种反动。定性方法的出现不可避免地引发了范式争论，即所谓的"范式战"(Gage, 1989)，两大阵营围绕范式或世界观对对方的研究方法、程序严谨性以及结果效度进行了批评。

在两大阵营激烈争论的同时，出现了将定量方法和定性方法结合起来使用的"混合方法"。混合方法研究作为兼具这两种方法长处的一种实用技术，成为这场"范式战"一个未预期的后果。尽管混合方法研究仍未完全成熟，但是它一开始就是以定量方法论和定性方法论之外的第三种选择出现的，被西方学者看成是继定性方法论和定量方法论之后的"第三条道路"(Gorard et al., 2004)、"第三种研究范式"(Johnson et al., 2004)、"第三次方法论运动"(Teddlie et al., 2008)和"第三种研究共同体"(Tashakkori et al., 2003)。

混合方法研究的目的是"意义提升(significance enhancement)"。根据柯林斯、奥屋格普兹和萨顿(Collins et al.,2006)的观点,"意义提升"是使用混合方法的一个主要理由,它包括使用混合方法的五个目的(Greene et al.,1989):①"三角互证",即把定量数据的分析结果与定性数据进行比较;②"互补",即在一种方法的结果与其他方法的结果的比较中寻求解释、例证、改进和澄清;③"发展",用一种方法的结果来丰富另外一种方法的结论;④"引发(initiation)",即揭示研究问题重构过程中似是而非的观点和矛盾,描述数据中出现的新观点;⑤"扩展",通过使用多种方法来扩大研究的广度和范围。

混合方法的中心假设是,用两种方法比用一种方法能更好地理解研究问题。约翰逊和奥屋格普兹(Johnson et al.,2004)认为,混合方法研究是指使用多种研究方法或掺和了不同研究策略的研究:"研究者在同一研究中综合调配或混合了定量和定质研究的技术、方法、手段、概念或语言的研究类别。"它与定量研究方法或定性研究方法的主要区别是,在同一个研究中运用一种或多种定性和定量方法。塔沙克里和特德莱(Tashakkori te al.,2003:711)把混合方法定义为"一种把定性和定量方法用于问题类型、研究方法、数据收集和分析过程和/或推论的研究设计"。在《混合方法研究》杂志的创刊号上,混合方法被定义为"调查者在一个单独的研究或调查项目中对定性数据和定量数据进行收集、分析、混合和推断的研究。"(Tashakkori et al., 2007:4)

混合方法是一种带有哲学假设、兼用定性方法和定量方法的研究设计。作为一种具体方法,混合方法关注收集和分析数据,强调在单项研究或一系列研究中混合使用定性方法和定量方法。混合方法问题指导着混合调查研究,它可用文字数据或数字数据来回答。问题在混合方法中占有中心地位。混合方法数据分析涉及对统计和叙事数据的分析技术,以及其他混合方法特有的策略。在混合方法研究中,调查者需要在统计分析和定性分析之间进行熟练地切换。一般而言,混合方法论者应该精通定性和定量的经典著作以及混合方法研究著作(Creswell, 1994, 2003)。

混合方法还有其他一些资料收集和分析技术。把混合方法研究看成是一种纯粹和精确的"方法",得到了不少研究者的认同。但是,混合方法研究是一种特殊的研究设计,它既是调查方法又有哲学预设。作为一种方法论,它涉及指导数据收集和分析的哲学预设,以及在研究过程每个阶段的定性方法与定量方法的混合。一些混合方法研究者认为,混合方法是另一种与定量方法论或定性方法论并驾齐驱的方法论,它有自己单独的哲学假设和理论立场。从本质上讲,所有研究方法背后都有规范调查者研究的哲学预设。方法论一词意味着研究过程的复杂性,混合方法研究假设了一种或几种世界观,强调了应用的导向。但是,大部分混合方法调查者对它背后的哲学导向并不感兴趣,这是为什么 20 世纪 80 年代至 90 年代初期的"范式战"并没有影响到许多混合方法研究者的原因。他们可能更感兴趣的是研究问题本身,而不是对复杂哲学问题的讨论。

第二节　混合方法研究的形成与发展

尽管19世纪中叶以来一直有关于定量和定性谁优谁劣的争论，但是直到20世纪30—40年代才有最初形式的混合方法研究，如梅奥对“霍桑效应（Hawthorne effect）”的研究以及沃纳对美国扬基城（Yankee City）的研究。这些研究除了使用实验方法外，还使用了访谈和观察等方法。纵观混合方法的历史，混合方法研究大致可划分为“形成”“范式争论”“程序发展”和“加速发展”四个时期。不过，这四个时期并不是整齐划一的，而是彼此有重叠的。

一、形成时期（20世纪50—70年代）

这个时期开始出现对多种研究方法的兴趣和运用。这个时期有两个重大变化。首先是实证主义的由盛转衰。在20世纪50和60年代，人们对实证主义的不满逐步蔓延开来，在实证主义基础上提出了后实证主义。20世纪50年代末波普尔（Popper）等人的后实证主义思想备受欢迎。后实证主义有三个重要的观点：①调查渗透着价值（value-ladenness of inquiry），即研究受到调查者价值观的影响；②事实渗透着理论（theory-ladenness of fact），即研究受到调查者所使用的理论影响；③现实的建构特征，即人们所理解的现实是建构出来的。这些观念为混合方法论者所接受和信奉。

这个时期的另一个重大变化是，出现了首个明确的多种方法设计，“混合研究”设计开始崭露头角。韦勃（Webb et al.，1996：3）在1966年最早涉及“三角互证法”。邓津（Denzin，1978）提出，三角互证法有数据、方法论、调查者、理论四种类型。三角互证法使混合方法技术得到广泛应用。在这个期间里，出现了大量使用混合方法的研究，尤其在心理学领域，如弗斯廷格等人（Festinger et al.，1956）对世界末日崇拜的研究，坎贝尔（Campbell et al.，1959）用多种定量数据对心理特征效度的研究，谢里夫、哈维、里肯和斯坎特（Sherif et al.，1961）用定性参与观察数据来解释罗伯（Robber）洞穴实验的结果。在这个时期，提出了这样的问题：是否能够将不同视角的两种数据混合在一起？

二、范式争论时期（20世纪70—80年代）

20世纪下半叶定性方法得到承认和发展，比如扎根理论不断比较方法（Lincoln et al.，1985）和各种编码技术（Strauss et al.，1990），对事件、仪式和习俗的深描（Geertz，1973），民族志研究（Spradley，1979，1980），迈尔斯和胡伯曼（Miles et al.，1984）对定性数据分析程序的细化。邓津和林肯（Denzin et al.，1994）所著《定性研究手册》对定性研究的理论和实践进行了总结。

在20世纪70和80年代，定性研究者坚持认为，定量研究和定性研究具有不同的预设和基础（Cuba et al.，1988；Smith，1983）。不少研究者质疑能否把定性数据与定量数据结合起来。有的研究者提出,混合方法研究是不可通约的和不相容的,因而是站不住脚的;混合方法要求有统一的范式(Smith,1983)。布里曼(Bryman,1988)对这种说法提出质疑并认为两个传统之间有明确的关系。时至今日,仍有不少定性研究者因混合范式的不相容性而避谈混合方法研究。罗斯曼和威尔逊(Rossman et al.,1985)把这些人称为不想混合范式的纯粹主义者,而把其他人称为使方法适应情境的情景主义者(situationalist)或者相信用多种范式解决问题的实用主义者。虽然调和范式问题仍然明显,但是有人呼吁把实用主义作为混合方法研究的哲学基础(Tashakkori et al., 2003)并使用混合方法研究的不同范式(Greene et al., 1997)。

三、程序发展期(20 世纪 80—90 年代)

在 20 世纪 80 年代,研究者开始把注意力投向混合方法研究设计程序。格林、卡拉切利和格雷厄姆(Greene et al.,1989)发表了关于混合方法研究设计的经典论文,分析了 57 个评价研究,提出了 6 种分类系统。社会学家布鲁尔和亨特(Brewer te al.,1989)和护理学家莫尔斯(Morse, 1991)分别发表了关于多种方法和混合方法的研究著作。他们都强调使用定量方法和定性方法,但是在研究设计中两种方法是分开的。根据他们的观点,不同形式的三角互证法使准确推论成为可能。布鲁尔和亨特(Brewer et al.,1989)提出了一系列多种方法研究的具体步骤。莫尔斯(Morse,1991)设计了定量研究和定性研究的计数系统。有些研究者还探讨了混合方法设计的不同类型。例如,克雷斯韦尔(Creswell,1994)提出了三种简约设计以及每种设计的四种研究。摩根(Morgan,1998)提出设计类型决策矩阵。纽曼和本茨(Newman et al., 1998)以及塔沙克里和特德莱(Tashakkori et al.,1998)大致概述了混合方法程序,详细讨论了效度和推论的问题。1999 年,美国国家健康研究所(NIH)出版了定性方法和混合方法研究指南,提出了定性和定量方法相结合的模型。

四、加速发展时期(2000 年以后)

进入 21 世纪以后,对混合方法研究的兴趣与日俱增。混合方法研究进入了加速发展时期,主要有三个特点:①加强了定量研究与定性研究之间的对话;②混合方法研究及其应用的数量显著增加。③混合方法逐步成为独立的方法论领域。

这个时期加强了定性和定量两大阵营之间的对话,同时也加强了混合方法研究与其他方法的对话。混合方法研究积极回应来自定量方法和定性方法的质疑和挑战。例如,“科学为本的研究”(SBR)是布什任期内美国教育部所提出的后实证主义研究立场,它主张用随机控制实验作为教育政策研究中因果性的“黄金标准”(Cook, 2002)。混合方法研究对此进行了回应,提出因果性问题非常复杂,定量方法不能独自解决因果性问题,在定量调查中加入定性研究才能解决因果复杂性问题(Maxwell, 2004)。

近年来,混合方法研究及其应用不断增加。一方面,学术期刊上有关混合方法研究的论文不断增加。有学者统计过,从 1995 到 2005 年,共有 60 多篇人文社会科学论文使用了混合方法研究(Plano Clark,2005)。另一方面,混合方法研究在更多的领域得到应用。例如,《家庭医药年报》发表了有关混合方法研究的专刊(Creswell et al.,2004)。《咨询心理杂志》发表有关定性研究和混合方法研究的专集(Hanson et al.,2005)。《美国医学会杂志》(Flory et al.,2004)和《柳叶刀》(Malterud,2001)等权威期刊要求在健康科学实验检验中使用定性数据。

最近,不少研究者呼吁,要把混合方法研究看成是一种单独设计。一些研究专著和专业学术期刊的出版更加速了混合方法作为单独方法论领域的形成。《社会和行为研究混合方法手册》(Tashakkori et al., 2003)专门讨论了一些有关混合方法的争论问题、方法论问题、在不同学科领域的应用问题以及未来发展的方向。克雷斯韦尔(Creswell, 2003)把混合方法看成是继定量和定性方法之后的第三种方法。约翰逊和奥屋格普兹(Johnson et al.,2004)把混合方法看成是教育研究中的合理设计。更为重要的是,塞奇(Sage)出版公司在 2005 年创办了《混合方法研究杂志》,专门刊载有关混合方法研究的学术论文,著名混合方法研究专家克雷斯韦尔(Creswell)和塔沙克里(Tashakkori)担任主编,该刊第一期已于 2007 年 1 月问世。混合方法研究也引起了国际学术界的兴趣。2005 年 7 月在剑桥大学首次举行混合方法研究国际研讨会,共有 100 多位混合方法专家和方法论专家参加了会议。

第三节　混合方法研究的类型

可用不同的标准对混合方法研究进行分类。塔沙克里和特德莱(Tashakkori,2003)发现有 40 多种分类方法。克雷斯韦尔、普莱诺和克拉克(Creswell et al.,2003)曾对有关混合方法的论著进行了分析,总结出 12 种分类方法,涵盖了评估、健康研究和教育研究等领域。这种不同的类型和分类方法反映了混合方法研究不断变化的特征。尽管不同学科的研究者对混合方法设计有不同的关注点,但是,他们所做的分类却具有某种相似性。克雷斯韦尔、普莱诺和克拉克(Creswell et al,2007)提出四种混合方法设计类型,即三角互证设计、嵌入式设计、解释性设计和探索性设计。

一、三角互证设计

三角互证设计的目的是“为了更好地理解所要研究的问题而获得关于同一个主题不同的、但相辅相成的数据”(Morse, 1991:122)。这种设计既可以将定量统计结果与定性发现进行直接比较,又可以用定性数据来验证或推广定量结果。三角互证设计是只有一个阶段的研究设计,在该设计中研究者同时、同等地使用定量和定性方法(图 13.1)。由于该方法经常并行和分别地收集和分析定量数据和定性数据，因此该设计又被称为“并行三角互证设计”（Creswell et al.，2003）。研究者在分析中将定量数据和定性数据合起来进行解释或者通过转换数据来整合这两种数据。

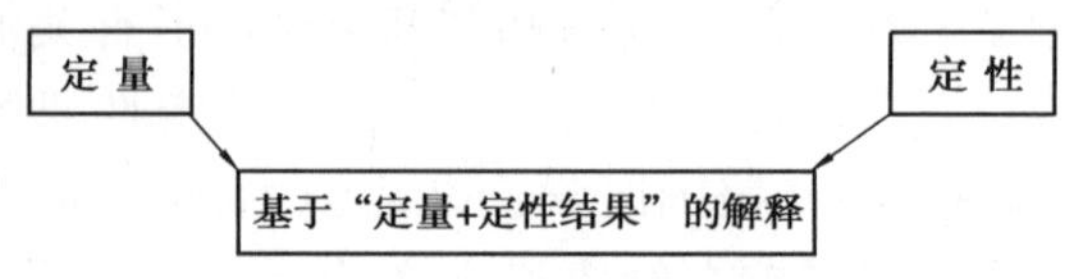

图 13.1 三角互证设计

三角互证设计包括“结合模型”“数据转换模型”“定量数据验证模型”和“多层模型”。前两个模型随研究者在分析和解释数据时如何合并两种数据而有所变化。第三个模型用来提高调查结果的准确性，而第四个模型则用于调查不同的分析水平。“结合模型”是混合方法三角互证设计的一个经典模式，在这个模型里，研究者就同一个社会现象分别收集和分析定量和定性两种数据，然后在解释时通过比较和对比不同的结果将不同的结果合在一起。“数据转换模型”涉及分别收集和分析定量数据和定性数据。在初步分析以后，研究者通过定量化定性发现或定性化定量结果将一种数据转换成另一种数据。“定量数据验证模型”通常指研究者在调查中通过追问几个开放式定性问题来验证问卷调查的结果。在这种模型中，研究者用调查问卷来收集两种数据。由于在定量调查中追问定性问题，因此这些问题通常问不出严格的定性数据，但是却可以用这些数据来验证和更正问卷调查的结果。第四种形式是“多层模型”（Tashakkori et al.，1998：48）。在这个设计中，用不同的方法来解决不同层次的问题，并对每个层次的发现进行概括而形成一个整体解释。例如，艾略特和威廉姆斯（Elliott et al.，2002）在研究员工咨询服务时，就使用了客户层面的定性数据、顾问层面的定性数据、经理层面的定性数据以及组织层面的定量数据。

三角互证设计可以在同一个研究阶段同时收集两种数据，因而是一种高效的设计。三角互证设计所面临的挑战是：它不仅需要付出很多努力，而且还要有良好的专业素养，甚至需要处理两种数据结果不一致的棘手问题。

二、嵌入式设计

嵌入式设计是以一种数据为主，另一种数据为辅的混合方法设计。这种设计的前提是单一数据是不充分的，要用不同的数据来回答不同的问题。在一个大规模的定量研究或定性研究中，当研究者需要用定量数据和定性数据来回答研究问题时，就可使用嵌入式设计。当研究者需要在定量设计中使用定性数据时，这种设计也特别有用。例如，为了研发某种治疗手段、检验有关变量的干预过程、跟踪实验结果，研究者往往在实验研究中使用定性数据。

嵌入式设计把不同类型的数据混合在一起，将其中一种数据嵌入到另一种数据框架中（Caracelli et al.，1997）。例如，研究者可以将定性数据嵌入到定量框架中，或者将定量数据嵌入到定性框架中（图 13.2）。嵌入式设计收集了定量和定性两种数据,其中有一种数据在整个研究设计中发挥辅助作用。

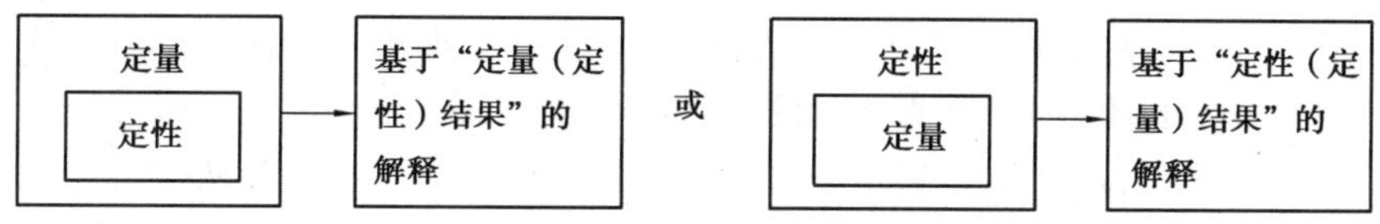

图 13.2 嵌入式设计

嵌入式设计有两种形式:"实验模型"和"相关模型"。"实验模型"是一种最常见的嵌入式设计,该模型将定性数据嵌入到实验设计中,定量实验框架占据主导地位,而定性方法只起到辅助作用。"相关模型"是另一种嵌入形式,它将定性数据嵌入到定量设计中。在这个设计中,研究者收集定性数据来进行相关研究,目的是解释相关模型的运作机制。

嵌入式设计在收集大量定量数据或定性数据时,不必花费太多的时间和资源,因为其中的一种数据是辅助性的,这种数据的数量要比另一种数据少得多。嵌入式设计的不足是:研究者必须详细说明在定量研究中收集定性数据的目的。如果用两种方法回答不同的研究问题,就很难对所获得的结果进行整合。

三、解释性设计

解释性设计是一种两个阶段的混合方法设计。该设计的总体目标是用定性数据来协助解释初步获得的定量结果(Creswell et al., 2003)。例如,当研究者要用定性数据来解释显著性统计结果、异常结果、令人吃惊的结果时,该设计能很好地契合这样的研究(Morse, 1991)。

解释性设计又被称为解释性顺序设计,是一种两个阶段的混合方法设计。该设计始于收集和分析定量数据,然后再收集和分析定性数据。由于该研究从定量阶段开始,因此调查者更重视定量方法(图 13.3)。奥尔德里奇(Aldridge et al.,1999)对教室环境的研究就是这种设计的一个例子,他们从定量调查研究开始,确认了统计上显著性差异和反常结果,然后再用深度定性研究来解释为什么会有这些结果。

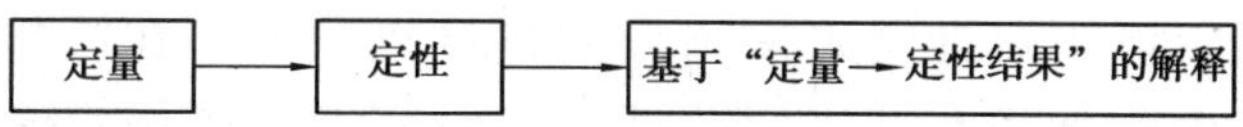

图 13.3 解释性设计

通常有两种形式的解释性设计:"后续解释模型"和"参与选择模型"。当研究者要用定性数据来解释定量结果时,通常会使用"后续解释模型"。在这个模型中,研究者确认了某些需要进行额外解释的特殊发现,比如不同组别之间的统计差异、得分极端的个人、意外性结果等。这种模型通常把重点放在定量方面。当研究者要用定量数据来确认和选择后续研究、深度研究和定性研究的参与者时,就要使用“参与选择模型”。在这个模型中,通常把研究重点放在定性阶段。尽管这两种模型都是先有定量阶段,后有定性阶段,但是它们在两个阶段的连接上有所不同:一个侧重于更详细地检验结果,另一个则关注选择合适的参与者。

解释性设计的步骤清晰明了,便于操作,非常适合于单个研究者进行研究,也适用于多阶段调查以及单独的混合方法研究。由于它通常从定量开始,因此对定量研究者更有吸引力。解释性设计面临的挑战是:实施两个阶段的调查很费时间,很难合理安排定性阶段的时间。研究者需要决定是否在两个阶段使用相同的参与者。

四、探究性设计

像解释性设计一样,探究性设计也是一个两个阶段的研究设计,又被称为探索性顺序设计。该设计的意图是定性方法能有助于拓展和深化定量方法(Greene et al., 1989)。当缺乏现成的问卷、变量或概念框架时,就可以使用探究性设计。由于该设计是从定性研究开始的,最适合用来探索某种社会现象(Creswell et al., 2003),比如将结果推广到其他人群、检验分类是否恰当、测量某个现象的流行情况等。

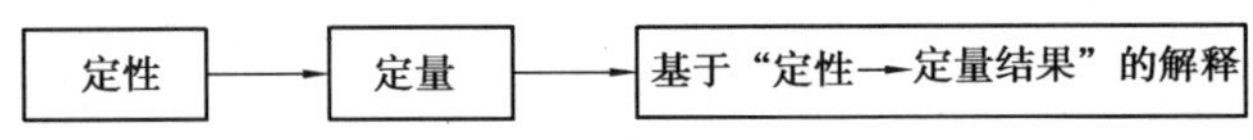

图 13.4 探究性设计

该设计始于定性方法,用来探索某个社会现象,然后再转向定量阶段(见图13.4)。研究者用定性结果来探索和形成研究主题,为定量研究确定核心变量,并在此基础上制订调查问卷。由于该设计始于定性方法,因此往往把重点放在定性数据上。迈尔斯和奥策尔(Myers et al.,2003)对组织同化的研究就是探究性设计的一个例子。他们先用定性数据来探索和形成主题,然后再以这些结果为依据来制订问卷,最后在定量阶段使用这个问卷。

探究性设计有两个主要模型:“工具发展模型”和“分类发展模型”,这两种模型都始于定性研究,终于定量研究。不过,它们在两个阶段的连接方式和使用两种方法的侧重点上有所差异。当需要在定性发现基础上来制订定量问卷时,就要使用“工具发展模型”。在这个设计中,研究者先用几个受访者对研究问题进行定性探索,然后再用定性结果来指导制订调查问卷。在第二个数据收集阶段,研究者使用这个调查问卷并进行验证。当研究者试图用定性研究来确认重要变量、设定分类系统时,就要使用“分类发展模型”。在这个模型中,先用定性方法获得具体类别或关系,然后再用这些类别和关系来指导定量阶段的研究问题和数据收集。该模型适用于在定性发现基础上来提出定量研究问题或假设并用定量研究来回答这些问题。

探究性设计的长处是,该设计特别适合于多阶段研究,对该设计的描述、实施和报告相对简单。该设计所面临的主要挑战是,需要用大量的时间来实施两个阶段的数据收集和分析,同时还要决定是否在两个阶段使用相同的受访者。

第四节　混合方法研究的未来发展

混合方法研究是一个与定量方法论和定性方法论并驾齐驱的方法论工具，有其独特的世界观、术语和技术。混合方法设计整合了传统的定量和定性两种技术，用新的方式把定性方法和定量方法整合在一起来解决研究问题，这两种方法的混合大于两种方法的简单相加。可以预见，混合方法设计将是未来社会科学研究的主导性方法论工具，研究者也可以从混合方法研究的发展中获益。

现在，越来越多的学者在其研究中应用了混合方法研究，他们在不同的学科里对混合方法研究进行了讨论。塔沙克里和特德莱(Tashakkori et al.,2003)所著的《社会和行为研究的混合方法手册》用了七章篇幅专门讨论了混合方法在不同学科中的应用。这些学科包括：社会学研究(Hunter et al.,2003)、教育学研究(Rocco,et al., 2003)、心理学研究(Waszak et al., 2003)、管理和组织研究(Currall et al., 2003)、评估研究(Rallis et al., 2003)、健康科学(Forthofer, 2003)、护理学(Twinn, 2003)等。用混合方法研究来解决特殊的研究问题：社区和地区规划(Gaber et al.,1997)、教育政策(Creswell, 1999)、体育迷研究(Jones, 1997)、初级保健研究(Stang et al.,1994)，健康服务研究(Johnstone, 2004)以及老年健康研究(Weitzman et al.,2000)等。许多学者探讨了混合方法研究的目的和程序，并对混合方法的定义、相关文献综述、在不同学科中的发展，以及混合方法预设所蕴含的研究方法论、基本设计标准和程序等进行了讨论。

尽管混合方法研究在许多学科中得到应用并取得进展，但是它仍然面临着许多亟待解决的问题。例如，混合方法研究将进一步改进混合方法的步骤和程序，破解有关精确设计问题：抽样在混合方法设计中发挥怎样的作用？定性和定量的样本数应该分别是多少？两个样本的数量是否应该相同？是否要用随机抽样技术收集定性数据？如何在相关设计中使用定性数据？如何在民族志、扎根理论或其他定性设计中使用定量数据？用于混合分析的电脑软件有什么特征？当前可用哪些软件来支持混合方法研究？混合方法设计的变化是否会引起效度的变化？使用混合方法研究有什么价值？等等。

如果在传统方法设计中处理另一种数据，就会引发不同的问题，这就需要把混合方法策略与特殊研究设计结合起来。例如，克雷斯韦尔等人(Creswell et al., 2005)探讨了如何用定性数据来提高实验研究的质量。就目前研究状况而言，像克雷斯韦尔那样在传统定性设计中使用定量数据的研究还不多见，因此，研究者可以探讨如何在相关设计中使用定性数据，如何在民族志、叙事性调查和扎根理论等定性设计中使用定量数据，毕比(Beebe, 2001)使用了“快速评估程序”(rapid assessment procedures, RAP)等定性民族志方法，研究者可以在混合方法设计中借鉴使用这样的方法。

在不同的方法之间进行数据转换是一种常用的混合策略(Caracelli et al.,

1993；Onwuegbuzie et al.，2003），研究者经常在三角互证设计中转换不同的数据，但是把定量数据转换成定性数据还不常见。这应该是混合方法研究未来创新的领域。研究者还可以把定量和定性的分析软件结合起来，比如，把定性编码看成是 SPSS 的输出数据，把定量变量看成是 MAXqda 属性和 NVivo 矩阵特征。当然，为了超越以前只做简单计算和编码的定量分析软件，混合方法研究者需要有一个不仅能显示混合方法设计而且能分析数据的软件程序，这可能还有许多工作要做。

当然，混合方法研究还面临着"接受问题"，即混合方法研究在不同学科中的学术地位问题。尽管越来越多的研究者在尝试使用混合方法研究，但是不同的学科领域对混合方法研究的接受程度大相径庭，有的学科甚至还很排斥混合方法研究，如在家庭研究、政治科学和健康科学等多个专业领域还没有应用混合方法研究。就这些专业领域而言，混合方法研究要成为一种可接受的方法还有很长的路要走。

混合方法研究能否提高我们对研究问题的理解？它能否对我们的研究产生价值或对理论和实践作出贡献？目前对这些问题的研究尚不多见。使用混合方法研究意味着用一个不同于定量研究或定性研究的方法来从事研究。混合方法研究需要同时或先后使用两种或多种方法，通常需要比单一的定量方法或定性方法耗费更多的人力、物力和财力，因而需要特殊的科研鼓励政策和扶持政策。但是，现有的科研资助系统还没有对这种变化作出反应。因此，要加大对混合方法研究的支持力度，各类科研基金要优先支持混合方法研究，向混合方法研究倾斜。与此同时，采取相应的政策措施来鼓励定量方法学者与定性方法学者的"联姻"，特别是鼓励来自不同学科或擅长不同方法的专家学者组成研究团队，在实际研究过程中通过各种形式的学术互动来培训或锻炼不同学科的研究者，拓展他们的定量或定性的技能，以实现混合方法研究对社会科学研究的带动和促进作用。

本章小结

混合方法研究是继定性方法和定量方法之后的"第三次方法论运动"，是社会科学研究新的方法论取向。"意义提升"是使用混合方法的一个主要理由，使用混合方法主要有五个目的：①"三角互证"，即把定量数据的分析结果与定性数据进行比较；②"互补"，即在一种方法的结果与其他方法的结果的比较中寻求解释、例证、改进和澄清；③"发展"，用一种方法的结果来丰富另外一种方法的结论；④"引发（initiation）"，即揭示研究问题重构过程中似是而非的观点和矛盾，描述数据中出现的新观点；⑤"扩展"，通过使用多种方法来扩大研究的广度和范围。

混合方法的中心假设是，用两种方法比用一种方法能更好地理解研究问题。混合方法研究是指在同一研究中混合使用了定量和定性两种方法或掺和了不同研究策略的研究设计。混合方法研究与定量方法和定性方法的主要区别是，在同一个研究中运用一种或多种定性方法和定量方法。作为一种具体方法，混合方法关注收集和分析数据，强调在单个研究或一系列研究中混合使用定性方法和定量方法。研究问题在混合方法中占有中心地位。混合方法数据分析涉及到对统计数据和定性数据的分析技术以及其他混合方法特有的策略。在混合方法研究中，调查者需要在定量统计分析和定性主题分析之间进行熟练地切换。作为一种方法论，混合方法研究涉及指导数据收集和分析的哲学预设，以及在研究过程每个阶段的定性方法与定量方法的混合。混合方法研究是与定量方法论或定性方法论并驾齐驱的方法论，有着自己的哲学预设和理论立场。混合方法研究假设了一种或几种世界观，强调了应用的导向。

混合方法研究大致可为“形成时期”“范式争论时期”“程序发展时期”和“加速发展时期”四个时期。不过，这四个时期并不是整齐划一的，而是彼此有重叠的。①形成时期，主要从20世纪50年代到70年代初期；②范式争论时期，从20世纪70年代中后期到80年代；③程序发展期，从20世纪80年代末到整个90年代；④加速发展时期，从2000年到现在。

混合方法设计主要有四种类型，即三角互证设计、嵌入式设计、解释性设计和探索性设计。①三角互证设计是只有一个阶段的研究设计，在该设计中研究者同时、同等地使用定量方法和定性方法。它包括“结合模型”“数据转换模型”“定量数据验证模型”和“多层模型”等。②嵌入式设计是以一种数据为主，另一种数据为辅的混合方法设计。嵌入式设计把不同类型的数据混合在一起，将其中一种数据嵌入到另一种数据框架中。它有两种形式：“实验模型”和“相关模型”。③解释性设计是一种两个阶段的混合方法设计。该设计的总体目标是用定性数据来协助解释初步获得的定量结果。该设计始于收集和分析定量数据，然后再收集和分析定性数据。该设计通常有两种形式：“后续解释模型”和“参与选择模型”。④探究性设计也是一个两个阶段的研究设计，又被称为探索性顺序设计。该设计的目的是定性方法能有助于拓展和深化定量方法。该设计始于定性方法，用来探索某个社会现象，然后再转向定量阶段。探究性设计主要有两个模型：“工具发展模型”和“分类发展模型”。

混合方法设计整合了传统的定量技术和定性技术，用新的方式把定性和定量方法整合在一起，这两种方法的混合大于两种方法的简单相加。现在，越来越多的学者在其研究中应用了混合方法研究，他们在不同的学科里对混合方法研究进行了讨论。可以预见，混合方法设计将是未来社会科学研究的主导性方法论工具，研究者也可以从混合方法研究的发展中获益。

思考题

1. 什么是混合方法研究？

2. 为什么要将定量方法与定性方法混合起来使用？请谈谈你自己的理由。

3. 试述混合方法研究发展的四个时期。

4. 从四种混合方法研究设计中选择一种设计来对你所感兴趣的问题进行研究。

5. 你是如何看待混合方法研究的未来发展的？

讨论题

1. 联系研究实际，谈谈混合方法研究的优点与缺点。

2. 从最近几年中英文期刊中，挑选一篇使用混合方法的论文来说明应该如何设计混合方法研究。

参考文献

邓猛,潘剑芳.2002.论教育研究中的混合方法设计[J].教育研究与实验(3).

侯英.2007.混合方法研究及其对教育技术研究的启示[J].中国教育技术装备(12).

田虎伟.2007.混合方法研究——美国教育研究方法的一种新范式[J].比较教育研究(1).

托马斯·库恩.2003.科学革命的结构[M].金吾伦,胡新和,译.北京:北京大学出版社.

Aldridge J M, Fraser, B J, Huang T I. 1999. Investigating classroom environments in Taiwan and Australia with multiple research methods [J] Journal of Educational Research, 93(1), 48-62.

Beebe J. 2001. Rapid assessment process: An introduction[M]. Walnut Creek, CA: AltaMira.

Bhopal K. 2000. Gender, "race" and power in the research process: South Asian women in East London [M]//In C. Truman, D. M. Mertens, & B. Humphries (Eds.), Research and inequality. London: UCL Press.

Brewer J, Hunter A. 1989. Multimethod research: A synthesis of styles[M]. Newbury Park, CA: Sage.

Brynan A. 1988. Quantity and quality in social research [M]. London: Routledge.

Campbell D T, Fiske D W. 1959. Convergent and discriminant validation by the multitrait-multimethod matrix[J]. Psychological Bulletin, 56, 81-105.

Caracelli V J, Greene J C. 1993. Data analysis strategies for mixed-method evaluation designs [J]. Educational Evaluation and Policy Analysis, 75(2), 195-207.

Caracelli V J, Greene J C. 1997. Grafting mixed-method evaluation designs. In J. C. Greene & V J. Caracelli (Eds.), Advances in mixed-method evaluation: The challenges and benefits of integrating diverse paradigms (pp. 19-32)[M]. San Francisco: Jossey-Bass.

Collins K M T, Onwuegbuzie A J, Sutton I L. 2006. A model incorporating the rationale and purpose for conducting mixed methods research in special education and beyond[J]. Learning Disabilities: A Contemporary Journal, 4, 67-100.

Cook T D. 2002. Randomized experiments in educational policy research: A critical examination of the reasons the educational evaluation community has offered for not doing them [J]. Educational Evaluation and Policy Analysis 24(3): 175-199.

Creswell J W. 1994. Research design: Qualitative and quantitative approaches [M]. Thousand Oaks, CA: Sage.

Creswell J W. 1999. Mixed-method research: Introduction and application. In G J Cizek (Ed.), Handbook of educational policy (pp. 455-472) [M]. San Diego, CA: Academic Press.

Creswell J W. 2003. Research design: Qualitative, quantitative, and mixed methods approaches (2nd ed.) [M]. Thousand Oaks, CA: Sage.

Creswell J W, Fetters M D, Ivankova N V. 2004. Designing a mixed methods study in primary care[J]. Annals of Family Medicine, 2(1), 7-12.

Creswell J W, Fetters M D, Piano Clark V L. 2005, April. Nesting qualitative data in health sciences intervention trials: A mixed methods application[J]. Paper presented at the Annual Meeting of the American Educational Research Association, Montreal.

Creswell J W, Plano , Clark V L. 2007. Designing and conducting mixed methods research [M]. Thousand Oaks, CA: Sage.

Creswell J W, Piano , Clark V L, Gutmann M, Hanson W. 2003. Advanced mixed methods research designs. In A. Tashakkori & C. Teddlie (Eds.), Handbook of mixed methods in social and behavioral research (pp. 209-240)[M]. Thousand Oaks, CA: Sage.

Currall S C, Towler A J. 2003. Research methods in management and organizational research: Toward integration of qualitative and quantitative techniques. In A Tashakkori & C Teddlie (Eds.), Handbook of mixed methods in social and behavioral research (pp. 513-526)[M]. Thousand Oaks, CA: Sage.

Denzin N K. 1978. The research act: A theoretical introduction to sociological methods [M]. New York, McGraw-Hill.

Denzin N K, Lincoln Y S. 1994. Handbook of qualitative research[M]. Thousand Oaks, CA: Sage Publications.

Denzin N K, Lincoln Y S. (Eds.). 2005. The Sage handbook of qualitative research (3rd ed.) [M]. Thousand Oaks, CA: Sage.

Elliott M S, Williams D I. 2002. A qualitative evaluation of an employee counseling service from the perspective of client, counsellor and organization[J]. Counselling Psychology Quarterly, 75(2), 201-208.

Festinger L, Riecken H W, Schachter S. 1956. When prophecy fails [M]. Minneapolis: University of Minnesota Press.

Forthofer M S. 2003. Status of mixed methods in the health sciences. In A Tashakkori & C Teddlie (Eds.), Handbook of mixed methods in social and behavioral research (pp. 527-540) [M]. Thousand Oaks, CA: Sage.

Gaber L, Gaber J. 1997. Utilizing mixed-method research design in planning[J]. Journal of Planning Education and Research, 17(2).

Gage N L. 1989. The paradigm wars and their aftermath: A "Historical" sketch of research on teaching since 1989 [J]. Teachers College Record, 091 (002), 0135-0150.

Geertz C. 1973. Thick description: Toward an interpretive theory of culture. In Geertz (ed.), The interpretation of culture[M]. New York: Basic Books:3-33.

Gorard S, Taylor C. 2004. Combining methods in educational and social research[M]. London: Open University Press.

Greene J C, Caracelli V J. (Eds.). 1997. Advances in mixed-method evaluation: The challenges and benefits of integrating diverse paradigms: New directions for evaluation, 74[M]. San Francisco: Jossey-Bass.

Greene J C, Caracelli V J. 2003. Making paradigmatic sense of mixed methods practice. In A Tashakkori & C Teddlie (Eds.), Handbook of mixed methods in social and behavioral research (pp. 91-110) [M]. Thousand Oaks, CA: Sage.

Greene J C, Caracelli V J, Graham W F. 1989. Toward a conceptual framework for mixed-method evaluation designs [J]. Educational Evaluation and Policy Analysis, 77(3), 255-274.

Guba E G, Lincoln Y S. 1988. Competing paradigms in qualitative research. In Cook, T D. (1979), Quasi-Experimentation: Design and analysis issue for field settings[M]. Chicago: Rand McNally.

Hanson W E, Creswell J W, Piano Clark V L, Petska K R, Creswell J D. 2005. Mixed methods research designs in counseling psychology [J]. Journal of Counseling Psychology, 52(2), 224-235.

Hunter A, Brewer J. 2003. Multimethod research in sociology. In A Tashakkori & C Teddlie (Eds.), Handbook of mixed methods in social and behavioral research (pp. 577-594) [M]. Thousand Oaks, CA: Sage.

Johnson R B, Onwuegbuzie A J. 2004. Mixed methods research: A research paradigm whose time has come [J]. Educational Researcher, 33(7), 14-26.

Johnstone P L. 2004. Mixed methods, mixed methodology health services research in practice[J]. Qualitative Health Research, 14, 239-271.

Jones I. 1997. Mixing qualitative and quantitative methods in sports fan research. Qualitative Report, 3 (4) [OL]. Retrieved April 8, 2006, from the Nova Southeastern University Web site: http://www.nova.edu/ssss/QR/QR3-4/jones.html.

Lincoln Y S, Guba E G. 1985. Naturalistic inquiry[M]. Beverly Hills, CA: Sage.

Malterud K. 2001. The art and science of clinical knowledge: Evidence beyond measures and numbers [J]. Lancet, 358, 397-400.

Maxwell J A. 2004. Causal explanation, qualitative research, and scientific inquiry in education [J]. Educational Researcher, 33(2), 3-11.

Maxwell J, Loomis D. 2003. Mixed method design: an alternative approach. In A Tashakkori, & C Teddlie (eds.), Handbook of mixed methods in social and behavioral research (pp. 241-271) [M]. Thousand Oaks, CA: Sage.

Mertens D M. 2003. Mixed methods and the politics of human research: The transformative-emancipatory perspective. In A Tashakkori & C Teddlie (Eds.), Handbook of mixed methods in social and behavioral research (pp. 135-164) [M]. Thousand Oaks, CA: Sage.

Miles M B, Huberman A M. 1994. Qualitative data analysis: An expanded sourcebook (2nd ed.) [M]. Thousand Oaks, CA: Sage.

Morgan D L. 1998. Practical strategies for combining qualitative and quantitative methods: Applications to health research [J]. Qualitative Health Research, 5 (3), 362-376.

Morse J M. 1991. Approaches to qualitative-quantitative methodological triangulation [J]. Nursing Research,

40, 120-123.

Myers K K, Oetzel J G. 2003. Exploring the dimensions of organizational assimilation: Creating and validating a measure [J]. Communication Quarterly, 5. 7 (4), 438- 457.

Newman I, Benz C R. 1998. Qualitative-quantitative research methodology: Exploring the interactive continuum [M]. Carbondale: Southern Illinois University Press.

Onwuegbuzie A J, Teddlie C. 2003. A framework for analyzing data in mixed methods research. In A Tashakkori & C Teddlie (Eds.), Handbook of mixed methods in social and behavioral research (pp. 351-383) [M]. Thousand Oaks, CA: Sage.

Plano Clark V L. 2005. Cross-disciplinary analysis of the use of mixed methods in physics education research, counseling psychology, and primary care. (Doctoral dissertation, University of Nebraska-Lincoln, 2005) [J]. Dissertation Abstracts International, 66, 491.

Rallis S E, Rossman G B. 2003. Mixed methods in evaluation contexts: A pragmatic framework. In A Tashakkori & C Teddlie (Eds.), Handbook of mixed methods in social and behavioral research (pp. 491-512) [M]. Thousand Oaks, CA: Sage.

Rocco T S, Bliss L A. , Gallagher S, et al. 2003. In A Tashakkori & C Teddlie (Eds.), Handbook of mixed methods in social and behavioral research (pp. 595-615) [M]. Thousand Oaks, CA: Sage.

Rossman G B, Wilson B L. 1985. Numbers and words: Combining quantitative and qualitative methods in a single large-scale evaluation study [J]. Evaluation Review, 9(5), 627-643.

Sherif M, Harvey O J, White J, Hood W, Sherif C. 1961. Intergroup conflict and cooperation: The Robber's Cave Experiment [M]. Norman: Institute of Group Relations, University of Oklahoma, Reprinted by Wesleyan University Press, 1988.

Smith J K. 1983. Quantitative vs. qualitative research : An attempt to clarify the issue [J]. Educational Researcher, 12(3), 6-13.

Spradley J. 1979. The ethnographic interview [M]. New York: Holt, Rinehart and Winston.

James P. Spradley. 1980. Participant observation [M]. Fort Worth: Harcourt Brace.

Stange K C, Miller W L, Crabtree B E, O'Connor P J, Zyzanski S J. 1994. Multimethod research: Approaches for integrating qualitative and quantitative methods [M]. Journal of General Internal Medicine, 9, 278-282.

Strauss A, Corbin J. 1990. Basics of qualitative research: Grounded theory procedures and techniques [M]. Newbury Park, CA: Sage.

Tashakkori A, Creswell J W. 2007. The new era of mixed methods [J]. Journal of Mixed Methods Research 1 :4.

Tashakkori A, Teddlie C. 1998. Mixed methodology: Combining qualitative and quantitative approaches [M]. Thousand Oaks, CA: Sage.

Tashakkori A, Teddlie C (Eds.). 2003. Handbook of mixed methods in social and behavioral research [M]. Thousand Oaks, CA: Sage.

Teddlie C, Tashakkori A. 2008. Foundations of Mixed Methods Research: Integrating Quantitative and Qualitative Approaches in the Social and Behavioral Sciences [M]. Thousand Oaks CA: Sage.

Twinn S. 2003. Status of mixed methods research in nursing. In A Tashakkori & C Teddlie (Eds.), Handbook of mixed methods in social and behavioral research (pp. 541-556) [M]. Thousand Oaks, CA: Sage.

Waszak C, Sines M C. 2003. Mixed methods in psychological research [M]//In A Tashakkori & C Teddlie (Eds.), Handbook of mixed methods in social and behavioral research (pp. 557-576). Thousand Oaks, CA: Sage.

Webb E J, Campbell D T, Schwartz R D, Sechrest. 1966. Unobtrusive measures: nonreactive research in the social sciences [M]. Rand McNally.

Weitzman P F, Levkoff S E. 2000. Combining qualitative and quantitative methods in health research with minority elders: Lessons from a study of dementia caregiving [J]. Field Methods, 12(3), 195-208.

附录一:人名索引

附录二:主题索引

D

G

H

万卷方法总书目

万卷方法是我国第一套系统介绍社会科学研究方法的大型丛书，来自中国社科院、北京大学等研究机构和高校的两百余名学者参与了丛书的写作和翻译工作。至今已出版图书85个品种，其中绝大多数是2008年以来出版的新书。

85 社会科学方法论（国家十二五规划教材）
978-7-5624-6204-0

84 田野工作的艺术
978-7-5624-6257-6

83 图解AMOS在学术研究中的应用
978-7-5624-6223-1

82 应用STATA做统计分析（更新至STATA10.0）
978-7-5624-5986-6

81 社会调查设计与数据分析——从立题到发表
978-7-5624-6074-9

80 质性研究导引
978-7-5624-6132-6

79 APA格式——国际社会科学学术写作规范手册
978-7-5624-6105-0

78 如何做心理学实验
978-7-5624-6151-7

77 话语分析导论
978-7-5624-6075-6

76 心理学学位论文写作全程指导
978-7-5624-6113-5

75 心理学研究方法导论
978-7-5624-5828-9

74 分类数据分析
978-7-5624-6133-3

73 结构方程模型：AMOS的操作与应用（附光盘版）
978-7-5624-5720-6

72 AMOS与研究方法（第2版）
978-7-5624-5569-1

71 爱上统计学（第2版）
978-7-5624-5891-3

70 社会科学定量研究的变量类型、方法选择与范例解析
978-7-5624-5714-5

69 案例研究：设计与方法（中译第2版）
978-7-5624-5732-9

68 问卷设计手册：市场研究、民意调查、社会调查、健康调查指南
978-7-5624-5597-4

67 广义潜变量模型：多层次、纵贯性以及结构方程模型
978-7-5624-5393-2

66 调查问卷的设计与评估
978-7-5624-5153-2

65 心理学论文写作——基于APA格式的指导
978-7-5624-5354-3

64 心理学质性资料的分析
978-7-5624-5363-5

63 问卷统计分析实务：SPSS操作与应用
978-7-5624-5088-7

62 如何做综述性研究
978-7-5624-5375-8

61 质性访谈方法
978-7-5624-5307-9

60 量表编制：理论与应用（校订新译本）
978-7-5624-5285-0

59 质性研究：反思与评论（第2卷）
978-7-5624-5143-3

58 实验设计原理：社会科学理论验证的一种路径
978-7-5624-5187-7

57 混合方法论：定性研究与定量研究的结合
978-7-5624-5110-5

56 社会统计学
978-7-5624-5253-9

55 校长办公室的那个人（质性研究个案阅读）
978-7-5624-4880-8

54 泰利的街角（质性研究个案阅读）
978-7-5624-4937-9

53 客厅即工厂（质性研究个案阅读）
978-7-5624-4886-0

52 标准化调查访问
978-7-5624-5062-7

51 解释互动论
978-7-5624-4936-2

50 如何撰写研究计划书
978-7-5624-5087-0

49 质性研究的理论视角：一种反身性的方法论
978-7-5624-4889-1

48 社会评估：过程、方法与技术
978-7-5624-4975-1

47 如何解读统计图表
978-7-5624-4906-5

46 公共管理定量分析：方法与技术（第 2 版）
978-7-5624-3640-9

45 量化研究与统计分析
978-7-5624-4821-1

44 心理学研究要义
978-7-5624-5098-6

43 调查研究方法（校订新译本）
978-7-5624-3289-0

42 分析社会情境：质性观察和分析方法
978-7-5624-4690-3

41 建构扎根理论：质性研究实践指南
978-7-5624-4747-4

40 参与观察法
978-7-5624-4616-3

39 文化研究：民族志方法与生活文化
978-7-5624-4698-9

38 质性研究方法：健康及相关专业研究指南
978-7-5624-4720-7

37 如何做质性研究
978-7-5624-4697-2

36 质性研究中的访谈：教育及社会科学研究者指南
978-7-5624-4679-8

35 案例研究方法的应用（中译第 2 版）
978-7-5624-3278-3

34 教育研究方法论探索
978-7-5624-4649-1

33 实用抽样方法
978-7-5624-4487-9

32 质性研究：反思与评论（第 1 卷）
978-7-5624-4462-6

31 社会科学研究的思维要素（第 8 版）
978-7-5624-4465-7

30 哲学史方法论十四讲
978-7-5624-4446-6

29 社会研究方法
978-7-5624-4456-5

28 质性资料的分析：方法与实践（第 2 版）
978-7-5624-4426-8

27 实用数据再分析法（第 2 版）
978-7-5624-4296-7

26 质性研究的伦理
978-7-5624-4304-9

25 叙事研究：阅读、倾听与理解
978-7-5624-4303-2

24 质化方法在教育研究中的应用（第 2 版）
978-7-5624-4349-0

23 复杂调查设计与分析的实用方法（第 2 版）
978-7-5624-4290-5

22 研究设计与写作指导：定性、定量与混合研究的路径
978-7-5624-3644-7

21 做自然主义研究：方法指南
978-7-5624-4259-2

20 多层次模型分析导论（第 2 版）
978-7-5624-4060-4

19 评估：方法与技术（第 7 版）
978-7-5624-3994-3

18 焦点团体：应用研究实践指南（第 3 版）
978-7-5624-3990-5

17 质的研究的设计：一种互动的取向（第 2 版）
978-7-5624-3971-4

16 组织诊断：方法、模型和过程（第 3 版）
978-7-5624-3055-1

15 民族志：步步深入（第 2 版）
978-7-5624-3996-7

14 分组比较的统计分析（第 2 版）
978-7-5624-3942-4

13 抽样调查设计导论（第 2 版）
978-7-5624-3943-1

10 定性研究（第 1 卷）：方法论基础（第 2 版）
978-7-5624-3851-9

9 定性研究（第 2 卷）：策略与艺术（第 2 版）
978-7-5624-3286-9

12 定性研究（第 3 卷）：经验资料收集与分析的方法（2 版）
978-7-5624-3944-8

11 定性研究（第 4 卷）：解释、评估与描述（第 2 版）
978-7-5624-3948-6

8 社会网络分析法（第 2 版）
978-7-5624-2147-4

7 公共政策内容分析方法：
978-7-5624-3850-2

6 复杂性科学的方法论研究
978-7-5624-3825-0

5 社会科学研究：方法评论
978-7-5624-3689-8

4 论教育科学：基于文化哲学的批判与建构
978-7-5624-3641-6

3 科学决策方法：从社会科学研究到政策分析
7-5624-3669-0

2 电话调查方法：抽样、筛选与监控（第 2 版）
7-5624-3441-7

1 研究设计与社会测量导引（第 6 版）
978-7-5624-3295-1